실증주의와 중국 근대철학

This book is translated into Korean from the original 《实证主义与中国近代哲学》 with subsidy from the Chinese Fund for the Humanities and Social Sciences.

实证主义与中国近代哲学 (修订版)
杨国荣 著
Copyright ⓒ 2018 by East China Normal University Press Ltd
The Korean Translation Copyright ⓒ 2024 by YEMOONSEOWON
The Korean edition is published by arrangement with East China Normal University Press Ltd.
All rights reserved.

근현대총서 3
실증주의와 중국 근대철학

지은이 楊國榮
옮긴이 박경환 · 오현중
펴낸이 오정혜
펴낸곳 예문서원

편집 유미희
인쇄 및 제책 주) 상지사 P&B

초판 1쇄 2024년 11월 28일

출판등록 1993년 1월 7일(제2023-000015호)
주소 서울시 동대문구 왕산로 239, 101동 935호(청량리동)
전화 925-5914 | 팩스 929-2285
전자우편 yemoonsw@empas.com

ISBN 978-89-7646-493-4   93150
YEMOONSEOWON 101-935, 239 Wangsan-ro, Dongdaemun-Gu, Seoul, KOREA 02489
Tel) 02-925-5914 | Fax) 02-929-2285

값 25,000원

근현대총서 3

실증주의와 중국 근대철학

楊國榮 지음
박경환 · 오현중 옮김

예문서원

옮긴이의 말

19세기 서양에서 시작된 실증주의는 철학적 사고의 지형을 바꾸어 놓았다. 경험론에 기초한 이 철학 사조는 형이상학을 배격하고 논리와 과학 방법에 주목하며 철학의 새로운 방향을 개척해 나갔다. 이러한 실증주의가 아직 근대화로 나아가지 못한 중국 학술계에 전해지면서, 중국 전통철학의 세계관에 일대 파장이 일어나게 된다. 각각 상반된 지향점을 지녔던 실증주의와 중국 전통철학은 충돌과 융합을 거듭하며 다양한 스펙트럼으로 발전을 이룩하였는데, 흥미로운 점은 그 충돌의 반작용이 결코 단방향으로 이루어지지 않았다는 것이다. 실증주의라는 도道는 중국 사회라는 또 다른 형식의 기器 속에서 새로운 형태로 변모해 나아갔고, 중국 전통철학 역시 실증주의가 던지는 새로운 문제의식을 동력 삼아 근대화를 향한 힘찬 발걸음을 내딛게 되었다. 이처럼 실증주의의 동점東漸을 계기로 중국철학은 본격적으로 서양철학과 마주하게 되었다. 이 책은 바로 그 여정을 따라간 중국철학 근대화 과정의 생생한 기록물이다.

이 책에서는 실증주의가 중국철학자에 끼친 영향을 중심으로 중국 근대철학의 중요한 전환점이 된 일련의 이론적 시도, 즉 이들이 실증주의를 어떻게 재해석하고, 어떻게 이를 전통철학과 조화시키려 노력했는지를 다루고 있다. 엄복嚴復, 왕국유王國維, 호적胡適, 풍우란馮友蘭, 김악림金嶽霖, 나아가 풍계馮契에 이르기까지, 이들은 각기 다른 방식으로 서양의 근대철학 사조를 받아들이고, 중국 전통철학과의 융합을 시도하였다. 그들의 철학적 고민과 사유는 오늘날까지도 중국철학이 나아가는 방향에 지대한 영향을 미치고 있다.

한편, 이 책의 저자인 양국영楊國榮 교수는 단순히 '현대' 중국철학자의 한 사람으로서 중국 '근대'철학자들을 '기록하는 데 그치지 않는다. 그의 스승인 풍계馮契는 실증주의와 중국철학을 결합한 독창적인 '광의의 인식론'을 제시했던 인물이다. 그의 사상과 문제의식은 양국영 교수에게 그대로 이어져 중국철학과 서양철학 간의 소통이라는 대업을 완수하기 위한 밑거름이 되었다. 양 교수는 실증주의와 중국 전통철학 간 만남의 과정을 객관적으로 서술하는 한편, 한 걸음 더 나아가 스승인 풍계의 학설을 바탕으로 분석철학과 중국철학이라는 동서양의 두 흐름을 각각 지식과 지혜라는 측면에서 조망하면서, 철학이 궁극적으로 존재를 향해 나아가야 함을 역설한다. 그에 따르면 서양의 분석철학은 기존 철학적 방법의 한계를 보완하여 중국철학의 사변적 이해를 지양하는 데 도움을 줄 수 있다. 이러한 관점에서 그는 현재 가장 저명한 중국철학자의 한 사람으로서, '세계 속에서의 중국철학, 중국 속에서의 세계철학'이라는 중국학술계의 오랜 화두를 유려한 필체와 명료한 논리로 펼쳐 낸다.

이 책이 세상의 빛을 보게 되기까지, 예상했던 시간보다 훨씬 더 오랜 여정을 거쳤다. 그러나 역설적이게도 그 기다림은 이 책의 출판을 더욱 시의적절하게 만들었다. 오늘날 세계는 그 어느 때보다 깊은 대화와 소통을 요구한다. 서양철학과 중국철학의 만남을 다룬 이 책이 현대를 살아가는 우리에게 이 순간 필요한 대화의 통찰을 제공할 수 있기를 기대한다.

옮긴이를 대표하여 박경환 쓰다

차례_

이끄는 말

    실증주의는 하나의 철학 사조로서 19세기 중엽 서양에서 최초로 태동했다. 철학의 논리 발전 측면에서 볼 때, 실증주의의 이론적 선구는 근대 서양의 경험주의로 소급할 수 있지만, 더 넓은 의미에서 보면 그 역사적 근거는 근대과학의 발전에 이미 내포되어 있었다. 경험론 전통의 제약으로 인해 실증주의의 논의 영역은 주로 현상계로 한정되었고 경험 가능한 현상을 벗어난 형이상적 문제에 관한 토론은 거부되었다. 다시 말해 근대과학의 거침없는 발전은 실증주의가 처음부터 실증과학과 관련된 논리 및 과학 방법에만 관심을 기울이게 했을 뿐 아니라, 과학의 통일 및 철학의 과학화를 적극적으로 실현하도록 했다. 실증주의의 이러한 경향은 어떤 의미에서는 중국철학이 근대를 향해 나아가야 한다는 역사의 요구에 부합하는 것이었다. 19세기 말을 시작으로 동으로 밀려오던 서학西學의 범위가 음향(聲), 빛(光), 전기(電), 화학(化) 등 구체적인 과학에서부터 철학 관념으로까지 확장되면서 실증주의 역시 체계적으로 중국에 전해졌고, 중국 전통철학과 충돌하고 융합하는 과정을 거쳐 근대 중국인들의 이목을 끄는 철학 유파로 자리 잡게 되었다. 서양 근대의 실증주의는 발전 과정에서 여러 세대를 거치며 다양한 지류를 형성하였는데, 이러한 변화와 전개는 중국 근대에서도 거의 동일하게 재현되었다.

    그런데 실증주의는 중국에 유입되면서 근대 서양과는 다른 철학 및 문화 전통, 역사 배경과 대면하게 되었다. 이러한 차이는 실증주의 동점東漸에 전제로 작용하면서 그 이론적 변화의 계기가 되기도 하였다. 이처럼 중국 근대의 실증주의는 서양의 실증론에서 유래한 만큼 그것과 유사한 철학적 경향을 나타내기도 하였지만, 동시에 중국의 문화 전통과 근대 역사 과정이라는 이중의 제약 속에서 서양의 실증주의와는 다른 여러 특징들을 가지게 되었다. '서로 같으면서도 완전히 다른' 중서 실증주의의 특징은 근대 시기 중국과 서양의 철학적 만남이 보여 주던 복잡한 형태를 그대로 드러내고 있었다.

이른 시기에 체계적으로 서양 실증주의를 수용했던 인물에는 엄복嚴復을 들 수 있다. 엄복이 근대사상계에 등장했을 때, 서양의 1세대 실증주의는 이미 대체로 성숙한 형태를 갖추고 있었다. 앞에서 밝힌 것처럼 실증론의 형성과 발전은 처음부터 근대 실증과학과 끊으려야 끊을 수 없는 관계에 있었다. 과학의 본질 및 그 방법에 대한 설명과 서술이 실증철학의 중요한 내용을 구성하기 때문이다. 엄복은 서양 근대의 경험귀납(實測內籀) 학문(즉 실증과학적 방법)을 숭상하면서 자연스레 실증주의로 나아가게 되었다. 직접적이고 지각 가능한 경험적 사실을 중시한다는 점에서 실증주의는 공리주의와 서로 통하는 바가 있다. 실제로 영국의 실증주의자 밀(Mill)은 저명한 공리주의자이기도 했다. 양자의 이러한 융합 양상은 엄복에게도 그대로 나타났다. 다만, 서양의 실증주의가 현상주의의 원칙에 따라 형이상적 본체를 부정한 것과는 반대로, 엄복은 본체세계의 존재를 부정하지 않았다. 다만 본체세계는 현상의 영역을 초월해 있으므로 '불가사의'한 것이라 여겼을 뿐이다. 이처럼 엄복에게 있어서 본체계는 현상계와 서로 병존하면서 동시에 대치하는 상태에 놓여 있었다.

엄복보다 다소 이후 시기인 왕국유王國維 역시 어느 정도 실증주의적 경향을 보였다. 그는 초창기에는 독일 사변철학을 연구하면서 형이상학에 대해 지대한 관심을 보이기도 하였으나 점차 형이상학은 '좋아할 만하지만', '믿을 만한 것이 아니며', 진정으로 믿을 수 있는 것은 실증론이라고 여기게 되었다. 엄복과 마찬가지로 왕국유가 이해한 실증론은 우선 근대과학적 방법을 의미하며, 동시에 실증론의 경험주의 및 현상주의 원칙 또한 포함하고 있었다. 왕국유는 근대과학 방법론을 사학 연구에 적용한 동시에 현상 관계를 중시하는 경향성을 드러냈다. 그는 과학의 최고 목표가 '사물을 기술하여'(記敍事物) '그 본질을 남김없이 파악하는 것'(盡其眞)이라 생각했다. 따라서 그의 사학 연구는 현상 영역에 한정된 고증학이 주를 이루었다. 왕국유는 실증론이 '믿을 만한 것이기는 하나, 인생의 의의, 인간의 궁극적 관심사 등의 문제를 해결할 수 없으므로 결코 '좋아할 수 없는 것'이기도 하다고 생각했다. 왕국유의 아래와 같은 말에서 그의 복잡한 심정이 잘 드러난다. "믿을 수는 있어도 좋아할 수 없는 것이 있고, 좋아할 수는 있어도 믿을 수 없는 것이 있으니, 근래 들어 가장 큰 고민이 아닐 수 없다."[1] 이러한 관점은 실증주의의 한계를 간파한 것으로 볼 수 있다. 왕국유는 일생에 걸쳐 '좋아할 만한' 형이상학과 '믿을 만한' 실증론 사이에서 고뇌하며 배회하였다.

5·4운동 시기, 호적胡適은 2세대 실증론인 실용주의를 받아들였다. 실증론 사조의 한 유파로서 실용주의는 전통의 형이상학에 대해 실증론과 마찬가지로 비판적이고 부정적인 태도를 견지했는데, 이러한 입장은 호적에게도 직접적인 영향을 끼쳤다. 존 듀이(John Dewey, 1859~1952)와 마찬가지로 호적은 형이상학의 문제에 대해 '모호한 태도를 견지할 것'을 주장했다. 다만 호적은 이와 동시에 전통적 자연주의의 영향을 깊이 받아 "저 자연주의적 우주 속에 하늘의 운행은 일정한 법도를 지니고, 사물의 변화는 자연법칙을 지닌다"[2]라고 하기도 하였다. 우주에 내재한 법칙을 긍정한 것은 실증주의(그 지류의 하나인 실용주의를 포함해)가 현상 배후의 본체에 대한 논의를 거부한 것과는 분명 다른 점이 있다. 실재론의 이러한 경향성과 관련하여, 호적은 자연주의를 인생의 영역으로 끌어들여 자연주의 인생관을 제시하기도 하였다. 이러한 관점은 형이상학을 어느 정도 용인하려는 태도를 나타낸 것이다. 방법론 측면에서 호적은 실증론의 현상주의 원칙을 받아들여 인식이란 단지 현상과 경험의 영역에서만 가능하다고 생각하였으나, 다른 한편으로는 청대의 박학朴學(건가학파)과 같은 전통적 방법론 사상을 계승하고 이를 근대과학 방법론과 서로 소통하게 함으로써 전통 방법론의 근대화를 추진하기도 하였다.

호적이 실용주의를 도입한 것과 발맞추어 정문강丁文江, 왕성공王星拱 등은 마하주의(Machism)를 중국에 소개하는 데 주력하였다. 철학 형태로 보면, 마하주의는

---

1) 王國維, 『靜庵文集續編』, 「自序 2」.
2) 胡適, 「序」, 『科學與人生觀』.

대체로 2세대 실증주의로 분류될 수 있다. 1세대 실증주의와 마찬가지로 마하주의는 형이상학 타파를 자신의 주된 임무로 삼았는데, 이 측면에서는 1세대 실증주의보다 더 진보된 모습을 보였다. 물론 실증주의의 양 갈래인 실용주의와 마하주의는 서로 유사한 철학적 경향성을 지니고 있었다. 이러한 이론상의 일치성으로 인해 두 사조는 중국에 수입되고 난 뒤 얼마 지나지 않아 동일한 것으로 인식되며 하나로 합류되어 갔다. 과학과 현학玄學3) 간의 논쟁에서, 호적은 공개적으로 정문강과 왕성공 편에 서서 '현학파'를 결성하기도 하였다. 물론 정문강과 왕성공의 감각론적 색채가 호적에 비해 훨씬 더 짙었던 것은 분명하다. 그들은 마하주의의 입장에서 출발하여 물질을 감각으로 귀결하고자 하였다. 다만 마하주의가 과학과 현학의 관계 문제에 더욱 큰 관심을 기울였던 것과는 달리, 정문강과 왕성공은 인생관에 대해 상당한 흥미를 나타냈다. 실제로 정문강과 왕성공이 마하주의를 소개하고 발전시킨 것은 인생관 논쟁이 그 발단이었다. 그들이 볼 때, 과학과 인생관은 둘로 나눌 수 없으며, 인생관은 마땅히 과학의 제약을 받아야 한다. 이러한 점은 바로 과학적 통일성을 드러낸 것으로 볼 수 있다. 일반적으로 말해, 과학적 통일성을 추구하는 것은 실증주의의 공통적인 경향이다. 1세대 실증주의자 콩트는 실증철학을 과학의 종합으로 간주했고, 마하는 인식론의 기초 위에 과학적 통일성을 세우고자 하였다. 이러한 측면에서 보면, 정문강과 왕성공은 분명 실증주의의 전통을 계승한 것으로 볼 수 있다. 또한 과학적 보편성을 강조한다는 점에서 이들은 과학주의적 경향을 나타냈다고도 할 수 있다. 이들은 심지어 인생을 물리나 역학 운동의 과정으로 이해하기도 하였다. 이 점에서 말하자면, 정문강과 왕성공은 더욱 극단적인 형식으로 실증주의의 내재적 결함을 돌출시켰다.

실증주의의 결함을 어떻게 극복할 것인가? 이는 실증론 사조의 발전 과정에서 회피할 수 없는 문제였다. 특히 풍우란馮友蘭에게 이 문제는 더욱 자각적인 관심의

---

3) 역자 주: 중국의 전통 형이상학을 지칭하는 용어로 본문에서는 종종 '형이상학'과 구분되지 않고 사용된다.

대상이었다. 그는 젊은 시기 미국으로 건너간 이후 점차 영미 신실재론을 받아들이게 되었고, 이를 중국 전통철학, 특히 정주리학程朱理學과 회통시켜 자신의 철학체계를 건립했다. 신실재론은 19세기에서 20세기로 넘어가는 무렵에 생겨났으며 넓은 의미에서 실증주의 사조에 속한다. 이는 형이상학 극복의 문제 등에서 1세대 실증주의와 기본적으로 일치하는 모습을 보였다. 다만 신실재론은 논리 분석 방법을 중시하였는데, 풍우란은 무엇보다 전통철학 중의 '낡은'(壞) 형이상학을 배척함으로써 실증론과 비슷한 사고방식을 보여 주었다. 그런데 풍우란은 '낡은' 형이상학 외에 가장 '철학적인 형이상학'이 존재한다고 생각했다. 이는 완전한 형식명제 혹은 분석명제로 구성되어 실제세계와는 서로 관계하지 않는다는 특징을 지닌다. 그가 재건하고자 시도한 것은 바로 이러한 형식화된 형이상학이었다. 그는 논리적 구조화라는 방식을 사용하여 전통 형이상학을 정화하고자 하였는데, 리理, 기氣, 도체道體, 대전大全 등의 범주를 근간으로 삼아 자신의 신리학新理學의 체계를 만들어냈다. 그렇지만 이론적으로 이 새로운 형이상학이 대단히 성공적인 것은 아니었다. 형식화를 추구한다는 것은 곧 모든 실제 내용을 제거한다는 것을 의미하는데, 이는 철학을 현실적 근거를 결여한 공허한 사변체계로 만드는 결과를 초래하게 된다. 물론 실증주의의 편향성에 대해서는 어느 정도 제한 작용을 할 수는 있다. 실증주의는 형이상학을 배척하는 동시에 세계의 통일 원칙 및 발전원리에 대한 고찰을 거부한다. 왕국유가 실증론으로는 '위대한 형이상학'의 문제를 해결할 길이 없음을 탄식했을 때, 실증론의 이러한 한계를 인식한 것으로 볼 수 있다. 비록 사변적 특징을 지니고 있기는 했으나, 풍우란의 신형이상학은 협소한 시야를 보여준 실증주의와는 달리 세계의 통일원리 및 발전원리의 철학적 지위를 새롭게 확인함으로써 실증론의 편향성을 어느 정도 바로잡는 작용을 했다.

　　인식론과 방법론 측면에서 풍우란은 실증주의의 경험적 실증의 원칙을 융합하고 신실재론 및 논리실증주의의 논리 분석 방법을 흡수하였는데, 이와 동시에 명제를 두 유형, 즉 본연명제와 실제명제로 구분하기도 하였다. 본연명제는 본연적 리(本然之理)를 그 내용으로 하며, 이는 인간에 의해 실제로 서술되는가와는 무관하게 항상 존재한다. 실제명제는 본연명제에 대한 진술을 가리키는 것으로 본연명제를 근거로 한다. 본연명제는 언제나 참이며, 실제명제는 그것과 서로 부합할 때만 비로소 참의 성질을 지닌다. 본연명제란 경험에 의존하지 않고 존재하는 인식형식이므로 경험 초월적 성질을 지녔다는 것을 어렵지 않게 알 수 있다. 명제에 대한 이러한 규정은 실증주의와는 분명히 차이를 보였는데, 풍우란은 본연명제에 대한 규정을 토대로 실증주의(특히 논리실증주의)의 규약주의를 비판하기도 하였다. 본연명제에 대한 규정과 관련하여, 풍우란은 실증주의의 논리 분석 방법을 긍정하는 동시에, 더 나아가 개념에 대한 변별(辨名)로부터 이치를 분석(析理)할 것을 주장했다.4) 그가 볼 때, 과학적 방법은 원래 용어에 대한 의미 분석과 구문의 법칙에 대한 분석을 동시에 포함하고 있으나, 개념에 대한 이러한 분석(辨名)은 반드시 이치에 대한 분석(본연의 이치에 대한 파악)과 연계되어야 한다. 논리실증주의가 언어의 논리 분석에 갇혀 있었던 것과 비교하면, 풍우란의 시야가 훨씬 더 개방적이었다고 하겠다.

풍우란이 변명과 석리를 통해 형이상학을 재건하고자 했던 것은 사람들을 이상적인 인생의 경지로 인도하기 위한 것으로서 도덕철학과도 관련이 있다. 윤리학의 측면에서 실증주의(특히 신실재론 및 이후의 논리실증주의)는 전통적 규범윤리학으로부터 메타윤리학으로 전향하였다는 특징을 지닌다. 메타윤리학은 도덕 언어에 관한 연구를 주된 내용으로 하며, 이는 어떤 의미에서 보면, 윤리학을 도덕 개념과 도덕 판단에 대한 논리 분석으로 귀속시킨 것이라 볼 수 있다. 실증주의의 이러한 경향은 풍우란에게도 큰 영향을 미쳤다. 풍우란은 도덕철학 연구에서 개념의 명료화를 매우 중시했다. 다만 그는 신실재론 및 논리실증주의가 윤리학을 한갓 도덕언어에 대한 분석으로 귀결시키는 것에는 동의하지 않았으며, 철학은 반드시 인생과

---

4) 역자 주: 辨名과 析理는 중국 위진현학에서 사용한 용어이다. 풍우란은 이를 그대로 인용하되 근대철학의 의미를 부여하여 전통철학과 근대철학을 매개하는 개념으로 사용하였다. 이하 본문에서는 그 복잡한 함의를 살리기 위해 '변명'과 '석리'라는 용어를 그대로 사용하고자 한다.

연결되어야 한다고 생각했다. 한편 그는 깨달음(覺解, 이성적 깨달음)의 정도에 근거해 인생을 네 가지의 경지로 구분하였는데, 그에 따르면, 인생의 최고 경지(天地경지)에 도달하기 위해서는 반드시 본체론 상의 도체道體·대전大全과 같은 범주의 도움을 받아야 한다. 본체론과 인생관 간의 이러한 관계에는 천天과 인人, 진眞과 선善에 관한 통일적 사유가 내포되어 있다. 정문강과 왕성공이 물리세계의 인과법칙으로 인생을 통제하고, 논리실증주의가 인생을 논리화하고자 했던 것에 비해, 풍우란의 이러한 관점은 분명 다른 방식의 사유를 보여 주고 있다.

김악림金岳霖 역시 풍우란과 거의 같은 시기에 신실재론을 받아들였다. 김악림은 1930~40년대에 들어『논리』,『도를 논함』(論道) 등의 저서를 출판하고 관련된 주제의 논문들을 발표하였으며,『지식론』을 집필하여(이 책은 1940년대 초에 완성되어 1940년대 후반에 이미 상무인서관에서 편집과 조판 작업을 완료하였으나, 여러 가지 이유로 1980년대에 이르러서야 정식으로 출판되었다.) 자신만의 고유한 철학체계를 세우기도 하였다. 신실재론의 영향을 받은 김악림은 전통 형이상학에 대해 상당한 불만을 지니고 있었다. 그가 볼 때, 전통 형이상학은 대개 우주 본체의 측면에서 마음(心)과 사물(物)의 관계 등을 토론하는 데 몰두하였는데, 이러한 논의는 큰 의미를 지니지 못한다. 『지식론』에서 김악림은 "이 지식론은 유심적인 지식론도 아니고 유물적 지식론도 아니다"라고 명확히 밝히기도 하였다. 이같이 유심과 유물을 넘어서고자 했던 것은 신실재론과 대체로 일맥상통하며, 모두 실증주의의 경향성을 드러낸 것으로 볼 수 있다. 다만, 김악림은 구형이상학을 배척하면서도 '현학'(형이상학)의 의미를 완전히 부정하지는 않았다. 현학이 반드시 지식을 증가시켜 준다고 할 수 없으나, 사람들에게 '정서적인 만족(『도를 논함』)을 줄 수 있고, 또 기타 철학 문제를 해결하는 데 필요한 전제를 제공할 수 있다고 생각했기 때문이다. 바로 이를 근거로 김악림은 전통철학의 개념을 빌려 우주의 도리를 '무극無極이면서 태극太極인'5) 과정으로

---

5) 역자 주: 김악림은 주돈이의『태극도설』에 나오는 '無極而太極'이라는 말을 그대로 인용하여 논의를 펼쳤다. 저자는 김악림이 '무극이태극'이라는 용어를 '무극에서 태극으로 이행되는 과정'으로 이해하여 사용했다고 전제한다.

이해했다. 태극은 비록 도달할 수 없는 것이지만, '지진至眞'(지극히 참된), '지선至善'(지극히 선한), '지미至美'(지극히 아름다운), '지여至如'(지극히 그러한)의 경지를 이룬다. 진眞, 선善, 미美, 여如의 통일을 의미하는 이러한 경지는 인간의 가치적 이상을 나타내므로 인간에게 정서적 만족을 줄 수 있다. 이처럼 형이상학의 의미를 긍정한 것은 실증주의의 입장을 벗어난 것이다. 풍우란이 변명과 석리에 대한 분석에서 출발하여 인생철학을 지향했다면, 김악림은 인식론에 관심을 집중하였다. 그에 따르면, 지식은 감각으로부터 논의되어야 한다. "지식이 증가했다는 말은 간단히 말해, 서로 다른 올바른 감각(正覺)이 증가했다는 뜻이다"(『지식론』)라고 하였다. 감각을 지식의 기원으로 삼았다는 점에서 보면, 이러한 관점은 분명히 실증주의와 유사하다. 다만, 실증주의는 주로 흄의 경험론을 계승하여 인식이 감각을 초월할 수 없다고 여김으로써 주체의 감각을 외부 대상과 단절시켰다. 이와는 대조적으로 김악림은 '소여는 객관의 현현이다'라는 명제를 제시했다. 소여所與, 즉 외부 사물이 감각 활동 중에서 드러난 것은 감각의 내용이면서 동시에 감각의 대상이기도 하다. 달리 말하면, 안(감각 내용)과 밖(감각 대상) 사이에 건널 수 없는 틈이란 존재하지 않으며, 그 둘은 소여에서 서로 통일을 이루고 있다. 이러한 관점은 감각이 객관의 실제를 제공할 수 있음을 실질적으로 긍정한 것으로서 실증론이 견지한 흄주의적 전통을 넘어선 것으로 볼 수 있다.

이러한 전제에서 더 나아가 김악림은 개념의 작용을 분석하였다. 그에 따르면 개념은 소여를 모사하고 소여를 규범화한다. '모사'란 소여를 기호화하여 개념의 구조 속에 배치하는 것으로, '소여로부터 얻는'(得自所與) 과정으로 표현할 수 있다. '규범화'란 소여로부터 얻은 개념을 가지고 더 나아가 새로운 소여를 받아들이고 이를 정리하는 것을 말하며, 이는 '소여에게 환원하는'(還治所與) 과정으로 표현할 수 있다. 이러한 개념의 이중 작용 속에서 감성과 이성은 하나의 통일된 관계로 나타나며, 이런 점에서 이미 극단적 경험주의의 입장은 어느 정도 극복되었음을 확인할 수 있다.

방법론 측면에서 김악림은 귀납에 중요한 지위를 부여했다. 이 점은 실증주의와 유사한 측면이 있다. 하지만 논리실증주의가 귀납을 주로 증명의 방법으로 이해한 것과는 달리, 김악림은 귀납이 '사중구리事中求理'(현상 속에서 이치를 구하는 과정)의 과정임을 강조하면서 귀납을 과학적 발견과 연결하였다. 더욱 주목할 만한 점은, 그는 귀납 원리의 신빙성을 논증하면서 논리에 대해서 세밀하고 심도 있는 고찰을 진행하는 한편, 방법론에 본체론을 결합하여 대상 속에는 본래부터 보편적 관련 및 진정한 질서가 내재해 있다고 설명하였다. 그는 이러한 방식으로 특수에서 보편에 이르는 귀납 과정에 객관적 근거를 제공하고자 하였다. 귀납 문제에 대한 이러한 해결 방식은 논리 분석의 영역에 갇혀 있던 논리실증주의의 시야를 명백히 넘어선다.

요약하자면, 엄복에서 시작된 중국 근대의 실증주의는 진화와 발전의 거치면서 실증론의 일반적인 경향과 더불어 자신만의 독특한 특징을 드러냈다. 역사적으로 보면, 중국 전통철학의 장기간의 발전 과정은 고전적 인본주의를 주된 흐름으로 하였다. 인식론, 방법론, 논리학 등의 영역에서 전통철학이 중요한 성과를 이루지 못했다고는 할 수 없으나, 상대적으로 이러한 분야에서 취약한 모습을 보인 것은 분명한 사실이다. 예를 들어, 후기 묵가가 형식논리 체계를 세웠으나, 선진시기 이후 이들의 학문 전통은 거의 단절되고 말았다. 위진시기에도 명변名辯 사조가 한 차례 크게 유행하여 『묵변주』와 같은 논리학 저작이 출현하기도 했지만, 이러한 현상은 오래 지속되지 못했고, 노승魯勝의 『묵변주』 역시 짧은 서문만이 전해지고 있는 실정이다. 당나라 때는 인도의 인명학因明學6)이 중국에 전래되었으나 광범한 주목을 끌지는 못했고, 불교의 이치와 비교하여 논리로서의 인명은 별다른 인정을 얻지 못했다. 명청시기 즈음에는 서양의 논리학 체계(아리스토텔레스의 형식논리)가 들어오기 시작했지만, 이에 관심을 가지는 사람들은 거의 없었다. 이러한 현상과 맞물려, 고전 인식론 연구는 결국 윤리학의 속박을 벗어날 수 없었다. 공자가 지知와 인仁을 융합한 것에서부터 송명리학이 궁리窮理와 덕성적 앎(德性之知)을 연결

---

6) 역자 주: 인도 불교의 논리학.

한 것에 이르기까지, 인식은 칸트가 말한 '순수이성'의 형태를 끝내 획득할 수 없었으며, 이는 인식론의 심층적인 연구에 적지 않은 제약으로 작용하였다. 따라서 인식론 및 논리학, 그리고 방법론의 연구에 중점을 두었던 근대 실증주의의 수용과 발전은 중국철학 자체의 심화와 전개에도 대단히 중요한 의의를 지닐 수밖에 없었다. (강유위에서 웅십력에 이르는) 넓은 의미의 신유가로 대표되는 근대 인본주의 사조가 전통철학에 대한 동질감을 강하게 드러냈다면, 중국 근대의 실증주의 사조는 전통철학의 근대화에 더욱 주목하였으니, 이 둘은 각각 중국 근대철학의 중요한 두 분야를 이루고 있었다고 하겠다.

중서 간 철학 교류라는 관점에서 중국 근대 실증주의 사조를 고찰해 보면, 그들이 지닌 중요한 의미를 더 깊이 살펴볼 수 있다. 서양의 정통적 실증주의 입장에서 중국 근대 실증주의는 아직 '순수화된' 형태를 갖추지 못했다. 서양 정통 실증주의의 반형이상학이라는 원칙과 비교할 때, 중국 근대의 실증주의는 형이상학 문제에 대해 강한 이중성을 보였다. 즉, 그들은 구형이상학에 대해 회의하고 이를 비판하면서도 모든 형이상학을 완전히 거부하지는 않았다. 이러한 태도는 정통 실증주의에서 상당히 벗어난 것으로서 어느 정도 인본주의에 공감한 것으로 볼 수 있다. 이러한 온건한 실증론적 태도는 실증주의의 편향성을 제약해야 한다는 이론적 요구를 은연중에 드러낸 것으로 인본주의와 실증주의 사이의 긴장을 해소하려는 의도를 담고 있었다고 하겠다.

사회문화 사조의 측면에서 말하면, 실증주의는 과학주의와 분리되기 어려운 관계에 있었다. 실제로 실증주의는 과학주의 사조로 분류되기도 한다. 상대적으로 이 책은 철학 분석의 측면에서 실증주의를 다루었다고 할 수 있다. 이론적인 측면에서 실증주의는 주로 지식(Knowledge)의 영역을 다루고 있지만, 철학이 결국 성性과 천도天道와 관련된 지혜(Wisdom)의 문제를 벗어날 수 없는 것 또한 분명한 사실이다. 그렇다면 지식과 지혜를 어떻게 서로 소통시킬 것인가 하는 문제는 실증주의에게 영원히 곤란한 숙제로 남을 수밖에 없다. 바로 이 점에서 현대의 철학자 풍계馮契는 독특한 이론적 모색을 통해 자신의 '광의의 인식론'을 형성하였다. 이 이론은 실증주의에 대한 일종의 응답으로서, 실증주의의 숙제를 해결하기 위한 하나의 창조적 사유 방식을 보여 주었다. 더욱 폭넓은 철학적, 문화적 배경지식을 위해 책의 후반부에 부록의 형식으로 근대의 과학주의, 분석철학, 중국 근대철학 및 풍계의 광의의 인식론 등을 서술한 논문 몇 편을 실어 두었다. 이로써 중국 근대 실증주의 사조를 더욱더 전면적이고 심층적으로 파악할 수 있기를 희망해 본다.

제1장
실증주의의 동점東漸

　　중국철학이 근대에 진입한 이후, 실증주의를 비교적 체계적으로 수용한 최초의
인물로 엄복嚴復을 들 수 있다. 서양철학의 세례를 제대로 경험한 철학자로서,
엄복은 중서철학의 교류와 회통 과정에서 많은 근대적 특징을 보여 주었다. 강유위,
담사동 등이 '에테르'(以太)와 '인仁' 등을 섞어 중국의 것도 서양의 것도 아닌 사변철학
을 세웠던 것과 달리, 엄복은 서양의 '경험귀납'(實測內籀)적 학문을 받아들이면서
사변적 구조에서 실증의 관념으로 전향하였는데, 그의 이러한 전향은 출발부터
줄곧 서양 실증주의의 영향 아래 놓여 있었다. 그런데 엄복이 고전철학과 이별을
고하기는 했지만, 심층부터 스며들어 있던 전통철학의 영향에서 완전히 벗어나지는
못했다. 이처럼 서양의 실증론과 중국 전통철학은 서로 배척하면서도 서로 융합하
여 엄복의 철학에 독특한 형태를 부여하였는데, 이 형태는 중국 근대 실증주의
사조의 논리적 출발점이 되었던 동시에, 중서철학의 만남이라는 역사적 흐름에
이정표가 되었다.

1. 경험귀납적 학문

　　엄복이 단지 '기술'(技)이나 '그릇'(器)의 역할을 넘어 철학의 층위에서 서양의
경험귀납적 학문을 찾고자 했을 때, 가장 먼저 마주한 것은 콩트, 밀, 스펜서
등으로 대표되는 1세대 실증주의였다.[1] 인식론과 방법론 측면에서 볼 때, 초기

실증철학은 다음과 같은 두 가지 측면을 포함한다. 첫째는 근대 실증과학의 방법에 대한 해석과 확장이다. 콩트는 베이컨 이래의 사실 중시 정신을 실증철학의 기본 요구로 여기는 한편, 관찰, 실험, 비교 및 역사 등의 방법을 자연과학과 사회학의 주요 방법으로 삼았다.[2] 나아가 밀은 실증과학 방법을 체계화하고 구체화하여 완전한 과학적 귀납법을 개발했다. 스펜서는 과학적 방법을 추상과학의 방법(논리와 수학의 방법), 추상-구체과학의 방법(물리학과 화학 등의 방법), 구체과학(천문학, 지질학, 생물학 등)의 방법 등 세 가지로 나누고, 이러한 방법을 사회학 연구에도 도입해야 한다고 주장했다.[3] 콩트는 논리학을 실증과학 밖으로 배제하고, 밀은 귀납 만능주의적 편향성을 드러내는 등, 과학적 방법에 대한 실증주의자들의 설명에는 분명 결함이 있었지만, 근대 실증과학적 방법을 중시하여 이를 실증철학 속에 도입한 것은 분명 실증주의의 뚜렷한 특징을 이루었다.

실증철학의 다른 한 가지 중요한 측면은 바로 현상주의 원칙이다. 이러한 원칙은 우선 실증과학 방법의 적용 범위를 확정한 것에서 발견할 수 있다. 실증론에서 볼 때, 과학적 방법은 자연과학 및 사회과학 연구에 없어서는 안 되는 수단이지만, 단지 현상계에만 적용될 수 있다. 즉, 현상의 배후에 있는 본질 또는 본체는 인간의 인식 능력을 넘어서므로, 이에 대해 과학적 방법은 무용지물이 된다. 콩트는 다음과 같이 설명한다. "인간의 정신은 절대의 개념에 도달할 수 없음을 인정하고 있으므로 우주의 기원과 목적을 탐색하거나 각종 현상의 내재 원인을 추구하지 않으며, 단지 추리와 관찰을 긴밀히 결합하여 현상의 실제적 규칙을 찾고 또 그것들 사이의 불변적인 선후 관계와 상관관계를 탐색한다."[4] 이에 따르면, 과학적 방법의 기능은

---

1) 엄복이 주로 밀, 스펜서, 헉슬리 등을 통해 서양 근대의 '경험귀납학'을 이해한 만큼, 그에 대한 서양철학의 영향은 대개 이들로부터 기인하였다. 밀, 스펜서, 헉슬리 등은 모두 철학적으로 실증주의 유파에 속한다.

2) A. Comte, *The Positive Philosophy of Auguste Comte*, freely translated and condensed by Harriet Martineau(Cambridge University Press, 2009), Vol. 2, pp. 25~110을 참고할 것.

3) H. Spencer, *The Study of Sociology*(New York: D. Appleton and Company, 1899), pp. 22~42를 참고할 것.

4) 洪謙 주편, 『西方現代資産階級哲學論著選輯』(北京: 商務印書館, 1964), 26쪽.

현상 및 현상들 사이의 관계를 묘사하고 기술하는 것에 그친다. 밀은 나아가 이러한 현상주의 원칙을 연상주의 심리학과 결합하였다. 그는 현상들 사이의 항상적 관계는 궁극적으로 생각의 연속에 기초하고 있으므로 현상들 사이의 관련성은 감각의 조합으로 환원된다고 생각하였다.

정리하면, 실증과학의 방법과 현상주의 원칙은 실증철학의 두 가지 내용을 구성한다. 이 가운데 전자는 실증철학과 실증과학 간의 관계를 말해 준다. 한편 후자는 실증철학의 본질적 특징을 나타내며, 전체적으로 보았을 때, 실증주의는 현상주의 원칙을 실증방법의 인식론적 기초로 삼았다고 할 수 있다.

실증주의의 이러한 사상은 엄복에게도 큰 영향을 미쳤다. 엄복은 특히 실증철학에서 다루는 근대과학적 방법에 큰 관심을 가졌다. 그의 견해에 따르면, 서양과학의 발전은 주로 경험귀납[5]의 학문 방법을 통해 가능했다. 경험귀납이란 사물에 다가가(卽物) 이를 실측하는(實測) 과정, 즉 관찰과 실험에 기초하여 귀납(內籀)을 통해 일반법칙(公例, 과학법칙 및 일반 원리)을 도출하고, 최종적으로 이를 다시 실험을 통해 검증하여 하나의 '정리定理'로 만들어 내는 일련의 방법을 말한다. 엄복은 특히 귀납의 역할을 강조하며 이를 분석과 결합하기도 하였다. "앎의 명료함은 분석에서 시작된다. 분석이 가능하다면 구분이 가능해지게 되고, 구분이 가능해지면 종류의 구분이 없던 전체에 각기 다른 종류가 있게 된다.…… 그런 다음 이를 하나로 모아 작은 차이점은 버리고 큰 공통점만을 취해 항상 깃들어 있는 속성을 가려내면 일반법칙이 성립된다."[6] 분석은 외적인 측면에서 같고 다름을 비교하는 것이 아니라, 인식 대상의 내부로 깊이 들어가 그 사물이 지닌 고정적 특성을 파악하고자 한다. 서양의 경험귀납적 방법에 대한 엄복의 이러한 설명은 기본적으로 밀의 사상에 바탕을 두고 있지만, 주된 내용은 근대 실험과학적 방법의 각 부분과 관련이 깊다. 고전에서 심오한 의미를 찾던 경학적 기풍이 남아 있던 당시, 사물에 다가가 실측하라는

---

5) 역자 주: 엄복은 '實測內籀'라는 표현을 사용하였고, 저자 역시 이를 그대로 인용하였으나, 본문에서는 이해의 편의상 동의어인 '경험귀납'으로 풀이하였다.
6) 王栻 주편, 『嚴復集』(北京: 中華書局, 1986), 1046쪽.

주장은 사람들의 이목을 새롭게 하기에 충분했다. 엄복이 주장한 엄격한 실증의 요구는 성현의 가르침 범위에서 한 발자국도 넘어서려 하지 않던 경학의 독단론에 큰 충격을 주었고, 그 여파는 실증과학이 중국 근대사상계에 준 영향마저 훌쩍 뛰어넘었다.

그런데 서양의 과학적 방법을 수용하는 매개로 실증주의를 선택하게 되면서 점진적이고 소극적 방향으로 발전해 나갈 계기는 매몰되고 말았다. 앞서 설명한 대로, 실증철학은 출발 당시부터 근대 실험과학과 역사 및 이론적 측면에 관련이 있었다. 따라서 과학을 숭상하던 엄복에게 과학의 후광을 등에 업은 현상주의 원칙은 그것과 동일한 매력으로 다가왔다. 이처럼 서학의 격치格致[7]로부터 현상주의 원칙으로의 이행은 일종의 논리적 필연이라 할 수 있었다. 후자의 특징은 경험귀납에 대한 엄복의 진보된 해석에서 두드러지게 나타난다. 그가 볼 때, 과학의 일반법칙은 귀납에서 오는데, 귀납의 범위는 항상 '상대의 영역'을 넘어서지 않는다. 이른바 상대의 영역이란 곧 현상계를 말한다. 사물에 대한 실측은 현상계의 대상으로 한정되어 있었으며, 일반법칙 역시 현상들 사이의 항상적 관계를 포괄한 것이었다. 경험론에서 한 걸음 더 나가면 현상과 감각의 결합으로 이어질 수 있다. 현상은 감각 작용을 통해 주체에 의해 감지되기 마련이므로 감각을 떠나서는 주체에 대해 아무 의미를 지니지 못한다. 이런 의미에서 현상은 감각으로 환원될 수 있다. 영국의 실증주의자 헉슬리가 바로 이러한 추론을 제시하였으며, 엄복 역시 다음과 같은 결론을 거듭 밝힌 바 있다. "마음과 사물이 접촉하는 과정에서는 감각기관을 통해 상相을 감지하게 되는데, 이때 상相은 '의미'(意)이지 사물(物)이 아니다."[8] '인식이 상대의 영역을 넘어서지 않는다'라는 말은 인식은 감각을 넘어서지 않는다는 의미이며, 엄복의 말을 빌리자면, "알 수 있는 것은 감각에 그친다"[9]라고 표현할 수 있다.

---

7) 역자 주: 청대 말기에 물리·화학 등 자연과학을 총칭하여 이른 말.
8) 王栻 주편, 『嚴復集』, 1377쪽.
9) 王栻 주편, 『嚴復集』, 1036쪽.

이처럼 경험귀납적 학문 방법의 범주 속에는 근대 실증과학의 방법뿐 아니라, 현상주의 원칙 또한 녹아들어 있었음을 쉽게 알 수 있다. 이 두 가지 원칙의 결합은 엄복이 서양과학을 수용하는 과정의 중요한 특징이 되었다. 이러한 특징은 실증주의 자체의 이중성에서 유래한 것이기도 했다. 즉 엄복은 스펜서의 실증철학으로부터 과학적 방법이 보편성을 지닌다는 관점과 더불어, 인식은 표상을 벗어날 수 없다는 결론을 받아들였다. 한편 밀을 통해서는 과학적 귀납법을 체계적으로 이해하는 동시에 인식은 감각을 넘어설 수 없다는 관점을 받아들였다. 콩트와 밀 그리고 스펜서의 실증철학은 근대과학적 방법의 여러 내용을 포함하고 있었는데, 그중 가장 핵심은 바로 근대과학 방법을 위한 실증주의적 인식론의 기초를 세우는 것이었다. 이들과 비교하여, 엄복은 과학적 방법론 자체에 더 큰 관심을 두었다. 그에게 있어 중요한 것은 무엇보다 서양의 자연과학이었으며 실증론의 현상주의 원칙이 그에게 받아들여지게 된 가장 큰 이유 또한 그것이 과학의 외관을 지녔기 때문이었다. 한편 엄복이 서양의 경험귀납적 학문 방법을 소개하고 해설한 방식에는 서학과 전통이 복잡하게 뒤섞여 있었다. 이는 그가 근대 중서철학의 회통과 융합이라는 역사적 과제를 자신의 배경으로 삼았기 때문이었다. 이러한 배경으로 인해 엄복은 실증주의로 향하면서도 항상 그로부터 벗어나는 모습을 보였다.

앞에서 설명한 대로, 엄복은 인식이 단지 상대의 영역에 한정된다고 생각했다. 하지만 이는 결코 현상의 원인을 탐구할 수 없다는 의미가 아니다. 오히려 현상의 원인을 탐구하지 않는다면, 지식은 모호하고 불분명한 것이 되고 만다. 인과관계를 과학 연구의 목표로 삼은 것은 물론 엄복의 창조적 견해가 아니다. 인과관계를 드러내는 것을 실증과학의 목표로 삼고 인과관계를 탐구하는 기본 방법을 제정한 것은 영국의 실증론자 밀이었다. 하지만 '인과관계의 본질이란 과연 무엇인가?'라는 문제에 대해 엄복과 서양의 실증주의 사이에는 중요한 차이가 있었다. 밀의 관점에 따르면, 자연 현상에는 균일성(uniformity)이 존재하는데, 모든 균일성 가운데 서로 연속적인 균일성이 가장 중요하다. 이른바 인과율이란 현상의 연속적인 균일성을 말하는 것일 뿐이므로 인과관념은 현상 전후의 연속 관계에 관한 연상 속에서 성립된다. 이러한 관점은 사실 인과관계에 대한 현상주의-심리연상주의적 해석으로 볼 수 있다. 이와는 달리 엄복의 견해에 따르면, 그렇게 되는 까닭(所以然)을 아는 것(즉, 원인을 탐구하는 것)은 드러난 것에서 드러나지 않은 것으로 들어가는 과정으로 이해된다. "만약 사물에 다가가 이치를 궁구할 줄 모르면 그것에 말미암으면서도 그 도리를 알지 못한다. 사물의 극치에까지 이르고자 하지 않는다면 그 도리를 알 수는 있으나 완전히 통달하지는 못한다.……이른바 학문이란 오묘하고 은미한 이치를 탐색하고, 다른 것을 종합하고 같은 것을 분석함으로써 하나로 통하는 도를 다룬다."[10] 여기에서 '오묘하고 은미한 이치를 탐색하는 것'은 구체적으로 "거친 것에서 정미한 것으로 들어가고 드러난 것에서 오묘한 것에 이르는 것"[11]을 말하며, 이는 곧 외재적 현상에서 내재적 규칙으로 들어간다는 의미로 해석된다. 같은 맥락에서 엄복은 사회정치에 관한 연구에서도 겉으로 드러난 현상에만 머물러서는 안 된다고 여겼다. 다시 말해, "정치를 고찰하여 그 정수를 얻으려면 드러난 현상에 매여서는 안 된다."[12] 정리하면, '그것에 말미암으면서도 그 도리를 알지 못하는' 상태에서 '그렇게 되는 까닭을 아는' 상태로 나아가는 것은 바로 외부 현상으로부터 내재된 이치에 이르는 과정이다. 엄복의 이러한 관점은 명백히 필연적 이치(必然之理)와 보편의 도리(普遍之道)에 대한 고찰을 중시한 전통철학을 수용한 것이며, '사물에 다가가 이치를 궁구한다', '도는 통하여 하나가 된다' 등의 명제에서 그러한 특징이 잘 나타난다. 따라서 엄복은 전통철학의 내적 제약으로 인해 실증주의 원칙을 받아들이면서도 동시에 실증론의 궤도를 벗어나게 되었다.

이러한 이탈은 과학지식에 대한 그의 이해 방식에도 동일하게 나타난다. 실증주의는 과학법칙을 현상과 현상 간의 관계에 관한 서술이라고 규정하는데, 이는 지식의 상대성과 불확정성을 강조한다는 의미로도 해석된다. 현상들 사이의 관계는 그것이 아무리 일정하다 하더라도 결국 상대적이고 불확정적이라는 측면을 벗어날

---

10) 王栻 주편, 『嚴復集』, 52쪽.
11) 王栻 주편, 『嚴復集』, 40쪽.
12) 王栻 주편, 『嚴復集』, 232쪽.

수 없으므로, 그 서술은 주체의 주관적 조건에 의해 제약되고 만다.

바로 이러한 전제에서 출발하여, 실증주의는 지식이 주체 의존적이고 상대적인 것으로 간주되어야 한다고 강조한다. 이러한 문제에서 엄복은 자기 나름의 관점을 견지하는데, 그에 따르면, 과학지식은 보편적으로 유효한 것이므로 전체적으로 절대성의 측면을 지닌다. "격물지치의 일은 일반법칙이 세워지기만 하면 어떤 문제라도 반드시 풀어낼 수 있다."[13] 또한 그는 도道를 파악하기만 하면 천고의 일을 모두 터득할 수 있다고 보았다. "무릇 도는 없는 곳이 없으니 진실로 그 방법을 얻기만 하면 자신에게서 취한다고 하더라도 어찌 막힘이 있겠는가? 세상 모든 것에 실행되고 천고의 모든 일을 터득하는 것 또한 그 모든 것이 서로 통하여 하나로 모이는 것을 살피는 데 달려 있을 뿐이다."[14] 과학지식의 보편적 유효성에 대한 이러한 확신은 드러난 것에서 오묘한 것으로 이어지는 논리적 전개를 긍정하였기 때문으로도 볼 수 있는데, 이는 본질적으로 실증주의의 지식론과는 구별되는 것이었다. 우리는 엄복과 실증주의 간의 이러한 불일치의 배후에 중국 전통철학의 그림자를 엿볼 수 있다. 일반법칙이 적용되지 않는 곳이 없다는 것은 논리적으로 도의 보편성과 편재성 의거하고 있는데, 이는 바로 전통철학이 깊이 지니고 있는 관념이기도 하다. 한편 역사의 영향도 찾아볼 수 있다. 엄복에게 서학의 격치, 즉 서양의 실증과학이란 중국이 근대화로 나아가기 위해 반드시 거쳐야 하는 길이었다. 이러한 역사의식은 엄복이 과학에 대해 무한에 가까운 신뢰를 가지도록 했고, 동시에 실증론의 상대주의적 관점으로부터는 멀어지게 하였다.

요약하면, 경험귀납적 학문 방법에 대한 엄복의 이해는 우선 실증주의의 세례를 거쳤다. 이러한 역사적 특징은 그가 서양 근대 실증과학의 방법을 받아들이는 동시에 실증론의 원칙을 수용하도록 만들었다. 서양의 실증과학을 통해 중국의 근대화를 이루어야 한다는 역사적 요구는 필연적으로 이에 주도적인 지위를 부여하

---

13) 王栻 주편, 『嚴復集』, 871쪽.
14) 王栻 주편, 『嚴復集』, 1095쪽.

는 결과로 이어질 수밖에 없었다. 하지만 이러한 주도적 지위는 전통철학의 영향과 결합하여 엄복으로 하여금 실증철학을 수용하는 한편, 실증론에 대해 일정한 제약을 가하도록 했다.

2. 실증의 원칙과 공리주의

경험귀납의 학문 방법은 경험적 사실에서 출발해 보편 원칙(일반 원리)에 이르며 다시 경험 사실을 가지고 귀납 분석을 통해 획득된 원칙을 검증할 것을 요구한다. 이처럼 경험과학과 서로 연계된 실증 정신은 윤리학에서는 공리의 원칙과 이어지곤 한다. 공리 원칙은 주로 가치명제와 관련되고 경험귀납은 사실 진술과 관련이 있으나, 경험 가능한 사실을 근거로 삼는다는 점에서 이들은 서로 통하며, 이런 의미에서 모두 경험주의의 범주에 속한다.

엄복은 실증을 중시한 만큼, 실제적 공리에서 벗어나 의義를 논하는 것에 반대하였다. 그에 따르면, "동중서는 '리利를 도모하지 말고 의誼를 바로잡으며, 공功을 헤아리지 말고 도道를 밝혀야 한다'라고 말했다. 이처럼 동서양의 옛 가르침을 보면 의義와 리利를 둘로 나누지 않음이 없었다. 그 뜻은 지극히 아름다우나 사람들을 교화하고 도를 밝히는 데 모두 얕아 자칫 천하 사람들을 잘못 인도하여 인의를 해치게 될 수 있다."[15] 여기에서 의誼란 의義, 즉 마땅함을 의미하며, 일반적인 윤리규범을 가리키는 것으로 이해할 수 있다. 리利는 넓은 의미에서 이익, 실효 등을 가리킨다. 의와 리를 둘로 여긴다는 것은 이익 혹은 실효를 제쳐 두고 의義만을 따지는 것으로, 이는 의義를 추상화하여 현실에서의 구속력을 상실케 하는 결과를 가져오게 된다. 엄복의 이러한 관점은 한 가지 기본적 전제를 함축하고 있는데, 바로 도덕은 실제의 효능을 바탕으로 해야 한다는 점이다. 이러한 전제는 넓은

---

15) 王栻 주편, 『嚴復集』, 858쪽.

의미에서 보면 실증의 정신과도 부합한다.

엄복은 의義와 리利를 나누는 것에 반대하는 관점에서 출발하여 나아가 도덕의 기능을 고찰하고자 한다. 그가 볼 때, 도덕의 진정한 기능은 직접적으로 사회적 효용을 발생시키는 데 있다. 따라서 도덕이 상실되면 자연히 사회적으로 부정적인 결과가 뒤따르게 된다. 그는 다음과 같이 말한다. "모름지기 동서의 역사를 두루 알아야 하니, 나라에 망조가 들면 반드시 사람들의 마음이 먼저 무너진다.…… 이처럼 도덕이 국가의 존망과 가장 큰 관계가 있다. 그러므로 덕을 기르는 것이 지식을 기르는 것보다 중요하다."[16] 여기에서 사람들 마음속의 선악은 단순히 추상적인 윤리 원칙에만 관련된 것이 아니라, 도덕 자체를 넘어 현실 사회적 의의를 지니고 있다. 바로 이러한 관점에 기초하여, 엄복은 송명의 도학 및 절조(氣節)의 전통에 대해 의미 있는 평가를 내리기도 하였다. "송나라의 도학과 명나라의 절도는 모두 좋은 뜻을 지니고 있었으나 좋은 효능은 없었다."[17] 어떤 행위가 좋은 동기만 있고 좋은 사회적 효능을 가져오지 못한다면, 그 행위는 완전한 도덕으로서 의의를 지니지 못한다는 것이다. 효능에 대한 관심이 동기에 대한 평가를 넘어서고 있음을 분명하게 발견할 수 있다.

도덕은 일종의 사회 현상으로서 이중성을 지니고 있다. 우선 기원과 작용의 측면에서 말하자면, 이는 사회 공리 관계를 기초로 하며, 수단으로서의 성격(즉 인간의 합리적 수요에 부응하고 사회의 안정을 유지하기 위한 수단)을 지니고 있다. 반면 인간의 존엄과 역량의 표현으로서 도덕은 그 자체로도 내적 가치를 지니며 이런 의미에서 수단을 넘어서는 측면을 지니기도 한다. 전자는 도덕에 현실적인 성격을 부여하고, 후자는 도덕의 숭고함을 드러내 준다. 중국 전통철학은 유학을 주류로 하였는데, 유학은 전체적으로 도덕의 내적 가치만을 강조하고 공리적 기초와 외적 가치에 대해서는 다소 소홀히 했다. 이러한 특징은 '정심성의正心誠意'라는 도덕의 목표에서

---

16) 王栻 주편, 『嚴復集』, 168~169쪽.
17) 王栻 주편, 『嚴復集』, 1024쪽.

도 잘 나타나고 있다. 이러한 전통과는 달리 엄복은 좋은 효능을 강조하였는데, 물론 도덕의 내적 가치를 소홀히 하는 편향성은 있었으나, 어디까지나 도덕의 현실 사회적 기능에 더 큰 관심을 기울였던 것으로 볼 수 있다. 리利와 별개로 의義를 논하는 것을 반대한 것에서부터 도덕의 효능을 강조하는 것에 이르기까지, 공리 원칙은 점차 가치판단의 보편 준칙으로 승화되어 갔는데, 이는 공리주의가 더욱 구체적인 것으로 규정되는 결과를 가져왔다.

공리는 선의 내용으로서, 우선 행위의 결과로 나타난다. 엄복이 볼 때, 이러한 결과는 파악할 수 없는 추상적인 것이 아니라 경험으로 파악이 가능한 감각적 대상이다. 진정한 리利는 주체에 대해 쾌락이라는 효용을 가져올 수 있지만, 리利와 상반된 해害는 부정적인 효용(즉 고통)을 초래하게 된다. 이처럼 선악은 궁극적으로 쾌락과 고통으로 환원될 수 있다. "인간의 도는 궁극적으로 쾌락과 고통에 뜻을 두는가, 아니면 선악에 뜻을 두는가? 이에 대해 답해 보자면, 인간의 도는 궁극적으로 쾌락과 고통에 뜻을 둔다. 선악이란 결국 쾌락과 고통의 많고 적음에 의해 결정되기 때문이다. 쾌락이 선이고 고통이 악이니, 쾌락과 즐거움은 선악을 결정하는 것으로 볼 수 있다."[18] 여기에서 쾌락과 고통이란 바로 행위 결과에 대한 감각적 체험을 말하는데, 비록 형식적으로 보면, 현상에 대한 인식과는 다르지만(전자는 평가의 요소를 포함하고 있는 반면, 후자는 인지에 더 중점을 둔다.), 두 가지는 본질적으로 동일한 과정으로 모두 경험의 영역을 벗어나지 않는다. 선악을 행위의 효용(利害)으로 규정하는 한편, 감성적 원칙으로 효용을 구분하여 설명하는 이러한 사유 과정은 기본적으로 경험주의적 경향을 나타낸다. 따라서 엄복은 경험주의라는 전제 아래 실증의 원칙을 공리의 원칙과 하나로 융합했다고 할 수 있다.

경험귀납적 학문 방법으로부터 공리 원칙에 이르는 엄복의 이러한 이론 전개는 어떤 의미에서 서양 실증주의의 논리 전개 과정을 반영한 것으로도 볼 수 있다. 후대의 논리실증주의와는 달리, 콩트, 밀, 스펜서 등으로 대표되는 1세대 실증주의는

---

18) 王栻 주편, 『嚴復集』, 1350쪽.

윤리학(가치 영역)의 문제를 무의미한 대상으로 간주하여 폐기하거나 하지 않았고, 이러한 문제에 대한 탐색과 논의를 도덕 범주에 대한 언어 분석(메타윤리학)으로 귀결시키지도 않았다. 그들은 규범윤리학을 그대로 남겨 두면서 목적론은 윤리학의 기본 주장으로 삼았다. 이른바 목적론은, 행위의 가치에 대한 평가 및 판단은 행위 자체를 넘어 행위의 결과를 근거로 삼아야 한다고 강조한다. 1세대 실증주의에서 이러한 목적론은 주로 공리 원칙과 결합하는 모습을 보이는데, 이른바 행위의 효과는 이해利害의 형식으로 표현되는 공리의 결과를 가리킨다.

콩트는 그의 사회 정학(Social Statics)에서 지적하기를, 모든 사람은 다 이기와 이타의 마음을 지니고 있으며 이기와 이타의 마음이 통일을 이룰 때 사회는 비로소 조화의 상태에 이르게 된다고 하였다. 직접적으로 공리적 효과를 가치판단의 준칙으로 삼지는 않았지만, 본질적으로 이익의 관계에서 사회윤리의 현상을 고찰한 것으로 이해할 수 있다. 한편 밀은 공리 원칙을 명확하게 제시하였는데, 행복의 증진 여부를 행위의 옳고 그름을 판단하는 준칙으로 삼아야 하며 행복과 불행은 곧 쾌락과 고통으로 이해되어야 함을 강조했다. 스펜서도 마찬가지로 공리주의의 전통을 넘어서지 않았다. 그는 행위가 즉각 사람들에게 즐거움을 줄 때만 비로소 정당한 것이라고 하였는데, '즉각'이라는 말을 통해 행위의 즉시성과 직접성을 특히 강조하였다.

이상의 논의를 살펴보면, 행위의 실제적인 공효를 기준으로 선과 악을 규정하는 것이 1세대 실증주의의 공통적인 특징이었음을 알 수 있다. 경험 가능한 대상의 일종으로서, 행위의 공효는 기본적으로 현상을 벗어나지 않는데, 이처럼 행위의 공효를 선악의 내용으로 삼는 것은 곧 현상-경험의 차원에서 도덕 행위를 고찰하는 것을 의미하기도 한다. 이러한 점에서 1세대 실증주의의 공리 원칙은 결국 현상주의의 궤도를 벗어나지 않았으며, 실증 원칙에서 공리 원칙으로 이행해 간 것은 실증주의 자체의 발전 형태로도 볼 수 있다. 서양 실증주의의 이러한 논리적 발전은 엄복이 윤리학적으로 공리주의를 지향하게 된 역사적 계기로 작용했다. 경험귀납적 학문 방법을 수용한 것에서 공리 원칙을 숭상한 것에 이르기까지, 엄복이 자신의 철학을 세워 나간 과정으로부터 우리는 이 둘의 연원 관계를 어렵지 않게 발견한다.

물론 엄복의 이론에서 공리 원칙은 서양의 실증론과는 다른 함의를 가지고 있기도 하다. 서양의 실증주의라고 해서 절대 이기로써 이타를 배척할 것을 주장하지는 않았지만(밀은 최대 다수의 최대 행복이 도덕의 기준이 되어야 한다고 주장했을 뿐이다.), 개인의 이익을 주된 관심의 대상으로 삼은 것은 분명한 사실이다. 이러한 사유 경향은 밀의 사상에서 한층 분명하게 나타난다. 밀의 견해에 따르면, 개인의 발전과 개체적 가치의 실현은 집단 발전이 마땅히 지향해야 하는 목표가 된다. "멀리서 보면, 국가의 가치는 궁극적으로 그것을 구성하는 개인들 전체의 가치에 달려 있다."[19] 그들에게 있어 개인의 이익 실현을 행위의 출발점으로 삼는 것은 불변의 원칙이었다. 이와는 달리, 엄복은 공효를 보다 집단의 이익과 연계해 논의한다. 그에 따르면, 물론 도덕 원칙은 개체의 이익을 적대시해서는 안 되지만, 개체의 이익은 궁극적으로 집단의 이익으로 귀결되어야 한다. 당시의 상황을 살펴보면, 국가의 부강이 더없이 시급한 일이었으므로 백성의 역량을 고취하고 지혜를 계발하며 덕을 새롭게 하는 일이나 개인의 이익 및 자유 등의 문제는 이러한 전체적 목표에 복종할 수밖에 없었다. 다시 말해, 개인의 완성(덕·지성·역량의 발전)이나 개인의 이익 실현 등은 집단을 멸망에서 구제하고 국가의 부강을 도모하기 위한 수단이었다는 것이다.[20] 사리를 추구하는 것이 중요한 이유는 그것이 앞서 말한 목표에 도달하는 데 유효한 수단이기 때문이다. 이런 의미에서 그는 "개인의 이익이 쌓여 공공의 이익이 되니, 이것이 바로 세상이 성대해지는 까닭이다"[21]라고 하였다. 공공의 이익을 추구한다는 원칙에 의거하여, 엄복은 만약 개인의 이익이 집단의 이익과 충돌하는 일이 생기면 당연히 집단의 이익을 중요시해야 한다고 강조하였다. "집단과 개인의 이익이 맞서는 순간 개인은 가볍고 집단은 무겁다는 사실을 반드시

---

19) J. S. Mill, *On Liberty and other writings*, edited by Stefan Collini(Cambridge, Cambridge University Press, 2016), p.115.
20) 王栻 주편, 『嚴復集』, 27쪽.
21) 王栻 주편, 『嚴復集』, 101쪽.

명심해야 한다."[22] 서양의 실증주의가 개인의 이익과 가치의 충분한 실현을 전제로 하여 이기와 이타의 통일을 시도하였다면, 엄복은 개인의 이익이 집단의 이익에 종속되어야 한다는 전제 아래 양자 간의 대립을 극복하고자 하였다.

앞에서 설명했듯, 실증 원칙에서 공리 원칙으로 이행한 것은 엄복과 서양의 실증론이 공통적으로 걸었던 길이었다. 이러한 이행 과정의 종착점에서 엄복의 관점은 왜 서양 실증주의와 상술한 바와 같은 차이를 보였던 것인가? 우선 근대시기 중국과 서양의 서로 다른 역사적 배경에서 그 근본 원인을 찾아야 할 것이다. 서양의 1세대 실증주의가 '자유경쟁'이라는 시대정신을 마주하고 있었다면, 엄복이 당면해야 했던 것은 민족의 위기가 날로 엄중한 상황으로 치닫던 현실이었다. 서양 열강의 위협으로부터 나라를 구하고 조국의 부국강병을 도모하는 것은 다른 모든 것을 넘어서는 중대한 역사적 요청이었다. 이러한 심각하고 엄중한 민족적 위기 상황에서 전체의 이익은 전례 없는 중요한 지위를 차지하게 되었다. 이에 서양의 자유경쟁이라는 조건 아래, 중심적인 지위를 차지했던 '개인의 이익도모'라는 목표는 '이익으로 전체를 좋게 만들어야 한다'는 요구에 복종하지 않을 수 없었다.

이러한 역사적 제약은 전통문화의 심층적 영향과도 서로 연결되었다. 엄복은 과거의 학문을 여러 측면에서 비판했지만, 그렇다고 모든 전통을 버려야 한다고 생각하지는 않았다. 감정적 측면에서든 이성적인 측면에서든, 엄복은 전통문화와의 관계를 단절한 적이 없다. 이러한 점은 전통 윤리 관념에 대한 그의 태도에서 아주 잘 드러난다. 그는 다음과 같이 말한 바 있다. "요순과 우왕, 탕왕, 문왕이 사람의 도리를 세우고 공자가 이를 집대성했다. 천리와 인륜은 그러한 가르침을 후대에 전하는 것으로 함부로 바꿀 수 없다.…… 나라를 다스리는 자가 도를 따른다면 나라가 다스려져 번성하게 될 것이고, 도에 어긋난다면 나라는 혼란해져 망하고 말 것이다."[23] 여기서 말한 천리와 인륜은 주로 전통문화 중 주도적 지위를

---

22) 王栻 주편, 『嚴復集』, 360쪽.

차지하는 유가윤리를 가리키는데, '바꿀 수 없는 것'이라는 그의 단언에서 이에 대한 긍정적 태도가 드러난다. 보편적인 윤리를 강조한 것과 관련하여, 유가에서는 전체를 개체보다 우위에 두려는 경향을 보였다. 공자는 군자에 대해 "자신을 수양하여 사람들을 편안하게 해야 한다"[24]고 요구했다. 이는 바로 개인의 수양은 전체의 긍정을 궁극적인 목표로 삼는다는 의미이다. 이 점은 유학의 경전인 『대학』에서 더욱 분명하게 천명되어 있다. 『대학』에는 이른바 '삼강령팔조목'이 등장한다. 이 여덟 가지 조목 가운데 집단과 개인의 관계를 언급하고 있는 것이 바로 '수신·제가·치국·평천하' 항목이다. 이는 유가의 개인적 이상이자 사회적 이상으로서 전체적으로 보면 '자신에 대한 수양'(修身)에서 시작해 '사람들을 편안하게 하는 것'(治國·平天下)으로 끝나고 있다. 이러한 관점은 후대의 정통 유학 속에서 한 단계 더 나아가 전체주의라는 형식으로 진화하기도 하였다. 엄복은 물론 정통 유학의 전체주의적 경향까지 전적으로 수긍하지는 않았다. 그가 말한 전체란 정통 유학에서 말하는 전체와는 별개의 역사적 함의를 지니고 있었다. 그렇지만, '수기'(자신에 대한 수양)를 '안인'(사람들을 편안하게 하는 것)에 종속시키는 유학적 사유는 민족의 존망이 걸린 역사적 요구에 충분히 부응하는 것이었다. 바로 이 점이 엄복에게는 관심의 대상이 되었다. 이는 '전체를 위한다'(爲公) 혹은 '전체를 좋게 한다'(善群)라는 그의 주장 속에 잘 반영되어 있다. 윤리 영역에서 실증의 정신이 확장되어 공리 원칙으로 나아갔다고 한다면, 전체와 개인의 관계에 대한 전통적 사유와 근대 중국의 역사적 상황이라는 이중적 제약은 엄복이 공리 원칙과 이기 원칙이 결합한 실증주의적 사유에서 벗어나도록 만들었다.

---

23) 王栻 주편, 『嚴復集』, 168쪽.
24) 『논어』, 「헌문」, "修己以安人."

3. 무대(無對)[25] 영역의 이중적 의미

실증의 원칙은 윤리 영역뿐 아니라, 일반 존재를 규정하는 문제에도 영향을 미쳤다. 실증의 원칙에 따르면 사물에 대한 실측은 경험의 범위로 한정되며, 이는 이른바 '대대 영역'에 해당한다. 엄복은 "나의 학문은······ 대대의 영역에 주력했다"[26]라고 말하기도 했다. 대대의 영역에 대비되는 것이 바로 '무대자(無對者)'이다. 대대와 무대의 구분은 본체론적 의미를 지니는데, 양자의 관계에 대한 구분과 해석은 실증 원칙을 본체론적으로 전개한 것으로도 이해할 수 있다.

엄복은 대대 영역을 다양한 측면에서 정의한 바 있다. 그 의미를 종합해 보면, 대체로 두 가지 함의를 포함한다. 첫째, 보고 느끼는 감각적 현상이다. 현상에 속하는 것으로서 대대의 사물은 본체와는 구분되며 본체에 의존해 있다.[27] 둘째, 구체적인 사물이다. 구체적인 사물로서 대대의 사물 자체에도 근본과 말단의 구분이 있다. 엄복은 "사물의 속성에는 본과 말의 구분이 있다"라고 말한 바 있다.[28] 이른바 본말의 구분이란, 앞 절에서 언급한 '드러난 것'과 '오묘한 것', '겉'과 '속' 등의 구분[29]과도 일맥상통한다. 대대 영역 속의 구체적 대상은 본말의 통일로 나타나므로 엄복이 자신의 학문을 가리켜 '대대의 영역에 주력했다'고 한 것은 그의 '거친 것에서 정미한 것으로 들어가고 드러난 것에서 오묘한 것에 이르는' 학문적 탐색 과정과 서로 모순되지 않을 수 있다. 엄복의 이러한 규정을 놓고 보면, 이른바 대대의 영역이라고 하는 것은 서양 실증주의에서 말하는 현상계와 상통하는 부분이 있는데, 그렇다고 완전히 일치하는 것도 아니다.

대대의 관계에 있는 사물은 본질에 부속된 현상으로 이해되건 혹은 본말의

---

25) 역자 주: '절대'라는 의미로 이해해도 무방하다. 현재 일반적으로 사용되는 '상대'와 '절대'라는 개념이 엄복의 이론에서는 '待對'와 '無對'로 사용되었다.
26) 王栻 주편, 『嚴復集』, 1036쪽.
27) 王栻 주편, 『嚴復集』, 1089쪽.
28) 王栻 주편, 『嚴復集』, 1036쪽.
29) 역자 주: 25쪽 이하 참고 바람.

통일로 이루어진 구체적 대상이라 이해되건, 모두 상대성의 측면을 지닌다. 이와 달리 무대자는 절대적인 존재이다. "'그것'이란 대대 관계를 나타내는 명사이다. 세상의 말할 수 있는 모든 것들은 대대적 존재일 뿐이며, 진재眞宰야말로 곧 절대자이다."30) 이러한 절대적 존재는 보편적 본체이다. 중국철학의 개념으로는 '태극太極'이라 할 수 있고, 서양철학의 개념으로는 'being'이라 할 수 있다. 바로 보편이자 절대이므로 '무대無對'(상대하는 것이 없음)라고 한 것이다. 엄복이 볼 때, '무대자'란 절대 허구적인 것이 아니며, 일종의 참된 존재이다. 그는 'being'을 부정한 알렉산더 베인의 관점에 동의하지 않았음은 물론이고 'being'을 무의 관념으로 이해한 헤겔의 관점에도 만족하지 않았다. 그는 존재(being)로서의 무대자는 감각을 일으키는 궁극 원인임을 강조했다. "'존재함'(在)이 사실 '있음'(有)과 같은 의미라고 한다면, 있는 이상 감각될 수 있고 감각될 수 있는 이상 말해질 수 있으니 어떻게 없는 것이라 부정될 수 있겠는가?"31)

그런데 무대자는 참된 존재일 뿐만 아니라 감각의 원인이 되기도 하나, 그것 자체는 생각하거나 말로 설명할 수 없는 이른바 '불가사의'의 영역에 속한다. 불가사의란 일반적인 논리 사유 형식으로서는 파악할 수 없다는 것이다. 본체인 무대자는 어째서 일반적인 논리로써는 파악할 수 없는가? 엄복은 이에 관해 논리적으로 설명한 바 있다. 그가 볼 때, 어떤 대상을 이해한다는 것은 그것을 하나의 더 큰 종류로 귀속시키는 것이자, 하나의 더 보편적인 법칙이나 원리로 포괄하는 것을 의미한다. "이처럼 점차 나아가 가장 높은 단계의 단 하나의 리理에 도달하게 되면 아무런 대립하는 것 없이 홀로 서게 되어 모든 것을 뒤덮으니, 자연히 서로 통하는 것이 없게 된다. 서로 통함이 없게 되면 곧 이해할 수 없게 되는데, 이해할 수 없는 것은 사유나 언어의 대상이 되지 않는다."32) 보편의 존재(being) 또는 본체인 무대자는 통일원리와 내적으로 연결되어 있다. 일반적으로 말하면, 단순한

---

30) 王栻 주편, 『嚴復集』, 1106쪽.
31) 王栻 주편, 『嚴復集』, 1039쪽.
32) 王栻 주편, 『嚴復集』, 1381쪽.

형식논리는 세계 통일원리의 파악에 있어서 확실히 자체적인 한계를 지니고 있다. 형식논리는 정태 속에서 대상을 분리해 내어서 관찰하므로 이를 통해서는 고립적 사실명제 혹은 추상적 보편 법칙만을 획득할 수 있고, 이것으로는 구체적 진리인 통일원리를 파악해 내기 어렵다. 스스로 의식하지는 못했더라도 엄복이 일반적인 논리로는 무대자를 파악하기 어렵다고 말한 것에는 분명 이러한 의미가 내포되어 있다. 하지만 엄복의 말대로 단지 형식논리만으로 통일원리를 사고하거나 설명할 수 없지만, 그는 개념의 변증 운동을 통해 통일원리를 파악해 낼 수 있다는 것에는 이르지 못했다. 전체적으로 보면, 엄복이 주로 관심을 가졌던 것은 밀의 논리학(형식논리), 즉 형식논리를 절대화하려는 것이었는데, 그 영향으로 엄복은 본체(무대자)를 불가사의의 영역에 두게 되었다.

본체로적 의미에서 말하자면, 대대의 관계에 있는 사물은 주로 경험계와 관련되며, 무대자는 경험을 초월한 대상에 해당한다. 이처럼 대대와 무대의 구분은 경험계와 초경험계의 대비로도 나타낼 수 있다. 즉, 경험계는 알 수 있는(사유하고 말로 설명할 수 있는) 영역이고, 초경험계는 사람의 인식 능력을 넘어선(사유하고 말로 설명할 수 없는) 영역이다. 이러한 엄복의 관점은 명백히 실증주의적 입장에 속한다. 콩트는 『실증철학강의』에서 이른바 '시작인' 혹은 '목적인' 등에 대한 탐구는 우리가 결코 이룰 수 없는 것이라고 말한 바 있다. '시작인'이란 바로 보편적 본체이다. 이와 관련해서 스펜서는 더욱 분명히 설명하였다. "궁극의 과학 관념은 모두 실재의 표상에 관한 것으로, 실재 자체는 생각하거나 말로 설명할 수 없다."[33] 이처럼 그는 본체를 경험을 넘어서는 대상으로 여기면서 그것이 사람의 인식 능력을 넘어서 있다고 단언했다. 이러한 사유 경향은 1세대 실증주의의 기본 특징을 이룬다. 엄복이 무대자를 사유하거나 생각할 수 없다고 규정한 것 역시 바로 여기에서 비롯된 것이다. 물론 1세대 실증주의에서 실재의 불가사의한 특성은 경험론의 직접추론(본체론 문제는 경험의 범위를 넘어서므로 알 수 없는 것이다.)으로 나타나는 데 반해,

---

33) H. Spencer, *First Principles*(Cambridge: Cambridge University Press, 2009), p.66.

엄복이 무대자는 파악될 수 없다고 주장한 논점은 경험론 원칙과도 관련되지만, 형식논리 절대화의 결과이기도 하다. 이러한 모습을 보면, 엄복은 후대의 논리실증주의와 더 닮아 있다.

그러나 논리실증주의가 형이상학 명제의 무의미함을 강조하면서 형이상학을 배척했던 것과 달리, 엄복은 초험적인 무대의 영역은 비록 사유와 언어적 설명이 불가능하지만, 절대 무의미하지는 않다고 생각했다. 앞서 서술한 대로, 불가사의라는 것은 주로 형식논리로 설명되거나 규정할 수 없음을 가리킨다. 엄복에 따르면, 이러한 방식의 설명과 규정을 추구하는 것이 아니라면 무대의 영역은 여전히 논의될 수 있다. 다시 말해, 형이상학이 경험적 인식 대상이 되는 것은 근본적으로 불가능하지만, 철학을 세우는 과정에서 형이상학은 여전히 일정한 역할을 할 수 있다는 것이다. 실제로 우리는 엄복의 철학사상에서 형이상학의 다중적 흔적을 발견할 수 있다.

엄복은 경험귀납적 학문 방법을 도입한 동시에 근대과학의 개념을 적극적으로 사용하여 우주 만물을 철학적으로 설명하였다. 그는 다음과 같이 지적한 바 있다. "대우주 안에 원질의 힘(質力)이 서로 작용하니, 원질이 아니면 힘을 볼 수 없고 힘이 아니면 원질이 드러나지 않는다."[34] 여기서 말하는 원질(質)이란 화학적 원질, 즉 원자를 가리키며, 나아가 원자로 구성된 일정한 질량을 지닌 물질까지도 포함한다. 또한 힘(力)은 원자들 사이의 결합과 분해, 그리고 물체들 사이의 끌어당기고 밀어냄을 가리킨다. 즉 힘은 원자와 물체에서 나타나고 원자와 물체는 힘을 통하여 드러나니 이 둘이 서로 작용하여 우주 전체의 변화와 운동을 이루게 된다. 우주의 모습에 대한 이러한 설명은 비록 근대과학의 개념들을 사용하고는 있으나 본질적으로는 여전히 자연철학에 속하며, 그 내용 역시도 뚜렷한 형이상학적 색채를 띠고 있으므로 사실상 실증과학의 영역에서 벗어난 것으로 볼 수 있다. 그런데 그가 '원질', '힘' 등의 존재 형식 자체를 사유하거나 설명할 수 없는 문제라 여긴 것이

---

34) 王栻 주편, 『嚴復集』, 1320쪽.

그가 이러한 범주를 빌려 자연철학 차원에서 세계관을 그리는 데에 장애가 되지는 않았다. 경험론 및 형식논리 측면에서의 불가사의함은 철학적 의의와는 전혀 모순되지 않는다. 바로 이 철학적 의의를 통해 형이상학은 그 성립의 근거를 획득한다.

사회 영역에서 보면, 사회의 변천과 운행에는 '무엇에 의해 그러한지를 알 수 없는' 어떤 필연성이 존재하고 있는데, 엄복은 이러한 필연성을 '운회運會'라고 불렀다. "세상의 변화가 일어나는 이유는 알 수가 없지만, 굳이 표현하자면 이를 운회運會라고 하겠다."[35] 사회의 변화 과정의 필연성을 긍정한 것은 역사철학적 관점을 드러난 것으로, 이는 사회 역사 현상에 대한 일종의 형이상학적 관점이라고도 할 수 있다. 그렇다면 사회 변화를 결정하는 보편적 필연성인 '운회'의 궁극적 본질은 무엇인가? 엄복이 볼 때, 이는 알 수 없는 것(무엇에 의해 그러한지를 알 수 없는 것)이지만, '운회'의 본질이 인간의 인식 능력을 넘어선다는 것이 그것에 대한 고찰이 무의미하다는 말은 결코 아니다. 예를 들어, 역사상의 위대한 인물(성인)들도 비록 운회의 연유를 알지 못했지만, 운회에서 드러나는 구체적인 추세를 통해 "천지의 작용에 참여하여" 천하를 편안하게 만들었다. 여기에서 역사적 필연성을 긍정하는 그의 형이상적 신념은 역사철학의 내용을 이루었을 뿐 아니라, 실제의 역사적 진전을 설명하는 것이기도 했다.

이러한 관점과 관련하여 엄복은 과학을 숭상하고 일반화하려는 경향을 보이기도 하였다. 이러한 특징은 진화론을 발전시켜 설명한 것에서 잘 나타난다. 근대적 의미의 진화론은 주로 생물 발전의 법칙을 설명한 것으로서 실증과학적 이론의 형태를 띠고 있다. 하지만 설령 엄복이 진화론의 과학적 진리를 완전히 이해했다고 해도 그에게 있어서 진화론은 생물학 이론으로만 머무는 것이 아니었다. 엄복에게 진화론은 처음부터 자연의 보편적 변화발전에 관한 학문으로 이해되었고, 따라서 세계관의 의미를 지니고 있었다. 자연의 변화발전으로부터 사회의 성쇠에 이르기까지, 그 모든 것은 자연의 변화발전 법칙 아래 있다. 따라서 '생존경쟁과 자연선택'은

---

35) 王栻 주편, 『嚴復集』, 1쪽.

보편 법칙으로서 개혁과 부국강병을 위한 형이상학적 근거가 된다. 다시 말해, 자연의 변화발전에 관한 학문은 자연철학이면서 동시에 정치철학 혹은 가치철학으로서 이미 실증과학의 범위를 훌쩍 벗어나 있었다.

엄복은 형이상에 속하는 무대의 영역을 과학적 인식에서 배제하였지만, 그것을 철학 영역에서까지 제거하지는 않았다. 형이상학에 대한 이러한 관용적 태도에는 철학적 세계관의 역할에 대한 긍정적 생각이 전제되어 있다. 이러한 사유 경향은 서양의 실증주의와는 명백히 다른 것으로 중국 전통철학에 한층 더 접근해 있다. 중국철학의 역사적 전개 과정을 돌이켜 보면, 특히 형이상적 도道를 중시한 전통이 눈길을 끈다. 도가는 도를 최고의 본체로 여기면서 "기술은 도의 경지로 나아가야 한다"고 주장했고, 유가는 비록 일상적인 인륜에 주로 관심을 가졌지만, 인륜이 형이상적 도의 체현임을 강조하기도 하였다. 이들은 바로 이에 근거하여 "군자는 드러난 형상에 국한되지 않는다"라고 주장하며 "천지의 도를 통괄할 것"을 추구하였다. 송명리학에 이르러 유학의 이러한 경향은 불교의 초험적 관념과 결합하여 더욱 진보하였다. 이러한 사상적 경향 외에도 소박한 원기론元氣論 전통도 찾아볼 수 있다. 엄복은 전통철학 속 사변적 경향에 대해서 그다지 중시하지 않았지만, 그렇다고 해서 전통으로부터 완전히 벗어나지도 않았다. 일종의 심층 관념으로서 전통철학은 여전히 그의 사유 경향에 내재하여 영향을 미쳤다. 엄복의 글 속에서 우리는 이러한 점을 쉽게 발견할 수 있다. 예를 들면, "노자는 도道라 했고, 『주역』은 태극太極이라 했고, 서양철학에서는 제일원인이라 했고, 불교에서는 자재自在라 하기도 하고 불이법문不二法門이라 하기도 했다. 세상 변화의 원인이야말로 모든 학문의 귀착점이다"[36], "도의 본체는 작고 큼이 없다. 작기로 말하면 더 이상 쪼갤 수 없고, 크기로 말하면 밖에 아무것도 없는 데다가 일정하게 정해진 형체도 없으니, 어떻게 이를 비교할 수 있겠는가? 하나의 근본이 세워지면 모든 형상이 두루 드러나게 된다"[37] 등이 바로 그러한 사례다. 그는 여기에서 단순히 전통적

---

36) 王栻 주편, 『嚴復集』, 1084쪽.

개념만을 차용한 것이 아니라, 전통철학의 사유를 밝히면서 이를 확장하고 있다. 즉 그의 중점은 여전히 전통 형이상학에 있었던 것이다. 이처럼 전통철학을 소화하여 받아들인 것은 실증주의의 반형이상학적 성격에 대해 어느 정도 억제 작용을 했음이 분명하다.

　　더 넓은 시선으로 보면, 서양 실증주의 사조의 흥기는 근대과학의 발전과 부정할 수 없는 관계 속에 있었다. 실증주의는 한편으로 근대과학의 방법과 성과에 대해 철학적 총결과 설명을 제공했고, 다른 한편으로 과학을 모델로 삼아 철학의 과학화를 실현하고자 노력했다. 이러한 전개 양상으로 인해 반형이상학은 서양 실증주의 내부에서 필연적이면서도 주도적인 경향으로 자리 잡게 되었다. 이들이 철학의 세계관으로서의 역할을 부정했던 것 역시 이와 같은 경향의 논리적 귀결이었다. 이와 비교하여, 엄복의 실증학은 사회변혁이라는 역사적 배경 속에서 근대라는 역사적 주제를 지향하였다. 구체적으로 과학의 발전을 추구하면서 정치문화 각 방면의 심층적인 전환을 주된 내용으로 삼았다. 과학 발전이라는 시대적 요청은 엄복을 경험귀납적 학문 방법으로 끌어들여 실증주의 사상을 받아들이게 하였던 반면, 정치문화 변혁의 시급한 임무는 엄복이 철학의 세계관으로서의 역할을 주목하도록 만들었다. 다시 말해, 실증철학과 형이상학이라는 두 주제의 대립은 중국 근대사회 변혁의 두 가지 내용을 그대로 반영한 것이었다.

---

37) 王栻 주편, 『嚴復集』, 1090쪽.

제2장
형이상학과 실증론 사이를 배회하다

실증론과 형이상학의 대립은 엄복을 곤란하게 만드는 문제였을 뿐만 아니라, 이후 그가 실증주의로 나아가는 데에도 제약으로 작용했다. 한편 왕국유에게 이르러, 이 문제는 '좋아할 만한 것'(可愛者)과 '믿을 만한 것'(可信者) 사이의 내적 긴장이라는 형태로 전개되었다. 왕국유는 원래 '좋아할 만한' 형이상학(주로 독일 사변철학)에 더욱 마음을 두었으나, 그에 대해 이성적인 확신을 내리기는 어려웠다. 그렇게 왕국유는 실증론을 '믿을 만한 것'으로 여기면서 오랜 기간 실증적 사학 연구에 종사하기도 하였으나, 어디까지나 실증론을 좋아하지 않았기에 그것과 정서적 친밀감을 이루지는 못했다. 이처럼 왕국유는 평생 '믿을 만한 것'과 '좋아할 만한 것' 사이의 이율배반으로 고민하였으나 결국 이를 해결하지는 못했다. 이런 현상은 어떤 면에서 보면, 중국 실증주의의 내적 특징을 반영하는 것이었다.

1. 형이상학에서 실증론으로

왕국유는 엄복과 마찬가지로 중국과 서양의 철학과 문화가 만나 서로 충돌하고 융합하던 시대를 살았다. 따라서 그 역시 엄복처럼 '서학동점'이라는 역사적 추세를 민감하게 의식하며 서양의 사조를 이해하고 도입하는 데 지대한 관심을 기울였다. 다만, 엄복이 처음부터 영국의 실증주의에 빠졌던 것과 달리 왕국유는 최초에 칸트, 쇼펜하우어, 니체의 철학을 더욱 주목했다. 그는 일찍이 칸트의 『순수이성비판』, 『실천이성비판』, 『판단력비판』과 쇼펜하우어의 『의지와 표상으로서의 세계』 등의 연구에 침잠하여 많은 영향을 받았으며, 『칸트의 초상』, 『쇼펜하우어의 철학과 교육학설』, 『쇼펜하우어와 니체』, 『이성의 해석』 등의 저서를 통해 칸트와 쇼펜하우어, 니체의 철학을 여러 측면에서 소개하면서 이를 높이 받들었다.

서양철학의 발전 과정을 통해 보면, 칸트철학은 대체로 독일 고전철학에 속하고, 쇼펜하우어와 니체는 현대철학의 단계에 접어들었다고 할 수 있다. 후자의 경우 실증주의와 거의 동시에 생겨났으나 실증론과는 전혀 다른 사조를 나타냈다. 실증주의가 철학의 과학화를 추구한 것과 달리, 쇼펜하우어와 니체 등은 인간의 존재에 더 많은 관심을 가져 인간의 의지를 본체론적 지위로 끌어올림으로써 현대 서양 인본주의 사조의 중요한 흐름을 형성하였다. "인생 문제는 항상 내 앞을 아른거렸다."[1] 마침 당시의 왕국유 또한 인생 등의 문제로 고민하고 있었기에 독일의 인본주의 철학은 그에게 큰 매력으로 다가오며 정신적 공감을 불러일으킬 수 있었다. 실제로 초기 왕국유는 칸트와 쇼펜하우어, 니체의 관점을 상당 부분 받아들였는데, 특히 우주의 본질에 대한 그에 관점에서 그러한 점을 발견할 수 있다. 그는 "우주란 살아 있는 욕망일 뿐이다"[2]라고 했는데, 이러한 설명은 쇼펜하우어의 사상과 기본적으로 궤를 같이하는 것으로 그 사상적 색채를 농후하게 담아낸다.

그런데 왕국유가 독일철학에 깊이 공감한 것은 사실이지만, 그가 접한 서양 사조가 그것에만 머물렀던 것은 아니었다. 일찍이 1898년, 왕국유는 새로운 학문이 성행하던 상해로 건너간 바 있다. 당시 그는 『시무보』라는 잡지사에서 일하면서 나진옥羅振玉이 개설한 동문학사에서 수학했는데, 그가 배웠던 과목에는 자연과학(수학, 물리)이 포함되어 있었다. 이후 1901년, 그는 일본으로 건너가 물리학을 전공하고자 했다. 애초에 그 기간이 길지 않았고 그마저도 병으로 중도에 그만두어야 했지만, 이는 왕국유가 서양 근대 실증과학을 이해하는 중요한 계기가 되었던

---

1) 王國維, 『靜庵文集續編』(『王國維遺書』 제5책, 上海: 上海書店出版社, 1983), 20쪽.
2) 王國維, 『靜庵文集』(『王國維遺書』 제5책), 48쪽.

것이 분명하다. 바로 이러한 초보적 이해에 기초해 왕국유는 수학과 물리학이 "가장 확실한 지식이다"[3]라고 주장했는데, 이러한 신념은 왕국유가 후일 철학적 전향을 하는 데 분명히 잠재적인 작용을 했을 것이다. 그가 철학을 체계적으로 연구하던 시기에는 그 주력을 칸트, 쇼펜하우어 등으로 하였으나, 로크, 흄 등 영국 경험론자들의 저작도 빼놓지 않고 섭렵했으며, 아울러 실증주의자 스펜서 등의 사상까지도 함께 다루었다.[4] 이러한 학문 배경은 후일 그의 사상적 변화에 무시할 수 없는 영향을 미쳤다.

일정 기간 철학에 몰두한 끝에 왕국유는 애초 신봉하던 '위대한 형이상학'에 대해 회의를 시작하게 되었다. 물론 정서적으로는 시종일관 형이상학을 버리지 못했다. 이는 평생 그를 고민하게 만든 인생의 문제에 대한 근본적인 해법을 찾지 못했기 때문이었다. 그러나 이성적 측면에서 보면, 근대 실증과학 사상의 세례를 받은 학자의 한 사람으로서 사변적 형이상학이 믿을 수 없다는 사실을 인정할 수밖에 없었다. 30세 지은 『자서』에서 왕국유는 결국 다음과 같은 결론을 내리기에 이른다.

> 위대한 형이상학, 엄정한 윤리학, 순수한 미학. 이것들은 내가 대단히 좋아하는 것이다. 그러나 믿을 만한 것을 찾자면 바로 지식론에서의 실증론, 윤리학에서의 쾌락론, 미학에서의 경험론이 있다. 믿을 수 있음을 알지만 좋아할 수는 없고, 좋아한다고 느끼지만 믿을 수는 없으니, 이것이 근래 나의 가장 큰 고민이다.[5]

믿을 수 없다는 것은 형이상학이 아무런 의미가 없다는 의미는 아니다. 다만 그것이 지식으로서 존재할 수 없다는 것, 다시 말해 형이상학이 지식으로는 성립 불가하다는 것을 의미한다. 좋아할 만한 형이상학과 믿을 만한 실증론의 충돌

---

3) 王國維, 『靜庵文集』(『王國維遺書』 제5책), 1쪽.
4) 물론 당시에는 스펜서와 같은 인물의 사상에 대해 "이류의 작가들"이라며 그리 높은 평가를 내리지 않았다.(王國維, 『靜庵文集續編』, 『王國維遺書』 제5책, 21쪽)
5) 王國維, 『靜庵文集續編』(『王國維遺書』 제5책), 21쪽.

가운데에서 왕국유의 관심은 점차 후자로 향해갔다.

　왕국유의 이러한 철학적 전환은 내적 논리를 지니고 있었다. 그가 가장 먼저 접했던 것은 칸트철학으로, 그는 30세 이전에는 주로 칸트를 연구하였다. 뒤에 가서는 쇼펜하우어의 관점을 언급하며 그를 칭송하기도 하였으나, 칸트철학이 그에 끼친 영향은 의심의 여지없이 상당한 것이었다. 이론적으로 칸트철학은 두 가지 특징이 있다. 하나는 바로 실증주의와는 달리 형이상학에 대해 비교적 너그러운 태도를 보였다는 것이다. 물론 그 역시 전통 형이상학을 비판하기는 했다. 그가 볼 때, 전통 형이상학의 문제점은 주로 자신을 과학과 구분하지 못하고 과학의 이성 범주로 자신의 문제를 해결하려는 데에 있었다. 그런데 만약 형이상학이 자신의 영역을 넘어서지만 않는다면 그것은 여전히 의미를 지닌다. 바로 이 점에 근거하여 칸트는 물자체의 존재를 인정하는 한편, 영혼(정신 현상의 통일체), 세계 또는 우주(물질세계의 통일체), 하느님(앞의 두 가지의 통일체인 최고 근거)이라는 삼대 개념을 세웠다. 이것만 놓고 보면, 칸트철학은 분명 짙은 사변철학적 색채를 띤다. 하지만 또 다른 측면에서 칸트는 과학을 정화하려는 경향을 보여 주기도 했다. 그는, 지식은 반드시 감성적 직관의 기초 위에 건립되고 선천적 직관 형식과 지성 범주는 경험 소재에 대해 작용해야 한다고 강조하였다. 또한 '선험'과 '초험'을 구분하면서 모든 초험적 사고방식을 거부할 것을 주장하였다. 이러한 관점은 전통 형이상학을 과학의 영역 밖으로 축출한 것이다. 이러한 점에서 칸트를 현대 실증주의의 역사적 근원 중 하나로도 볼 수 있다. 이러한 칸트철학의 이중성은 다른 방향으로의 발전을 가능케 하는 요인이 되었다. 예를 들어, 쇼펜하우어는 칸트의 물자체를 의지로 이해하면서 의지주의의 각도에서 칸트철학의 사변적(형이상학) 경향을 확장해 나갔는데, 이는 주로 형이상의 방향으로 칸트철학을 발전시킨 것으로 볼 수 있다.

　쇼펜하우어와 달리, 왕국유는 칸트 형이상학의 관점을 받아들이는 동시에 경험의 작용을 중시하고 초험적 사유 방법을 반대한 측면에도 상당한 관심을 기울였다. 그가 칸트철학을 연구한 시기에 집필했던 글을 보면, 직관과 경험의 작용을 거듭 강조하였음을 알 수 있다.

모든 논리학상의 증명에서 나는 대개 다시 돌아와 직관에 근거하고자 하였다.[6]

참된 지식은 오직 직관에 있다.[7]

책이 경험을 대신할 수 없는 것은 마치 박학함이 타고난 재능을 대신할 수 없는 것과 같다. 그 본질은 바로 추상적 지식이 구체적 지식을 대체할 수 없다는 것이다. 책 속의 지식은 추상적 지식으로 죽은 것이다. 반면 경험적 지식은 구체적 지식이어서 언제나 살아 있다.[8]

이러한 서술로부터 경험 직관에 대한 중시를 확인할 수 있다. 이러한 관점은 초험적 지식을 배척한 칸트의 주장을 계승한 것으로 바로 이러한 전제로부터 왕국유는 셸링, 헤겔의 사변철학을 비판하였다. "셸링과 헤겔은 오로지 개념만을 철학의 재료로 삼고 직관에서 구하려 하지 않았다. 따라서 그 학설이 웅장한 듯하나 사상누각과 같은 것이어서 우리가 발을 디딜 만한 것이 아니다."[9] 즉 왕국유는 경험 직관에서 벗어나 추상적 체계를 세우고자 했던 사변철학의 폐단을 주목하고 있었다. 다시 말해, 개념의 구조가 현실의 경험을 벗어나는 순간 공중의 누각이 되고 만다는 것이다. 또한 그는 이러한 관점에 기초하여 쇼펜하우어의 사상에 대해서도 비판을 가했다.

쇼펜하우어 학설의 절반은 그의 주관적 기질에서 나온 것으로, 객관적 지식과는 아무런 상관이 없다.[10]

여기서 객관적 지식이 주관적 사변 위에 놓인 것은 왕국유와 쇼펜하우어 간의

---

6) 王國維, 『靜庵文集』(『王國維遺書』 제5책), 34쪽.
7) 王國維, 『靜庵文集』(『王國維遺書』 제5책), 37쪽.
8) 王國維, 『靜庵文集』(『王國維遺書』 제5책), 37쪽.
9) 王國維, 『靜庵文集續編』(『王國維遺書』 제5책), 32쪽.
10) 王國維, 『靜庵文集續編』(『王國維遺書』 제5책), 1쪽.

중요한 차이를 드러내 주는 것으로 쇼펜하우어에 대한 이러한 비판의 배후에는 이미 어떤 실증적 경향성이 함축되어 있었다.

초험적 지식을 배척한 칸트의 사상이 왕국유의 사유 방식에 내적으로 영향을 미쳤다고 한다면, 근대과학 사조의 영향 및 경험주의 철학과의 접촉은 더 넓은 문화적 배경에서 이러한 경향성을 강화하였다. 근대과학과 경험주의 철학의 사조 간의 상호작용으로 인해 왕국유의 학술적 지평은 '좋아할 만한' 형이상학에서 '믿을 만한' 실증론으로 점차 옮겨 가게 되었다.

2. 실증론의 양방향적 전개

앞에서 설명한 것처럼 실증주의는 철학 사조의 일종으로서 시작부터 근대 실증과학의 발전과 밀접한 관계를 맺고 있었다. 과학의 본질, 과학적 방법의 기본 원칙에 관한 규정과 해석 등의 문제는 언제나 실증과학의 중요한 관심사를 이루었다. 과학적 방법에 대한 실증주의의 이해에는 편파적인 측면이 있기도 했으나, 과학적 방법을 중시하고 그 보편적 유효성을 강조한 측면은 일반적인 사변철학과는 차별되는 지점이 분명했다. 바로 그러한 특징으로 인해 실증주의는 '객관적 지식'을 추구한 중국 근대 사상가들에게 '믿음직스러운' 내적 역량을 갖출 수 있었다. 엄복과 마찬가지로 왕국유가 이해한 '실증론'은 우선 그 이론에서 다루는 과학적 방법과 서로 관련이 있다. 다시 말해, 왕국유는 '실증론'이라는 형식 아래 서양의 과학적 방법을 도입하였다. 다음의 설명에서 이러한 점을 발견할 수 있다. "오늘날 가장 시급한 것은 세계에서 가장 앞선 학문의 내용을 가르쳐 그 연구 방법을 알도록 하는 것이다."[11] 이 말에는 모종의 역사적 긴박감과 더불어 고도의 이론적 자각이 내포되어 있다.

---

11) 王國維, 『靜庵文集續編』(『王國維遺書』 제5책), 41쪽.

그렇다면, 중국에는 어떤 방법론이 필요한가? 왕국유는 중서 사유 방식 간 비교를 통해 이 문제를 고찰했다. 그는 다음과 같이 말한다. "우리나라 사람의 특징은 실제적이면서 통속적이라는 것이고, 서양 사람의 특징은 사변적이고 과학적이어서 추상에 강하고 분류에 정밀하다는 것이다."[12] 여기서 말한 사변이란 형이상학의 철학 사변이 아니라 형식논리의 사유 방식과 관련된 것이다. 따라서 중국과 서양의 사유 방식상의 차이는 구체적으로는 논리학의 발전 정도의 차이로 나타난다.

> 전국시대 논의의 성대함은 인도의 여섯 철학파와 그리스 소피스트의 시대보다 못하지 않았지만, 인도에서는 고타마 싯다르타가 출현하여 수론數論과 성론聲論의 논변 속에서 추상화를 통해 인명학因明學을 만들었고 디그나가가 이를 계승하여 그 학파를 정립하였다. 그리스에서는 아리스토텔레스가 엘레아 학파와 소피스트 학파의 논변 속에서 추상화를 통해 논리학을 만들었다. 그런데 중국에서는 혜시, 공손룡 등 이른바 명가들이 궤변만을 일삼았을 뿐, 변론과 사유 상의 법칙에 관해서는 애초부터 논의하지도 않았거니와 논의하려 하지도 않았다. 따라서 중국에는 논변은 있었으나 논리학은 없었다.[13]

왕국유 이전에 엄복이 이미 이러한 문제에 주목한 바 있는데, 왕국유는 엄복의 관점을 계승하는 한편, 한층 더 명확하게 이 점을 부각했다. 사실 선진의 후기 묵가에서 하나의 형식논리 체계를 건립했기 때문에 중국에 논리학이 없었다고 단언한 것이 완전히 정확한 것은 아니다. 다만 서양과 비교해서 말하면, 형식논리가 중국에서 오랫동안 그에 걸맞은 대우를 받지 못했던 것 역시 부정할 수 없는 사실이다. 선진시기 이후 묵변(후기 묵가의 논리학)의 전통이 단절되었던 것이 바로 이를 증명한다. 이러한 점에서 보면, 중국인의 단점이 논리적 분석에 있다고 한 왕국유의 생각은 확실히 중국 전통 사유 방식의 약점을 지적한 것으로 볼 수

---

12) 王國維, 『靜庵文集』(『王國維遺書』 제5책), 41쪽.
13) 王國維, 『靜庵文集』(『王國維遺書』 제5책), 97~98쪽.

있다. 이러한 견해에 의거, 왕국유는 제번스의 『기초 논리학 강의』를 번역하여 서양의 논리학을 중국에 체계적으로 소개하기도 하였다. 이러한 측면에서 왕국유는 엄복과 마찬가지로 역사에 대한 혜안을 보여 주었다.

왕국유는 논리 분석의 방법을 사용해 전통철학의 범주에 대해 다양한 해석과 분석을 시도했다. 예를 들어, 중국 전통철학의 주요 범주인 성性은 대개 "경험을 넘어서" 논의되어 왔기에 자기모순에 빠질 수밖에 없었으며, 성선설이나 성악설 모두 이러한 결론에서 벗어날 수 없었다. "맹자는 사람의 본성이 선하며 잃어버린 마음을 찾아야 한다고 하였다. 그런데 마음을 잃어버리게 하는 것은 무엇이란 말인가? 순자는 사람의 본성은 악하며 선은 인위적인 노력의 결과라고 했다. 그렇다면 인위적으로 노력할 수 있는 것은 무엇 때문인가?"[14] 왕국유는 논리를 통해 전통 인성론 범주의 내적 결함을 드러내려 했다. 이러한 방법은 근대과학의 특징을 보여 주는 것이기도 하다. 또 다른 예로, 리理 역시 중국철학의 주요 범주 가운데 하나이며, 송명 이후 리의 지위는 한층 더 높아져 송명 이래의 전통철학을 이해하는 핵심 범주가 되었다. 왕국유는 「석리釋理」라는 글을 지어 리의 함의를 상세히 설명한 바 있다. 원의로 말하면, "리는 마음의 분석 작용과 사물에서 분석할 수 있는 바를 말하는 것일 뿐이다."[15] 그러나 더 나아가면 리는 광의와 협의의 두 가지 함의를 지닐 수 있다. 넓은 의미의 리, 즉 이유는 사물이 존재하는 까닭, 즉 원인을 가리키며, 논리 추론에서의 논거를 지칭하기도 한다. 좁은 의미의 리, 즉 이성은 개념을 형성하고 개념 간의 관계를 확정하는 주체의 사유 능력을 말한다. 그런데 정주리학에서 리는 형이상학적 의미를 부여받은 동시에, 윤리학적인 가치도 지니고 있다.[16] 이처럼 리의 함의에 대한 그의 분석은 상당히 세밀한 모습을 보여 주는데, 리의 원의 및 그 함의의 변천을 고찰한 것은 물론이고 인식론 측면에서의 리와 형이상학 측면에서의 리를 명확히 구분하는 등 구체적이고 명료한 형태를

---

14) 王國維, 『靜庵文集』(『王國維遺書』 제5책), 1쪽.
15) 王國維, 『靜庵文集』(『王國維遺書』 제5책), 12쪽.
16) 王國維, 『靜庵文集』(『王國維遺書』 제5책), 13~24쪽.

보이고 있다. 전통철학의 범주에 대한 왕국유의 논리적 분석은 엄복과 비슷한 사유 경향을 드러낸 것으로 사실상 중국철학의 근대화를 시도한 것으로 볼 수 있다.

다만 엄복이 기본적으로 서학의 수용이라는 측면에 중점을 두었던 것과는 달리, 왕국유는 서양 근대의 과학적 방법(논리 방법을 포함한)을 수용하는 동시에 그 특유의 안목으로 중서 학문 간의 소통 문제에도 관심을 기울였다. 그가 볼 때, 학문에는 동서의 구분이 있을 수 없다. 과학이 추구하는 것은 진리인데, 진리는 동양과 서양에 따라 달라지는 것이 아니기 때문이다. 다시 말해, 중국의 학문과 서양의 학문은 서로 배척하는 것이 아니라 상호 통일적인 관계에 있다.

> 지금의 세상 속에서 지금의 학문을 논하자면, 서학이 흥하지 않는데 중학이 흥하는 경우나 중학이 흥하지 않는데 서학이 흥하는 경우는 없다.[17]

> 중국과 서양의 두 학문은 흥성하면 다 같이 흥성하고 쇠락하면 다 같이 쇠락한다. 학풍이 개방되어 있으니 서로 보완하며 도와 나가야 한다.[18]

이 말속에는 개방적 학술 태도뿐만 아니라, 근대 중서문화(철학을 포함) 융합의 추세가 잘 반영되어 있다. 서양의 학술과 사상을 배척하면 중국 전통사상과 학술의 근대화를 저해하게 될 것이고, 그렇다고 해서 전통문화를 완전히 무시한다면 서학 또한 융합을 위한 토대가 사라져 제대로 설 수가 없다. 다시 말해, 외래 사상이 "일시적으로 수용된다고 하더라도 중국 고유의 사상과 융화하지 않으면 결코 그 세력을 유지할 수 없다."[19] 이와 같은 역사적 자각에 기초하여 왕국유는 서양 근대과학을 소개하고 사용하는 것에 그치지 않고, 나아가 그것과 전통 간의 접점을

---

17) 王國維, 『觀堂別集』(『王國維遺書』 제4책), 권4, 「國學叢刊序」, 8쪽.
18) 王國維, 『靜庵文集續編』(『王國維遺書』 제5책), 96쪽.
19) 王國維, 『靜庵文集續編』(『王國維遺書』 제5책), 96쪽.

찾고자 노력했다.

왕국유는 '믿을 수 있는' 실증론으로 전향한 후 주로 역사학 연구에 관심을 두기 시작했다. 희곡사에서부터 은주시대의 역사, 갑골문과 금문金文에서부터 한漢과 진晉의 죽간과 봉니封泥20)에 이르기까지, 왕국유는 역사에 관해 체계적인 연구를 진행했다. 전체적으로 보면, 이러한 연구는 주로 역사적 사실에 대한 변증법적 고증과 관련되어 있는데, 이는 어떤 의미에서 건가학파가 했던 작업의 연속이라 할 수 있다. 건가학파는 청대 초기에 생겨나 건륭, 가경 두 왕조에 성행하였는데, 특히 음운, 훈고, 교감, 진위 판별 등의 방면에서 사상 유례없는 성취를 거두었으며 고대 문헌의 정리에도 지대한 공헌을 했다. 학문 방법 측면에서 건가학파는 실사구시의 원칙을 표방하였다. 증거에 기초하여 넓고 정밀하게 고찰하되 증거가 없으면 믿지 말 것을 주장하였다. 이러한 방법은 실증의 정신을 구현한 것으로 본질적으로 근대 실증과학의 방법과 서로 일치한다. 왕국유는 이러한 점에 주목하여 "학문의 종류는 다양하나 그 방법은 하나로 통한다.…… 건가시기의 학자들은 경전과 역사 연구에 이를 적용했다"21)라고 평했다. 바로 이에 기초하여 왕국유는 갑골문, 금문 등에 관한 실증적 연구를 진행하는 동시에 서양 근대과학적 방법과 건가학파의 전통 방법을 서로 소통하여 이를 중서의 학문이 결합하는 접점으로 삼았다.22)

왕국유 이전에도 엄복이 근대 서양의 과학 방법론을 체계적으로 소개한 바 있었다. 다만 앞에서 설명한 것처럼 엄복은 전반적으로 서양 학문을 수용하는 데 중점을 두었고 전통의 방법에 대해서는 소홀히 하는 것을 넘어 폄하하려는 경향을 보이기까지 했다. 예컨대 그는 건가 고증학(청대 고증학)을 송명시기의 성리학과 나란히 놓고는 둘 다 '쓸모없고' '실질이 없다'고 치부하며 부정하였다. 이에 엄복은 서양 과학 방법론을 소개하고 수용하면서 중국의 전통과는 완전히 단절된

---

20) 역자 주: 중국 고대에 문서나 서신, 기물 등을 봉하는 용도로 사용되던 점토를 말하며, 여기에서는 그와 관련된 유물까지도 포함한다.
21) 王國維, 『觀堂遺墨』, 「致沈曾植七十壽序」.
22) 졸고, 「從中西古今之爭看中國近代方法論思想的演變」, 『福建論壇』 제1집(1988)을 참고할 것.

특징을 보여 주었다. 장태염章太炎은 엄복의 이와 같은 한계를 인식하고 엄복이 소개한 서양 학문이 "이 땅(중국)의 역사적 관습과 서로 단절되었다"(『䣊漢徵言』)고 비판하기도 하였다. 엄복과 달리 장태염은 전통적 방법(건가학파의 학문 방법을 포함)을 발휘할 것을 중시하였는데, 장태염의 이러한 비판은 전혀 반대의 편향성, 즉 서양 근대문화(실증과학의 방법을 포함)를 지나치게 낮게 평가하는 문제를 지니고 있었다. 장태염의 견해에 따르면, 중국은 의학, 음악, 공예 등의 방면에서 모두 서양을 넘어서 있으므로 서양을 본받을 필요가 없으며, 학술상에서도 중국의 역사학은 다른 나라를 넘어선다. 바로 이러한 관점에 의거하여 장태염은 고고학적 유물을 활용하여 역사를 논증하는 것에 반대했다. 이들과는 달리, 왕국유는 서학의 수용과 전통의 학문에 대한 반성을 서로 통일하고자 하였고, 아울러 과학적 방법 측면에서도 근대 서학과 전통 중국의 학문을 소통하여 엄복과 장태염이 보여 준 폐단을 극복하고자 하였다. 이러한 노력의 결과로 왕국유는 사학 연구 방면에서 만인이 인정하는 성취를 거둘 수 있었다. 곽말약郭沫若은 일찍이 "그(왕국유)의 갑골문 연구, 은주시기 금문金文의 연구, 한漢과 진晉의 죽간과 봉니 연구는 그야말로 획기적인 작업이었다"[23]라고 평가한 바 있는데, 매우 정확한 평가가 아닐 수 없다.

그러나 왕국유에게는 근대과학적 방법 외에 실증론 역시 중요한 의의를 지니고 있었다. 실증론은 철학 사조의 하나로서 본래 역사와 이론 측면 모두에서 근대의 실증과학(실증과학적 방법을 포함)과 밀접한 관계에 있었다. 한편, 과학의 본질 및 과학적 방법의 기초에 대한 이해에 있어서는 경험론 및 현상주의 원칙의 영향 또한 깊이 받았다. 이는 왕국유에게도 비슷한 영향을 가져왔다. 실증론 형식 아래에서 왕국유는 서양 근대의 과학적 방법을 수용하고 그것을 전통 방법과 다양한 방면에서 소통시키는 동시에, 경험론과 현상주의의 원칙 또한 어느 정도 받아들였다.

실증론의 현상주의적 경향은 반형이상학의 입장으로 드러나는데, 왕국유가 실증론을 받아들이는 과정에서도 마찬가지의 경향으로 나타났다. 그는 초험적

---

23) 『歷史人物·魯迅與王國維』.

존재에 대해 다음과 같이 문제를 제기한 바 있다.

> 고금과 동서의 철학은 흔히 '존재'(有)를 일종의 실재성으로 여긴다. 중국의 경우
> 그것을 태극太極이라 하고 현玄이라 하고 도道라 하였고, 서양의 경우는 그것을
> 신이라 했는데, 오래전부터 전해져 다른 어떤 근거로 탐구할 필요 없이 자명하다
> 여기게 되었다. 이것이 바로 베이컨이 말한 종족의 우상, 칸트가 말한 선천적인
> 환영이다. 진리를 구하지 않는다면 몰라도, 만약 진리를 구하려 한다면 이러한
> 오류를 깊이 밝히지 않을 수 없다.[24]

중서 전통철학 속의 초험적 경향을 비판한 것과 마찬가지로 왕국유는 리理의
형이상학에 대해서도 비판을 가했다. "요컨대 리를 형이상학적 의미를 지닌 것으로
여기는 것은 『주역』이나 피타고라스 학파에서 수數를 형이상학적 의미를 지닌
것으로 여기는 것과 마찬가지로, 오늘날의 관점에서 보면 단지 하나의 환영에
지나지 않는다."[25] 이러한 비판은 전통 사변철학에 대한 비판을 담고 있으므로
이론적으로 아무런 의의가 없는 것은 아니다. 다만, 형이상학에 대한 비판에 치중하
여 왕국유는 리를 전적으로 주관의 영역으로 편입시키고 말았다. "리란 주관적인
것이다."[26] 이는 경험적 현상의 밖에 객관 법칙과 본질이 존재한다는 것을 부정한
것으로, 형이상학을 지양하는 동시에 대상의 참된 규정으로서의 법칙과 본질에
대해서도 일종의 회의론적 태도를 드러낸 것으로 볼 수 있다.

초험적인 도道와 리理를 배척한 것과 관련하여, 왕국유는 사학 연구 측면에서
사실적 고증에 중점을 두었다. 예를 들면, 갑골문에 쓰인 점복의 말과 『사기』
등의 기록을 서로 비교하고 검정하여 점복의 말 가운데 '王'자가 『사기』「은본기」에
등장하는 '振'자에 해당된다는 것을 밝혀내고 이러한 사실에 의거하여 은나라
선왕들의 계보를 고증해 냈다. 또한 은주시기의 출토 문헌을 고증하여 '사주史籀'가

---

24) 王國維, 『靜庵文集』(『王國維遺書』 제5책), 20쪽.
25) 王國維, 『靜庵文集』(『王國維遺書』 제5책), 19쪽.
26) 王國維, 『靜庵文集』(『王國維遺書』 제5책), 18쪽.

인명이라는 전통적 해석을 부정했다. 그리고 금문金文과 선진 문헌 간의 비교연구를 통해 귀방鬼方, 곤이昆夷 등의 종족이 흉노를 가리키는 것이라고 추론하기도 했다. 이러한 고증은 상당히 수준 높은 학술적 가치를 지니는 것들이다. 다만 사학 연구의 측면에서 보면, 이러한 성과는 역사적 사실의 차원을 넘어서지 않는데, 이러한 사실들은 넓은 의미에서 현상의 영역에 속한다. 왕국유의 견해에 따르면, 이러한 현상 영역 속의 사실 고증이 바로 과학의 주된 내용을 이룬다. 과학의 첫째 목표가 바로 "사실의 기술"과 "진실을 남김없이 밝히는 것"에 있기 때문이다.[27] 역사학과 과학에 대한 그의 이러한 이해는 내적으로 현상주의의 특징을 보이고 있음을 알 수 있다.

왕국유는 사실 고증 외에, 과학 연구(사학 연구를 포함)에서 "인과관계를 밝힐 것"을 주장하기도 했다. 그렇다고 해서 그가 실증론의 입장을 벗어난 것은 절대 아니었다. 여기에서 관건은 인과관계를 어떻게 이해하는가에 있다. 현대 서양의 실증주의와 마찬가지로 이 문제에서 왕국유는 기본적으로 흄과 칸트의 관점을 받아들였다.

> 흄이 말한 인과관계는 우리가 직관할 수 없고 또한 증명할 수 없는 것이다. 우리의 오관이 직관할 수 있는 것은 시간의 관계이니 곧 한 사물이 다른 사물에 이어서 일어나는 것이 그것이다. 우리는 이 연속되는 사물을 인과의 관계로 이해하는데 이는 단지 우리의 생각 속에서만 존재하고 사물에서는 존재하지 않는다.…… (칸트 는) 이 규칙이 주관적인 것으로 객관적인 것이 아니라고 보았는데, 실은 흄과 같은 입장이다.[28]

이러한 흄과 칸트의 인과론을 두고 왕국유는 "바꿀 수 없는 정론"[29]이라 평가했다. 그에 따르면, '인과관계를 밝힌다'는 것은 현상(사물)의 연속적 관계를 주관적으로

---

27) 王國維, 『觀堂別集』(『王國維遺書』 제4책), 권4, 「國學叢刊序」, 6~7쪽.
28) 王國維, 『靜庵文集』(『王國維遺書』 제5책), 18~19쪽.
29) 王國維, 『靜庵文集』(『王國維遺書』 제5책), 18~19쪽.

구성하고 정리하는 것일 뿐, 사물의 내적 관계를 드러내는 것을 말하지 않는다. 이러한 관점은 리理가 주관적 사물의 논리적 전개임을 강조하는 것으로 볼 수 있는데, 이는 칸트철학의 요소를 수용한 것이면서 전체적으로 실증주의의 경향을 뚜렷이 드러낸 것이기도 하다.

3. 실증론의 한계: 두 가지 곤경

왕국유는 서양 근대과학의 방법론을 수용하는 동시에 경험론과 현상주의 원칙을 받아들였던 만큼, 그의 '실증론'은 두 가지 함의를 동시에 지니고 있었다. 전체적으로 말해, 이러한 경향은 모두 이른 시기부터 신봉된 형이상학을 지양하는 것으로 나타났다. 그런데 형이상학의 지양이 형이상학에 대한 완전한 부정을 의미하는 것은 아니었다. 비록 왕국유가 실증론의 원칙을 내세울 때 형이상학에 대해서는 거의 언급을 하지 않고 심지어 비판적 입장을 보이기는 했으나, 대체로 그의 비판은 형이상적 실체를 과학적 인식의 대상으로 삼는 것에 치중해 있었다. 왕국유는 형이상학 자체의 의의를 근본적으로 부정하지 않았는데, 그의 다음과 같은 서명에서 이 점을 확인할 수 있다. "한 가지 사물에 대한 해석이나 한 가지 일에 대한 결단조차 우주와 인생의 참된 모습을 깊이 알지 않으면 불가능하다."[30] 우주와 인생을 아는 것은 본질적으로 형이상학의 사고에 속하는데, 이는 동시에 사실적 고찰의 전제가 되기도 한다. 다시 말해, 형이상학 자체는 결코 과학적 지식의 대상을 구성할 수 없지만, 그것은 여전히 실증론 연구에 영향을 줄 수 있다. 형이상학에 대한 이러한 관용적 태도에는 칸트철학의 흔적이 묻어 있기도 하다. 앞에서 설명한 것처럼 왕국유는 칸트철학에서 실증론으로 전향하였는데, 칸트철학이 지닌 이중성은 왕국유가 실증론을 받아들이는 내적 계기를 제공했을 뿐 아니라, 그가

---

30) 王國維, 『觀堂別集』(『王國維遺書』 제4책), 권4, 「國學叢刊序」, 9쪽.

형이상학에서 완전히 벗어날 수 없도록 만들었다.

실제로 실증론 연구의 과정에서 왕국유는 한 번도 형이상학을 잊은 적이 없었다. 비록 그가 사실에 대한 고증과 해석을 주된 목표로 삼긴 했으나, 줄곧 진실의 추구와 인간의 존재를 연관 지어 생각하였으니, 사실적 고증 속에 형이상학에 관한 관심이 깊게 스며들어 있었다고 할 수 있다.

> 학자란 융통성 없고 번거롭다는 질책을 벗어날 수 없다. 크거나 작거나 멀거나 가까운 것이 없는 사물의 참된 본질에 대해 사고하고 진실을 기록하여 그 궁극적 목적을 온전히 실현하는 것은 결국 인류의 생존과 복지에 기여하게 된다.[31]

존재에 대한 이러한 관심은 과학을 유일무이한 방법으로 떠받드는 실증론적 경향과는 완전히 다르다. 비록 왕국유가 이성적으로 실증론이 믿을 만한 것임을 인정하고 실증적 연구로 전향했지만, 여전히 의식의 심층에는 형이상학에 대한 정서적 미련과 애착이 남아 있었음을 확인할 수 있다.

왕국유의 관점에서 볼 때, 인간은 궁극적으로 형이상학적 요구를 지니고 있는데, 그러한 요구는 대개 직접적인 공리를 초월하여 궁극적인 존재 및 인간의 감정 등과 맞닿아 있다. 물질적 욕망에 비해 이러한 요구는 항구적인 성질을 지닌다. 철학 및 예술의 기능은 바로 인간의 형이상학적 요구를 만족하는 데 있다. 바로 이러한 이유로 인해 이들이 비록 당면의 효용가치를 지니지는 못하지만, 가장 신성하고 소중한 것일 수 있다. "천하에는 가장 신성하고 존귀하지만 당장의 효용과 관계없는 것들이 있다. 바로 철학과 예술이 그것이다."[32] 철학의 기능에 대한 이러한 이해는 철학의 과학화를 추구하는 실증론적 경향과는 상당히 동떨어진 것이다. 왕국유가 볼 때, 철학과 달리 과학은 사람들에게 실용적인 편의를 제공할 수 있지만, 인간의 초월적 정신의 요구와 비교하자면, 이는 매우 '무미건조한'

---

31) 王國維, 『觀堂別集』(『王國維遺書』 제4책), 권4, 「國學叢刊序」, 9쪽.
32) 王國維, 『靜庵文集』(『王國維遺書』 제5책), 100쪽.

것이므로 사람들에게 형이상학적 위로를 제공하지는 못한다.[33] 이러한 관점은 실증론의 과학주의적 경향을 초월한 인본주의의 색채를 보여 준다.

이러한 관점이 그의 초창기 사상의 잔흔에 불과한 것은 아니었다. 실제로 후기에 이르면, 이 관점은 더욱 명확한 형식을 갖추게 된다. 그가 세상을 떠나기 3년 전인 1924년, 그는 부의溥儀에게 보내는 편지에서 다음과 같이 말했다.

> 과학이 기능하는 대상은 공간이고 시간이며, 물질이고 인류와 동식물의 형체이다. 그런데 그 구조가 복잡하면 복잡할수록 과학 규칙은 더 불확실해진다. 사람의 영혼 및 인류가 구성한 사회와 국가는 곧 민족적 특성이 있기에 수천 년의 역사와 그를 둘러싼 모든 환경은 결코 과학의 법칙으로 다스릴 수 없다.[34]

이것은 그의 감정을 토로한 것이기도 하지만, 자신의 철학적 견해를 자각적으로 표현한 것이기도 하다. 이 말에는 과학으로는 사회와 인생의 문제를 해결할 수 없다는 관념이 담겨 있다. 표면적으로는 과학의 기능에 대한 한계를 설정한 것으로 이해할 수 있지만, 그 배후에는 실증론에 대한 관점이 포함되어 있다. 즉, 과학화를 목표로 하는 실증주의는 불가피하게 한계를 지닐 수밖에 없으며, 과학을 만능이라고 여기는 실증론 역시 만능이 아니라는 것이다.

물론 과학의 한계를 강조한 것이 결코 과학 및 과학을 높이 받드는 실증주의를 배척한다는 뜻은 아니다. 실제로 그는 과학의 가치를 부정하려는 의도가 전혀 없었다. 앞에서 인용한 서신에서 왕국유는 "근 백 년의 시간 동안 서양이 보여 준 자연과학과 역사과학의 진보는 실로 깊고도 정밀한 것이었다"[35]라고 인정한 바 있다. 이와 마찬가지로 그는 실증론의 신뢰성에 대해서도 결코 회의의 태도를 나타낸 적이 없었다. 다시 말해, 어느 정도의 한계 안에서 과학과 실증주의는

---

33) 王國維, 『靜庵文集續編』(『王國維遺書』 제5책), 45쪽.
34) 王國維, 『上遜帝溥儀書』; 王德毅, 『王國維年譜』(臺北: 中華學術著作獎助委員會, 1967), 285쪽에서 인용.
35) 王國維, 『上遜帝溥儀書』; 王德毅, 『王國維年譜』, 285쪽에서 인용.

여전히 그 존재의 합리성을 지니고 있었다. 반면 형이상학은 정감과 궁극적 관심이라는 측면에서 인간에게 만족을 줄 수 있으나, 이는 형이상학이 실증론의 차원으로 진입했음을 의미하는 것이 아니었으며, 물리세계에 대한 해석에서 형이상학은 여전히 그 자체의 한계를 지니고 있다.

따라서 문제는 결국 '믿을 만한 것'과 '좋아할 만한 것' 사이의 이율배반으로 되돌아간다. 형이상학은 좋아할 만하지만 믿을 만하지 않고, 실증론은 믿을 만하지만 좋아할 만하지 않다. 초창기 형이상에 대해 심취했던 왕국유가 후일 실증론의 연구로 전향한 것은 사실이나, 학문 방법의 전향이 이러한 이율배반의 해결을 의미하는 것은 결코 아니었다. 그는 평생 믿을 만한 것과 좋아할 만한 것 사이의 대립을 넘어서지 못했다. 근대 중서철학의 발전 과정에서 볼 때, 왕국유가 보여준 특징은 다음과 같다. 우선 그는 형이상학에서 출발하였으나 자각적으로 형이상학(사변적 경향을 지닌 형이상학을 포함)의 한계를 인식함으로써 근대 인본주의의 한계를 돌파했다. 다른 측면에서, 그는 과학을 숭상하여 실증론의 입장을 받아들이고 이론과 실천의 측면에서 실증론의 표식을 지닌 과학적 방법을 받아들이면서도, 인간이 궁극적 관심과 같은 형이상학적 요구를 지니고 있음을 인정하고 아울러 실증론이 이러한 측면에서 한계를 지닌다는 점을 분명히 인식함으로써 과학주의적 시야를 어느 정도는 벗어던질 수 있었다. 형이상학과 실증론 간의 내적 충돌을 자각적으로 나타내 보인 것은 왕국유를 근대 중국 실증주의 사조 내지는 중국 근대철학에서 빼놓을 수 없는 중요한 일환으로 만들어 주었다.

하지만 그러한 충돌을 드러내 보인 것이 충돌을 완전히 해소했음을 의미하지는 않는다. 형이상학과 실증론의 대립 앞에서 왕국유는 이들 간의 경계를 나누려는 사고 경향을 넘어서지 못했다. 앞선 설명 속에서 우리는 이러한 점을 어렵지 않게 확인할 수 있다. 왕국유의 이해에 따르면, 과학은 주로 사실세계와 관련되며, 진리의 추구를 주된 목표로, '이용후생'을 주된 역할로 삼는다. 이러한 과학의 영역은 실증론의 왕국을 이루게 된다. 반면, 형이상학은 우주 및 인생의 의의와 관련되며 그 목적과 역할은 존재의 가치를 탐색하고 아울러 사람들에게 정신적 위로와 의지처를 제공하는 것이다. 이 둘은 각기 그 존재의 이유를 지니며, 또한 각기 본연의 한계를 지닌다. 과학 지식의 범위 안에서는 형이상학이 배척되어야 마땅한데, 주로 이러한 맥락에서 도道, 태극太極, 신神에 대한 부정을 말했다. 그런데 다른 측면에서 과학 자체도 자신의 경계를 넘을 수 없다. 왕국유는 당시의 어떤 학자를 두고 "과학자의 본분을 망각하고 형이상학에 뛰어든다"[36]고 비판하기도 하였다. 이처럼 형이상학과 과학화를 추구하는 실증론은 매우 뚜렷이 구분되는 두 영역을 이룬다. 이 두 영역은 종교 문제에서 더욱 명확하게 표현된다. "지식의 측면에서 말하면, 신의 존재, 영혼의 불멸은 원래 증명도 반증도 불가능하다. 어째서 그런가? 이러한 문제는 우리의 지식을 넘어서는 것이기 때문이다. 따라서 지식 상의 가치를 따질 수는 없으나, 그것의 정서상의 효용은 말할 수 있다."[37] 종교는 과학적 지식으로 성립되기 어렵고, 따라서 과학의 영역에서는 당연히 종교를 배척한다. 다만 형이상학의 차원에서 종교는 의의가 있을 수 있다. 다시 말해, 과학적으로 종교를 배척하는 것과 형이상학적으로 종교의 의의를 인정하는 것은 서로 모순되지 않을 수 있다는 것이다.

서양의 실증주의와 비교하여, 왕국유의 이러한 관점은 분명 그 자체로 특징을 지니고 있다. 앞에서 설명한 대로, 서양 실증주의는 과학을 인류 사상의 가장 높은 단계로 간주한다. 실증론의 기틀을 닦은 콩트에게서 이 점은 한층 더 분명하게 나타난다. 이러한 관념과 상응하여 그들은 철학의 내용을 주로 과학의 본질과 과학적 방법의 기초, 과학 활동의 과정 등에 대한 해석으로 규정한다. 설령 과학 밖의 대상에 대해 토론한다고 하더라도 과학에 준하는 도구적 이성에 바탕을 두고자 한다. 이와 비교했을 때, 왕국유의 철학 이해는 서양 실증론과 같이 편협하지는 않다. 그의 관점에 따르면, 철학은 과학과는 다르며 과학으로서의 형이상학 역시 당연히 불가능하다. 하지만 철학 중에는 여전히 형이상학이 발 디딜 공간이

---

36) 王國維, 『靜庵文集』(『王國維遺書』 제5책), 95쪽.
37) 王國維, 『靜庵文集續編』(『王國維遺書』 제5책), 44쪽.

있을 수 있다. 이러한 관점은 칸트에 근접한 것으로 보인다. 서양 실증주의가 칸트에서 출발해 흄으로 회귀했다고 한다면, 왕국유는 줄곧 칸트의 입장에서 완전히 벗어나지 않았다.

중국 근대 실증주의 사조를 돌이켜 보면, 엄복은 본체세계의 의의를 확인하면서도 다른 한 측면에서 그것을 생각하거나 말할 수 없는(不可思議) 영역으로 귀결시키면서 형이상학과 실증론의 내재적 긴장을 드러냈다. 왕국유는 '좋아할 만한 것'과 '믿을 만한 것' 사이의 이율배반을 부각하였는데, 그 사이를 배회하며 결국 그에게서 벗어나지 못했다. 이는 형이상학과 실증론의 내적 긴장을 더욱 외적으로 형식화한 것으로도 이해할 수 있다. 이러한 이론적 곤경에서 어떻게 벗어날 것인가? 이것이 바로 왕국유가 후대에 남긴 철학적 난제이다.

제3장
실용주의의 도입과 변형

19세기 말에서 20세기 초, 서양의 실증주의는 각기 다른 지류들로 구분되기 시작했는데, 그중 하나가 바로 실용주의다. (중국의) 5·4운동을 전후해 새로운 사조가 솟구침에 따라 실용주의 역시 중국에 전해져 여러 방면에서 영향을 주었다. 이 과정에서 그 이름을 빼놓을 수 없는 인물이 바로 호적胡適이었다. 호적은 듀이를 사사하여 실용주의의 진면목을 깊이 배웠으나, 다른 한편으로 전통철학의 원류를 계승하기 위해서도 부단한 노력을 기울였다. 이러한 노력의 결과로 호적은 실용주의를 받아들이면서도 여러 측면에서 수정을 가해 실용주의의 변형을 불러오게 되었다.

1. 초험적 도道의 배척과 자연주의에 대한 인정

1) 철학의 근본 문제의 해소

실증주의의 한 갈래인 실용주의는 경험(현상계)을 초월하는 전통철학의 문제(즉 형이상학 문제)에 대해 일종의 무관심의 태도를 취했다. 사실 실용주의의 창시자인 퍼스에게서 이러한 경향의 단서를 엿볼 수 있다. 그는 다음과 같이 말한 바 있다. "본체론 혹은 형이상학의 명제는 무의미한 헛소리(예를 들어, 하나의 용어로 다른 용어를 정의하면, 이 용어는 또 다른 어떤 용어에 의해 정의될 것이므로 끝내 참된 정의에 이를 수 없게 된다.)이거나 아니면 완전히 황당한 것이다.······ 이런 점에서 말하자면, 실효주의[1]는 준(準)실증론이나 다름없다."[2] 퍼스의 이러한 관점은 실용주의 철학의 대략적인 기조를 정의한 것으로, 이후의 전개 과정에서 생겨난 다양한 실용철학에 의해 부단히 확장되고 발전되었다. 제임스는 "모든 문자상의 해결, 무용한 문제들, 형이상학적 추상을 경시한다는 점에서 실용주의는 실증주의와 일치한다"[3]라고 거듭 주장했다.

실증주의의 여타 유파와 마찬가지로 실용주의 역시 형이상학 중 전통적 사변철학을 우선적으로 배척하였다. 이들은 관찰 가능한 경험적 사실을 벗어난 허구의 형이상학적 본체를 반대하고 철학 명제를 경험적 사실과 연계시키고자 하였는데, 이는 분명 일리가 있는 것이었다. 일반적으로 말해, 경험을 벗어난 철학적 사변은 쉽게 형이상학으로 빠져들게 된다. 예를 들어, 플라톤의 이데아세계, 헤겔의 절대관념 등은 대개 경험적 사실을 벗어난 이성 구조에서 기원한다. 형이상학적 추상에 대한 실용주의의 이 같은 부정은 어떤 의미에서 보면 사변철학에 빠지지 않기 위한 해독제와 같은 것이었다. 그런데 이러한 부정은 현상주의를 논리적 전제로 삼고 있었기 때문에 시작부터 이론적 결함을 내포할 수밖에 없었다. 듀이의 다음과 같은 언급에서 이러한 사실이 잘 드러난다. "실용주의의 '실재' 개념의 주된 특징은 바로 실재에 관한 일반이론이 불가능하거나 불필요하다고 여긴다는 것이다."[4] 여기에서 '실재에 관한 일반이론'이란 초험적 형이상학만을 가리키는 것이 아니라 철학의 기본적 문제에 대한 일반적 관점까지도 포함한다. 그런데 여기에서 실용주의는 아래와 같은 문제를 간과했다. 즉, 철학적 사유(실재에 대한 고찰과 철학의 기본

---

1) 저자 주: Pragmatism. 퍼스는 후기에 이르러 실용주의 이론을 실효주의라고 부르기도 했다.
2) C. S. Peirce, *The Collected Papers of Charles Sanders Peirce*, edited by Charles Hartshorne and Paul Weiss, Vol.5(Harvard: The Belknap Press of Harvard University Press, 1978), p.282.
3) 윌리엄 제임스, 陳羽綸·孫瑞禾 역, 『實用主義』(北京: 商務印書館, 1979), 30쪽.
4) J. Dewey, A. W. Moore, et. al, *Creative Intelligence: Essays in the Pragmatic Attitude* (New York: Henry Holt And Company, 1917), p.55.

문제에 대한 해결을 포함)는 원래 과학적 관찰 및 경험적 사실을 기초로 하지만, 동시에 이론적 사유의 과정으로도 표현된다는 점이다. 경험적 사실에 근거를 둔 채, 부단히 경험적 사실로 회귀하는 것이 철학의 사변화를 피하는 필수 요건이라고 한다면, 이론적 사유는 철학이 경험의 한계를 돌파하여 현상의 차원에서 본질의 차원으로 승화될 수 있도록 해 주며 아울러 세계 전체(실체)에 심층적 인식을 부단히 제공해 준다. 실용주의는 철학을 경험, 즉 현상계로 국한하며, 따라서 보편적 실재론의 건립 가능성을 부정하는데, 이는 사실상 형이상학을 폄하하고 배척함으로써 철학의 세계관으로서의 기능을 말소한다는 것을 의미하기도 한다.

호적은 기본적으로 실용주의의 이러한 관점을 받아들였다. 그가 볼 때, 전통철학을 해소한 듀이의 시도는 가히 혁명적인 것이었다. "듀이는 철학사상 하나의 대혁명가이다. 왜 그런가? 그는 흄과 칸트 이래 유럽 근대철학의 근본 문제를 남김없이 지워 버렸고 전혀 논의할 만한 가치가 없는 것으로 인식했기 때문이다."[5] 호적의 이러한 평가는 실용주의가 형이상학을 배척한 이론적 함의를 어쩌면 듀이보다 더 분명하게 지적한 것이다. 다만 전체적으로 보면, 호적은 철학의 근본 문제가 왜 해소되어야만 하는가에 관해서는 더 자세한 논증을 제시하지 않았는데, 그에게 이 논의는 당연한 하나의 전제로서 사고의 출발점을 이루고 있었다. 바로 이러한 전제에서 출발하며 호적은 전통 형이상학에 대한 검증을 실시했다. 그의 견해에 따르면, 중국 전통철학 중 대표적인 형이상학으로 도가의 우주관을 들 수 있다. 도가는 도道는 스스로 변화한다는 견해에 기초하여 우주만물의 기원을 설명하며, 도를 실체화하려는 경향을 보여 주기도 한다. "도가 계열의 사상은 도道가 어떤 하나의 사물인 것으로 오인했다.…… 도道가 어떤 하나의 존재인 이상, 일반인의 생각 속에서 이는 황천皇天, 상제上帝와 큰 차이가 없다."[6] 상제나 황천과 구분되지 않는 도는 초험적 실체에 불과하다. 초험적인 도로부터 우주 만물의 발생을 설명하

5) 胡適, 『胡適文存』(上海: 亞東圖書館, 1935), 권2, 「實驗主義」, 444쪽.
6) 胡適, 『淮南王書』(上海: 新月書店, 1931), 20~30쪽.

는 것은 본질적으로 하나의 관념적 구조로 표현되는데, 문제는 이러한 유형의 현학적 우주관을 인생의 문제에 적용하게 되면 무한한 오류에 빠지게 된다는 것이다. "이러한 주관적 추론은 결국은 허무를 중시하고 실질을 경시하는 인생관을 만들어 내므로 그 오류가 이루 말할 수 없을 정도이지만, 실은 아무런 근거도 지니지 못한다."[7]

전통철학에 대한 호적의 이러한 비판은 형이상학을 부정한다는 의미로만 이해될 수는 없다. '형이상적' 실체인 도道를 배척한 것은 동시에 황천皇天, 천리天理, 상제上帝 등 이단의 대상(실제로 호적은 다른 곳에서도 거듭 이 점을 강조했다.)을 거부했음을 의미하며, 이런 의미에서 독단론의 속박을 벗어나야 한다는 요구를 포함하고 있기도 하다. 진취적 정신 작용을 억제하던 초험적인 도道가 여전히 해소되지 않은 채 영향력을 행사하고 천리天理의 그림자가 짙게 드리워져 있던 상황적 조건 아래에서 이러한 요구는 분명 시대적 의의를 지닐 수 있다. 사유의 경로를 살펴보면, 호적은 미국의 실용주의와 분명 다른 점이 있다. 미국의 실용주의가 주로 사변철학을 경시하는 것에서 더 나아가 철학의 근본 문제를 해소하고자 하였다면, 호적은 이들의 결론을 추론의 전제로 삼았다. 이처럼 서로 다른 사고방식의 배후에는 한층 더 깊은 차이가 내포되어 있다. 호적이 초험적 사변철학을 부정하려 했던 것에는 전통철학의 질곡에서 벗어나려는 계몽적 의미가 포함되어 있다.

다른 관점에서 살펴보면, 호적이 형이상학을 배척한 것은 또 다른 복합적인 함의를 지닌다는 것을 알 수 있다. 중국 근대철학은 고금과 중서 간의 충돌과 융합이라는 우여곡절 속에서 전개되었다. 전통 가운데 여전히 생명력을 지니던 요소들은 과학, 민주 등 근대 서양 학문의 내용과 부단히 소통을 이루어 나갔다. 반면, 전통 속의 구태의연한 유물 또한 서양 학문의 이면적 요소들과 서로 뒤섞이면서 새로운 모습으로 출현하였는데, 이들은 겉보기와는 달리 여전히 낡은 형식에 머물러 있었다. 양수명梁漱溟, 장군매張君勱 등의 이론체계에서 이러한 특징을 확인할

---

7) 胡適, 『淮南王書』, 32쪽.

수 있다. 양수명은 육왕의 심학, 유식종 및 베르그송, 쇼펜하우어의 의지주의 등을 한데 섞은 채, 우주는 곧 삶이며, "삶은 곧 마르지 않는 의욕(will)"이라고 여겼다. 우주의 본체인 의욕은 문화의 발전을 결정하기도 한다. 세계의 문화가 서로 다른 방향으로 전개된 것은 근본적으로 의욕의 서로 다른 충동에서 기원한다. 서양의 문화는 앞으로 나아가고자 하는 의욕을 근본정신으로 삼는 데 반해, 중국의 문화는 스스로 조화를 이루어 중용을 지키려는 의욕을 근본정신으로 삼으며, 인도의 문화는 내면으로 돌이켜 반성하려는 의욕을 근본정신으로 삼는다.[8] 이처럼 의욕을 동인으로 보는 관점은 명백히 현학적 본체론의 성격을 지니고 있다. 양수명과 비슷하게 장군매 역시 물질현상의 배후에는 정신적인 우주 본체가 존재하며, 이러한 본체는 과학이 해명할 수 없는 것이라고 여겼다. "과학자는 감각 데이터(sense data)를 근거로 삼는데, 과학의 설명이란 사람들의 마음속 요구를 만족시킬 수 있다면 그만이다. 앞뒤 현상의 관련성 등은 과학이 설명할 수 없고, 우주의 신비에는 애초에 다가갈 수도 없다."[9] 즉 이러한 초험적 우주 본체는 현학을 통해서만 설명이 가능하다. "현학이라는 이름은 원래 물리세계와 감각세계를 넘어선다는 의미로 해석될 수 있다."[10]

초험적 본체에 대한 이러한 설정은 전통적 현학의 부활로 간주할 수 있을 뿐 아니라, 서양철학 가운데 사변적 내용을 수용한 것으로도 볼 수 있다. 중국 근현대철학의 논리 발전 과정에서 보자면, 이러한 신형이상학의 출현은 분명 역사의 역행이었다. 호적도 물론 이 점을 인식하고 있었다. 그가 초험적인 사변철학을 비판할 때, 그 예봉은 양수명 등의 현학적 본체론을 향하고 있기도 했다. 「양수명 선생의 『동서문화와 그 철학』을 읽다」라는 글에서 의욕을 문화의 본체로 여기는 양수명 관점에 대해 호적은 다음과 같이 비판한 바 있다. "한 민족의 삶은 어떤 작용이 작용한 것이라는 설명은 그저 터무니없는 말에 불과하다. 참으로 '그윽하고

---

8) 梁漱溟, 『東西文化及其哲學』(北京: 商務印書館, 1933), 제5장을 참고할 것.
9) 張君勱, 「再論人生觀與科學並答丁在君」, 『科學與人生觀』(上海: 亞東圖書館, 1923), 63쪽.
10) 張君勱, 「再論人生觀與科學並答丁在君」, 『科學與人生觀』, 59쪽.

도 그윽한'(玄之又玄) 것이 아닐 수 없다."[11] 호적의 비판 자체가 과학을 전제로 하고 있던 것은 아니지만, 그가 현학적 본체론을 비판한 것은 객관적으로 신형상학을 억제하는 작용을 지니고 있었다. 이는 중국철학의 근대화 과정에서 무시할 수 없는 역사의 한 부분이 되었는데, 바로 이 점이 호적과 미국의 실용주의를 구분해 주는 차별점이 되기도 하였다.

2) 실재의 인간화

실용주의가 본체론을 무의미한 명제로 여기며 부정한 것은 이론적으로 두 가지 측면에서 해석될 수 있다. 우선 이는 철학의 근본 문제를 해소하고자 했다는 의미를 지니며, 또한 사변적 형이상학의 방식으로 본체의 문제를 논의하는 것에 반대하고 전혀 별개의 관점으로 실재의 문제를 고찰하고자 했다는 의미로도 풀이될 수 있다. 사실 이러한 경향은 퍼스에서부터 맹아가 싹트기 시작했다. 퍼스에 따르면 "우리는 우리가 가진 개념의 대상이 지니는 효과(이러한 효과는 실제적인 의미를 지닌다고 상정한다.)를 생각하고 있다. 이를 고려하면, 이러한 효과에 관한 우리의 개념이 바로 대상에 관한 우리의 관념이다." "어떤 사물에 관한 우리의 관념이란 바로 그것이 지닌 감성적 효과에 대한 우리의 관념이다."[12] 여기서 말하는 효과란 주로 인간의 활동 또는 행위와 관련된 것으로 이는 주체의 작용에 의해 형성되며 본질적으로 주체 활동의 기록으로 이해할 수 있다. 이러한 효과에 대응하는 것이 바로 본연(즉자)의 실재이다. 퍼스가 사물(대상)에 관한 관념을 그 효과에 대한 관념과 동일시한 것은, 의미를 지닌 대상을 인간화된 실재(주체의 기록으로서의 실재)로 규정했음을 의미하기도 한다. 그가 볼 때, 실재를 인간화의 대상으로 이해하는 순간, 의미를 지니지 않는 형이상학적 본체는 자연스럽게 폐기된다. 퍼스의 이러한 관점

---

11) 胡適, 『胡適文存二集』(上海: 亞東圖書館, 1924), 권2, 74쪽.
12) C. S. Peirce, *Selected Writings; Values in Universe of Chance*, edited by Philip P. Wiener(New York: Dover Publications, INC, 1966), p.124.

은 제임스와 듀이의 체계 속에서 한층 더 명확하게 서술된다. 제임스는 실재에 관한 이성주의와 실용주의 간의 상이한 관점을 비교하면서 다음과 같이 설명하였다. "이성주의(전통적인 사변철학을 지칭)의 실재는 이미 완성된 것이고 완전한 것인 반면, 실용주의의 실재는 부단히 창조되고 있는 것으로, 일부 측면은 미래에 탄생하기를 기다리고 있다." "따라서 모든 사물에는 인간의 각인이 새겨져 있다."[13]

　　실재에 대한 실용주의의 이와 같은 규정은 주목할 지점이 있다. 주체와 실재의 관계로 말하자면, 실재는 크게 두 가지로 나누어지는데, 하나는 아직 주체의 인식과 실천 영역에 들어오지 않은 즉자적(본연적) 사물(自在之物)이고, 또 다른 하나는 주체에 의해 규정된 나에 대한 사물(爲我之物), 즉 대자적 사물[14]이다. 그 둘을 이어 주는 것이 바로 주체의 실천과 인식 활동이다. 아직 실천 또는 인식의 대상이 되지 않은 즉자적 상태에서 사물은 주체에 대해 직접적 의의를 지니지 않는다.(긍정적 의의는 물론이고 부정적 의의도 지니지 않는다.) 오직 그것이 일정한 방식으로 주체의 활동과 관련되어야 비로소 의미를 지닌 존재를 이루게 되는 것이다. 인류의 역사란 어떤 의미에서 보면, 즉자적 사물을 대자적 사물로 변화시키는 과정이다. 실용주의자가 유의미한 대상을 주체 활동의 결과로 여기는 한편, 실재는 완성된 것이나 즉자적으로 존재하는 것이 아니라 인간 창조 활동의 결과물이라고 단언했을 때, 이미 상술한 사상에 근접해 있었음을 알 수 있다. 실재의 인간화가 지니는 이론적 함의는 사변적 방식으로만 본연적 실재(즉자적 사물)를 논의하려는 것에 반대하고 즉자적 사물은 마땅히 대자적 사물이 되어야 함을 강조한 것에 있다고 말할 수 있겠다. 실용주의의 이러한 실재론을 칸트의 물자체설과 비교한다면, 상술한 특징을 더욱 구체적으로 확인할 수 있다. 칸트는 물자체가 지닌 즉자적 본질을 정확하게 인식하였으나, 인식론의 측면에서는 즉자적 사물이 대자적 사물로 전환된다는 것을 부정했다. 영원히 피안에 놓인 칸트의 물자체와 비교할 때, 인간화된 실용주의적 실재는

---

13) 윌리엄 제임스, 『實用主義』, 131 · 136쪽.
14) 원문에서는 각각 '自在之物'과 '爲我之物'이라는 용어를 사용했으나, 본문에서는 '즉자'와 '대자'라는 용어를 사용하여 번역하였다.

주체의 창조 역량을 더 많이 드러내고 있음이 분명하다.

그런데 실용주의는 실재의 피안성을 부정하면서 또 다른 극단으로 나아갔다. 이들은 실재를 대자적 사물(인간화된 자연)과 완전히 동일시하고서 "모든 사물에는 인간의 각인이 새겨져 있다"라고 단언했다. 사실 인간화된 자연은 단지 물질적 실체의 유한한 한 부분일 뿐이어서 설령 이 영역이 인류의 자연에 대한 정복 능력의 제고에 따라 더 확장된다고 해도 결국 물질세계 전체를 다 포괄할 수는 없다. 실재를 오직 대자적 사물로 귀결시키는 것은 인간화된 자연 외의 모든 존재들을 소거한다는 것을 의미한다. 이러한 관념을 더 확장해 나가면, 결국 대자적 사물을 주체의 자의적인 구성물로 간주하는 것에 이르게 된다. 듀이가 "자연은 인간이 마음대로 변화시켜 사용할 수 있는 것으로 변한다"[15]라고 단언한 것에서 이러한 점이 분명히 드러난다. 이처럼 본연(즉자)의 실재가 인간화된 실재(대자적 사물)로 향해 가는 과정은 단순히 물질 형태(존재 방식)의 변화 과정으로 드러나는 것이 아니라, 실재가 독립성을 상실하는 과정으로도 이해될 수 있다. 바로 이러한 의미에서 실용주의는 "만약 인간의 사유 외에 어떤 '독립적인' 실재가 있다고 한다면, 이러한 실재는 발견하기가 대단히 어려울 것이다.…… 이러한 실재라고 부르는 무언가는 분명 침묵하는 공허한 것임이 틀림없다."[16]

요약하면, 형이상학의 타파를 전제로 하여 실재를 인간화된 자연으로 귀결시키고, 본연(즉자)의 사물을 대자적 사물로 전환하는 과정에서 주체의 역할을 부각함으로써 본연적 사물의 객관적 본성(독립성)을 부정하는 것이 바로 실용주의가 실재론을 구축하는 논리적 과정이다. 본질적으로 본다면 실재에 대한 이러한 규정은 사변철학의 구도를 벗어나지 않지만, 관념적인 것을 직접적으로 사물의 근원으로 삼는 전통적인 형이상학과 분명 구별되는 지점이 있다.

실재에 대한 실용주의의 이러한 견해는 호적에게 분명한 사상적 영향을 남겼다.

---

15) 존 듀이, 許崇淸 譯, 『哲學的改造』(北京: 商務印書館, 1958), 62쪽.
16) 윌리엄 제임스, 『實用主義』, 127쪽.

제임스, 듀이와 마찬가지로 호적은 주체 외에 물질적 실체가 존재하는지는 전적으로 형이상학에 속하는 문제이며, 주체를 떠나 실재를 논하는 것은 무의미하다고 생각했다. 이른바 실재란 주체와 어떠한 관계에 있는 대상에 다름 아니며, 주체는 관계항의 하나로서 실재 위에 자신의 각인을 새기게 된다. "우리는 각자 특별한 관심을 지니는데 그러한 관심은 서로 다르기 때문에 사람마다 지니는 느낌도 다르다. 우리가 주목하는 부분이 다른 만큼, 각자의 마음속의 실재 역시 서로 다르다. 한 사람의 시인과 한 사람의 식물학자가 함께 문을 나서면 시인의 눈에는 해맑은 바람과 환하게 핀 꽃과 새가 아름답게 보이겠지만, 식물학자는 길가에 자라는 풀과 울타리 위에 핀 꽃과 강가에 심은 나무만을 관찰할 것이다. 따라서 이 두 사람의 우주는 상당히 다르다."[17] 각자가 사고하는 실재는 바로 인간의 인식 영역에 들어온(주체에 의해 인지된) 실재이고, 이는 관념적으로 인간화된 실재이기도 하다. 호적의 견해에 따르면, 실재는 어디까지나 주체와 서로 대응하여 말해지는 것이다. 구체적 개체인 주체는 각자의 특징을 지니기 마련이며, 따라서 관념적으로 인간화된 실재는 필연적으로 개체의 특성에서 기인하는 차이를 지니게 된다. 이러한 관점은 무차별적이고 절대적인 형이상학적 실체를 거부하려는 시도가 도달하는 논리적 귀착이며, 모든 대상에는 인간의 각인이 새겨져 있다는 주장이 확장된 결과이기도 하다.

또 다른 측면에서 보면, 본연(즉자)의 사물이 대자적 사물(인간화된 자연)에 이르는 과정은 결국 관념성과 실천성이라는 불가분의 형식으로 나타나게 된다. 원시의 본연세계는 가능태로서의 인지 대상일 뿐 인식적 의미상의 '사실'이 되지는 못한다. 오직 주체의 실천과 인식 활동을 통해서만 본연의 대상은 부단히 경험적 사실의 영역에 진입하여 주체에 의해 파악된다. 본연의 세계가 경험적 사실로 전환되는 과정에서 주체의 지적 배경, 인지의 목적 등은 중요한 영향을 미치는데, 이는 인지의 깊이(대상의 어느 층차에까지 도달하는지)나 인지의 방향(대상의 어느 측면을 지향하는지)

---

17) 胡適, 『胡適文存』, 권2, 「實驗主義」, 439~440쪽.

을 규정하게 된다. 이와 관련하여, 호적은 유의미한 실재를 관념적으로 인간화된(인지 영역에 진입된) 실재라고 규정하는 한편, 이러한 실재는 지식 구조와 인지의 의향이 다른 주체(예를 들어 시인과 식물학자) 사이에서 각기 다른 특성을 나타내게 된다고 강조하였는데, 이는 상당히 설득력이 있는 견해이다. 다만 호적은 실재가 인간의 취향에 따라 달라진다는 것을 추상적으로 단언하면서, 인간의 마음속 실재와 외부의 실재를 동일한 것으로 보았는데, 이는 실용주의의 편견이기도 하다.

실용주의 원칙에 대한 호적의 발전적 해석은 관념적으로 실재를 인간화한 데에서 그치지 않는다. 그가 볼 때, 실재의 인간화 과정은 주체의 창조 과정으로도 나타난다. "결론적으로 말하면, 실재는 우리 자신이 개조한 실재다. 이 실재 안에는 무수한 사람들이 개조한 성분이 포함되어 있다. 실재는 마치 순종적인 여자아이와 같아서 고분고분하게 우리가 분칠하고 꾸며 주기를 기다린다. 또한 '실재는 마치 대리석과 같아서 우리의 손을 거쳐 각양각색으로 조각된다.' 우주란 바로 우리가 창조해 낸 결과물이다."[18] 여기서 말한 '창조'란 넓은 의미에서 말한 것으로, 본연의 실재가 '마음속'의 실재로 바뀌는 것을 가리키는 동시에, 주체가 처한 환경의 변혁을 지칭하기도 한다. 따라서 실용주의(호적의 실용주의를 포함)의 특징이 환경에 대한 생물 유기체의 적응을 강조하는 것일 뿐이라고 단언하는 것은 명백히 단편적인 판단이다. 사실 실용주의가 중시하는 것은 환경에 대한 적응이 아니라 환경을 개조함으로써 인간의 필요에 맞게 만드는 것이다. 퍼스, 제임스에서 듀이에 이르기까지, 정도의 차이는 있지만, 이들은 모두 이러한 사유 경향을 보였다. 호적 역시 이러한 측면에서 완전히 이들과 일맥상통한다. 또한 바로 이 지점에서 호적이 보았던 것과 보지 못했던 것이 복잡하게 뒤엉켜 있다.

역사적 관점에서 볼 때, 인류가 살아가는 세계는 본질적으로 이미 황무지 상태의 원시세계와는 완전히 구분된다. 인류의 세계는 여러 방면에서 인간의 본질적 역량을 표현하고 있는 만큼, 상당히 인간화된 세계라고 할 수 있다. 따라서

---

18) 胡適, 『胡適文存』, 권2, 「實驗主義」, 440쪽.

우리가 이 영역 속에서 '실재'라는 개념을 사용하면서, 실재는 우리 자신이 개조한 실재이고 그 속에는 무수한 사람들이 만든 요소들이 포함되어 있다고 말하는 것은 충분히 타당하다. 이러한 의미에서 말하면, 호적이 주체의 창조 작용을 부각한 것에는 나름의 합리적이고 의미심장한 요소가 존재한다. 그러나 호적에게서 '실재' 개념은 상술한 영역에 국한되지 않고 무조건적으로 확대되어 '우주' 전체를 포괄하고 있음에 주의해야 한다. 이와 관련하여, 실재가 인간의 창조물이라는 호적의 주장은 추상적인 형이상학적 성격을 띠고 있다. 형이상학을 거부한다고 자처하던 철학이 결국 다른 형태로 형이상학을 지향하게 된 것은 단순한 비극이 아니라, 이론의 전개상 어쩌면 필연적인 결과라고도 볼 수 있다. 이는 즉, 추상적 원칙에서 출발한다면 형이상학을 제대로 극복할 수 없음을 말해 주는 것이다.

실재에 대한 보편적 규정은 각 영역 중의 구체적인 개념을 통섭하고 있기 마련이다. 이러한 생각을 따라 호적의 사상을 관찰해 본다면, '실재는 인간의 창조물'이라는 호적의 명제는 전체적으로는 추상적인 성격을 띠지만, 그 속에는 어떤 현실적 요구가 포함되어 있음을 발견할 수 있다. 특히 이 명제를 그의 정치적 주장과 결부시켜 보면 이 점을 쉽게 확인할 수 있다. 서구 민주주의의 세례를 받은 자유주의자로서 호적은 당시의 독재적 전제, 인권 상실 등의 상황에 대해 깊은 불만을 지니고 있었다. 그가 볼 때, 중국의 활로는 현상 유지가 아니라 현상의 개혁에 있었다. "우리는 모두 현상에 만족하지 못하는 사람들이다. 우리는 모두 '자연스러움에 따르라'는 안일한 심리에 반대한다."[19] "정부가 불량하면 그것을 감독하고 바로잡는다. 정부가 감독을 받지 않고 바로잡음을 받아들이지 않을 때는 그것을 갈아 치워야 한다."[20] '자연스러움에 따르기'를 반대하는 이와 같은 변혁의 주장은 실재에 대한 '창조의 노력'을 강조한 주장을 적용한 것으로 볼 수 있다. 비록 호적이 주장한 변혁이 점진적인 개량에 머무르기는 했으나, 당시의 상황을

---

19) 胡適, 『胡適論學近著』(北京: 商務印書館, 1935), 「我們走那條路」, 451쪽.
20) 胡適, 『胡適的日記』上(北京: 中華書局, 1985), 174쪽.

고려하면, 그것은 분명 중국이 중세에서 근대로 나아가야 한다는 요청을 담고 있었다. 바로 이 점에서 실재에 대한 창조(실재의 인간화)라는 호적의 관점은 그 독특한 역사적 의의를 지닐 수 있었다.

3) 전통적 자연주의에 대한 인정: 실용주의의 탈피

중국 근현대철학은 서양 근대철학과 중국 전통철학의 이중적 영향 아래에서 전개되었는데, 이러한 이론적 배경은 전체적으로 근현대철학 체계의 일반적인 특징을 규정한다. 중국 현대철학자인 호적 역시 당연히 이 구도에 영향을 받을 수밖에 없었는데, 실용주의를 받아들이면서도 빈번히 전통철학에 관심을 가졌던 사실에서 이러한 특징이 잘 드러난다.

초험적인 도道와 리理의 형이상학적 경향이 두드러진 것 외에도, 중국 전통철학에는 이와 대립하는 자연주의의 저류가 존재한다. 자연주의는 초자연적인 주재자를 부정한다는 점에서 형이상학에 대한 거부와는 객관적으로 상통하는 점이 있다. 어떤 의미에서 바로 이러한 논리적 일관성이 호적이 전통적인 자연주의를 수용하는 이론적 전제가 되었다고도 할 수 있다. 호적은 형이상학의 거부라는 방식으로 초월적 실체를 부정한 동시에, 전통적 자연주의로부터 그 역사적 근거를 찾고자 하였다. 그가 볼 때, "중국 고대의 철인이 가장 일찍부터 자연적 우주론을 발견하였는데, 이는 사상의 해방에 절대적인 역할을 했다."[21] 여기서 말하는 해방은 종교 관념의 신비주의를 탈피한 것을 가리킨다. 호적은 한대 왕충의 자연철학을 연구하여 다음과 같은 결론을 내린 바 있다. "왕충은 '하늘의 변화에 일식과 월식이 있다.…… 일식과 월식은 일정한 수에 따른 것이지 정치의 좋고 나쁨과는 관계가 없다.…… '라고 했는데, 이러한 설명은 명백히 천문학이 발달한 시기의 산물이었다."[22] 중국철학의 발전 과정에서 보면, 왕충의 철학은 동중서의 신학적 목적론을

---

21) 胡適, 『淮南王書』, 51쪽.
22) 胡適, 『胡適選集』 述學分冊(臺北: 文星書店, 1966), 「王充的哲學」, 157~168쪽.

부정한 것으로 이해할 수 있다. 그의 철학은 '스스로 그러한 도道는 어떤 존재가 작용하여 그렇게 된 것이 아니다'라는 명제를 제1원리로 삼으며 분명한 자연주의적 경향을 나타냈다. 그런데 이러한 자연철학의 출현은 한대의 과학 발전을 기반으로 하고 있다. 호적은 왕충의 자연철학을 당시의 과학(천문학)과 연계시킴으로써 전통적 자연주의의 특징에 확실히 접근하고 있었다.

호적의 견해에 따르면, 왕충 등으로 대표되는 자연주의 전통으로 인해 근대 중국은 기독교 전통을 가진 서양보다 더 수월하게 신 관념을 배제한 다윈의 자연 진화론을 받아들일 수 있었다. "우리는 '천지는 불인하다'라는 노자의 말, 『열자』에 등장하는 물고기와 기러기의 비유, 왕충의 자연론을 익히 배워 왔다.…… 따라서 다윈의 학설이 특별하다는 것을 느끼지 못한다. 그러나 저 2천 년에 이르는 기독교의 권위 아래에서 그러한 논의는 확실히 혁명적인 것이었다."[23] 다윈의 진화론이 실제로 근대 중국에서 근대 서양보다 더 쉽게 받아들여지고 전파되었는가 하는 것은 더 검토해 보아야 할 문제이지만, 여기서 중요한 것은 전통적 자연주의가 실질적으로 초자연적 주재자를 부정하는 역사적 전제로 여겨졌다는 점이다. 이론적으로 소박한 자연주의는 대개 소박한 실재론과 내적 관련을 지니기 마련인데, 왕충에게서는 '어떤 존재가 작용하여 그렇게 된 것이 아니다'라는 막위설과 기氣를 본원으로 삼는 원기론이 자연철학의 불가분의 두 연결고리를 구성하고 있다. 이처럼 자연주의의 역사적 의의를 강조한다는 것은 소박한 실재론을 인정한다는 것을 의미하기도 했다.

전통적 자연주의에 관한 연구와 성찰은 어느 정도 호적에게 다른 일반적인 실용주의자와 다른 시야를 부여했음이 분명하다. 바로 이러한 점에 기초해 호적은 제임스의 관점을 비판하기도 하였다. "제임스는 신 관념(의지를 지니고 있으며, 인류의 최고 이상과 동일한 방향으로 나아가는 신)이 인류를 만족시키고 편안하게 만들어 줄 수 있으며 낙관적인 태도를 가져다주리라 생각했다. 이러면 신은 진짜나 다름없지

---

23) 胡適, 『胡適文存二集』, 권2, 「五十年來之世界哲學」, 236쪽.

않은가? 그런데 이러한 이론은 자세히 보면 대단히 해롭다."24) 인식론 측면에서, 실용주의의 창시자인 퍼스는 행위의 효과로 개념의 의미를 확정하는 원칙을 제시한 바 있다. 제임스는 이 원칙을 더욱 진전시켜 행위의 효과가 개념의 의미를 정하는 기준일 뿐 아니라 개념의 진위를 판단하는 기준이 된다고도 생각했다. 즉 그 어떤 관념이든(신학적 관념을 포함) 유용한 효과를 가져올 수 있다면 진리의 성질을 획득하게 되고, 동시에 그 관념과 상대되는 대상은 참된 존재가 된다. "실용주의의 진리를 검증하는 유일한 방법은 그것이 우리를 인도할 때 가장 효과적인지 아닌지를 살펴보는 것이다.…… 만일 신학적 관념, 특히 신 관념이 이러한 역할을 할 수 있음을 증명해 낸다면, 실용주의가 어떻게 신의 존재를 부정할 수 있겠는가?"25) 가치 관계(인간에게 의미가 있는가)로부터 신 존재를 확정한다는 점에서, 이러한 관점은 무조건적으로 초험적 실체의 존재를 강조하는 절대주의(형이상학)와는 차이가 있다. 하지만 신은 본질적으로 허구적인 초자연적인 대상인데도 이를 용인하는 것은 자연주의를 부정하는 것이기도 하다. 이처럼 제임스의 실재론은 형이상학을 거부하고 또 자연주의를 지양하는 이중적 경향을 보인다. 제임스 자신도 이 점을 인정하면서 다음과 같이 말하기도 했다. "조잡한 자연주의와 초험적 절대주의라는 극단 사이에서, 내가 감히 실용주의 혹은 개선주의 형태라고 칭하는 유신론이야말로 그대들에게 꼭 필요한 것일지도 모르겠다."26) 초험적 형이상학에 대한 배척이 사변철학을 부정하는 의미를 지닌다면, 자연주의에 대한 지양은 제임스를 변형된 신앙주의로 향하게 했다고 볼 수 있다. 호적이 볼 때, 제임스 이론의 유해함은 바로 여기에 있다. "제임스에게 이르러 방법론은 느슨해져 때로는 신앙을 옹호하는 방법이 되어 버리기도 했다."27)

　　호적 이전에 듀이도 제임스에게 비슷한 의문을 제기한 적이 있다. 그런데

---

24) 胡適, 『胡適文存』, 권2, 「實驗主義」, 438쪽.
25) 윌리엄 제임스, 『實用主義』, 44쪽.
26) 윌리엄 제임스, 『實用主義』, 154쪽.
27) 胡適, 『胡適文存二集』, 권2, 「五十年來之世界哲學」, 257쪽.

이러한 의문은 주로 실용주의의 방법을 '영원성'을 지닌 개념에 적용하려는 제임스의 독단론적 경향을 향한 것이었다. 즉 이러한 문제 제기의 출발점은 결국 실용주의의 원칙을 순수화하는 데 있었다.[28] 이와 달리 호적의 비판은 제임스의 신앙주의적 경향을 겨냥한다. 이론적으로 아주 깊은 곳까지 도달했다고 말하기는 어렵지만, 어디까지나 그의 비판은 형이상학에 대한 배척에서 출발해 자연주의적 경향을 표출하는 것으로 나아간다.

또한 호적이 신앙주의를 부정하는 근거인 자연주의는 단지 전통사상을 회복한 것이 아니라, 서양 근대과학사상과 융합하여 새로운 특징을 획득한 것이라는 점에 주목해야 한다. 호적은 "서양 근대과학사상이 중국에 유입된 이후 중국 고유의 자연주의 철학 또한 점차 회복되면서, 이 두 가지의 결합을 통해 오늘날의 자연주의 운동이 탄생했다"라고 지적했다.[29] 바로 이 둘의 결합을 통해 전통적 자연주의는 소박한 형태를 벗어나 근대적 색채를 띠는 자연주의("오늘날의 자연주의")로 진화하기 시작했는데, 후자가 바로 실증과학에 기반을 둔 자연주의이다. 호적은 또 다른 측면에서 이를 설명했다. 시공 관념으로 보면, '오늘날의 자연주의'는 시간과 공간의 무한성을 강조하여 "천문학 및 물리학의 지식에 근거하여 사람들에게 공간의 무한한 크기를 알려 주고", "지질학과 고생물학의 지식에 근거해 시간의 무한한 길이를 알려 준다." 물질관으로 보면, '오늘날의 자연주의'는 물질과 운동을 연결하는 데 중점을 두어, "새로운 물리화학적 지식에 근거해 사람들에게 물질은 죽지 않고 살아 있으며, 정적이지 않고 움직인다는 사실을 알려 준다." 무한한 시공간에서 물질의 운동은 스스로가 원인이 되는 자연적 과정이기도 하다. 따라서 "모든 과학에 근거해 사람들에게 우주와 그에 속한 만물의 운행 및 변화는 모두 자연적인 것(스스로 그러한 것)으로서 어떤 초자연적인 주재자나 조물주도 필요하지 않음을 알려 준다."[30]

28) J. Dewey, *Essays in Experimental Logic*(Chicago: the University of Chicago Press, 1916), pp.312~325.
29) 胡適, 『胡適文存二集』(上海: 亞東圖書館, 1930), 권9, 「黔日敎會敎育的難關」, 1163쪽.
30) 胡適, 『胡適文存二集』, 권2, 「科學與人生觀·序」, 25~27쪽.

이론의 본질만 보면, 이러한 호적의 논의는 상식에 근접한 것으로 사실 창의적인 견해는 많지 않다. 하지만 근대과학과 전통적 자연주의가 서로 뒤섞였을 때, 현학파는 심지어 '과학의 파산'을 단언하고 과학적 세계관에서 벗어나 전통 현학의 시대로 되돌아가야 한다고 주장했음을 기억해야 한다. 이러한 역사적 전제에 비추어 볼 때, 호적은 전통적 자연주의와 서구 근대의 과학사상을 소통시켰으니, 부정할 수 없는 중요한 시대적 의의를 지닌다고 할 수 있다. 호적은 실증적 과학을 도입하고 이를 통해 전통적 자연주의의 근대화를 추진하였으며, 이와 동시에 실재를 자연주의 방식으로 해석함으로써 과학적 세계관에 대한 보편적인 이론 논증을 실시하였다. 한 가지 주목할 점은 제임스, 듀이는 형이상학을 경험, 즉 현상계 밖의 물질적 실체와 연결하는 것을 부정했다는 것이다. 이들과는 달리, 호적은 형이상학에 대한 거부를 전통적 자연주의로 들어가는 논리적 연결고리로 삼았다.

우주는 자연적인 운행 과정으로서 내재적 법칙에 따르고 있다. 즉 "자연주의적 우주에서 하늘의 운행에는 일정한 규칙이 있고 사물의 변화에는 자연법칙이 존재한다."[31] 그러나 초자연적인 주재자와 달리 자연의 내적 법칙은 인간의 창조 작용을 부정하는 힘으로 나타나지는 않는다. "하늘의 운행에 일정한 규칙이 있는 것은 인간이 자연계를 제어하는 능력을 더 증가시켜 줄 뿐이다. 인과율이 모든 것을 뒤덮는다고 해도 인간의 자유는 구속될 수 없다. 인과율의 작용은 한편으로는 원인에서 결과를 구하게 하고 결과에서 원인을 추론하게 함으로써 과거를 설명하고 미래를 예측할 수 있게 하며, 다른 한편으로는 지혜를 사용해 새로운 원인을 창조해 새로운 결과를 얻도록 해 준다."[32] 표면적으로 보면, 이러한 견해는 실재의 인간화 과정에서 주체의 역할을 강조하는 관점과 상당히 일치하는 것처럼 보이지만, 더 깊이 분석해 보면 비슷한 외관 아래 상이한 사유의 경향이 내재해 있음을 확인할 수 있다. 앞에서 설명한 것처럼, 실용주의자(특히 제임스와 듀이)는 본연적 실재로부터

---

31) 胡適, 『胡適文存二集』, 권2, 「科學與人生觀・序」, 28쪽.
32) 胡適, 『胡適文存二集』, 권2, 「科學與人生觀・序」, 28~29쪽.

인간화된 실재로 향해 가는 과정에 주목했지만, 형이상학의 부정이라는 원칙에 근거해 본연적 실재(즉자적 사물)를 무의미한 대상으로 여기기도 하였다. 동시에 즉자적 사물(본연적 실재)이 대자적 사물로 전환될 때 반드시 대상에 내재한 필연적 이치를 근거로 삼아야 한다는 것을 부정하였는데, 이처럼 주체의 의향과 목적의 작용을 일방적으로 강조하면서 즉자적 사물이 대자적 사물로 전환되는 과정을 '자의적 창조'의 과정으로 여겼다. 이와 달리, 호적의 견해에서 주체의 창조적 자유는 인과의 필연성을 파악하는 것을 전제로 한다. 이는 새로운 원인을 창조하여 새로운 결과를 구한다는 근대 실험과학의 원칙을 수용한 것이면서 전통적인 자연주의의 영향을 받은 것이기도 하다. 송대 학자 이구(李覯)의 학설에 대한 호적의 평가에서 이러한 점을 쉽게 확인할 수 있다. "이구의 공리주의와 인사주의는 자연을 거스르려는 것이 아니라 실제로는 자연에 근거하려는 것이다."[33] 호적은 실험과학 정신과 '자연에 근거한' 전통적 자연주의를 융합하여 발전시키고자 했기 때문에 제임스와 듀이의 철학적 시야에서 어느 정도 탈피할 수 있었을 뿐 아니라, 실재는 주체의 창조물이라고 추상적으로 강조했던 자신의 편향성에 대해서도 일정 부분 보완이 가능했다.

실용주의의 한계로서 자연주의는 본질적으로 결국 호적과 모순을 일으키게 된다. 이는 앞서 인용한 호적의 말에서 분명히 확인할 수 있다. 그렇다면 이런 필연적 불일치를 어떻게 극복할 수 있을까? 이 난제의 해결을 위해 호적은 다시 실용주의의 출발점으로 돌아간다. 그의 견해에 따르면, 자연주의적 실재론은 이미 실증된 과학적 정설이 아니라 이론상의 '큰 가설'일 뿐이다.[34] 일종의 가설로서 그것은 의심의 여지를 지니고 있으며, 반증가능성을 지니고 있다. 여기에서 보면, 호적은 실용주의를 가지고 자연주의와 소통을 시도했다고 하거나 혹은 자연주의를 실용주의 아래에서 통섭하고자 했다고 이해할 수 있다. 그런 만큼 이러한 형식의

---

33) 胡適, 『胡適文存二集』, 권1, 「記李覯的學說」, 60쪽.
34) 胡適, 『胡適文存二集』, 권2, 「科學與人生觀·序」, 27쪽.

자연주의가 실용주의의 그림자를 드리우고 있었던 것 또한 당연한 일이었다.

정리하면, 호적은 실용주의를 천명하는 동시에 초험적 실체에 대한 부정을 논리적 매개로 삼았다. 또한 일정 부분 중국철학의 자연주의 전통을 계승하면서 이러한 전통을 서양 근대과학사상과 융합하고자 하였는데, 이를 통해 실용주의의 원칙에 일정한 수정과 제약을 가하게 되었다. 그렇지만 호적은 자각적으로 실용주의 철학의 훈련을 더 많이 받았던 만큼, 전통적 자연주의의 영향 또한 필연적인 것이 아니라 자발적 선택에 의한 것에 머물렀다. 따라서 양자가 충돌할 때 호적은 실용주의를 버리고 자연주의를 선택하는 것이 아니라, 자연주의를 실용주의에 융합시키는 것으로 문제를 해결하고자 했다. 출발점과 종착점으로 볼 때, 이러한 이론은 채택할 만한 것이 되지는 못하지만, 중서문화의 충돌과 회합의 산물로서 그 이론의 전개 과정만은 분명 보편적인 성찰의 가치를 지닐 수 있다.

2. 선善과 진眞

1) 지행 논변과 그 함의

실용주의는 본체론상 전통 형이상학을 거부하고, 참된 존재란 주체 밖의 초험적 실체가 아닌 주체의 창조 활동의 각인을 새긴 인간화된 실재라고 생각했다. 이러한 관점은 인식 대상에 관한 규정에도 직접적으로 영향을 미쳤다. 실용주의 견해에 따르면 "지식의 대상은 사유의 출발점이 아니라 사유의 종착점에 존재한다. 이는 사유의 내용을 이루는 탐색과 검증 과정 그 자체의 산물이다."[35] 인식론에서 보면, 인식의 대상이 즉자 상태에 놓인 본연적 사물이라고 보는 것은 상당히 어렵다. 본연계가 사실계로 전환되면 현실적 인식 객체가 되는데, 본연계가 사실계로 전환되

---

35) J. Dewey, *Essays in Experimental Logic*, 334쪽.

는 것 역시 넓은 의미의 인식 과정을 거쳐 실현되는 것이다. 여기에서 실용주의는 지식의 대상이 탐색의 과정 이전에 이미 이루어져 존재한다고 여기지 않음을 확인할 수 있다.

그러나 본연계가 사실계로 전환되는 것이 주체의 인식 활동과 서로 연계되어 있음을 인정하는 것이 인식의 대상인 사실계가 전적으로 주체의 구조로 나타난다는 것을 의미하지는 않는다. 일반적으로 말해, 본연계가 사실계로 전환된다는 것은, 소여(the given)로부터 얻어진 조리(논리적 형식이 개념·범주 등으로 표현된 것)가 다시 소여에게 환원됨으로써 소여가 인식의 영역 속에 들어가 이해의 대상이 된다는 것을 의미한다. 여기서 인식 활동의 작용은 주로 대상과 주체의 연결방식을 변화시키는 것으로 나타나며, 대상의 내적 본질이나 법칙을 소거하거나 약화시키는 것으로 나타나지 않는다. 객관적 규정으로서, 이러한 내적 본질 및 규칙은 여전히 즉자적(주체에 의해 좌우되지 않는) 성질을 지닐 수 있다. 이것으로 볼 때, 본연계를 사실계로 전환시키는 과정은 논리적으로 이중적 의미를 지닌다. 우선 이는 관념 형태에서 외부 대상으로의 이행(개념과 범주 등으로 소여를 규범화하는 과정)을 의미하기도 하고, 객관 대상에서 관념 형태로의 운동으로 나타나기도 한다. 후자는 소여를 정리하는 조리(논리 개념 및 범주)가 본래 소여에서 온 것임을 의미하는 동시에, 나아가 대상의 즉자적 본성을 파악하고자 하는 요구를 내포하고 있기도 하다. 실용주의는 바로 이러한 점을 간과하였다. 지식 대상을 전적으로 주체의 탐색 활동의 산물로 규정하는 순간, 사실상 상술한 두 가지 과정에서 전자만을 일방적으로 강조한 것이 되고 만다.

실용주의에서 지知(사유, 경험 등)는 인식 대상을 형성하는 전제로서 주로 주체의 실천 활동과 서로 융합된다. "지(knowing)는 본래 의미로 말하자면 행(doing)이기도 하다."[36] 형이상학의 초험적 실체를 배척하는 것과 아울러 실용주의는 지와 행을 하나로 융합하였는데, 이는 형이상학적 사변에 반대하려는 목적이 있다. 실용주의

---

36) J. Dewey, *Essays in Experimental Logic*, 331쪽.

의 견해에 따르면, 전통·철학의 주요 결점 중 하나는 실재의 추상적 묘사와 해석에 그치고 있다는 점이다. 이러한 해석은 환경을 변화시키는 주체의 활동과는 항상 간극이 존재한다. 실용주의에서 인식의 진정한 목적은 바로 행함에 있다. "사유의 전반적 기능은 행위의 습관을 끌어내는 데 있는데, 사유에만 관계되고 목적과는 무관한 모든 것은 사유의 군더더기이지 사유의 일부가 아니다." "서로 다른 신념은 그것들이 만들어 내는 서로 다른 행동에 따라 구분된다."37) 이처럼 지知가 반드시 행行에 근거해야 한다고 강조하면서 아울러 행의 의미를 부각하는 경향은 서양철학사에서 결코 흔한 것이 아니었다. 바로 이러한 특징으로 인해 실용주의는 많은 철학사가에게 '행동철학'으로 인식되고 있다.

이론적으로 보면, 행을 지의 귀착점으로 여기는 것은 분명 지행의 통일성에 주목한 것으로 볼 수 있다. 그런데 실용주의는 행과 무관한 모든 것을 무조건 지와 관련 없는 것으로 간주하면서 또 다른 극단으로 향했다. 이 점은 듀이의 다음과 같은 논변에서 뚜렷하게 나타난다. "경험이 당장 지식은 아니다. 이는 행동하고 받아들이는 방식이다."38) 경험은 인식의 한 형태로서 주체의 실천 과정에서 시작되어 전개된다. 다만, 실천을 매개로 하는 경험은 객체와도 인식의 관계를 맺으며, 대상에 대한 객관적 규정을 그 내용으로 삼는데, 이 내용이 곧 인식론상 지식으로 나타난다. 실용주의가 경험을 행동하고 받아들이는 것으로 귀결시킨 것은 지와 행의 관계로써 지와 대상 간의 인식 관계를 대체한다는 것을 의미한다. 즉, 행은 더 이상 인식이 객체로 향하는 과정의 매개체가 아니라, 오히려 인지 활동 자체를 해소해 버리게 된다. 이러한 관점은 지식의 대상이 주체적 활동에서 형성된다는 학설을 전개한 것이다. 대상이 주체 활동의 산물이라고 추상적으로 규정되는 순간, 이는 객관적 규정을 상실하고 주체 활동 속으로 융화되게 된다. 바로 이러한 전제로부터 인식 활동(경험, 사고 등)에는 대상의 객관적 본성을 파악한다

---

37) C. S. Peirce, *Selected Writings: Values in A Universe of Change*, pp.120~121.
38) J. Dewey, A. W. Moore, et. al, *Creative Intelligence: Essays in the Pragmatic Attitude* (New York: Henry Holt And Company, 1917), p.7.

는 인지의 의미가 포함되어 있지 않다는 사실을 추론해 낼 수 있다.

서양철학사에서 실용주의는 흔히 경험론으로 분류된다. 어떤 의미에서 이런 견해는 분명 일리가 있다. 하지만 사람들은 종종 실용주의가 전통적 경험주의와 중요한 차별점이 있음을 간과한다. 이를 구체적으로 이해하기 위해, 우선 감각의 역할에 대한 실용주의의 설명을 살펴보도록 하자. "감각은 지식으로 들어가는 문이라는 지위를 상실하고, 그 대신 행위의 자극이라는 정당한 지위를 획득한다. 동물에게 있어 눈이나 귀가 받아들이는 감각은 세상의 대수롭지 않은 일에 관한 무의미한 이해가 아니라, 필요에 따라 행동하게 하는 초청 혹은 유혹이다. 그것은 행위를 끌어내는 계기이며, 삶이 환경에 적응하도록 인도해 주는 요소이기도 하다. 또한 그것은 촉발된 것이지 인식하여 판별된 것이 아니니, 감각의 지적 가치에 관한 경험론자와 관념론자 간의 논쟁은 결국 쓸모가 없는 것이다. 감각에 관한 논의는 직접적 자극과 반응이라는 표제 아래 귀속되지, 지식이라는 표제 아래 귀속되는 것이 아니다."[39] 감각은 주체와 객체를 연결하는 직접적인 교량으로서 객체에 관한 가장 원초적인 질료를 제공해 준다. 경험은 그 자체로 다중적 함의(이는 이론적 인식과 대응하는 인식 형태를 가리킬 뿐만 아니라, 넓은 의미에서 관찰, 실험 등의 인식 활동도 포함할 수 있다. 후자는 대개 실천 과정과 불가분의 관계에 있다.)를 포함하고 있으므로, 설령 그것이 행위와 동일시되는 순간에도 인지의 의미를 해소한다는 특징은 잘 드러나지 않게 된다. 만약 그렇다면, 감각이 지식으로 향하는 창구라는 것을 부정하고 이를 행위를 위한 자극이나 계기로 이해하는 것은 더욱 명확한 형식으로 객체에 대한 주체의 인식 작용을 해소한 것이나 다름없다. 즉 주체와 객체는 전적으로 자극과 반응이라는 관계로 표현된다. 반응이라는 것은 오직 행위라는 방식으로만 전개될 뿐, 식별과 모사의 성질은 지니지 않는다. 감각 경험의 작용을 긍정하고 강조한다는 점에서 이러한 관점은 넓은 의미의 경험론에 가깝지만, 감각의 인지와 식별 기능을 부정한다는 점에서 전통적인 경험론과는 또한 차이가 있다. 감각이 지식의 문이

---

39) 존 듀이, 『哲學的改造』, 46~47쪽.

아님을 강조하는 데에서 더 나아가, 실용주의는 경험론과 관념론의 논쟁을 무의미한 영역으로 간주하는 한편, 감각의 인식적 의미를 해소한다는 전제하에 경험론과 관념론의 경향을 모두 초월하고자 하였다. 이는 분명 전통적 경험론의 범위를 넘어서고 있다.

듀이의 제자인 호적 역시 이러한 실용주의의 논지에 깊이 동조하면서 일정 부분 이러한 노선을 답습하기도 하였다. 그는 천인天人 관계, 즉 자연과 주체의 관계 측면에서 전통철학을 비판했다. "하늘에 가려 사람을 알지 못하고 무위를 실천하면 자연에 따를 수 있다고 망상하였으며, 지혜를 배척함으로써 감히 자신의 능력을 사용해 자연을 거스르지 못했으니, 끝내 자연이 무엇인지 알 수 없었다."[40] '자연에 따른다'는 것은 인간(주체)에 대한 자연(객체)의 제약 작용을 중시한 것이다. '자신의 능력을 사용해 자연을 거스른다'는 것은 자연에 대한 인간의 작용을 강조한 것이다. 여기에서는 인식 영역에서의 주체와 객체의 일반적인 관계를 논하고 있다. 인식 과정은 모사(소여로부터 얻는 과정)와 규범화(소여에게 환원하는 과정)의 통일이라고 나타낼 수도 있다. 모사가 '자연에 따른다'는 성질을 지니고 있다면, 규범화는 '자신의 능력을 사용'하는 것에 더욱 가깝다. 물론 자연에 따르지 않는다면 자연의 참된 모습을 알 수 없지만, 자신의 능력을 사용하는 과정(소여에게 환원하는 과정)을 벗어나서도 마찬가지로 대상의 본래적 규정을 깊이 파악하기 어렵다. 호적이 '자연에 따르는 것'만으로는 '자연이 무엇인지'를 알 수 없다고 말한 것은 분명 일리가 있다. 하지만 그는 '자신의 능력을 사용하는 것'과 '자연을 거스르는 것'을 서로 연결시킴으로써 '자신의 능력을 사용하는 것'과 '자연을 따르는 것'을 대립하는 두 극단으로 설정했는데, 이는 사실상 실재에 대한 관념의 규범화(소여에게 환원하는 것)를 기준으로 실재에서 관념으로 이행하는 과정(소여로부터 얻는 과정)을 배척한 것으로 이해할 수 있다.

자연과학에 대한 호적의 해석은 '자신의 능력을 사용하는 것'을 기준으로 삼아

---

40) 胡適, 『淮南王書』, 51쪽.

'자연을 따르는 것'을 부정하려는 경향이 두드러진다. 그에 따르면, "자연과학의 재료는 이미 이루어진 재료를 찾는 것에 국한되지 않는다." 자연과학은 "이미 이루어진 재료에 구애받지 않고 일상적으로 볼 수 없는 상황을 자유롭게 창조하여 새로운 결과를 도출할 수 있다."[41] 앞서 설명한 바와 같이, 객관의 측면에서 보면, 과학적 인식은 본연계에서 사실계로 이르는 과정을 의미하며, 사실계는 분명 이미 이루어진 재료라고 볼 수 없다. 이 점을 이해하는 것은 실험과학의 성격을 파악하는 데 상당히 중요하다. 이와 마찬가지로 중요한 것은, 본연(이미 이루어진)의 세계를 사실세계로 변화시키는 것은 '자연에 따르는' 과정이기도 하다는 점이다. 만약 이러한 상황을 간과한다면 이미 이루어진 재료로부터 '새로운 결과'에 이르는 전환은 그저 주관적인 구성으로 탈바꿈하고 만다. 이러한 사실은 기본적으로 호적 의 시선 밖에 있다. 그가 주체는 새로운 재료를 '마음대로 창조'할 수 있다고 강조했을 때, 사실상 지식의 대상을 주체의 탐구 활동의 산물로만 보는 듀이의 전철을 밟은 것으로 볼 수 있다.

그렇다면 '자신의 능력을 사용하여' 재료를 창조하는 것은 사변의 과정으로 표현될 수 있는가? 호적의 대답은 그렇지 않다는 것이다. 그가 볼 때, 인식을 인간의 행위와 단절된 활동으로 이해하는 것은 위험하고 낡은 생각이다. "과거 철학의 큰 병폐 중 하나는 지식이나 사상을 마치 뛰어난 미술 감상력과 같은, 인생의 행위와는 아무런 관련이 없는 것으로 여겼다는 점이다. 따라서 예전의 철학은 '본체', '현상', '주관', '외물' 등 문제로 성립될 수 없는 논쟁으로 파고들곤 했다."[42] 그는 지행의 불일치를 전통철학의 한 병폐로 여겼는데, 이는 일리가 있다. 어떤 의미에서 이는 부정의 형식으로써 지와 행의 연계를 요구한 것으로 볼 수 있다. 그런데 행을 벗어난 채 지를 논하는 것을 '주관'과 '외물'에 관한 논쟁의 근원으로 보고, 아울러 이러한 논쟁을 '문제로 성립되지 않는' 논쟁으로

<hr />

41) 胡適, 『胡適文存二集』, 권1, 「治學的方法與材料」, 197쪽.
42) 胡適, 「實驗主義」, 449쪽.

여긴 것은 또 다른 중요한 의미를 지니고 있다.

이는 즉, 지행의 관계에 대한 새로운 해석을 통해 '주관'과 '외물'의 대립을 소멸시키려는 경향을 내포하고 있다. 주체와 객체의 대립을 소멸(해소)하기 위한 전제로서, 지행 관계는 지와 행의 융합을 의미한다. 바로 여기에서 출발하여, 호적은 경험을 다음과 같이 정의하였다. "경험이란 바로 삶이고, 삶은 곧 인간과 환경의 상호작용이다."[43] 이처럼 지를 행 속에 융화시킴으로써 경험의 객체에 대한 인식 기능을 제거하려는 관점은 듀이와 대체로 일맥상통한다. 하지만 듀이 등과는 달리 호적은 감각과 행위의 관계에서 경험의 비인지성을 논증하는 데까지는 이르지 않았다. 호적은 지를 행 속에 융화시킨다는 전제하에 지행의 통일성을 주로 강조하였다. 바로 이러한 점에 근거해 호적은 손중산孫中山의 지난행이설知難行易說을 비판했다. "행하는 것은 쉽고 아는 것은 어렵다는 주장의 근본적인 오류는 바로 지와 행을 지나치게 뚜렷하게 구분하였다는 것에 있다.…… 절대다수의 지식은 행함과 분리될 수 없으며, 사회과학적 지식의 경우는 더욱 그러하다. 이 절대다수의 지식은 실제의 경험(행함)으로부터 얻어진 것이다. 아는 만큼 행하고 행하는 만큼 더 알게 된다. 즉 행할수록 알고 알수록 행할 수 있으니, 결국 그러한 지식이 있게 되는 것이다."[44] '아는 것은 어렵고 행하는 것은 쉽다'는 주장의 병폐가 지와 행의 분리에 있다는 관점은 생각해 볼 만한 주제이다. 한 가지 주목할 점은, 호적은 이 문제와 관련하여 여전히 어떤 면에서 '행'으로 '경험'(지)을 정의하고 있다는 것이다. 하지만 이와 동시에, 그는 지와 행의 통일 관계를 직접적인 동일성이 아닌 지와 행의 상호작용으로 이해하기 시작하였다. 이는 지의 상대적 독립성, 즉 지의 인식적 의미를 어느 정도 인정함으로써 실용주의와는 다른 사고 경향을 나타낸 것으로 이해할 수 있다. 지행 관계에 대한 이러한 이중적 설명에는 실용주의에서 벗어나게 되는 내적 계기가 함축되어 있다.

---

43) 胡適, 「實驗主義」, 449쪽.
44) 胡適, 『中國明代思想史資料簡編』 제3권, 「知難行亦難」, 144쪽.

지와 행의 상호작용 측면에서 보면, 지는 하나의 과정으로서 전개된다. '아는 만큼 행하고 행하는 만큼 더 알게 된다'는 호적에 말에 이미 그러한 사고의 경향이 나타나고 있다. 하나의 과정으로서 지는 상대적이고 가변적인 특징을 지닌다. "종류만 변하는 것이 아니라 진리도 변화한다." "천하에 영구불변한 진리나 절대적인 진리는 없다."[45] 논리적으로 볼 때, 이러한 견해는 실재가 주체의 창조 과정에서 형성된다는 실용주의의 설을 전제로 한다. 즉, 지(진리)의 과정으로서의 성격은 실재의 인간화 과정의 연장이라고 할 수 있다. 바로 이러한 관련성으로 이해, 진리에 대한 호적의 규정은 상대주의적 성격을 띠며, 이러한 특징은 진리는 '때에 따라서 변한다'는 그의 추상적 진술에서 분명하게 드러나고 있다. 그러나 독단론을 부정한다는 의미에서 호적의 견해는 분명 의의를 지닐 수 있는데, 이러한 점은 도道 관념에 대한 호적의 비판에서 엿볼 수 있다. "도 관념은 철학사에서 미신을 타파하는 작용을 했으나, 과학의 발달을 저해하는 결과를 가져오기도 하였다. 사람들은 저마다 '도道'를 안다고 자처하면서 사물의 '이치'(理)를 구하지 않았으니, 이것이 가장 큰 해악이었다."[46] 일반적으로 말하면, 과학적 인식은 보편 법칙의 인도에서 벗어날 수는 없는 것이 사실이지만, 그렇다고 해서 단지 법칙이 제공하는 보편적 해석에만 머무를 수는 없으며 이러한 해석을 가지고 구체적인 과학연구를 대체하는 것은 더더욱 불가능한 일이다. 구체적인 과학연구를 소홀히 한다면 독단론을 면하기 힘든데, 중국 전통문화에는 이런 경향이 존재하는 것이 사실이다. 이를테면 '음과 양으로 이루어진 것을 도라고 한다'(一陰一陽之謂道)라는 명제는 중국 철학에 뿌리 깊이 박혀 있는 관념으로 이는 세상을 변증법적으로 고찰하는 데 부인할 수 없는 역할을 하였다. 그러나 어떤 철학자들 혹은 과학자들은 이를 추상적 해석의 모델로 사용하기도 했다. 예를 들면, '전기란 무엇인가?'라는 질문에 '음양이 서로 부딪쳐서 전기를 만든다'라고 답하는가 하면, '자석은 어떻게 해서 철을 끌어당

---

45) 胡適, 「實驗主義」, 415쪽.
46) 胡適, 『淮南王書』, 21쪽.

기는가?라는 질문에 '음양이 서로 감응하여 가로막힌 것 사이를 통하는 원리이다'라고 답하고, 또한 '화약은 어떻게 해서 폭발할 수 있는가?'라는 질문에 '음양의 성질을 띤 사물이 서로 포용될 수 없는 공간에서 만났기 때문이다'라고 답한 것이 그러한 예다. 이러한 설명은 사람들에게 '그럴싸한' 만족감만을 줄 수 있다. 이는 대상과 그 상호작용의 내적 메커니즘을 제대로 나타내 주지 못하는 것은 물론이거니와, 사람들에게 헛된 만족감을 주어 자연에 대한 탐구를 방치하도록 만든다. 결국 이는 특수한 형태의 독단론으로 흘러가게 된다. 따라서 진리가 때에 따라 변한다는 호적의 관점은 불변하는 도道에 머무른 채 사물들의 이치를 추구하지 않는 경향에 반대한 것으로, 그야말로 정곡을 찌른 것이라 할 수 있다. 그렇지만 호적이 도 관념이 과학의 발전을 저해할 수 있다고 두루뭉술하게 단언한 것은 인식 과정에서 보편 이론이 지니는 규범으로서의 역할을 소홀히 여긴 것으로서, 실용주의적 색채를 강하게 내비치고 있다.

2) 인지를 평가에 녹여 넣다

실용주의는 경험(知)을 행동에 융합된 반응의 과정으로 이해하면서 전통적인 철학과 애초부터 다른 사유의 경로를 보였다. 그렇다면 행동과 연계된 반응의 과정으로서, 인식에는 어떤 요소들이 포함되어 있는가? 이 문제를 해결하는 과정에서 실용주의는 탐색 이론을 제시하였다.

우선 인식을 탐색 과정으로 규정한 것은 퍼스였다. 퍼스의 견해에 따르면, 주체는 행동 이전에 대개 회의의 상태에 놓이게 된다. 이러한 회의는 심리적인 동요, 조급함, 불만 등으로 나타나기도 하며, 다른 한편으로 행위의 망설임이나 방황 등으로 이어지기도 한다. 이러한 회의의 상태를 극복하고 확고한 신념을 확립해야만 주체의 행위는 유효한 근거를 획득할 수 있다. "회의는 일종의 불안과 불만의 상태이며, 우리는 그 상태에서 벗어나 신념의 상태에 진입하고자 노력한다." "확신은 우리가 확정적으로 행동할 수 있는 조건 속에 놓여 있도록 한다."[47] 회의에서 확신으로 나아가는 것(신념에 도달하는 것)은 구체적으로 하나의 탐색 과정으로 전개된다. 제임스 역시 퍼스와 마찬가지로 신념을 확정하여 행위를 규범화할 것을 강조하였다. "실용주의적 방법은 어떤 특별한 결과가 아닌 방향을 확정하는 태도일 뿐이다."[48] 그러나 제임스는 이 원칙에서 더 나아가지 않았고, 듀이가 이를 받아들여 한층 더 발전시켰다. 듀이는 탐색 과정을 ① 의문의 발생, ② 의문의 지점 확정, ③ 의문 해결을 위한 가설 제시, ④ 가설에 내포된 결과의 연역적 도출, ⑤ 검증을 통한 가설의 수용 또는 폐기 등의 5단계로 구분했다.[49] 이처럼 의문에서 확신에 이르는 탐색과정론은 듀이에게서 비교적 체계적인 형태를 갖추어 가기 시작했다.

그런데 실용주의의 이 같은 견해는 이론적으로 주목해야 할 부분이 있다. 일반적으로 말해서, 과학적 인식은 지식만을 전제로 삼는 것도 아니고 그렇다고 해서 전적으로 무지에서 비롯하는 것도 아니다. 단순한 앎의 상태에서 인식은 내적 동력을 결여하기 마련이다. 반대로 절대적으로 무지한 조건에서도 마찬가지로 주체는 인식이라는 요구를 제기하지 못한다. 무지가 드러난 상황뿐만 아니라 주체가 이러한 무지(스스로 무지함을 아는 상태)를 인식한 상황에서만 인식 활동이 일어날 수 있다. 지와 무지 간의 이러한 통일은 '문제'로 드러나게 된다. 어떤 의미에서 보면, 인식이란 분명 '문제'로부터 출발한다. 그리고 바로 이러한 의미에서 많은 과학자가 문제를 과학의 생명으로 여기곤 한다. 예를 들어 힐버트는 다음과 같이 지적했다. "과학의 한 분야에서 다량의 문제가 제기될 수만 있다면 생명력은 충만하다고 할 수 있다. 반면 문제의 결핍은 그 분야의 독립적 발전의 쇠망 혹은 중단을 예고하는 것이다."[50] 실용주의는 회의와 의문을 탐색 과정의 출발점으로 삼았는데, 객관적으로도 이 점은 합리적인 견해로서 서양 현대철학, 특히 과학철학에 일정한 영향을 주었다. 칼 포퍼의 'P1(문제 1) − TT(시험적 이론) − EE(반증을 통한 오류의 제거) − P2(문제

---

47) C. S. Peirce, *Selected Writings: Values in A Universe of Chance*, p.99.
48) 윌리엄 제임스, 『實用主義』, 31쪽.
49) J. Dewey, *How We Think*(Boston: D. C. Heath & co., 1910), pp.72~78.
50) 콘스탄스 리드, 袁向東·李文林 역, 『希爾伯特』(上海: 上海科技出版社, 1982), 93쪽에서 인용.

2)'라는 과학 발전 모델에서 우리는 탐색 이론의 영향을 어느 정도 엿볼 수 있는데, '문제'를 탐구 과정의 필수적인 단계로 부각한 것은 실용주의 탐색 이론이 서양 현대철학사에서 무시할 수 없는 위상을 가지게 된 주된 요인이 되었다.

'문제'는 연구의 출발점으로서, 그 자체로 객관적인 근거를 지닌다. 이론이 새로운 사실과 충돌하여 하나의 문제를 일으키는 경우, 이러한 문제의 발생은 대개 새로운 사실에 대한 주체의 인식 부족과 관련된다. 넓은 의미에서 말하면, 지와 무지의 통일이란 무엇보다 주체 스스로 객체에 대한 무지를 인식하는 것을 말한다. 그런데 이렇게 중요한 측면이 실용주의에서는 보통 간과된다. 실용주의는 문제에 내포된 '객체에 대한 무지'라는 의미를 완전히 제쳐 둔 채, 무지에 대한 인식의 측면만을 단편적으로 강조하였는데, 이는 문제와 객체 사이의 연결고리를 끊고 문제를 오직 주체의 심리상태로만 귀결시킨 것으로 볼 수 있다. 듀이가 회의를 '불안과 불만의 상태'로 정의한 데서 이러한 경향이 분명히 드러난다. 이러한 경향은 듀이에서 크게 발전한 모습을 보였다. 듀이의 견해에 따르면, 의문이란 주체가 행동에 지장을 받아 불확실한 상황에 놓이게 되거나, 어떠한 자극을 받은 후에 일시적으로 적절한 반응 방식을 찾지 못하여 제기되는 의혹의 상태를 말한다. 이러한 이해 방식에 따르면, 탐색 과정은 결국 의문(심리적 불확정)의 발생에서 의문의 해결(확정적인 신념의 획득)에 이르는 과정으로 나타나며, 탐색의 종착점인 신념은 일종의 심리적 습관에 불과하다. 즉, "신념의 본질은 습관의 확립이며"51) 이는 객체의 내적 규정을 파악하는 것과는 전혀 관계가 없다. 과학적 인식이란 문제 해결이라는 성격(문제 발생에서 문제 해결에 이르는 과정)을 지니는 동시에 객체에 대한 무지에서 객체에 대한 앎으로 향하는 인지의 과정으로도 표현할 수 있다. 문제란 탐색의 시작점이 되기는 하지만, 문제의 해결은 논리적으로 보면 객체의 인지를 전제로 하고 있으므로 문제 해결의 과정 자체는 이미 인지의 성질을 지니고 있다. 이처럼 실용주의가 이중적 성격을 포함한 탐색 과정을 단편적으로 문제 해결의

---

51) C. S. Peirce, *Selected Writings: Values in A Universe of Change*, p.121.

과정으로 이해하고, 문제 해결을 신념(습관)의 확정이라고 해석한 것은 인식론상, 객체에 대한 주체의 인지 관계를 해소했음을 의미한다. 이는 앎을 행위 속에 포함하는 견해를 한 차원 발전시킨 결과라고 할 수 있다.

의문을 해결함으로써 행위에 대한 신념을 제공하는 탐색의 과정은 주로 주체의 필요나 이익과 관련되지 참·거짓과는 무관하다. 퍼스는 다음과 같이 말한다. "확고한 신념에 도달하기만 하면 충분히 만족할 수 있으며, 그 신념이 참인지 거짓인지는 상관이 없다."[52] 여기서 말하는 만족이란 넓은 의미에서 필요와의 일치를 의미한다. 제임스는 이에 대해 더욱 명확하게 요약했다. "요컨대 '인식'이란 실재와 유리한 관계를 맺는 일종의 방식일 뿐이다."[53] 듀이 역시 같은 의미에서 다음과 같이 강조했다. "인간이 해결해야 할 문제는 그의 주위에서 일어나는 변화에 반응하여 이러한 변화들이 앞으로의 활동을 위해 필요한 방향으로 나아가도록 하는 것이다."[54] 여기서 주체와 객체의 관계는 행위를 매개로 하는 가치 관계로 나타난다. 그에 따라 인식과 탐색은 일종의 평가활동의 역할을 하며, 이를 통해 필요나 이익 관계 측면에서 신념이나 가정의 의미를 확정하게 된다. 즉 "그것들의 좋고 나쁨은 필요에 부합하거나 그렇지 않거나 하는 것으로 결정된다."[55]

광의의 인식은 객관적으로 인지와 평가라는 두 가지 부분을 포함한다. 전자는 대상 자체의 규정을 파악하는 것을 목적으로 하고, 후자는 대상의 속성과 인간의 필요와의 관계를 확정하는 것을 내용으로 한다. 전체 인식 과정에서 볼 때, 평가는 매개체로서의 성격을 띤다. 즉, 인지가 제공하는 '참'은 평가가 제공하는 '선'(광의의 선)과 결합해야만 목적 혹은 이상으로서의 형식을 획득하게 되며, 나아가 이를 통해 실천으로 전환될 수 있다. 또한 평가는 객체의 속성과 주체의 필요 사이의 관계를 확정하는 동시에 인지의 심화를 위한 방향을 규정하여 내적 동력을 제공해

---

52) C. S. Peirce, *Selected Writings: Values in A Universe of Change*, p.121.

53) 윌리엄 제임스, 『實用主義』, 202쪽.

54) J. Dewey, A. W. Moore, et. al, *Creative Intelligence: Essays in the Pragmatic Attitude* (New York: Henry Holt And Company, 1917), p.9.

55) J. Dewey, *Essays in Experimental Logic*, 311쪽.

준다. 바로 후자의 의미에서 엥겔스는 인간은 "우선 개별적이고 실제적인 효용의 조건에 대한 의식을 지니게 되며, 그 후에…… 이로부터 이러한 효용을 제약하고 있는 자연법칙에 대한 이해를 지니게 된다"[56]라고 말했다. 따라서 실용주의가 평가에 중요한 지위를 부여한 것은 인식에 있어서는 충분히 일리가 있는 것이다. 그런데 광의의 인식 과정의 한 부분이 되는 평가는 그 자체로 인지 활동에 의해 제약을 받는다. 그런데 가치판단에서만 객체의 내적 규정 및 주체 자신의 필요에 대한 인식이 전제되어야 하는 것이 아니라, 평가를 결정하는 준칙인 가치적 이상 역시 모사의 작용이 제공하는 진리 형태의 발전에 따라 발전해야 한다. 즉 인식 과정이라는 지극히 중요한 측면이 실용주의에서는 무의미한 논제로 간주되어 가볍게 삭제되고 만다. 실용주의자들이 인식을 '유리한 관계를 생겨나게 하는 방식의 일종'으로 규정한 순간, 사실상 가치의 평가로 사실에 대한 인지를 삭제해 버린 것이나 다름이 없다. 일반적으로 말해, 인지는 결국 참·거짓과 관련되고, 평가는 주로 기능과 관련이 있다. 인지를 평가 속에 융화시켰다는 것은 진眞을 선善에 귀속시켰다는 것을 의미한다. 여기에서 더 나아가면 유용성을 진리로 삼는다는 결론을 도출할 수 있다.

실용주의가 걸었던 이러한 논리적 여정은 호적에게도 반영되었다. 호적은 행과 관련된 지는 하나의 탐색의 과정이며, 이 과정은 '문제'를 출발점으로 한다고 보았다. "'문제'는 지식학문의 조상이며, 고금 모든 지식의 발생과 축적은 오직 문제(실용적 곤란함이나 이론적 어려움)를 해결하기 위한 것이었다."[57] 탐색의 과정에서 '문제'의 의미를 중시하고 그에 따라 탐색 과정을 문제의 해결로 이해하는 이 같은 견해는 퍼스나 듀이 등의 입장을 계승한 것으로 볼 수 있다. 그런데 흥미로운 점은 호적이 문제를 실용적 곤란함과 이론적 어려움이라는 두 가지 유형으로 구분하고 있다는 것이다. 실용적 곤란함이란 주로 행위의 과정과 관계가 있고,

56) 『馬克思恩格斯選集』 제3권(北京: 人民出版社, 1972), 457쪽.
57) 胡適, 『胡適論學近著』, 「贈與今年的大學畢業生」, 525쪽.

이론적 어려움은 직접적인 행위를 넘어선 의미를 지닌다. 문제에 대한 이러한 이중적 규정은 앞서 언급한 지행 관계상의 이중적 규정과 논리적으로 관련이 있다. 이론상의 문제와 실용상의 문제 간의 구분은 지와 행이 직접적으로 동일한 것이 아니라는 주장을 전개한 것이다. 퍼스와 듀이 등이 '문제'를 전적으로 행위에 귀속시키는 것에 비해, 호적은 전혀 다른 견해를 보여 준다.

하지만 전반적으로 볼 때, 호적이 탐색 과정을 문제 해결 과정으로 이해한 것은 어디까지나 실용주의의 틀을 벗어나지 않는다. 호적의 다음의 논의를 살펴보자. "인간이 곤란함에 직면하게 되면 자연스럽게 대처 방법을 강구하고자 한다. 이 순간, 그가 과거 경험한 지식에서 필요에 부합하는 암시적인 의미가 솟구쳐 나오게 된다. 경험은 마치 검찰관처럼 현재의 필요를 기준으로 이러한 암시를 하나하나씩 점검하여 상관없는 것은 모두 배제하고 가장 쓸모 있는 것 하나만을 남긴다. 다시 현재의 필요를 기준으로 남겨진 가설들을 검토하고 검토의 성패로써 그 가치를 확정한다."[58] 여기에서는 필요가 매우 중요한 지위를 지닌 것으로 나타난다. 이는 문제 해결의 가설(암시)을 이루는 원동력(암시, 즉 가설이 필요의 요청 아래 드러난 것)일 뿐 아니라, 이중적 의미에서 가설을 검토하는 작용을 일으키기도 한다. 이는 가설과 문제 간의 논리 관계를 판정하는 것(가설이 문제 해결과 관련되어 있는지를 확정하는 것)이면서, 가설의 가치를 검토하는 시금석이기도 하다. 의문의 발생에서 해결에 이르기까지의 전체 과정은 완전히 인지 관계의 밖에 놓여 있으며, 오직 필요로부터 가설을 제시하고 또한 필요에 근거해 가설을 판정하는 과정으로 전개될 뿐이다. 이러한 탐색 과정의 구조 아래에서, 이론상의 문제와 실용상의 문제의 구분은 모호해지기 시작한다. 전자는 평가 과정의 출발점으로서 실질적으로는 이미 후자에 녹아들어 있다. 이론상의 문제를 실용상의 문제 속에 융화시키는 것은 평가로 인지를 포괄한다는 것을 의미하기도 한다. 여기에서 호적이 아주 간결한 형식으로 실용주의의 노선을 다시 전개하고 있음을 확인할 수 있다.

---

58) 胡適, 『胡適文存二集』, 권2, 「五十年來之世界哲學」, 268~269쪽.

내적 메커니즘으로 말하면, 평가는 필요에 근거하여 서로 다른 관계 항목을 비교하고 저울질하는 과정일 뿐만 아니라, 비교하고 저울질한 결과에 대한 선택(긍정이나 부정은 넓은 의미에서 보면 선택에 속한다.)까지도 포함하는데, 후자는 의지의 역할과 작용이 드러난 것으로 볼 수 있다. "세상에 순수한 이성은 없고 순수한 지식과 사상도 없다. 이성은 의지나 관심과 분리될 수 없으며, 지식과 사상은 의지의 관심을 충족시키기 위해 사용되는 것이다." "관심과 의지는 선택의 목표를 결정한다. 목표가 있어야 이미 축적한 경험 속에서 그 목표에 도달하는 방법적 도구와 자료를 가려낼 수 있다."[59] 일반적으로 말해, 인지는 주로 이성과 관련되며 평가는 의지나 감정 등을 동시에 다루고 있어 이 둘은 서로 다른 함의를 지니는 것으로 이해된다. 호적은 의지의 선택을 이성 활동의 전제로 삼는데, 이는 또 다른 측면에서 평가가 인지보다 우위에 있다는 것을 논증하기 위한 것이다. 다만 그가 '순수한 이성은 없다'고 강조한 것은 이성적 인식을 절대화하는 것에 반대한다는 의미가 있기도 하다. 바로 이러한 점에서 출발하여 그는 과학자들이 지닌 폐단을 비판했다. "과학자들의 폐단은 지나치게 이성을 신봉하여 쉽게 극단적 이지주의(Intellectualism)에 빠지고, 이성 못지않게 중요한 의지와 감정을 간과한다는 것이다."[60]

완전한 인격으로서의 주체는 객관적으로 지식과 감정, 의지의 통일체로 나타난다. 이는 이성적 인식의 기능뿐만 아니라, 선을 선택하는 의지와 미를 감상하는 감성까지도 포함한다. 현실의 인식 과정(인지와 평가를 포함한 광의의 인식 과정)은 지식, 감정, 의지의 상호작용 속에서 전개된다. 따라서 자신의 사유(이성) 기능만으로 주체를 규정하는 것은 분명 한계가 있다. 이는 인식주체를 추상화하는 것을 의미할 뿐만 아니라, 논리적으로도 인지를 인식의 유일한 내용으로 삼아 인식 과정을 단편화시키는 결과를 초래하게 된다. 실제로 극단적 실증주의에서는 이러한 문제들이 적지 않게 드러나고 있다. 그들은 과학·이성·논리 등을 숭상하면서 분석명제와

---

59) 胡適, 「實驗主義」, 428·427쪽.
60) 胡適, 『胡適文存二集』, 권2, 「五十年來之世界哲學」, 272쪽.

관찰 가능한 경험명제를 제외한 모든 진술을 무의미한 명제로 치부하여 배척한다. 이는 주체를 논리의 화신으로 귀결시킨 것이며, 동시에 인식 과정도 협소하고 빈약한 것으로 만들어 버린 것이라 할 수 있다. 실용주의자의 한 사람으로서 초월적 실체를 배척했다는 점에서는 호적과 실증주의자들은 공통점이 있다. 하지만 호적은 이성과 논리를 절대화하는 실증주의적 경향에 대해서는 결코 동의하지 않았다. 이른바 '과학자들의 폐단'이라는 조롱은 어떤 의미에서 실증주의의 이러한 경향을 겨냥한 것으로도 볼 수 있는데, 이러한 비판은 분명 일리가 있다. 하지만 호적은 이러한 비판에서 출발하여 지식과 사상은 인간의 의지와 관심을 충족시키기 위한 것이라는 관점으로 향했으니, 한 극단에서 또 다른 극단으로 옮겨 간 격이었다.

호적이 평가의 의의를 강조한 것은 단순히 실증주의적 성향을 지닌 과학자들의 폐단을 극복하기 위한 것이 아니라, 더 깊은 역사적 근거를 지니고 있다. 호적이 실용주의를 수용한 것은 5·4신문화운동이 한창일 때였는데, 문화사적으로 5·4운동은 무엇보다 전통문화(전통적 가치체계를 포함)에 대한 반성과 평가를 담고 있었다. 당시는 분명 각 분야에서 모든 가치가 재평가되던 시대였다. 물론 이론적인 준비 부족과 나라를 멸망의 운명에서 구제해야 한다는 역사적 과업에 쫓긴 탓에 5·4시기 전통에 대한 비판적 성찰은 형식적인 것에 머물기도 했으나, 그 유례없는 계몽의 물결만은 부정할 수 없는 의미를 지니고 있었다. 서구 민주사상의 세례를 받은 자유주의 사상가인 호적은 신사조가 출현하는 역사적 흐름을 예민하게 주목하였다. "신사조의 정신은 바로 비판적 태도이다."[61] 이른바 비판이란 주로 가치 평가로 나타난다. 5·4시기 호적의 일련의 논저들을 보면, 확실히 모든 가치에 대한 재평가가 두드러지고 있음을 확인할 수 있다. 그가 국학의 정리를 주장한 것은 "독단적 미신에서 진정한 가치를 발견하기 위해서"였고, 그의 중국철학사 연구는 실질적인 효과를 기준으로 각 학설의 가치를 평가하는 것을 주된 목표로 삼았다. 호적이 실용주의의 탐색(평가) 이론이라는 표상을 받아들이고 중시했던 배후에는 한층

---

61) 胡適, 『胡適文存』, 권4, 「新思潮的意義」, 1033쪽.

더 깊은 역사적 선택이 자리하고 있었다. 즉 여기에는 당시의 시대적 요구가 반영되어 있었는데, 이러한 이유로 호적이 강조했던 인식의 평가적 성격은 실용주의의 그것과는 다른 역사적 의의를 지니게 되었다.

다만 이론이 지니는 역사적 함의와 이론의 논리적 귀결이 직접적으로 동일한 것일 수는 없었다. 호적이 평가를 강조했던 것은 역사적 작용이라는 측면에서 실용주의와 구별되지만, 이론적 결론은 결국 실용주의와 다르지 않았다. 호적은 탐색, 즉 문제 해결(의문이 발생하여 이를 해결하는) 과정이 곧 평가 과정(필요에 근거해 가정의 가치를 판단하는 것)이라는 관점에서 출발해, 진리는 인간이 만들어낸 도구라는 결론에 이르렀다. "진리는 원래 인간이 만든 것이고 인간을 위해 만든 것이며 인간이 만들어 인간에게 쓰이도록 한 것이다. 이는 인간에게 큰 쓸모가 있으므로 '진리'라는 미명을 부여받았다. 따라서 우리가 말하는 진리란 본래 인간의 도구에 불과하다."[62] 여기서 호적은 진리가 인지 형식의 일종으로서 자신의 내적 가치를 지닐 수 있다는 점에 대해서는 간과하였다. 이러한 내적 가치는 구체적으로 객체에 대한 사실적 모사로 나타나며, 진리의 효용가치(수단으로서의 善)의 전제를 이룬다. 진리를 수단(도구)으로만 보고 그 내적 가치를 부정하면 필연적으로 '진眞'을 '선善'(수단으로서의 선)에 포함시키게 되어 결국 진리의 객관적 의미를 부정하는 결론이 이르게 된다. 호적이 '유용함'을 진리의 '참됨'(眞)의 전제로 삼은 순간, 결국 이러한 논리적 귀결을 맞이할 수밖에 없었다.[63]

3) 선善을 위한 진리에서 진리를 위한 진리로

인간화된 실재를 경험의 대상으로 삼는 것에서 출발하여, 탐색 과정의 인지적 의의를 해소하는 것을 거쳐, 더 나아가 진리를 선에 포함시키는 것에 이르기까지, 호적은 기본적으로 실용주의의 사유 경로를 충실히 밟아 왔다. 그런데 호적이

---

62) 胡適, 「實驗主義」, 435쪽.
63) 胡適, 「實驗主義」, 435쪽.

지행의 관계에 이중적 규정을 부여하고 탐색의 출발점이 되는 '문제'를 이론과 실용으로 구분한 순간, 비록 전체 이론적 틀은 실용주의를 벗어나지 않았다고는 하나, 어느 정도 실용주의와 다른 경향을 드러냈던 것도 사실이다. 이러한 경향은 특히 본체론 상의 자연주의, 청대의 박학博學 전통, 그리고 국학의 정리 등과 결합하여 호적의 인식론에 무시할 수 없는 중요한 흔적을 남겼다.

본체론의 측면에서, 호적은 실재를 인간이 창조해 낸 것으로 규정하면서 형이상학을 배척하고자 했다. 초험적 실제를 부정한다는 점에서, 이는 전통적 자연주의와 상통하는 점이 있다. 이처럼 형이상학적 실체의 부정을 논리적 매개로 하여 호적은 전통적 자연주의를 어느 정도 수용하면서 이를 다시 근대의 실증과학과 서로 소통하도록 하였다. 호적은 자연주의의 관점에서 출발하여 리理가 대상 자체의 내적 규정임을 긍정한 바 있다. "리는 객관 사물의 조리條理를 말한다." "과학이 추구하는 지식이란 바로 이 사물과 저 사물의 이치(道理)다."[64] 지식대상에 대한 이러한 규정은 실재를 주체 작용의 산물로 보는 실용주의적 시각에서 탈피한 것으로 볼 수 있다. 대상의 고유한 내적 법칙으로서 리理는 오직 주체의 작용을 통해서만 드러날 수 있다. "진리는 사물 속 깊숙이 감추어져 있으므로 그에 다가가서 탐구하지 않는다면 결코 모습을 드러내지 않을 것이다.…… 자연(Nature)은 마치 교활한 요괴와 같아서, 오직 다그쳐 몰아세워야만 참된 실상을 토로한다."[65] 진리가 사물 속에 깊이 숨어 있다는 생각은 물론 정확한 것이 아니지만, 인간에 의해 창조되는 것이 아니라고 한 점은 상당히 중요하다. 그에 따르면, 진리는 사물의 조리를 주된 내용을 한다. 또한 진리의 파악 과정은 주체에서 대상으로 향하는 과정(주체가 자연을 다그쳐 몰아세우는 것)일 뿐만 아니라, 객체에서 주체로의 인식적 전환 과정(자연에 주체에서 참된 실상을 토로하는 것)으로 나타난다. 여기서 주체와 객체의 관계는 이중적 성격을 획득하기 시작하며, 더 이상 주체의 필요를 축으로 전개되는

---

64) 胡適, 『胡適文存』, 권2, 「淸代學者的治學方法」, 551쪽.
65) 胡適, 『我們對於西洋近代文明』, 91쪽.

가치 관계로만 전개되지는 않는다.

인식을 진리의 탐구로 이해하는 관점은 감각 작용을 긍정했음을 함축한다. "'감각기관'(天官)이 받아들이는 감각이 바로 지식의 원료가 되며, 원료가 없으면 아는 바도 없게 된다."[66] 다만 감각 자체는 외부의 현상만을 제공하므로 '사물 속에 깊이 감추어진' 조리를 직접 파악할 수는 없다. 보편적인 진리에 도달하려면 반드시 지적 능력(心知)을 사용해야 한다. "지적 능력을 통해 사물의 조리를 구하고 이를 분석하고 구분하여 틀림없는 수준에 이르면, 비로소 리(理)라고 할 수 있다. 과학자가 추구하는 진리는 바로 이러한 것이다."[67] 종합하면, 진리를 구하는 과정은 감각을 통해 외부 대상에 대한 질료를 얻고, 이를 이성적 사유(心知)로 귀납 분석하여 사물의 내부에 있는 조리를 드러내는 과정으로 펼쳐진다. 인식론적으로 볼 때, 호적의 이러한 관점이 창의적인 견해라고 보기는 어렵지만, 정통 실용주의 이론과 비교하면 나름대로 주목할 만한 점이 있다. 우선 듀이 등은 감각을 행동을 위한 자극으로 간주하고 지식의 영역에서 꺼내 '자극-반응'의 범주 안에 집어넣었다. 감각에 대한 이러한 규정은 평가가 인지를 대체하는 출발점이 된다. 이에 반해, 호적은 감각을 지식의 자료로 삼으면서 감각이 없으면 지식도 없음을 강조한다. 이는 어떤 의미에서 감각의 인식적 의미를 회복한 것으로서 진리를 선에 포함시키는 실용주의 이론 구도를 벗어나기 위한 전제가 된다. 또한 실용주의가 이성적 사유의 역할을 완전히 부정한 것은 아니지만(심지어 듀이는 어떻게 사유해야 하는지에 관한 전문적인 저술까지 있다.), 사유를 문제 해결의 도구로 이해한 것은 분명한 사실이기도 하다. 그런데 도구로서의 사유는 행동을 규범 짓는 기능만을 지닐 뿐, 인지나 모사의 기능은 지니지 못한다. 이에 비해, 호적은 사물의 조리를 밝히는 과정에서 지적 능력(사유)이 갖는 기능을 강조하여 이를 인지 과정의 한 단계로 규정하면서 도구주의의 궤도를 벗어나기 시작했다.

---

66) 胡適, 『中國哲學史大綱』 상권(北京: 商務印書館, 1919), 333쪽.
67) 胡適, 『胡適文存三集』, 권2, 「幾箇反理學的思想家」, 145쪽.

진리의 내용과 인지 과정에 대한 호적의 이러한 이해는 인식론 영역에서 자연주의 원칙을 도입하고 전개한 것으로 볼 수 있으며, 또한 근대 실증과학의 정신을 구현한 것으로도 볼 수 있다. 호적이 볼 때, 후자는 중국 전통의 박학博學 원칙과 서로 통한다. "고염무顧炎武와 염약거閻若璩의 방법은 갈릴레오나 뉴턴의 방법과 동일하다. 그들은 모두 자신의 학설을 증거 위에 세웠다."[68] "중국의 옛 학문 가운데 청대의 '박학博學'만이 확실하게 '과학'의 정신을 가지고 있었다."[69] 이처럼 호적은 과학적 학문정신 매개로 삼아 서양 근대과학 방법을 도입하는 한편, 청대 박학의 전통에 대한 깊은 성찰과 총결을 실시하여 다방면에서 그 영향을 받아들였다.

청대의 박학은 청나라 초에 시작되어 건륭과 가경의 2대에 크게 성행했다. 학문 방법 측면에서 이는 실증을 중시하고 엄격하게 진리를 추구하는 것을 원칙으로 한다. "통달한 유학은 반드시 실사구시實事求是에서 시작되어야 한다."[70] 이처럼 사실에 입각한 엄밀한 학풍은 청대의 박학이 문헌의 정리와 같은 분야에서 전례 없는 성과를 거두게 하였다. 호적이 주목한 것은 무엇보다 '진리를 구하는 것'(求是)을 목적으로 삼는 학문 방법의 원칙이었다. 증거를 통한 입론을 청대의 박학과 근대의 실증과학이 회통하는 전제로 삼은 데에서 이 점이 잘 나타난다. 나아가 국학의 정리를 주장한 것에서 박학의 실사구시 정신의 흔적이 더 구체적으로 발견된다. "우리가 국학을 정리하는 것은 본래의 면모를 되찾으려는 것이고 사실을 있는 그대로 서술하려는 것일 뿐이다."[71] 실제로 호적은 소설에 대한 고증, 선종사 연구 등의 분야에서 사실 인식을 중시하는 박학의 원칙을 어느 정도 실현하였는데, 박학의 원칙을 근대 서양의 과학적 방법과 결합하여 고대 문화의 정리에 일정한 기여를 하였다.

사실을 있는 그대로 서술하고 대상의 본래 모습을 회복하자는 주장에서 출발한

---

68) 胡適, 『胡適文存三集』, 권1, 「治學的方法與材料」, 188쪽.
69) 胡適, 『胡適文存』, 권2, 「清代學者的治學方法」, 550쪽.
70) 錢大昕, 『潛研文集』, 권25, 「盧氏群書拾補序」.
71) 胡適, 「胡適致錢玄同」, 『中國哲學』 제1집(北京: 三聯書店, 1979), 329쪽.

호적은 협의에서의 공리적 학문 방법에 대해서도 이의를 제기한 바 있다. "우리가 학문할 때, 시작부터 협애한 공리적 관념을 지녀서는 안 되며,…… 우선 '진리를 위해 진리를 추구하는' 태도를 지녀야 한다." "우리는 '국학자'가 과학적 연구 방법으로 국학 연구를 진행하도록 이끌어야 하며, '유용한지 무용한지'와 같은 편견을 가져서는 안 된다."[72] 여기서 진리는 더 이상 공리적인 수단이기만 한 것이 아니라 그 자체로 내적 가치를 획득하고 있다. 앞서 언급한 바와 같이, 넓은 의미의 인식은 인지를 그 내용으로 하면서, 동시에 효용에 대한 평가 또한 포함한다. 현실의 인식 과정에서는 양자를 뚜렷하게 구분하기 어려운 경우가 많지만, 논리적으로는 여전히 양자를 구분하여 고찰할 수 있다. 인지라는 측면에서 볼 때, 과학적 인식의 본질은 진리 추구(대상의 내적 규정을 파악하는 것)이고, 그 성과물인 진리는 객체에 대한 사실적 모사로 표현된다. 그런 의미에서 과학적 인식은 '진리를 위해 진리를 추구하는' 과정으로도 볼 수 있다. 그런데 이를 바탕으로 '진리를 위한 진리의 추구'를 인식 과정 전체의 궁극적 목표로 규정하게 되면, 진리의 외재적 가치(수단으로서의 善)를 간과하는 데 이르게 된다. 호적이 진리를 위한 진리 추구를 강조하면서 진리의 기능적 측면을 간과한 데에서 이러한 경향이 드러나고 있다. 그렇지만 이론의 내적 구조에서 보면, 이러한 관점은 선(效用)에 대한 평가를 기준으로 진리(眞)에 대한 탐색을 배제하는 실용주의의 경향을 약화시키는 작용을 하기도 하였다.

인지 대상과 진리의 성격, 인식 목적 및 과정에 대한 호적의 이러한 설명은 그가 수용한 실용주의 이론과 서로 다른 사유 경향을 나타냈지만, 한편으로 이들은 여전히 동일한 체계 속에 공존하고 있었다. 이러한 이유로 호적의 인식론적 사유는 다소 부조화스럽고 혼잡한 형태로 나타나기도 했다. 그런데 좀 더 깊이 살펴보면, 이러한 이론적 모순은 단지 두 가지 대립적 관점(실용주의와 전통 자연주의 및 박학의 원칙)의 혼합 때문만은 아니다. 더 깊은 의미에서 이는 진리와 선, 인지와 평가,

---

72) 胡適, 『胡適文存』, 권2, 「論國故學」, 620쪽.

과학과 가치 등의 관계에 관한 것이기도 하다. 실용주의가 극단적 형태로 가치·선·평가를 강조했다면, 전통적인 박학(및 근대 실증주의가 이해한 실증과학)은 과학·진리·인식을 더 중시했는데, 양자는 이론적으로 각각 결점을 지니고 있다. 실용주의의 병폐가 주로 진리를 선에 포함시키고(진리의 내적 가치를 부정) 인지를 평가로 대체하는 데에 있었다면, 전통적인 박학은 진리와 선(넓은 의미의 선, 즉 효용)의 관계를 간과했다는 문제를 지니고 있다.(청대 말기에 성행했던 경세치용 학문이 바로 박학에 대한 지양에서 출발했다는 점이 이를 잘 말해 준다.) 호적은 둘의 내적 한계를 어느 정도 인지하고 있었다. 이성주의와 협의의 공리성에 대한 그의 비판은 이 같은 두 가지 편향을 동시에 건드리고 있다. 어떻게 하면 진리와 선, 인지와 평가, 과학과 가치의 이러한 내적 분열을 극복할 수 있을까? 호적은 실용주의의 탐색-평가 이론을 수용하는 동시에, 전통적 박학에 주목하여 선(가치)을 부각하는 방식으로 전통의 박학 원칙과 근대과학적 방법을 소통하고자 하며, 이를 통해 진리에 내적 가치를 부여하고자 하였다. 이러한 문제 해결 모델은 논리적으로 다음과 같은 이론 구조에 도달하게 된다. 즉, 과학적 진리의 내적 가치와 인지에 대한 긍정은 진眞을 선善에 녹여 넣는 전체적 구조의 외적인 부가 요소일 뿐이며, 진리와 선, 과학과 가치, 인지와 평가는 진정한 내적 통일에 도달하지 못한다. 바로 이러한 부가적 성질로 인해, 호적의 인식론 사상은 총체적으로 혼잡한 형식을 나타낼 수밖에 없었다.

3. 방법론 측면에서의 중-서 회통

선과 진리에 관한 인식론적 논변은 호적의 방법론 사상에도 결정적인 영향을 미치고 있었다. 그의 일생을 종합적으로 살펴보면, 방법론은 항상 관심의 중심에 있었다. "대담하게 가정하고 조심스럽게 증거를 구한다"는 호적의 학문 방법 원칙은 여러 세대에 걸쳐 전반적으로 영향을 미쳤다. 고사변 학파의 대표자인 고힐강顧詰剛

은 고대 역사의 진위를 판별하는 작업에서 상당 부분 "호적을 배우고 그의 연구 방법을 받아들였다"(「古史辨序」)고 밝혔다. 호적의 인식론이 한편으로는 실용주의적 관념에 물들어 있으면서 다른 한편으로 실용주의를 벗어나고 있듯, 방법론 사상 또한 복잡한 형태를 이루고 있었다. 그 기본적인 특징은 주로 서구 근대의 실증주의 원칙 및 과학적 방법과 전통 방법 간의 소통으로 나타나며, 이를 통해 호적의 방법론 사상은 실증주의의 흔적을 바탕으로 새로운 함의를 획득하게 되었다.

1) 회의(存疑)의 원칙

방법론 측면에서 호적은 우선 회의(存疑)의 원칙을 제시하면서 "회의하는 태도로 모든 것을 연구하며, 타협하지 않고 실사구시의 태도를 견지한다"[73]라고 선언했다. 방법론 원칙의 일종으로서, 회의의 태도는 기본적으로 모든 기존의 원리, 관념, 신앙 등을 새롭게 비판적으로 조사하고 고찰하여 그 진위를 확정할 것을 요구한다. "회의의 태도는 애매모호한 신앙을 거부하는 것이다. 모든 일은 마음속에서 검토와 교정을 거쳐야 한다.…… 검토와 교정을 거치고 나면 신앙은 비로소 진정으로 믿을 수 있는 신앙이 된다."[74] 이러한 견해는 독단론을 거부하면서 경험적 사실과 독자적 사고를 강조하고 있다. 즉 실사구시란 우선 경험적 사실을 진위를 확정하는 근거로 삼는 것을 의미한다.

호적의 이러한 방법론은 이론적으로 근대 실증론 사조와 뚜렷한 관련을 지니고 있다. 실증론은 형이상학에 대한 배척을 기본 원칙으로 삼는데, 이 원칙은 방법론상 전통적 도그마에 대한 회의적 태도로 전개되었다. 예를 들어, 콩트의 절대적인 지식에 대해 회의했고, 듀이는 의문을 탐색의 출발점으로 삼는 등, 다양한 측면에서 이러한 경향이 드러냈다. 특히 헉슬리에게서 회의의 방법은 더욱 중요한 지위를

---

73) 胡適, 『胡適選集』 歷史分冊, 「中國思想史綱要」, 121쪽.
74) 胡適, 『胡適選集』 述學分冊, 「王充的哲學」, 164~165쪽.

지닌다. 생물학자이자 철학자인 헉슬리의 사상적 경향은 서양의 실증론 사조와 대체로 일치한다. 철학사상, 헉슬리는 '불가지론'(Agnosticism)이라는 개념을 처음 사용했다. 헉슬리가 말한 '불가지'라는 것은 우선 신학과 대립하는 것으로 이해할 수 있다. 종교신학은 신의 계시를 통해 사람들이 우주의 궁극적인 진리에 도달하는 것이 가능하다고 보는데, 헉슬리는 불가지론으로써 이러한 신학적 신념을 부정했다.[75] 불가지론이 겨냥하는 또 다른 대상은 바로 초험적 본체이다. 그가 볼 때, 인식할 수 없는 것과 그것의 본체가 과연 존재하는지는 우리들이 알 수가 없다. 철학상의 '물질', '정신' 등이 바로 이러한 불가지의 존재들이다.[76] 그의 이러한 생각에는 현상주의적 관념이 깊이 스며들어 있으며, 기본적으로 실증주의적 입장을 보여 주고 있다. 그런데 헉슬리가 불가지론을 초험적 철학과 상대되는 이론적 교조로만 규정하지 않고, 특별히 그것에 방법론적 의미를 부여한 점은 주목할 가치가 있다. "사실 불가지는 교조가 아니라 방법의 일종이다."[77] 현실적 형태로 보면, 신학의 궁극적 진리와 철학의 불가지적 본체에 대한 헉슬리의 비판은 무엇보다 회의적인 태도로 나타났다. 바로 이러한 방법론상의 회의적 경향은 호적에게도 깊은 영향을 미쳤다. 호적은 다음과 같이 말한 바 있다. "나의 사상은 두 사람의 영향을 가장 많이 받았다. 한 사람은 헉슬리이고, 다른 한 사람은 듀이 선생이다. 헉슬리는 나에게 회의하는 법을 가르쳐 주었고, 증거가 불충분한 모든 것을 신뢰하지 말라고 가르쳐 주었다."[78] 방법론상 호적이 모든 것을 회의적인 태도로 연구해야 한다고 주장한 것은 확실히 헉슬리의 회의 원칙에서 비롯된 것으로 볼 수 있다.

현상주의의 이론적 전개로서, 실증주의가 내세운 회의의 원칙은 본래부터 감각론의 흔적을 보이고 있었다. 이는 인간의 인식이 감각의 영역을 초월하지

---

75) T. H. Huxley, *Collected Essays*(New York and London: D. Appleton and Company, 1913), Vol.5, p.239.
76) T. H. Huxley, *Collected Essays*, Vol.5, p.160.
77) T. H. Huxley, *Collected Essays*, Vol.5, p.245.
78) 胡適, 『胡適論學近著』, 「介紹我自己的思想」, 630쪽.

못한다는 견해를 기본적인 근거로 삼는다. 이른바 회의라는 것은 현상-경험계 밖의 대상을 겨냥한다. 헉슬리가 불가지론을 회의의 형식으로 삼아 초험적 진리와 초험적 본체를 배척한 것이 이러한 특징을 잘 말해 준다. 이에 비해 호적의 견해는 다소 차이를 보였다. 이 점에서 호적은 청대 박학의 영향을 많이 받은 것으로도 보인다. 앞서 언급한 바와 같이, 청대 학자들은 방법론상 증거가 없으면 믿지 말 것을 강조하였는데, 그 기본 정신은 바로 의심스러운 것을 배제하는 것이다. 내용상 이는 크게 두 가지 측면으로 이루어진다. 첫째는 '남으로 인해 자신을 가리지 않는다'는 것으로 외부의 의견을 맹목적으로 받아들여 사물에 대한 정확한 인식을 방해하는 것을 경계해야 한다는 것이다. 이 방법은 구체적으로 회의를 통해 기존의 모든 학설을 대할 것을 요청하는 것으로, 주로 거짓 사실의 변별, 문헌의 교감, 경전의 훈고와 같은 영역에서 보편적으로 사용되었다. 양계초는 청대 학자들에 대해 "회의하고 탐구하는 것에 능했으며, 선인들의 기존 학설에 무조건적으로 얽매이지 않았다"라고 평가했는데, 이러한 평가는 청대 학자들의 방법론의 특징을 제대로 반영하고 있다. 둘째는 '스스로 자신을 가리지 않는다'는 것이며, 자신의 독선에 빠져 스스로만 옳다고 여기지 말라는 것을 의미한다. 건륭·가경 시기의 학자 고광절顧廣圻은 주관적인 의견에 근거하여 고서를 제멋대로 고치는 것을 비판한 바 있다. "이해되지 않는 부분을 만나면 자기 생각을 따라 함부로 고치기 마련이니, 수시로 이와 같은 잘못을 범하여 결국 그 폐단이 곪은 종기가 되고 말았다."[79]

청대 학자가 볼 때, 옛 학설을 회의하여 새로운 뜻을 제시하려면 반드시 사실의 고증을 근거로 삼아야 한다. 이처럼 자기 생각대로 건강부회하는 것을 부정한 것은 혼자만의 영역을 넘어서라는 요구를 담고 있다.[80] 호적은 이러한 박학의 방법론 사상을 극찬하면서, 청대 학자들이 지닌 회의의 태도를 "진정한 과학 정신이

---

79) 顧廣圻, 『思適齋集』, 권14, 「札運考異跋」.
80) 졸고, 「淸代樸學方法發微」, 『華東師範大學學報』 1985년 제4기를 참고할 것.

자 진정한 과학 방법"[81]이라고 거듭 긍정하기도 하였다. 박학의 회의적 태도는 분명 어떤 면에서 헉슬리의 회의적 방법과 상통하는 부분이 있다. 하지만 양자의 내적 함의에는 명백히 차이가 있었는데, '타인의 견해로 자신을 가리지 말라'는 박학의 원칙은 맹목적 신앙에 반대한 헉슬리의 경향과 대체로 일치하는 반면, '스스로 자신을 가리지 않는다'는 원칙은 한 개인의 감각을 초월하여 자아의 경험에서 외재적 사실로 나가야 함을 말한 것이다. 호적도 이러한 점을 인식하고 있었다. 그는 실증론(헉슬리)의 회의 방법을 수용하면서 박학의 이러한 관념을 흡수하여 증거의 중시를 회의 방법의 핵심으로 여기고 이를 통해 헉슬리의 회의주의에 대해 새로운 해석을 가했다. "충분한 증거가 없는 모든 것을 엄격히 불신하는 것, 이것이 바로 헉슬리가 '회의주의'라 부른 것이다."[82] 회의 방법에 대한 이러한 규정은 사고의 주안점이 현상주의의 원칙(인식은 경험, 즉 현상을 넘어설 수 없다는 것)에서 실증을 강조한 원칙(사실을 이론의 근거로 삼는 것)으로 옮겨 갔음을 잘 보여 주고 있다. 회의의 방법과 박학의 학문 방법의 결합은 헉슬리의 실증론과는 상당히 다른 의미를 내포한다.

물론 청대의 박학은 전통적인 학술 사조로서 이중적인 성격을 지니고 있기도 하였다. 우선 이들의 연구 범위는 언어와 문자·천문·역법·금석학 등을 포괄하고 있었는데, 이러한 학문 분과는 그 자체로 과학적 속성을 지니고 있었으므로 그 연구 방법에 대해 증거가 없으면 신뢰하지 않는다는 원칙을 제시할 수 있었다. 그런데 다른 한편으로 박학은 경학의 성격을 띠고 있기도 했다. 즉 박학의 고증 작업은 경전이 중심이었고, 천문·역법 등은 경학에 종속된 것에 불과했다는 것이다. 이런 전통으로 인해 청대 학자는 경전을 높이는 전통에서 벗어날 수 없었던 것이 사실이다. 청대 학자들은 오경이 그 자체로 옳고 그름을 판단하는 기준이 될 수 있다고 보았다. "육예六藝는 모든 책의 표준이 되고 오경五經은 모든 학설의

---

81) 胡適, 『胡適選集』 年譜分冊, 「崔述年譜」, 40쪽.
82) 胡適, 『胡適文存二集』, 239쪽.

지침이 된다."[83] 경학에 대한 이러한 관점으로 인해 청대 학자들은 '타인의 견해로 자신을 가리지 말라'는 태도를 일관되게 고수하지 못했다. 오경을 기준으로 삼는 것을 전제로 한 청대 유학자들은 경의 뜻은 오직 신봉할 뿐 그에 대해 회의해서는 안 된다고 강조하였다. "경전을 연구할 때는 결코 경전을 논박해서는 안 된다"고 했다.[84] 즉 청대 학자들은 경학자로서 경학 독단론의 사유틀을 벗어나지 않았던 것이다.

호적은 비록 증거가 없으면 신뢰하지 않는다는 박학의 원칙을 긍정하고 이를 자신의 사유에 녹여 냈지만, 오경을 맹목적으로 신봉하는 경향은 동의하지 않았다. 그는 "지나치게 경전을 숭상한다"고 박학을 거듭 비판하면서, "경전을 어느 정도 존중하기는 하지만, 결국 이를 깊이 회의한다"[85]고 밝힌 바 있다. 경전에 대한 무조건적 숭상을 반대하는 것에서 출발하여 호적은 회의의 방법을 비판적 태도와 연계하기도 하였다. "과학이 요구하는 것은 오직 모든 신앙이 이성의 평가를 견뎌 내야 한다는 것 하나이다."[86] 여기서 평가란 '모든 가치에 대한 재평가'를 의미하며, 이는 구체적으로 회의의 태도로 전통의 사상 제도를 이성적으로 판단하는 것으로 전개될 수 있다. 예를 들면, 예부터 내려오는 제도와 풍습에 대해 "과연 이러한 제도가 지금도 존재할 가치가 있는가?"를 묻는 것으로, 고대로부터 전해진 성현의 교훈이 "과연 오늘날에도 좋은 것인지"를 물어야 한다는 것이다. 가치에 대한 재평가는 본래 19세기 말, 니체가 제창한 구호로서, 헉슬리의 회의주의가 인식론상 독단적 신학의 교조를 거부한 것과 같은 맥락의 주장으로 볼 수 있다. 니체의 이러한 주장은 전통적 가치체계의 합리성에 의문을 제기한다는 의미로 해석된다. 호적은 이 둘을 하나로 결합함으로써 청대 박학이 내포하는 경전 존중과 의심의 해소라는 관념 사이의 모순을 극복했을 뿐 아니라, 그만큼 전통적 경학의 독단성을

---

83) 凌廷堪, 『禮經釋例』, 「自序」.
84) 王鳴盛, 『十七史商榷』, 「自序」.
85) 胡適, 『胡適論學近著』, 519쪽.
86) 胡適, 『胡適文存三集』, 권1, 「我們對於西洋近代文明的態度」, 12쪽.

지양하고자 하였다.

그러나 경전에 관한 청대 학자들의 태도를 비판하면서 회의를 통해 모든 것을 평가해야 한다고 주장한 것은 또 다른 극단으로 나간 것이기도 하다. "옛것을 의심하는 태도란 간단히 말하면, '틀려도 좋으니 의심한다'는 말로 이해할 수 있다.······ 잘못 의심해도 사실 크게 문제될 것은 없다."[87] 여기에서 회의의 원칙은 다소 추상적 성격을 부여받고 있어 사실적 근거와 멀어지고 있는 것을 알 수 있다. 따라서 모든 회의가 좋은 것이라는 주장은 사실 의심을 주관적 태도로 이해하는 것이며, 이런 의미에서 실증주의는 주체의 경험만을 단편적으로 강화해 나갔다고 볼 수 있다. '증거가 없으면 신뢰할 수 없다'는 원칙에서 '의심은 옳은 것이다'라는 주장에 이르기까지 호적은 마침내 실증론의 함정에 빠져들고 말았다.

2) 역사 방법

실증주의는 한 시대의 사조로서 본래 진화라는 관념과 밀접한 관계를 지니고 있었다. 콩트는 인간 정신의 발전을 세 단계로 요약했는데, 신학 단계(허구적 단계), 형이상학 단계(추상적 단계), 과학 단계(실증적 단계)가 그것이다. 이 세 단계는 순차적인 관계로 나타나며 그 이면에는 진화의 관념이 내재해 있다. 스펜서는 진화를 보편적인 현상이라고 더욱 명확하게 인식하면서, 생물계는 물론이고 사회 영역의 물질에서 정신에 이르기까지 모두 하나의 진화 과정으로 나타나며, 철학의 임무는 바로 이러한 보편적인 진화 법칙을 밝히는 것이라고 생각하였다. 물론 콩트와 스펜서가 말한 진화 관념은 실증과학적 근거를 결여하고 있었기 때문에 다소 사변적 형식을 보였는데, 다윈의 생물 진화론이 세상에 널리 퍼진 후 진화의 관념은 한층 더 확증되어 강화될 수 있었다. 진화론의 확고한 신봉자였던 헉슬리는 신학과의 논쟁에서 진화론을 옹호하는 데 크게 공헌하였으며, 그의 저서 『진화론과 윤리학』

---

87) 胡適, 「研究國故的方法」, 『東方雜誌』 18권 16호, 192쪽.

역시 주로 진화론 사상을 펼쳤다. 진화론에 대한 강조는 2세대 실증론에서도 나타나며, 듀이의 실용주의 철학에서도 이를 쉽게 찾아볼 수 있다. 실증론의 변종으로 볼 수 있는 듀이의 실용주의는 생물학(생물진화론을 포함)과 밀접한 관련이 있다. 이론적으로 볼 때, 실증주의가 진화론을 지향한 것은 독단론을 배척하는 기본 입장이 전개된 것으로 이해할 수 있다. 형이상학적 독단론이 하나의 고정적인 본체세계를 추구하는 데 반해, 진화론은 변동의 과정으로 영원불변의 상태를 타파함으로써 형이상학에 반대하는 실증론 원칙에 근거를 제공하였다.

실증주의와 진화론의 밀접한 관계는 호적의 사유체계에도 반영되었다. 사실 호적은 유년 시절에 이미 천연론(진화론)의 세례를 받았는데, 호적이라는 이름(適)과 그의 자(適之)는 모두 진화론에서 따온 것이며, 실용주의의 감화를 받은 후 진화론에 대한 믿음은 더욱 강화되었다. 다만 실증론(실용주의를 포함해)이 진화론을 주로 '반형이상학'의 정신과 관련시킨 것과 달리, 호적은 진화론의 방법론적 의의에 더욱 무게를 두었다. 그에 따르면, "진화 관념을 철학에 적용하면 '역사적 태도'를 도출할 수 있다."[88] '역사적 태도'란 곧 역사주의적 방법을 말한다.

호적이 진화론을 역사의 방법과 연결한 것에는 청대 박학의 영향이 그 매개체로 작용했다. 역사 고찰을 중시하는 것은 박학의 중요한 특징이었다. 건가시기의 학자인 노문초盧文弨는 박학의 역사 방법론을 다음과 같이 요약하였다. "학문에는 근원에서 흐름을 따라가는 방법과 흐름을 거슬러 근원으로 올라가는 방법이 있다."[89] '흐름을 거슬러 근원으로 올라간다'는 것은 역사에 대한 소급적 고찰을 가리키는 것으로 대상의 원래 상태를 파악한 뒤 대상의 원래 모습을 현재 상태와 비교함으로써 사실의 진상을 분명하게 밝히는 것을 의미한다. 한편, '근원에서 흐름을 따라간다'는 것은 대상의 최초 상태를 파악한 후 그것의 변천의 단계와 특징을 고찰하여 고금의 차이를 밝혀내는 것을 말한다. 호적은 청대 학자들이 학문 과정에서 가졌던

---

88) 胡適, 『胡適文存』, 권2, 「實驗主義」, 416쪽.
89) 盧文弨, 『抱經堂文集』, 권19, 「答朱秀才理齋書」.

'역사의 안목'에 주목하면서, 이를 바탕으로 하는 고증이 '객관적 연구'의 일종이 된다는 것을 분명히 했다. 그가 실행한 국학의 정리 역시 이러한 역사 방법의 영향을 깊이 받았다. 호적은 국학의 방법을 다음과 같이 규정하기도 하였다. "국학의 방법은 역사의 안목으로 모든 과거 문화의 역사를 정리하는 것이다."[90] 바로 이러한 전통적인 학문 방법을 배경 삼아 호적은 진화론을 무엇보다 방법론으로 먼저 이해하였다.

그러나 역사 고증학으로서 박학은 자료들을 서로 연결하여 총체적으로 연구하는 것이 아니라, '사실에서 구하는 것', 즉 구체 사실을 분별적으로 고찰하는 것에 중점을 두었다. 이러한 특징으로 인해 박학은 근원에서 흐름을 따라가면서 고금의 차이를 밝히는 것에만 초점을 맞추어 변화된 대상의 특징만을 주로 파악하였을 뿐, 각 단계 사이의 규칙적 관계에 대해서는 주목하지 못했다. 청대의 사학자인 장학성章學誠은 이 점을 예리하게 파악하여, 건가학자들은 역사적 사실의 고증에만 머물렀을 뿐 대도大道를 추론하는 것에는 이르지 못했다고 하였다. 장학성은 역사학적으로 절동학파에 속한다. 이는 청대 초기의 황종희黃宗羲에서 유래하였으며, '도를 밝히는 것'(즉 역사 과정의 내적 연관성을 파악하는 것)에 중점을 두었다. 예를 들어, 황종희는 『명유학안』에서 '수백 년의 학맥'을 밝혀야 한다고 강조한 바 있다.[91] 이러한 사상은 장학성에 이르러 더욱 발전되었다. 그는 육경六經은 모두 '기器'에 속한다고 생각했다. 여기에서 기器란 구체적으로 전장典章 속의 사실을 지칭한다. 그에 따르면 도道는 기器에 내재해 있으므로 그는 '기에 다가가'(即器) '도를 밝힐 것'(明道), 즉 고대 문헌 속에 기록된 역사적 사실 중에서 그 도를 추론해 낼 것을 강조하였다. 이러한 관점은 명백히 박학의 편향성을 바로잡으려는 의도를 지니고 있었다.

호적은 박학의 방법론을 흡수하는 동시에, '기에 다가가 도를 밝힌다'(即器明道)는 장학성의 관점을 '그 자체로 탁월한 식견'[92]이라고 찬양하였다. 그는 더 나아가

---

90) 胡適, 『胡適文存二集』, 권2, 「國學季刊發刊宣言」, 20쪽.
91) 楊國榮, 『王學通論—從王陽明到熊十力』(上海: 生活·讀書·新知三聯書店上海分店, 1990), 제6장을 참고할 것.

대도를 추론하는 절동사학의 역사주의적 방법을 진화론과 결합하고, 이를 역사 방법의 근거로 삼음으로써 박학의 한계를 넘어섰다. 그런데 여기에는 상호작용의 과정이 존재한다고 볼 수 있다. 우선 호적이 박학의 학문 방법을 받아들인 것은 진화론을 방법론적으로 구체화하게 만든 계기가 되었다. 다른 한편으로, 진화론의 기초 위에 역사의 흐름을 고찰하고 이를 미루어 대도를 밝히고자 했던 것은 전통적 역사 방법을 심화한 것으로 볼 수 있다. 이러한 방법론적 심화는 주로 아래의 두 가지 방면으로 나타났다.

첫째, 변화를 파악하는 관점을 역사 방법 속에 포함하였다. 호적은 진화론을 통해 반드시 '천지만물이 변화한'의 역사를 연구해야 한다고 생각했는데, 이러한 관념이 역사 연구에 적용된 결과가 바로 변화를 파악하는 것이었다. 변화를 밝히는 것은 "고금의 사상이 변화해 나간 실마리를 알고자 하는 것"으로, 파악 대상들의 역사적 관련성을 파악하기 위한 것이다.[93] 박학이 고금의 차이를 판별하는 것에 머무른 반면, 호적의 이러한 요구는 더 넓고 개방적인 시야를 보여 주고 있다.

둘째, 변화를 파악하여 원인을 규명하고자 하였다. 진화론은 만물의 역사와 변천을 밝히고자 할 뿐 아니라, '천지만물이 변화한 원인'을 드러내고자 하는데, 이는 구체적으로 역사를 고찰하는 과정에서 이전의 원인과 이후의 결과를 드러내는 방식으로 전개된다. "각각의 사물과 제도에 대해 그 이전의 원인과 이후의 결과를 종합적으로 고찰하고 탐구해야 하며, 이를 어떤 변화의 자취도 없이 고립된 것으로 여겨서는 안 된다. 이러한 태도가 바로 역사적 태도이다."[94] 변화를 파악한다는 것이 주로 대상의 전후 연계성을 밝히는 것이라면, 원인을 규명하는 것은 그러한 연관 속에 포함된 인과관계를 밝히는 것이다. 전체적으로 보면, 변화를 파악하여 원인을 규명하는 것은 어떠한 현상을 알고 나아가 그 현상의 원인을 아는 것에 이르는 것과 같다. 아인슈타인은 근대과학 연구의 특징 중 하나는 "사람들이 인과관

---

92) 胡適, 『章實齋先生年譜』, 69쪽.
93) 胡適, 『中國哲學史大綱』 상권, 3쪽을 참고할 것.
94) 胡適, 『胡適文存』, 권2, 「問題與主義」, 530쪽.

계에 근거하여 사물을 사유하고 관찰하도록 인도하는 것"[95]이라고 생각했다. 이런 의미에서 원인의 규명을 역사 고찰의 과정에 포함시키는 것은 역사주의적 관점을 근대과학적 방법과 회통하게 하는 것을 의미한다. 이를 통해 전통적 역사 방법은 근대적 형태를 띠게 되었다.

그런데 한 사람의 실용주의자로서 호적이 진화론 및 인과관계에 대해 보인 이해 방식은 여전히 실증론의 제약 속에 놓여 있었는데, 이는 주로 역사 방법론에서 나타났다. 호적에 따르면, "실험주의(즉, 실용주의)는 점진적인 진보만을 인정한다." "진화는 하룻밤 사이에 일어나는 것이 아니라 점진적으로 조금씩 일어난다."[96] 이러한 논점에 기초하여 호적은 역사의 흐름이 주로 외재적이고 우연적인 요인과 관련되어 있다고 보고, 사물 간의 본질적 관련성에 대한 파악을 역사 고찰 과정에서 배제하였다. 이러한 측면에서 보면, 호적은 여전히 실증주의적 입장을 벗어나지 않았다.

이는 그의 인과론에서 더욱 분명히 드러난다. 콩트는 사물의 규칙적 연관성을 현상들 사이의 '선후 관계와 상응 관계'로 이해하고, 이를 바탕으로 사물의 내적 원인에 대한 탐구를 거부하였다. 호적 역시 이러한 입장을 계승하여, 인과관계를 전후의 연속 관계로 환원하여 사물의 앞 단계를 원인으로, 뒤 단계를 결과로 삼았다. 변화를 파악하여 원인을 규명하는 것은 바로 이 전후 단계를 파악하는 것을 가리킨다.[97] 서양의 실증주의와 마찬가지로 인과관계에 대한 호적의 이러한 이해 방식은 기본적으로 흄주의적 관점을 벗어나지 않는다.

더 나아가 호적은 궁극 원인을 부정하였다. 그는 다음과 같이 설명한다. "역사를 연구하는 사람은 전해지는 기록 자료로부터 다원적이고 개별적인 요소를 발견하려고 해야지, 안일한 방식을 좇아 모든 역사 사실을 하나의 '궁극 원인'으로 설명하려는

---

95) 알베르트 아인슈타인, 『愛因斯坦論著選編』(上海: 上海人民出版社, 1973), 「關於科學的眞理」, 129쪽.
96) 胡適, 『胡適文存』, 권2, 「杜威先生與中國」, 535쪽; 胡適, 『胡適文存』, 권4, 「新思潮的意義」, 1034쪽.
97) 胡適, 『胡適文存』, 권2, 「杜威先生與中國」, 535쪽을 참고할 것.

제3장 실용주의의 도입과 변형   111

잘못된 생각을 지녀서는 안 된다. '궁극 원인'으로 신(神)을 제시하든, 성(性)이나 영혼 혹은 생산 방식을 제시하든, 그 어떤 것을 사용하더라도 역사 전체를 설명하는 것이 가능하다. 그런데 그 모든 것이 역사 전체를 설명할 수 있다는 것은 사실 그 어떤 것도 역사 전체를 설명할 수 없다는 말과 다를 바가 없다."[98] 대상의 생성 및 변화의 원인은 단일한 것이 아니라 다중적이므로 일반적인 모델을 사용해 각종 구체적 대상을 설명하려고 한다면, 형이상학적 사변에 빠지거나 기계론이나 환원론으로 치닫는 것을 피할 수 없다. 그러나 사물의 발전이 여러 가지 요인의 복합적 영향을 받기는 하나, 이러한 요인이 단순히 병렬 관계에 있는 것은 아니다. 이들은 대개 종속 관계에 놓여 있거나, 주도와 비주도의 관계에 있으며, 대상의 성질과 변화의 방향은 언제나 주도적 지위에 있는 근본 원인에 의해 규정된다. 호적이 궁극 원인을 부정한 것은 물론 사변철학에 반대한다는 의미를 지니고 있었지만, 이는 어디까지나 사물의 근본 원인을 탐색하는 것을 거부하고 다원적이고 개별적인 요소를 단순히 나열한 것으로서 결국 현상의 묘사에만 머무를 뿐 사물을 과학적으로 해석하거나 그 발전 방향을 정확히 예측하는 것은 어려울 수밖에 없었다. 이처럼 실증론의 제약으로 인해 변화를 파악하여 원인을 규명한다는 호적의 역사 연구 방법은 끝내 현상주의의 한계를 돌파하지 못했다.

3) 대담한 가정과 세심한 검증

회의의 태도와 변화를 파악하여 원인을 규명하는 방법이 과학적 방법의 서로 다른 측면을 규정한다면, 여기서 한 걸음 더 나아가 '전체적으로 과학의 연구 과정은 어떤 단계를 포함하는가' 하는 문제를 제기해 볼 수 있다. 호적은 이 문제를 이렇게 정리한다. "과학적 방법이란 '대담하게 가정하고 세심하게 검증하는 것'에 불과하다."[99] 어쩌면 이 전형적인 표현이 호적 방법론 사상의 핵심을 이루고 있다고

---

98) 胡適, 『中國新文學大系・建設理論集集導言』.
99) 胡適, 『胡適文存三集』, 권1, 「治學的方法與材料」, 188쪽.

도 볼 수 있는데, 호적이 현대 사상사에 미친 영향 또한 주로 이와 연관이 있다.

호적의 이러한 설명은 실용주의에서 기원한다. 앞서 언급한 바와 같이, 듀이는 사유의 과정을 다섯 단계로 규정한 바 있다. ① 의문의 발생, ② 의문의 지점 확정, ③ 의문 해결을 위한 가설 제시, ④ 가설에 내포된 결과의 연역적 도출, ⑤ 검증을 통한 가설의 수용 또는 폐기 등이 그것이다.[100] 이러한 사유 과정론은 자신의 탐구 이론을 구체화한 것이면서, 방법론적인 의미 또한 포함하고 있다. 호적은 「실험주의」라는 글에서 주로 방법론의 하나로서 이를 소개하고 설명하였는데, '대담한 가정과 세심한 검증'으로 대변되는 연구 절차는 이 다섯 단계 방법의 간략판이라고 할 수 있다.

그러나 앞서 언급했듯, 실용주의인 듀이는 어떻게 진실을 추구할 것인가보다는 어떻게 좋은 결과를 얻을 것인가에 초점을 두었다. 이러한 기본적 경향에 따라 듀이의 다섯 단계는 인식의 방법으로 표현되지 않았으며, 주로 곤경에서 벗어나기 위한 기능(의문에서 확정으로의 이행)을 지니고 있었다. 호적 역시 의문의 해결을 중요하게 생각했지만, 그가 말한 '대담한 가정'이 단지 주체의 확실성에 대한 추구만을 의미하지는 않았다. 이런 점에서 보면, 그의 관점은 청대 박학의 영향을 동시에 받았음을 알 수 있다. 청대 유학자들은 학문 방법에서 창조성을 중시했다. 대진戴震은 이를 다음과 같이 설명했다. "고수하려 하지 말고 미루어 구해야 한다."[101] 고수한다는 것은 기존의 학설에 얽매이는 것을 말하고, 미루어 구한다는 것은 창조적 사고를 통해 새로운 견해를 제시하는 것을 말한다. 새롭게 제시된 견해는 처음부터 정설의 형태를 지니는 것이 아니라, 이론적 시도로서 가정에 가까운 형태로 나타난다. 그런데 청대 유학자들에게 있어, 미루어 구함으로써 창조적 견해를 제시하는 것은 주체의 의문을 해결하기 위한 것일 뿐만 아니라, 대상의 진상을 분명히 규명하고자 한 것이었다. 호적은 바로 이 점을 간파하고 있었는데,

100) J. Dewey, *How We Think*, 72~78쪽.
101) 戴震, 『戴震集』(上海: 上海古籍出版社, 1980), 54쪽.

그가 볼 때 청대 박학이 공전의 성과를 이룬 것은 "대진 이후의 한학자들이 옛 서적을 주석한 방식이 일정한 법도가 있었기 때문으로, 이들은 객관적인 증거만을 활용하고 주관적 억측을 개입하지 않았다."[102] 호적은 여기에서 더 나아가 박학의 학문 방법과 서양 근대 실험 방법을 회통함으로써 양자 간의 내적 일치를 긍정하는 한편, 이를 토대로 박학의 실사구시 원칙에 내재한 과학성을 확인하였다.

창조와 진리 추구를 서로 연관시킨 박학의 학문 방법은 호적에게 뚜렷한 영향을 미쳤다. 사실 호적이 실사구시를 회의의 방법의 핵심으로 삼았던 것부터 박학의 정신에 물들어 있었던 것으로 볼 수 있다. 이는 가설-검증 방법에 대한 호적의 이해에서도 잘 나타난다. 앞에서 언급한 '대담한 가정과 세심한 검증'이라는 방법론 사상은 전체적으로 듀이의 탐구 방법과 이론적으로 연원 관계에 있다. 물론 듀이의 방법이 호적에게 영향을 준 유일한 사상은 아니었다. 전체적으로 말해, 과학 연구 절차에 관한 호적의 이러한 규정에는 전통적 근원 또한 포함되어 있었다. 호적은 청대 박학의 학문 방법을 '대담하게 가정하고 세심하게 검증한다'라고 총결한 바 있는데, 그의 이해에 따르면 "청대 학자들이 사용한 방법은 전체적으로 두 가지에 지나지 않았다. 하나는 대담한 가정이고, 다른 하나는 바로 세심한 검증이 다."[103] 듀이의 탐구 이론의 영향으로 호적이 과학적 연구에서 가설이 지닌 이론적 시도의 의미를 강조하였다면, 창조와 진리 추구를 통일한 청대 학자들의 사유 방식은 호적이 가설의 인식 기능에 주목하는 데 영향을 주었다. 호적은 "가설이 대담하지 않으면 새로운 규명이 있을 수 없다"[104]라고 말한 바 있는데, 여기서 말하는 '규명'은 과학적 발견을 통해 대상 자체의 내적 법칙을 밝히고자 하는(진리의 추구) 것으로, 이런 점에서 효용(善)을 추구하는 실용주의적 목적과는 전혀 다르다.

호적이 과학적 발견에서 가설의 의의를 확인한 것은 다른 측면에서 보면, 발견 방법을 중시한 것으로도 이해할 수 있다. 바로 이 점에서 호적의 사상은

---

102) 胡適, 『中國哲學史大綱』 상권, 26쪽.
103) 胡適, 『胡適文存』, 권2, 「淸代學者的治學方法」, 575쪽.
104) 胡適, 『胡適文存』, 권2, 「淸代學者的治學方法」, 575쪽.

이후의 논리실증주의와 구별된다. 논리실증주의는 분명 과학적 방법을 중시하고 이에 대해 다방면으로 탐구하였다. 하지만 그들은 과학적 방법을 주로 실증적 방법만으로 이해하고, 발견 과정은 심리학의 영역으로 귀속시키려는 공통적인 경향을 보였다. 과학 연구 절차에 대한 그들의 설명 역시 기본적으로는 검증 과정의 설계와 전개로만 한정된다. 이는 논리실증주의가 이론의 논리적 구성에만 치우쳐 상대적으로 이론의 발전 과정 측면을 간과했음을 말해 주는 것이다. 한편, 이는 과학 연구의 본질에 대한 관점과도 관련이 있다. 논리실증주의의 견해에 따르면, 과학 연구는 단순히 대상을 모사하는 과정이 아니며, 지식은 주체의 경험을 논리적으로 재건한 것으로 이해된다. 바로 이러한 점에서 논리실증주의와 실용주의는 이론상 확실히 일치하는 부분이 존재한다.[105] 이에 비해, 호적이 '대담한 가정'을 주로 발견의 방법으로 이해한 것은 논리실증주의만큼 편협하지 않다. 그가 과학적 발견 방법 대해 아주 깊이 있게 설명했던 것은 아니지만, 과학적 방법의 발견적 기능을 긍정한 것은 과학적 방법을 제대로 이해하는 데 분명 도움을 주었다.

과학 연구의 전개 과정은 항상 귀납과 연역의 관계와 결부된다. 경험주의의 한 유파로서 실증주의는 전체적으로 귀납적 방법에 더 치우쳐 있었다. 이러한 특징은 1세대 실증주의에서 더욱 뚜렷하게 나타난다. 밀은 전통적인 삼단논법(연역 논리)은 일반 명제를 해석하는 방법에 불과하며 오직 귀납만이 일반 명제를 검증해 준다고 보았다. 이러한 이해에 따르면, 연역은 결코 새로운 지식을 얻는 방법으로 볼 수 없다. 이러한 견해는 중국 근대철학자들에게 깊은 영향을 미쳤다. 예를 들어, 엄복은 연역을 사변의 일종으로 간주하면서, 연역으로는 이미 알려진 것을 뛰어넘을 수 없다고 여겼다. "연역법은 사변의 범주에 속한다. 오직 사변으로만 삶을 논하는 것은 옛사람이 이미 얻은 이치를 마치 한 통의 물을 다른 통에 부어 옮기듯이, 이쪽저쪽으로 옮겨 놓는 것에 지나지 않는다. 어디에 옮겨 붓더라도

---

105) 훗날 콰인이 논리실증주의와 실용주의를 결합하고 지식을 '인공적 구조물'로 정의한 것 역시 이 점을 나타낸 것이다.

결국 물은 원래의 그 물일 뿐이니, 새로운 지식이 어디서 올 수 있겠는가?"[106] 엄복은 이러한 견해를 바탕으로 "격물치지의 참된 방법은 귀납에 있다"[107]라는 결론을 내린다. 이런 관점은 밀의 귀납주의와 대체로 일맥상통한다. 하지만 엄복과는 달리, 호적은 연역을 경시한 밀의 편향성을 두고 "밀과 베이컨 모두 연역법을 지나치게 경시하고 귀납법만이 과학적 방법으로 여겼다"[108]라고 이의를 제기했다. 호적의 관점에서 귀납과 연역은 모두 과학적 방법의 필수적인 부분을 차지하며 이들은 서로 불가분의 관계에 있다. "과학적 방법은 귀납만이 아니라 연역과 귀납을 서로 번갈아 사용하는 것으로서 어떤 때는 귀납을 사용하고 어떤 때는 연역을 사용한다."[109] 귀납과 연역의 관계에 대한 이러한 이해는 양자를 병렬 관계로 이해하는 등, 여전히 기계적인 모습을 보이고 있지만, 귀납 지상주의를 내세운 실증론과는 분명 다른 시각을 나타내고 있다.

연역은 사유 과정에서 일반 원리로부터 특수 사실에 이르는 추론을 나타낸다. 호적은 연역적 방법의 작용을 논하면서, 경험적 자료를 정리하고 연구할 때는 반드시 학문의 이치(學理, 역자 주: 이론 지식)를 길잡이로 삼아야 한다고 강조하였다. "학문의 이치를 참고 자료로 삼으면 고찰하려는 상황을 더 쉽게 이해하고, 그것이 무슨 의미가 있고 무슨 방법을 사용해서 해결해야 하는지를 더 쉽게 파악할 수 있다."[110] 학문의 이치를 참고하여 비교한다는 것은 구체적으로 일반 이론 지식을 이용하여 구체적 대상을 비교·분석함으로써 그 본질과 특징을 밝히는 것을 말한다. 호적은 특히 서구의 과학 연구 성과를 도입해야 한다는 것을 지적하면서, "구미와 일본 학계의 무수한 성과는 우리에게 참고하고 비교할 거리를 제공해 주며, 무수한 새로운 지혜를 줄 수 있다"[111]라고 설명한 바 있다. 이러한 관점은 후대의 논리실증

---

106) 윌리엄 스탠리 제번스, 嚴復 역, 『名學淺說』(北京: 生活·讀書·新知三聯書店, 1959), 58쪽.
107) 윌리엄 스탠리 제번스, 嚴復 역, 『名學淺說』, 59쪽.
108) 胡適, 『胡適文存』, 권2, 「清代學者的治學方法」, 540쪽.
109) 胡適, 『胡適文存』, 권2, 「清代學者的治學方法」, 540쪽.
110) 胡適, 『胡適文存』, 권2, 「問題與主義」, 481~482쪽.
111) 胡適, 『胡適文存二集』, 권1, 「國學季刊發刊宣言」, 26쪽.

주의와는 사뭇 다르다. 논리실증주의는 유의미한 명제를 분석명제와 종합명제의 두 가지로 구분하였다. 종합명제란 바로 경험의 범위에 속하는 관찰 진술이다. 관찰 진술의 객관성을 보증하기 위해 논리실증주의는 일반 이론 개념을 정화해야 한다고 주장하였다. 비록 나중에 가서 관찰 과정에 이론이 투영될 수밖에 없음을 인정하기도 했으나, 논리실증주의의 이러한 견해는 인식이 과연 진정으로 원시적 대상을 파악할 수 있는지를 회의하는 근거가 되었다. 이에 반해, 호적은 이론적 배경이 연구 과정에서 갖는 의미를 더 적극적으로 고찰하였다.

호적의 이러한 관점은 박학의 전통을 계승한 것으로도 볼 수 있다. 청대 학자들의 고증 방식은 귀납을 중시하면서도 결코 연역을 소홀히 하지 않았다. 이 둘의 관계는 '개별 사례의 회통', '일이관지한 통일'로 요약할 수 있다. 개별 사례를 회통한다는 것은 비교와 분석을 통해 일반적인 의례義例(역자 주: 사례의 대체적 특징)를 개괄해 내는 것을 가리킨다. 의례義例에는 음운 이론, 교감校勘 원칙 등이 있을 수 있다. 일이관지一以貫之란 일반 이치와 보편 원칙을 기준으로 천차만별의 대상을 고찰하는 것을 의미한다. 전자가 개별에서 일반에 이르는 귀납 과정이라면, 후자는 일반에서 개별에 이르는 연역 과정이다. 박학이 방법론적 측면에서 귀납과 연역에 대해 세밀하게 규정을 한 것은 아니지만, 그 방법을 살펴보면 분명 귀납과 연역의 통일을 시도하고자 하였음을 엿볼 수 있다. 청대 박학의 방법론을 총결하면서 호적 역시 이러한 경향성에 주목하였다. 그는 박학을 두고 "귀납과 연역을 동시에 적용한 과학적 방법이었다"[112]라고 설명하기도 하였다. 밀이 연역을 경시한 것을 비판했을 때, 호적의 방법론적 입장은 분명 청대 박학으로 기울어져 있었던 것이 분명하다.

이치 혹은 조리의 분석을 중시한 것은 박학적 학문 방법의 또 다른 특징이라 할 수 있다. 청대 학자들은 고대의 문헌이나 음운·문자 등이 결코 원칙 없이 난삽한 것이 아니라고 여겼다. 이들은 모두 원칙에 따라 사고한 것으로 각기 그

---

112) 胡適, 『胡適文存』, 권2, 「淸代學者的治學方法」, 554쪽.

조리를 갖추고 있었다. 이러한 조리를 파악해야만 구체적인 자료에 대한 정확한 분석과 종합이 가능하다. "조리를 파악하는 데 노력을 기울여 종합에서 분석에 이르고 분석에서 종합에 이르러야 한다."[113] 고증학 분야에서 말하는 바 조리란 주로 사례들을 종합하여 얻은 보편 원칙과 언어 · 문자 등의 이론을 말한다. 물론 청대 학자들은 고증 영역 외에는 이론적인 사유의 기능에 대해 제대로 인식하지 못했다. 예를 들어, 그들은 역사적 사건과 인물에 대한 거시적 분석과 고대 문헌의 사상적 내용에 대한 평가를 '허공(虛)에서 구하는 것'으로 간주하면서, 이러한 방식은 '사실(實)에서 구하는 것'만 못하다고 여겼다.[114] 그러나 다른 한편에서는 이치를 밝혀 구체적인 대상을 분석해야 한다고 주장하면서 결국 자료를 정리하는 과정에서 조리적 지식이 지닌 기능에 주목하였다. 호적 역시 예리하게 이 점을 지적하였는데, 그가 볼 때 청대 박학이 탁월한 성취를 이룬 원인 중의 하나는 바로 '소학小學을 근거를 삼은 것'이다.[115] 여기에서 '소학'은 언어 · 문자학 이론을 가리킨다. 호적은 연구 과정에서 '이론'이 하나의 기준점으로서의 역할을 수행할 수 있다고 보았다. 이는 분명 전통적 박학의 방법론의 영향을 받은 것이다.

물론 호적이 박학적 방법의 긍정적 요소를 흡수함으로써 실증주의(실용주의를 포함)의 방법론이 보였던 편향을 어느 정도 제약하기는 하였으나, 이것이 그가 실증론에서 벗어났다는 의미는 아니었다. 그는 과학적 발견에서의 가설의 기능을 주목했으나, 가설의 형성은 어디까지나 비논리적 과정이라고 생각했다. "임시적 사상의 단계에서의 가설은 억지로 추구할 수 없이 자연스럽게 솟구치는 것이고, 마치 밀물처럼 막는다고 막을 수 없는 것임을 알아야 한다. 반대로 가설이 생겨나지 않을 때는 아무리 머리를 쥐어뜯고 심혈을 기울여도 아무런 소용이 없다."[116] 호적은 더 나아가 'A, E, I, O' 등의 연역법이나 일치−불일치법(역자 주: 존 스튜어트

---

113) 戴震, 『戴震集』, 489쪽.
114) 王鳴盛, 『十七史商榷』, 「自序」.
115) 胡適, 『胡適留學日記』, 권15.
116) 胡適, 『胡適文存』, 권2, 「實驗主義」, 461쪽.

밀의 논리 법칙 가운데 하나) 등은 사상을 훈련하는 올바른 방식이 될 수 없다고 생각했다. 이러한 견해에 따르면, 가설은 논리적 사고에서 벗어난 것으로 하나의 심리 활동의 과정으로 볼 수 있으며, 어떤 의미에서 이는 과학 발견을 심리학의 영역으로 귀속시키는 실증주의적 관점으로 되돌아간 것으로도 이해할 수 있다.

아울러 호적이 학문의 이치(學理) 즉 이론의 역할에 주목한 것은 맞지만, 실용주의의 영향으로 그의 관점은 여전히 경험론적 색채를 보이고 있었다. 앞서 언급한 바와 같이, 호적은 이론 지식을 비교와 참고를 위한 자료로 보았다. 이에 따르면, 이론 지식은 경험 자료와 동일한 서열에 위치하는데, 이러한 병렬 관계는 그 둘을 혼동하는 결과를 낳기도 한다. 호적의 다음과 같은 언급에서 이러한 점을 발견할 수 있다. "경험의 활용이 곧 이성이다."[117] 경험이 곧 이성이라는 관점에서 출발한 호적은 일반 이론이나 주의主義(역자 주: 사상체계)를 '추상명사'에 불과하다고 폄하하였는데, 여기서도 마찬가지로 경험주의적 경향이 분명히 드러난다. 이러한 경향과 관련하여, 호적은 연역 방법에 대한 이해에서도 상당히 큰 편향성을 보였다. 그는 연역이 과학적 방법의 일환이라는 점은 인식하고 있었지만, 가설의 도출과 논증 방면에서 수학적 방법이 지니는 기능에는 미처 주의를 기울이지 못했다. 이러한 측면은 분명 밀이나 엄복과 유사한 점이 있다.[118]

중국 근대 방법론 사상의 전개 과정을 살펴보면, 엄복은 서양 근대의 경험귀납적 학문 방법을 도입하는 데 중점을 두었으며, 그 가운데에는 과학적 방법뿐 아니라 실증론 원칙도 포함되어 있었다. 한편, 왕국유는 실증론을 이중적으로 이해하면서 근대 실증과학의 방법과 박학의 방법 간의 소통에 주목하기 시작했는데, 특히 역사 고증 방면에서의 방법론적 결합에 방점을 두었다. 호적 방법론 사상의 근원 중 하나인 서양 학문 역시 마찬가지로 이중적 내용을 포함하고 있었다. 근대 실험

---

117) 胡適, 『胡適文存二集』, 권2, 「五十年來之世界哲學」, 268쪽.
118) 3세대 실증주의(논리실증주의)에서 수학적 방법이 중요한 지위로 거론되기 시작했다. 그러한 점에서 과학적 방법에 대한 호적의 이해는 논리적 실증론에는 현저히 미치지 못한다.

과학적 방법론과 실용주의 원칙이 그것이다. 호적은 서양 학문을 수용하는 동시에 전통적 방법론 사상(주로 청대 박학의 방법론)을 계승하는 한편, 이 둘을 방법론 일반의 측면에서 결합하고자 시도하였다. 이러한 결합은 이론적으로 여러 가지 의의를 지닌다.

우선 호적은 엄격한 진리의 추구라는 박학의 학문 방법론 원칙을 수용하여 실용주의적 편향에서 어느 정도 벗어남으로써 서양의 실증주의와는 또 다른 특징을 보였다. 호적이 수용한 서양 학문에는 서양 근대과학적 방법이 포함되어 있었는데, 이는 외래의 관념인 만큼 전통과의 접점을 발견하지 못하는 순간, 쉽게 사람들에게 이질감을 주기 마련이다. 엄복의 경험귀납적 학문 방법이 당시에 보편적 영향을 미치지 못했던 것도 전통과의 접점을 결여하고 있었기 때문으로 볼 수 있다. 그런데 (호적의 표현에 따르면) 근대 서양의 '과학 실험적 태도'가 박학의 방법과 소통하게 되자, 전통상의 근거를 획득하기 시작했고, 따라서 사람들에게 이질적인 것으로만 치부되지 않을 수 있었다. 호적의 방법론 사상이 '5·4신문화운동' 전후 광범한 영향을 일으켰던 이유 중 하나가 바로 여기에 있었다. 마지막으로, 서양 근대과학 방법론과 전통 학문 방법 간의 회통은, 전통 학문 방법이 근대의 세례를 받아 근대화를 이룰 수 있는 기폭제가 되었다. 물론 호적에게서 실용주의의 원칙이 어느 정도 제약을 받았던 것은 사실이지만, 앞서 설명했던 것처럼 기본적 입장 자체가 바뀌었던 것은 아니었다. 따라서 호적이 전개한 중서 방법론의 회통에는 전체적으로 실증론의 흔적이 드리워져 있었다.

4. 실용주의와 마하주의의 합류

호적이 실용주의를 도입한 것과 거의 동일한 시기에, 정문강丁文江과 왕성공王星拱은 마하주의를 중국에 소개하는 데 매진했다. 철학 형태로 말하면, 마하주의는 대략 2세대 실증주의로 분류할 수 있다. 이들은 1세대 실증론의 경험주의와 현상주의 입장을 계승하면서도 반형이상이라는 임무를 더욱 충실히 수행하였다. 우선 마하 본인은 성공한 과학자이자 과학사학자로서 음향학과 충격파 이론, 과학사 등의 방면에서 모두 중요한 업적을 세웠으며, 동시에 과학의 최신 성과를 이용하여 철학의 주장을 논증하는 것에도 탁월한 모습을 보였다. 따라서 그가 제시한 경험비판주의는 보다 과학적 외관을 보였으며 과학을 숭상한 중국 근대 사상가에게 더욱 쉽게 영향을 미칠 수 있었다.

정문강과 왕성공은 각각 지질학과 화학 연구에 종사하였는데, 이들은 모두 과학자와 철학자라는 이중의 신분을 가지고 있었기 때문에 마하주의는 그들에게 더 큰 매력으로 다가왔다. 실증주의 사조의 두 지류인 실용주의와 마하주의는 서로 유사한 철학적 경향을 지니고 있었다. 이러한 이론적 일치성으로 인해 이들 사상은 중국에 유입된 후 빠르게 서로의 정체성을 확인하며 합류해 나갔다. 과학과 현학과의 논쟁에서 호적은 공개적으로 정문강과 왕성공의 편에 섰는데 이들은 이른바 '과학파'를 결성하고 장군매 등으로 대표되는 현학파와 서로 대립을 이루었다. 정문강은 제임스, 듀이의 실용주의와 마하주의는 본질적 차이가 없다고 명확히 밝힌 바 있다. "헉슬리, 다윈, 스펜서, 제임스(W. James), 칼 피어슨(Karl Pearson), 듀이 및 독일의 마하(Mach)파 등과 같이 철학 문제를 연구한 과학자들의 철학은 비록 세부 내용에는 차이가 있을지 몰라도 대체적인 측면에서는 다름이 없다."[119] 여기서 말하는 '대체적인 측면'이란 바로 공통의 실용주의 입장을 가리킨다.

물론 '대체적인 측면에서 다르지 않다'는 것이지 구체적인 내용에 있어서는 분명 차이가 있다. 실용주의가 철학의 근본 문제에 대해 애매모호한 입장을 취하는 데 반해, 마하주의는 철학의 전통적 문제를 경험주의 및 심리주의의 관점에서 적극적으로 설명하려고 시도한다. 잘 알려진 '기초요소론'에서 이러한 특징이 잘 드러난다. 마하가 볼 때, 인간이 인식하는 세계는 요소로 이루어져 있는데, 이

---

119) 丁文江, 「玄學與科學―評張君勱的「人生觀」」, 『科學與人生觀』, 12쪽.

요소란 가장 기본적이면서 더 이상 다른 것으로 환원할 수 없는 성분을 말한다. 성질에 따라 요소는 크게 세 가지로 나눌 수 있다. 첫째는 물리 경험을 구성하는 요소(ABC)로, 시공, 색, 소리 등의 물리적인 성질을 나타낸다. 둘째는 생리 경험을 구성하는 요소(KLM)로, 생리적 성질을 나타낸다. 셋째는 심리 경험의 요소($\alpha \beta \gamma$)로, 지각, 표상, 기억 등의 심리적 특성을 나타낸다. 요소의 서로 다른 조합은 각각 물리적 세계와 정신적 세계를 구성하게 된다. 마하는 세계를 구성하는 가장 기본적인 성분인 요소는 물질도 정신도 아닌 중성이라고 강조하였는데, 이렇게 세계의 본원은 물질도 정신도 아닌 것이 되었고, 그는 이것으로 전통철학 중의 영원한 난제를 넘어설 수 있었다. 형이상학을 정화하려는 노력으로 말하자면, 마하주의는 1세대 실증론 및 실용주의와 일맥상통하는데, 이들이 '중립 요소'라는 실증적 개념으로 존재를 설명한 것은 실증의 정신을 보다 구체적으로 관철한 것으로 볼 수 있다. 하지만 요소가 과연 무엇인지를 좀 더 따지고 들어가면, 마하가 말한 중립 요소란 결국 감각의 또 다른 표현에 불과하며, 기초요소론은 존재를 경험론적으로 규정한 것임을 어렵지 않게 발견할 수 있다.

마하의 이러한 생각은 정문강, 왕성공 등에 의해 대체로 받아들여졌는데, 다만 마하가 중립 요소와 같은 모호한 개념으로 감각을 대체한 것과는 달리, 정문강과 왕성공은 보다 직접적으로 감각론의 형식을 나타냈다. 정문강은 물질에 대해 다음과 같이 설명한다. "우리가 물질이라고 알고 있는 것은 감각기관에 의한 심리상의 감촉에 불과하다."[120] 마하의 정교한 논증에 비하면 이런 견해는 분명 엉성하기는 했으나, 마하주의의 핵심을 오히려 마하 본인보다 더 단도직입적으로 짚어 냈다. 정문강과 왕성공은 마하주의를 계승함과 동시에 신실재론의 관점들을 함께 받아들이기도 했다. 왕성공은 신실재론의 관점을 긍정적으로 다음과 같이 소개하기도 하였다. "실재론자는 마음도 실재가 아니고 사물도 실재가 아니며 오직 눈으로 보고 귀로 듣고 손으로 만지는 감촉만이 실재라고 말한다."[121] 실용주의가 활동의

---

120) 丁文江, 「玄學與科學―評張君勱的「人生觀」」, 『科學與人生觀』, 9쪽.

기초 위에서 실재를 인간화된 대상으로 규정한 것에 비해, 왕성공과 정문강은 버클리의 경험주의에 한층 더 근접해 있었다.

실증주의는 1세대부터 구체 과학의 종합을 추구하면서 과학을 위한 하나의 통일된 기초를 찾고자 노력하였다. 예컨대, 콩트는 실증철학을 과학의 종합으로 간주했고, 마하 역시 이러한 경향을 나타냈다. 그는 비록 콩트처럼 구체 과학의 종합에 힘쓰지는 않았지만, 그의 중립적 요소 일원론 역시 여러 가지 과학을 하나로 모아 과학의 통일을 이루는 데 그 목적이 있었다. 마하주의의 신봉자였던 정문강과 왕성공 역시 이 전통에서 벗어나지 않았는데, 정문강은 장군매와의 논쟁에서 정신과학과 물질과학을 분리한 장군매의 관점을 비판하면서 양자에 내적 통일성이 존재함을 강조하였다.[122] 정문강이 보기에 과학의 통일성은 결국 과학적 방법의 보편성 위에 세워진다. "과학이 모든 것에 보편적이고 모든 것을 관통할 수 있는 것은 소재 때문이 아니라 그 방법 덕분이다. 아인슈타인은 상대성 이론이 과학이라 했고, 제임스는 심리학을 과학이라고 했으며, 양임공梁任公(梁啓超)은 (과학으로서) 역사 연구법을 논했고, 호적은 『홍루몽』도 과학이라고 했다."[123] 정신과학과 물질과학을 통일하려는 관점의 논리적 연장으로서, 정문강은 자연과학과 사회과학의 내적인 일치까지도 긍정하였는데, 이는 마하가 자연과학의 각 분과 간의 연관성으로만 과학의 통일을 이해한 것과는 다른 모습이다. 일반적으로 말해, 자연과 사회를 인식하는 하나의 특정한 방식 및 과정으로서 과학은 분명 공통성을 지니며 과학적 방법 역시 이러한 공통성을 반영하고 있다. 실증주의(마하주의를 포함)의 이러한 논의는 분명 의미가 없지 않다. 다른 각도에서 보면, 정문강이 과학적 방법을 과학적 통일의 기초로 간주한 것은 호적이 과학적 방법을 중시한 것과 동일한 경향성을 나타낸 것이다.

물론 과학적 방법은 단지 한 가지 측면에서 과학의 통일을 구현한 것일 뿐이며,

---

121) 王星拱, 「環境改造之哲學觀」, 『哲學』 1921년 제4기.
122) 丁文江, 「玄學與科學—評張君勱的「人生觀」」을 참고할 것.
123) 丁文江, 「玄學與科學—評張君勱的「人生觀」」을 참고할 것.

더 높은 차원에서 보자면 과학의 통일은 철학과도 관련이 있다. 왕성공은 이에 대해 구체적으로 논의한 바 있다. 그의 견해에 따르면, 과학의 통일은 높은 차원과 낮은 차원으로 각각 이해될 수 있다. 우선, 낮은 차원의 통일은 각 분과 과학 간의 통일을 말하고, 이와 대비되는 것이 바로 철학적 합일이다. "철학적 합일은 높은 단계의 통일이다."[124] 철학적 차원의 통일이 없으면 여러 종류의 구체적 과학은 성립되는 것조차 어려우며 철학이 합일의 임무를 온전히 이루어 내야만 각각의 구체 과학의 질서는 확립될 수 있다. 이러한 견해는 콩트의 관점과 상당히 유사한 것으로 어떤 의미에서는 마하의 요소론에서 콩트의 종합과학으로 회귀한 것으로도 볼 수 있다. 그런데 콩트의 종합과학은 언제나 형이상학의 제거라는 목표와 긴밀히 연관되어 있었으며, 이는 철학의 보편적 규범으로서의 의미를 부정한다는 것을 뜻한다. 이에 반해, 철학의 차원에서 더 높은 수준의 과학적 합일을 이루고자 한 왕성공의 견해는 이와는 다른 중요한 의미를 나타낸다. "각 분과의 전문적 연구는 오직 각 분과의 지식이 일정 수준에 도달하도록 증진할 수 있을 뿐이다. 만약 여기에서 더 나아가고자 한다면 더 넓은 안목, 즉 이들 전문 과학을 밝게 비추어 줄 안목의 인도를 받아야만 성공에 이를 수 있다." "또한 우리의 도량은 본래부터 협소한데, 이런 면이 고착되거나 더 심해지지 않도록 사전에 잘 대비하고 고쳐나가야 한다.…… 바로 이러한 수양의 책임은 과학의 과학 즉, 철학의 몫이다."[125] 그는 여기에서 철학의 과학화를 말한 것이 아니라 과학에 대한 철학의 인도 역할을 강조하였다. 즉, 철학적 안목을 갖추어야만 전문 영역이 지닌 편협함을 극복하고 과학 연구를 더욱 효과적으로 진행할 수 있다는 것이다. 실증주의가 과학을 추앙하고 형이상학을 거부하면서 철학을 과학에 종속시키는 한편, 그만큼 철학의 보편적 규범으로서의 의미를 부정하였다면, 왕성공의 이러한 견해는 실증주의적 시야를 넘어서는 것이었다.

---

124) 王星拱, 『科學槪論』(北京: 商務印書館, 1930), 232쪽.
125) 王星拱, 『科學槪論』, 233쪽.

한편, 정문강과 왕성공은 인생관에도 지대한 관심을 보였는데, 이는 전문 과학의 편협성을 극복하고 철학의 인도적 의미를 긍정한 측면과도 밀접하게 관련된다. 사실 이들이 마하주의를 소개하고 전개한 것은 과학과 인생관의 논쟁으로부터 발단한 것으로 과학의 통일성은 과학과 인생관의 관계 문제 속에서 새롭게 전개된다. 장군매로 대표되는 현학파에 따르면, 과학은 인과율의 긍정을 전제로 하지만 인생관은 의지의 자유라는 가정 속에서 성립하므로 서로 경계가 구분되며 각기 다른 영역에 속하게 된다. 이에 반해, 정문강과 왕성공은 과학의 보편성을 긍정한다는 기본 주장에서 출발하여 과학과 인생관은 서로 분리될 수 없으며, 각각의 분과 학문이 궁극적으로 과학이라는 영역을 벗어나지 않듯이, 인생관 역시 과학의 제약을 받는다고 주장하였다. 여기에서 과학의 통일은 구체적으로 과학과 인생관의 통일로 전개된다. 이러한 견해는 마하가 인식론을 바탕으로 과학의 통일성을 확립한 것과는 분명히 다르다. 어떤 의미에서 과학은 이미 넓은 의미에서의 문화 정신으로 일반화되어, 문화의 각 영역에 적용되기 시작했다고도 볼 수 있다. 이는 과학이 보편적 신앙으로 자리 잡았던 5·4시기의 시대적 배경을 반영하는 것이기도 하다. 바로 이러한 배경으로 인해 중국과 서양의 마하주의는 서로 다른 특징을 지니게 되었다.

그런데 과학의 통일성을 강조하며 과학 정신을 보편화한 것은 일종의 과학만능주의 경향을 내포하기도 한다. 과학이 인생관에 영향을 미친다면, 그 주체인 인간 또한 과학의 대상이 된다. 정문강과 왕성공의 다음과 같은 언급에서 이러한 점을 발견할 수 있다. "내가 사고하는 도구는 보통의 인간을 닮은 하나의 기계이다. 기계의 기능은 다르나 그 성질은 서로 같다."[126] "과학은 인과와 동일성이라는 두 가지 원리에 의해 구성된다. 생명의 관념이나 삶의 태도와 같은 인생의 문제는 결국 모두 이 두 가지 원리의 울타리를 벗어날 수 없다."[127] 여기에서 주체는

하나의 기계적 존재로 규정되며, 인생은 물리 또는 역학 운동과 같은 것으로 이해된다. 그런데 이들은 중요한 사실 하나를 간과하고 있다. 인생이 물론 과학과 완전히 단절된 신비의 영역인 것은 아니지만, 그렇다고 해서 과학 법칙에 완전히 종속된 기계적 과정인 것 또한 아니다. 그런데 이를 기계적 운동과 같은 것으로 상정하게 되면, 인생은 필연적으로 풍부한 내적 함의를 상실하고 추상적이고 메마른 것으로 변질되고 만다. 과학과 철학의 관계에 대해 그들의 시야는 실증주의를 넘어섰으나, 과학과 인생관의 관계에서 그들은 다시 실증론의 과학만능주의 입장으로 회귀하고 말았다. 과학만능주의라는 경향은 실증주의의 내적 결함을 한층 더 두드러지게 나타내는 요소였으며, 이를 극복하는 것은 실증주의에서 피할 수 없는 문제가 되었다. 펑우란이 신실재론과 논리실증주의를 극복하는 과정에서 바로 이러한 점을 어렵지 않게 살펴볼 수 있다.

제4장
신실재론에 대한 수용과 초월

    실용주의가 서서히 부상하기 시작했을 즈음, 영미 철학계에서는 그와 동시에 실증주의의 다른 한 유파인 신실재론이 출현했다. 신실재론을 대표하는 인물에는 영국의 무어나 초창기의 러셀, 그리고 미국의 홀트, 페리, 몬터규 등이 있었다. 1930~40년대에 이르러 신실재론은 중국에도 영향을 미치기 시작하여 전혀 다른 발전 추세를 이루어 나갔다. 중국 근대 신실재론을 대표하는 인물 중 하나가 바로 풍우란이다. 그는 신리학新理學이라는 독창적인 업적을 중국 근대철학사 위에 남긴 바 있다. 근대 중서철학이 서로 만나 융합한 역사의 산물로서 신리학은 중국 전통철학에 뿌리를 두고 있으면서도 서양철학의 각인을 몸에 새기고 있었다. 정리하면, 전통의 영향은 주로 정주리학으로부터 왔고 서학의 영향은 무엇보다 신실재론과 관계가 깊었다. 신실재론의 세례를 받은 풍우란은 구형이상학과 일정한 거리를 유지하였으나, 다른 한편으로 전통철학에 물들어 있던 그가 보편적 본체와 인생의 궁극적 의의라는 문제를 완전히 벗어던지는 것은 어려운 일이었다. 이 두 가지는 이론상 내적 긴장 관계를 형성하기도 한다. 그렇다면 어떻게 이러한 긴장 관계를 해소하고 양자 간의 대립을 넘어설 것인가? 풍우란이 신리학을 건립해 나갔던 과정은 어떤 의미에서 보면 바로 이러한 문제를 해결하기 위한 여정과도 같았다. 또한 그 과정에는 실증론에 대한 수용과 초월이라는 문제가 복잡하게 얽혀 있어 이를 빼놓고 신리학의 건립을 설명할 수 없다.

1. 형이상학의 재건

신리학의 건립은 신실재론을 논리적 출발점으로 삼았다. 신실재론은 그를 대표하는 인물에 따라 다양한 관점으로 나타났으나, 실증주의의 한 유파로서 기본적인 철학 경향을 공유하고 있기도 하였다. 그 대표적인 경향이 바로 사변적 교조를 배척하려는 것이었다. 그렇다면 사변적 교조란 무엇인가? 미국 신실재주의자는 이에 대해 다음과 같이 정의하기도 하였다. "이른바 '사변적 교조'란 각종 철학상의 목적을 위해 세워진 가정을 가리키며, 이러한 가정에 따르면 하나의 완전히 갖추어진, 완벽히 보편적인 원칙이 존재할 수 있으며, 하나의 단일한 근본 명제를 통해 모든 사물을 적절하게 규정하고 해석하는 것이 가능하다."[1] 외연의 측면에서 보면, 사변적 교조는 신헤겔주의 및 버클리주의 등을 지칭하기도 하고, 철학사상의 유물론을 지칭하기도 한다. 반사변적 교조라는 기치 아래 신실재론은 그 비판의 칼끝을 아래의 양자를 향해 동시에 겨누었다. 즉, "의지, 활동성, 직접성, 생명 등의 전통적 유심론의 개념들과 물체를 더 이상 간략화될 수 없는 하나의 실체로 보는 유물론적 경향이 그것이다. 이들은 모두 동일한 근본적 오해로부터 비롯되었다."[2] 신실재론의 이러한 견해는 뚜렷한 반형이상학적 성질을 보여 준다. 사변적 교조에 대한 거부는 사실상 전통 형이상학에 대한 부정이었는데, 이러한 비판과 부정의 배후에는 유심론과 유물론을 동시에 극복하고자 했던 의도가 내포되어 있었다. 이는 콩트 이래의 실증주의와도 이론적으로 궁합이 잘 맞았다. 만약 현대 서양철학을 실증주의와 인본주의라는 거대한 두 개의 주류로 구분한다면, 넓은 의미에서 신실재론은 당연히 실증주의 사조에 포함되어야 할 것이다. 물론 마하주의나 실용주의와 마찬가지로 신실재론 역시 결코 1세대 실증주의의 단순한 재현으로 볼 수는 없다. 1세대 실증주의와 비교했을 때, 신실재론은 논리 분석 방법을

---

1) E. B. Holt, 伍仁益 역, 『新實在論』(北京: 商務印書館, 1980), 23쪽.
2) E. B. Holt, 伍仁益 역, 『新實在論』, 20쪽.

도입하고 이를 중점으로 삼았다는 특징을 지닌다. 실재론의 핵심 인물인 러셀이 현대 논리의 창시자 가운데 하나였다는 사실이 이를 잘 설명해 준다. 이처럼 현대 논리 분석 방법의 사용은 실증주의의 진로를 분석철학으로 향하게 하였고 이후 논리실증주의에 이르러, 이러한 추세는 한 차원 발전을 이룩하였다. 논리라는 측면에서 보면, 신실재론은 1세대 실증주의에서 3세대 실증주의(논리실증주의)로 향하는 매개체가 되었다고 할 수 있다.

초창기 미국 유학 시절, 풍우란은 미국의 신실재론자인 몬터규(W. P. Montague)를 사사하였는데, 이러한 결과로 그의 철학은 신실재론의 영향을 깊이 받았다. 이러한 영향은 특히 전통철학에 대한 반성과 성찰 과정에서 잘 나타났다. 신실재론의 세례를 받은 뒤인 1920~30년, 풍우란은 중국 전통철학에 대한 체계적인 정리와 결산을 시도하였다. 그 결과 가운데 대표적인 것이 바로 두 권으로 출판된『중국철학사』이다. 그가 볼 때, 철학사 속 많은 형이상학은 '낡은 형이상학'에 속한다. 그에 따르면 논리 분석적 방법의 결여는 전통철학이 구체적 존재와 형이상적 형식을 혼동함으로써 여러 가지 그릇된 결론을 도출하게 하는 결과를 초래하였다. 심지어 송명리학에서도 이러한 결함이 발견된다. "송명도학은 명가의 세례를 직접 받지 않았으므로 이들이 논하는 것은 형상으로 드러나는 것을 피할 수 없었다."[3] 게다가 논리적 명확화 작업을 거치지 못하였기 때문에 갖가지 무의미한 철학 논쟁이 발생하기도 하였다. 예를 들어, 유심론과 유물론 간의 논쟁이 그 대표적인 사례다. "'만물의 본체는 심心'이라고 하든 '만물의 본체는 물物'이라고 하든 결국 이를 실증할 방법은 없다." 진정한 철학적 기준에 근거하여 말하자면, 이러한 논쟁은 모두 해소되어야 한다. 풍우란의 말을 빌리자면, "진정한 철학이란 바로 이러한 논쟁을 해소하고자 하는 것이다."[4] 여기에서 그는 논리 분석의 방법을 도입하는 한편, 실증 가능성을 논쟁의 의미를 판단하는 기준으로 삼았다. 전통철학에 대한

---

3) 馮友蘭, 『三松堂全集』 제5권(鄭州: 河南人民出版社, 1986), 146쪽.
4) 馮友蘭, 『三松堂學術全集』(北京: 北京大學出版社, 1984), 「對儒家哲學之新修正」, 621·618쪽.

이러한 비판은 신실재론과 궤를 같이할 뿐 아니라, 이론적으로 보면 후에 등장한 논리실증주의에 근접했다. 본인 역시 이러한 사실을 굳이 숨기려 하지 않았다. "형이상학에 대한 빈학파(논리실증주의)의 비판 대부분은 우리도 역시 찬성하는 바이다. 그들이 형이상학을 철폐하고자 했던 시도 또한 어떤 의미에서 충분히 환영할 수 있다."[5] 빈학파를 긍정적으로 바라본 풍우란의 이러한 견해는 신실재론과 논리실증주의 간의 내적 관계를 반영하는 한편, 그가 어느 정도는 전통철학과 대립하는 신실재론의 입장에 있었음을 드러내 준다.

하나의 사조로서 실증주의는 전통 형이상학뿐만 아니라, 모든 형식의 형이상학을 부정한다. 마찬가지로 신실재론 역시 이러한 특징을 보여 준다. 물론 신실재론은 보편(universal)을 '실재'로 여기는 등, 몇 가지 측면에서는 여전히 형이상학의 흔적을 지니고 있기는 하다. 그렇지만 이론적으로 볼 때, 신실재론은 결코 새로운 형이상학의 건립을 철학의 목표로 삼지 않는다. 신실재론이 '사변적 교조'를 타파하고자 한 것은 사실상 '형이상학이란 가능한가'라는 문제에 대해 부정적인 대답을 내린 것으로 볼 수 있다. 이러한 점은 풍우란이 신실재론 및 실증주의의 기타 유파와 구분되는 중요한 지점이기도 하다. 풍우란의 견해에 따르면, 전통 형이상학이 결함을 지니고 있다고 해서 이론적으로 형이상학이 전혀 성립할 수 없는 것은 아니다. 구형이상학(즉, "낡은 형이상학")에 대한 비판은 그 자체가 목적이 아니며, 낡은 형이상학을 철폐하고자 했던 것은 형이상학을 재건하기 위함이었다. 논리적으로 중국 전통철학에 대한 풍우란의 반성적 결산(구형이상학에 대한 분석과 비판)은 신형이상학을 구축하기 위한 이론적 전제를 제공하기 위한 것이었다. 풍우란의 서양 실증주의에 대한 비판 역시 이러한 의도에 입각한 것으로 볼 수 있다. "서양의 철학자들은 신논리학의 진보를 이용하여 새로운 형이상학을 건립하는 경우가 드물었다. 이들 중 상당수는 신논리학의 진보를 이용하여 형이상학을 무너뜨리고자 하였다. 그들은 자신들이 형이상학의 전복을 이루어 냈다고 생각했으나, 사실

---

5) 馮友蘭, 『三松堂全集』 제5권, 221쪽.

그들이 무너뜨린 것은 서양의 구형이상학이지, 형이상학 자체가 아니었다. 형이상학 자체는 애초에 무너질 수 없는 것이다."[6] 이를 보면, 풍우란은 실증주의(신실재론을 포함하여) 사상을 받아들인 동시에 이를 넘어서고자 노력하였음을 알 수 있다. 그는 우선 구형이상학을 무너뜨린 후, 한 걸음 더 나아가 논리 분석 방법을 사용하여 신형이상학을 구축하고자 하였다.

풍우란에 따르면, 형이상학의 재건은 반드시 경험 분석에서 시작해야 한다. 그런데 경험이란 항상 실제 사물과 서로 관련을 맺기 마련이므로 경험 분석이란 바로 경험 속의 실제 대상을 분석하는 것이다. "철학은 경험을 분석하고 해석하는 것에서 시작된다. 바꾸어 말하면, 이는 경험 속의 실제의 사물을 분석하고 해석하는 것이다."[7] 경험 속의 실제 사물이라고 하는 것은 현상계에 대한 다른 한 표현 방식일 뿐이다. 따라서 경험의 분석이라고 하는 것은 결국 '현상의 분석'으로 환원될 수 있다. 현상 분석에 초점을 맞추는 이러한 사상적 경향은 일반적인 실증론과도 서로 통하는 지점이 있다. 실증론의 기본적 특징이 바로 현상을 인식의 대상으로 삼으며, 현상의 각 요소 및 그들 간의 관계에 대한 분석적 묘사를 주된 임무로 규정하는 것이기 때문이다. 그런데 실증철학에서 현상 분석의 결과는 우선 각종 감각 가능한 경험 요소로 나타난다. 풍우란의 견해에 따르면, 현상 분석의 결과는 주로 보편적 규정이라는 형식으로 존재하며, 이러한 규정은 두 종류로 요약될 수 있다. 첫 번째는 바로 어떠한 사물이 사물일 수 있는 근거이다. 예를 들어, 사각형의 구체적 현상을 분석함으로써 사각형인 대상이 사각형일 수 있는 일반 근거를 획득할 수 있다는 것이다. 두 번째는 바로 어떠한 사물을 구성하는 일반 질료 혹은 '절대 질료'[8]이다. 만약 실증주의가 주로 현상과 경험 간의 소통이라는 측면에 국한된다면, 풍우란은 경험 현상의 분석에서 출발하면서도 현상에만 국한되

---

6) 馮友蘭, 『三松堂全集』 제5권, 147쪽.
7) 馮友蘭, 『三松堂全集』 제4권, 12쪽.
8) 역자 주: 풍우란이 제창한 철학 용어. 理를 실현하는 데 필요한 것으로서 혼돈상태를 띠는 원시적 기체 혹은 질료를 의미한다.

지는 않는다. 그의 중점은 오히려 현상 속에서 보편을 추출하는 것에 있었다.

물론 경험 현상에 대한 논리적 분석이 사유라는 과정의 종결을 의미하지는 않는다. 풍우란은 일찍이 철학을 다음과 같이 정의한 적 있다. "철학은 순수 사유로부터 나온 관점으로, 경험에 대해 이성적 분석·총괄·해석을 가한 후 다시 이를 개념으로 표현해 낸 것이다."[9] 여기에서 말하는 분석이란 논리 분석을 가리키며, 총괄이란 분석의 결과를 논리적으로 구조화하는 것을 가리킨다. 이 구조화의 첫 단계는 보편적 규정(논리 분석의 결과)의 형식화로 이루어지며, 이는 보편과 개별을 분리하여 사실과 무관한 순수 형식으로 만드는 것을 의미한다. 이러한 형식의 일종으로 우선 리理를 생각해 볼 수 있는데, 리理라는 것은 바로 앞에서 말했던 어떤 사물을 사물이게 하는 근거이다. 그런데 순수 형식으로서 리理는 대상의 사실적 근거가 되지 못하며 단지 논리상의 전제에 지나지 않는다. 바꾸어 말해, 리理는 사물에 내재하면서 사물을 결정하는 것이 아니라, 사물에 대한 일종의 논리적 조건이라는 것이다. 논리적으로 보면, 모든 구체 사물은 리理에 의거하여 존재하지만, 사물이 의거하는 리理는 사물의 변화에 따라 변화하지 않는다. "어떤 리理에 의거하는 실제 사물이 있다고 해서 리理가 이를 따라서 생겨나는 것은 아니며, 리理에 의거하는 실제 사물이 없다고 해서 리理가 그로 인해 없어지는 것은 아니다."[10] "리理세계는 논리적으로 실제의 세계에 앞선다."[11] 여기에서 리理와 실제의 사물은 두 개의 층차로 나타나며 리理는 사물을 결정하는 것으로서 독립적으로 존재한다. 풍우란은 시공을 초월하여 존재하는 이러한 리理를 진제眞際라고 칭했다. 이처럼 리理와 실제 사물의 구분은 '진제'와 '실제' 간의 대립으로도 나타낼 수 있다.

리理 외에도 신형이상학(신리학) 체계의 기본 범주에는 기氣, 도체道體, 대전大全(宇宙) 등이 포함된다. 기氣라는 것은 어떠한 규정성도 없는(즉, 모든 속성을 탈각한) 절대

---

9) 馮友蘭, 『三松堂全集』 제4권, 7쪽.
10) 馮友蘭, 『三松堂全集』 제4권, 41쪽.
11) 馮友蘭, 『三松堂全集』 제5권, 150쪽.

질료를 가리킨다. 기氣 개념은 모든 실제의 내용이 제거된 순수 형식을 띠는 하나의 범주이다. 풍우란은 이를 진원眞元의 기氣 혹은 무극無極이라 칭했다. 기氣에서 리理로 이행되는 과정이 바로 도체이며, 정적 측면에서 보면 '진원의 기氣', 모든 리理, 도체道體는 대전大全 혹은 우주로 통칭할 수 있다. 기氣, 리理, 도체道體, 대전大全 등의 기본적 범주들은 다시 아래의 네 가지 명제로 구체화되어 나타난다.

신리학의 제1 명제는 다음과 같다. "모든 사물이란 반드시 '어떠한 사물'이며, '어떠한 사물'은 반드시 '어떠한 종류의 사물'이다. '어떠한 종류의 사물'은 반드시 그것을 그것이게 하는 바를 지닌다." 이는 즉, 모든 존재하는 사물은 모두 하나의 종류에 속하며, 어떤 한 종류의 사물에는 필연적으로 그것의 리理가 있다는 의미로 이해할 수 있다. 간단히 말해, 존재는 종류를 포함하며 종류는 리理를 포함한다. 풍우란은 이 명제로부터 다시 아래의 두 가지 명제가 도출될 수 있다고 보았다. 하나는 "구체적 사물이 없더라도 그 사물을 규정짓는 리理는 변함없이 존재할 수 있다"라는 명제이고, 다른 하나는 "리理는 구체적 사물에 앞서 존재한다"라는 명제이다. 신리학의 제1 명제는 사실 리理세계가 실제세계에 앞서며, 그에 독립하여 있다는 점을 특별히 강조하여 나타낸 것이다. 한편 신리학의 제2 명제는 사물의 존재와 관련된다. 리理는 사물을 한 종류의 사물로서 결정하며, 어떤 한 종류의 사물은 기氣를 떠나 존재할 수 없다. 기氣는 사물이 존재할 수 있게 하는 바가 된다. 여기에서 당연히 기氣는 절대 질료를 가리키는 것이며, 구체적 사물과는 일종의 논리적 관계 속에 있다. 신리학 제3 명제는 주로 '무극이태극無極而太極'(무극은 氣, 태극은 理를 지칭)의 이행을 설명한다. 여기에서 '이행'이란 기氣가 리理를 실현하는 (즉 氣가 理에 의거하는) 과정을 말한다. 실제세계는 이러한 과정 가운데 존재하며, 모든 이행의 과정을 통해 도체道體가 이루어진다. 여기에서 풍우란은 리理와 기氣의 융합을 통해 실제세계의 형성을 설명하고자 하였다. 마지막으로 신리학 제4 명제는 바로 이것이다. "일체의 모든 유有를 가리켜 대전大全이라고 한다." 대전大全은 우주라고도 칭하는데, 이는 물질적 우주를 말하는 것이 아니라 논리적으로 가능한 모든 존재를 지칭하는 것이다. 도체道體가 사물의 동적 측면을 가지고 말한 것이라면,

대전大全은 사물의 정적 측면을 가지고 말한 것이다.12)

요약하자면, 풍우란은 경험 현상에 대한 분석을 통해 사물의 일반적인 정의를 추출하고 이를 다시 형식화하였으며, 이것으로부터 리理, 기氣, 대전大全, 도체道體를 골자로 하는 신리학 체계를 구성하였다. 이는 그가 형이상학을 재건해 나가는 논리적 과정이기도 했다. 이는 서로 관련된 두 가지 부분으로 구성되어 있는데, 바로 논리 분석과 논리 구조화 과정이 그것이다. 전자의 측면에서 말하면, 신리학과 신실재론은 매우 뚜렷한 연원적 관계를 지닌다. 신실재론은 논리 분석을 철학의 기본 방법으로 삼았는데, 이는 이후의 논리실증주의와는 달리 현상 속에서 각종 감각 가능한 경험 요소를 추출하는 것 외에, 유類 개념에 대한 보편적 규정, 즉 '보편'(universal) 개념의 분석에도 힘썼다. 신실재론에서 보면, 감각 가능한 간단한 성질이나 보편(universal), 그 어느 것이든 모두 실재한다. 이러한 실재는 개별(individual)13)에 내재하는 것이 아니라, 개별에 앞서 독립적으로 존재한다. 몬터규는 이에 대해 아래와 같이 약술하였다. "각각의 개별적 사물은 모두 보편을 지니며 이를 그 성질로 삼는다. 이러한 보편은 개별적 사물에 앞서 독립적으로 존속해 나간다(subsist)."14) 상술한 논리적 과정은 두 가지 단계로 이루어진다. 우선 논리 분석 방법을 사용하여 개별 속에서 보편을 추출한다. 그런 다음 이러한 보편을 개별존재의 근거(하나의 개별을 개별이게끔 하는 근거)로 규정하고 이를 통해 보편의 논리적 우선성과 독립성을 확정한다. 풍우란은 경험 현상 속에서 보편의 리理를 분석해 내고, 다시 리理를 통해 구체적 사물을 정의하였는데, 이는 기본적으로 신실재론의 논리적 과정을 재연한 것이나 다름없었다.

하지만 신실재론이 보편의 우선성과 독립성을 인정했다고 하더라도, 전체적으로 보면 형이상학의 재건에는 전혀 관심을 두지 않았다. 실증주의의 한 지류로서

---

12) 馮友蘭, 『三松堂全集』 제5권, 148~154쪽.
13) 역자 주: 원문에서는 共相과 特殊라는 용어를 사용하고 있으나, 문맥상 'universal'과 'individual'을 지칭하는 것으로 이해하여 각각 '보편'과 '특수'로 번역하였다.
14) Montague, 『認識方法』; 馮友蘭, 『三松堂學術全集』, 「孟特叮論共相」, 115쪽을 참고할 것.

신실재론 역시 마찬가지로 철학의 과학화 경향을 드러냈다. 그들이 보기에 철학의 임무는 전통 형이상학이 그랬던 것처럼 우주 전체에 대한 총체적 설명을 가하는 것이 아니었다. 그들은 철학과 과학이 같은 차원에 놓여 있다고 보았다. "철학의 임무는 전문적 지식의 임무와 근본적으로 다른 것이 절대로 아니다. 이들은 모두 하나의 평면 위에, 혹은 하나의 영역 속에 존재하며, 이들 간에는 정도상의 차이만 존재할 뿐, 종류 자체가 다른 것은 아니다. 이는 실험물리학과 이론물리학, 동물학과 생물학 혹은 법학과 정치학 간의 차이와 비슷하다."[15] 비록 러셀이 보편세계에 대해 언급하기는 하였으나, 그가 의미한 보편세계는 전통 형이상학적 의미에서의 이데아의 세계와 같은 것이 아니었다. 그의 보편세계는 주로 명제들 사이의 논리 관계와 더 밀접한 관계를 맺고 있었다. 바로 이러한 의미에서 러셀은 철학의 문제는 결국 명제의 함의에 대한 논리 분석으로 환원될 수 있다고 생각했다. 그는 다음과 같이 말한다. "우리가 모든 철학 문제에 대해 필요한 분석과 제련을 가하고 나면, 사실 이들이 근본적으로 철학의 문제가 아니었음을 발견하게 될 것이다. 이들은 우리가 사용하는 '논리'에서의 논리 문제에 해당한다."[16] 이처럼 개별에서 보편으로의 이행 과정이라는 측면에서 신실재론은 실증주의의 기타 유파와 서로 차이를 보였으나, 기본적인 논리는 결국 실증론을 벗어나지 않았다. 철학과 과학을 하나의 차원 속에 두는 것이 대략 1세대 실증주의의 전통을 계승한 것이라고 한다면, 철학 문제를 "함의에 관한 논리 문제"로 환원하는 것은 후기 실증주의에 영향을 주었다고 할 수 있다.

이러한 신실재론의 경향성은 형이상학을 재건하고자 하는 풍우란으로서는 쉽게 받아들일 수 없는 것이었다. 풍우란은 신실재론의 보편 이론을 인정하면서도 동시에 신실재론의 실증주의적 입장에 대해서는 여러 가지 비판을 내놓았다. 그의 견해에 따르면, 철학은 과학으로 귀결될 수 없다. 과학이 논의하는 것은 우주의

---

15) E. B. Holt, 『新實在論』, 48쪽.
16) 러셀, 陳啟偉 譯, 『我們關於外間世界的知識』(上海: 上海譯文出版社, 1990), 24쪽.

일부 사물에 지나지 않지만, 철학이 고찰하는 것은 우주 전체이기 때문이다. 이러한 견해는 명백히 실증주의(신실재론을 포함하여)의 철학의 과학화 경향을 겨냥한 것이다. 마찬가지로 그는 철학을 단지 명제의 의미에 대한 논리 분석으로 이해하는 관점에 대해서도 찬성하지 않는다. "만약 철학이 이러한 의미를 탐구하는 것일 뿐이라면, 철학은 논리와 큰 차이가 없게 된다. 근래 들어 일부 분석철학자들이 이같이 주장하고 있으나, 나는 결코 이렇게 주장하지 않는다."[17] 여기에서 말하는 "일부 분석철학자"란 주로 논리실증주의(빈학파)를 지칭하지만, 신실재론 또한 여기에 포함될 수 있다. 이처럼 서양 실증주의가 형이상학 재건에 필요한 이론적 요구에 완벽히 부응하지 못한 이상, 풍우란의 관심은 자연스럽게 중국 전통철학으로 옮겨 가게 되었다. 물론 그가 전통 형이상학을 비판한 바 있으나, 이러한 불만은 주로 '낡은 형이상학'을 향한 것이었다. 그가 볼 때, '낡은 형이상학'을 제외하면 전통철학 속에는 귀감이 될 만한 형이상학이 존재한다. 그 대표적인 예가 바로 정주리학이다. 정주程朱는 정미한 분석을 통해 무수히 많은 대상 속에서 일반 원리(理)를 추출하는 한편, 이를 구체적 사물과 분리하여 독립적인 성질을 부여하였다. 이러한 사상적 경향은 신실재론과 서로 통하는 지점이 분명히 존재한다. 그러나 정주는 리理에 대한 분석에만 머무르지 않고 일반 원리로서의 리理를 추출한 다음 다시 사변적 구조화를 통하여 본체론적 의미를 지닌 리理세계를 건립하였다. 또한 리理세계와 실제세계의 관계에 대해서도 전반적인 설명을 시도하였다. 이러한 사변적 구조화는 정주리학을 우주의 일부분만을 설명하는 과학이나, 명제의 함의에 대한 논리 분석과 서로 다른 것으로 만들어 주는 요소이다. 정주리학은 본질적으로 일종의 형이상학적 형태를 띠며, 이러한 형태는 철학의 과학화 경향이나 논리화 경향에 불만을 가진 풍우란에게 상당한 매력으로 다가왔다. 풍우란은 정주가 "리理세계를 재발견" 한 것을 거듭 극찬하며 다음과 같은 평가를 내놓았다. "리理세계의 재발견은 사람들이 형상으로만 머무르는 순백의 공허세계를 초월할 수 있게 해 주었다. 이는 늘어나

---

17) 馮友蘭, 『三松堂全集』 제4권, 21쪽.

지도 감소하지도 않고, 생겨나지도 소멸하지도 않으며, 움직임도 없고 고요함도 없다. 어떤 실제 사물이 존재하면 반드시 그에 대한 리理가 존재하기 마련이다. 그러나 반대로 리理가 존재한다고 해서 반드시 실제 사물이 존재하는 것은 아니다. 이러한 새로운 시각은 '만고의 포부를 활짝 열어 주는 것으로서'[18] 이는 정신의 지극한 해방이 아닐 수 없다."[19] 만약 풍우란의 신리학과 정주리학을 함께 비교해 보면, 개념 범주에서 기본적인 관점까지, 둘 사이에는 부정할 수 없는 역사적 연관성이 존재한다는 것을 발견하게 된다. 리理세계가 실제세계를 결정한다는 전체적 이론구조에서 이러한 연관성은 더욱 두드러진다. 풍우란 역시 이 점을 부인하려 하지 않았다. 풍우란은 그의 '새로운 체계'(신형이상학)가 정주리학의 전통을 이은 것임을 여러 차례 언급한 바 있는데, 자신의 체계를 '신리학'으로 명명한 것 또한 결코 우연이 아니다. 실증주의(주로 신실재론을 지칭)의 논리 분석 방법이 형이상학의 재건에 근대적 형식을 제공해 주었다면, 정주리학의 사변체계는 신형이상학의 구조에 역사적 내용을 제공해 주었다고 할 수 있다. 이론 변천 과정의 내적 관계를 통해 보면, 전통철학의 유입은 풍우란이 논리 분석에서 논리적 구조화 (신형이상학 체계의 건립)로 전향하게 된 내적 계기가 되었다.

정주리학이 형이상학 재건을 위한 이론적 수요를 어느 정도 충족시켜 준 것은 사실이지만, 그러한 사실이 정주리학과 신형이상학(신리학)의 체계가 완전히 일치한다는 것을 의미하지는 않는다. 풍우란의 견해에 따르면, 진정한 형이상학의 개념과 명제는 모두 형식 개념과 형식 명제, 혹은 논리 개념과 논리 명제이어야 한다. 신리학 체계의 리理, 기氣, 도체道體, 대전大全 등이 이러한 순수 형식으로서의 개념에 해당하며, 신리학의 네 가지 명제 역시 분석명제에 속한다. 이른바 형식명제 혹은 분석명제라고 하는 것은 사실과 전혀 관계가 없는 항진명제(tautology)이다. 따라서 풍우란은 이러한 명제를 '중복 서술'이라고 부르기도 하였다. "일반적으로 말하는

---

18) 역자 주: 남송시기의 문학가 진량의 저서에 등장하는 글귀.
19) 馮友蘭, 『三松堂全集』 제5권, 138쪽.

가장 철학적이고 형이상학적 명제는 바로 중복 서술이라고 할 수 있다."[20] 우리는 여기에서 다음과 같은 사실을 쉽게 확인할 수 있다. 우선 신리학은 우주에 대한 전체적 설명을 시도한다는 점에서 단순한 명제의 함의 분석과는 다르다. 한편, 이러한 설명은 형식적 설명에 속하는 것으로서 구체적 내용을 다루지 않는다. 바꾸어 말하면, 신리학은 주로 논리적으로 진제(理세계)와 실제(현실세계) 간의 관계를 고찰한다. 이른바 리理, 기氣라고 하는 것은 구체적인 시공간에 존재하는 실체가 아니라 순수한 논리 형식이다. 리理가 사물에 우선한다는 것 역시 시간상 선행한다는 의미가 아니라 논리적으로 앞선다는 뜻이다. 이처럼 신리학은 단지 논리적이고 형식적인 측면에서 대전大全(宇宙)을 고찰하기 때문에, 풍우란은 이를 다시 '가장 철학적인 철학'이라 칭했다.

만약 '가장 철학적'이라는 기준에서 정주리학을 판단해 본다면, 정주리학은 분명 이러한 기준에 부합하지 않는다. 이러한 점은 정주리학이 리理, 기氣와 같은 범주의 형식성에 대해 명료한 이해를 지니지 못했다는 데에서 잘 드러난다. 예컨대 "송대 유학에서는 리理가 실제의 것이 아니라는 점을 제대로 살피지 못했거나 혹은 확실히 설명하지 않았다. 송대 유학에서는 흔히 '리理가 사물에 있는 것이 성性이다.' '심心은 모든 리理를 지닌 채 만사에 대응한다'라고 설명하였는데, 이러한 말들은 리理를 '마치 사물에 있는 것'으로 여긴다고 이해될 수 있다. 때로는 주자조차 이러한 오류를 피하지 못했다."[21] 사실 정주리학에서 리理, 기氣와 같은 범주는 실제의 내용을 완전히 벗어던지지 못했으며 여전히 실체적 성질을 지니고 있었다. 풍우란의 견해에 따르면, 본체론의 범주가 실체화되는 순간 곧바로 '낡은 형이상학'으로 빠져들고 만다. 그러한 상황에서 본체론적 범주는 형식적 항진명제(분석명제)가 될 수 없고, 그렇다고 해서 경험을 통해 실증될 수 있는 것도 아니기 때문이다.

조금 더 깊이 분석해 보면, 구리학舊理學에 대한 풍우란의 이러한 비판은 실증주

---

20) 馮友蘭, 『三松堂學術全集』, 「新理學在哲學史中之地位及其方法」, 555쪽.
21) 馮友蘭, 『三松堂全集』 제4권, 39쪽.

의의 의미 기준을 전제로 한다는 것을 알 수 있다. 1세대 실증주의는 의미의 기준을 명확하게 제시하지 않았으나, 경험을 통해 실증이 가능한지에 따라 과학과 형이상학을 구분하였다. 사실상 실증의 원칙을 구분의 기준으로 삼기 시작했던 것이다. 신실재론은 논리 분석 방법을 도입하여 논리명제로 환원될 수 있는 명제만이 의미를 지닌다고 보았다. 앞에서 인용한 러셀의 말에서 이러한 점이 분명히 드러난다. 이후의 논리실증주의는 여기에서 더 나아가 모든 유의미한 명제는 분석명제와 종합명제의 두 종류로 구분된다고 보았다. 종합명제는 실제를 긍정하므로 경험에 의해 실증이 가능하며, 분석명제는 바로 반복적 형식의 항진명제를 말한다. 풍우란이 신리학의 개념 및 주요 명제를 형식 개념과 분석명제로 귀결시키고, 이를 통해 구리학의 비형식화의 문제점을 비판한 것은 사실상 실증주의의 의미 기준에 다가가려는 경향성은 드러낸 것이나 다름이 없다. 이처럼 풍우란은 정주리학을 계승하고 논리 분석과 논리적 구조화를 결합하여 형이상학을 재건하였고, 이로써 실증주의(신실재론을 포함하여)의 궤적을 벗어나게 되었다.[22] 하지만 다른 한편에서 그는 형이상학의 체계를 형식화하고자 노력하면서 자신의 이론체계에 분석명제의 형태를 가미하여 실증주의의 의미 기준과 일치되도록 하였다. 이러한 점을 보면, 실증주의로 돌아가려는 모습을 보여 주기도 한다. 이러한 두 가지 경향이 하나의 체계 내에 공존하면서 신리학은 전체적으로 복잡한 특징을 지니게 되었다. 그런데 이러한 복잡한 형태의 배후에는 형이상학과 실증주의 간의 긴장과 충돌을 해소하려는 의도가 내포되어 있다. 형이상학을 재건하려는 풍우란의 전체 논리 전개 과정을 종합해 보면, 이러한 의도는 본체의 논리화와 논리의 본체화라는 상반된 경향으로 동시에 표출되었으며, 그 결과로 신리학의 체계는 실증주의화된

---

22) 신실재론 시기의 러셀과 빈학과 초기의 카르나프 역시 '논리적 구조화'를 말했으나, 이들의 주된 관심은 경험적 지식체계의 구축에 있었던 동시에, 이러한 관점은 환원론적 경향을 지니고 있었다. 예컨대, 카르나프의 『세계의 논리구조』라는 책의 주요 개념이 바로 환원 가능성(reducibility)이었다. 이들은 가장 간단한 명제(직접적 감각과 관련된 원시적 명제)의 기초 위에서 인식론적 의미의 세계에 대한 청사진을 그렸다. 이는 풍우란이 '보편'을 통해 본체론적 의미의 理세계를 건립한 것과는 다소 다르다.

형이상학의 형태를 띠게 되었다.

그러나 형이상학의 실증론화로 인해 신리학은 성공적인 하나의 형이상학을 이루지는 못했다. 전체적으로 보면, 신리학이 해결하고자 한 핵심 문제는 이른바 진제(理세계)와 실제(실제세계) 간의 관계에 관한 것이었다. 풍우란의 견해에 따르면, 리理세계는 실제세계를 결정한다. 그런데 이러한 결정은 어떻게 실현되는 것인가? 바꾸어 말해, 리理세계는 어떻게 실제세계로 옮겨 가게 되는가? 정주程朱는 비형식화의 방식을 통해 이 문제를 해결하고자 하였으나, 끝내 리理세계와 실제세계 간의 대립을 극복해 내지는 못했다. 풍우란은 형식화의 방식을 통해 이에 대한 논리적 해석을 제시하고자 하였는데, 그 역시 마찬가지로 원하던 성과를 거두지는 못하였다. "리理가 있어야 성性이 있을 수 있고, 성性이 있어야 실제의 사물이 있을 수 있다" 혹은 "무극이태극"과 같은 공허한 연역을 제외하면, 신리학은 리理가 어떻게 사물에 앞서며 실제의 사물을 결정하는지에 대한 더 자세한 설명을 제시하지 못했다. 정리하면, 비록 풍우란이 "가장 철학적인 철학"의 임무를 우주 전체에 대한 해석이라 정의하기는 했으나, 이를 감안하더라도 신리학은 실제세계에 대한 해석에서 지나치게 무력한 모습을 보였다. 이러한 점에서 신리학은 분명 실패한 형이상학이었다.

이론적으로 보면, 신리학이 성공할 수 없었던 것은 우연이 아니다. 풍우란이 실증주의와 형이상학을 융합하여 형이상학을 건립하고자 했을 때부터, 이후에 있을 이론적 결과는 이미 예정된 것이었다. 앞에서 말했듯, 풍우란은 형이상학의 형식화를 통해 실증주의와 형이상학의 소통을 도모하고 이들 간의 충돌을 지양하고자 했는데, 문제는 철학이란 본질적으로 형식화될 수 없는 점이다. 형식화란 모든 실제 내용을 탈각한다는 의미를 지니는데, 이렇게 철학을 아무런 내용이 없는 형식화된 체계로 만들고자 하는 순간, 철학은 필연적으로 구체적 과학 및 경험과 연관성을 잃고 서로 어긋나게 된다. 신리학의 형이상학을 건립하는 과정이 경험 대상의 분석에서 시작되기는 하나, 풍우란의 견해에 따르면, 논리 분석을 통해 보편이 획득된 순간 더 이상 경험 사실과의 관련성은 필요가 없어지며, 더 나아가 보편 속에서 모든 경험적 내용은 제거되어야 한다. 바꾸어 말해, 풍우란이 논리 분석을 강조하였을 때, '종합'(어떤 의미에서 보면, 그의 논리적 구조화 작업 역시 일종의 종합으로 볼 수 있다.)을 완전히 배제한 것은 아니었다. 하지만 과학 및 경험과의 단절은 그러한 종합의 과정을 현실적 근거를 결여한 허구적 사변으로 만든 측면이 있다.(이른바 '진제', '理세계'가 바로 이러한 허구의 산물이다.) 이처럼 풍우란이 실증주의와 전통의 사변철학을 넘어서고자 노력하기는 했으나, 과학 경험과 유리된 형식화를 추구한 이상, 결국 추상적 논리 연역을 벗어나지 못하고 허구적 사변을 완전히 해소할 수 없었다.

비록 신리학이 신형이상학으로 자리매김하는 데는 실패했지만, 철학의 발전 과정에서 아무런 가치를 지니지 못했던 것은 아니었다. 실증주의와 형이상학을 융합하면서 이들을 동시에 초월하고자 했던 신리학의 시도는 분명 '새로운' 의미를 지니는 것이었다. 이러한 새로운 의미는 다음의 두 가지 측면에서 두드러진다. 첫 번째는 논리 분석 방법이라는 새로운 방식을 통해 전통철학을 정화하고자 한 것이다. 여기에서 말하는 정화란 주로 전통철학의 개념과 명제에 대해 가해진 분석과 명료화 작업을 가리킨다. 풍우란은 다음과 같이 말했다. "머지않아 유럽의 철학사상이 중국철학의 직관과 체득을 통해 보완되고, 중국의 철학사상 역시 유럽의 논리와 명료한 사유에 의해 설명될 수 있기를 기대해 본다."23) 여기에서 유럽의 논리와 명료한 사유란 주로 실증주의의 논리 분석 방법을 의미한다. 풍우란 이전의 엄복, 왕국유 등 역시 서양의 논리적 방법을 사용해 전통철학의 개념을 정리하여 더욱 정확하게 만들어야 한다는 점을 인식했다. 실제로 이들은 몇 가지 철학적 작업을 수행하기도 하였는데, 풍우란은 한 걸음 더 나아가 이러한 분석과 명료화 작업을 형이상학 재건의 전제로 삼았다. 리理, 기氣, 도道 등 전통적 개념에 대한 신리학의 분석과 규정은 확실히 이전보다 더욱 명료화된 모습을 보여 주었다. 전통철학 개념의 정리를 신리학 체계 건립의 일환으로 삼은 것은 물론 그리 대단한

---

23) 馮友蘭, 『三松堂學術全集』, 「中國現代哲學」, 289쪽.

일이 아닐 수 있지만, 철학사의 발전 측면에서 이러한 작업은 중국철학의 근대화를 촉진하는 중요한 역할을 하였으며, 중서철학의 소통과 융합에도 무시할 수 없는 의미를 보여 주었다. 신리학이 보여 준 새로운 의미 가운데 두 번째는 바로 신리학이 형이상학이라는 형식 아래에서 세계의 통일원리와 발전원리를 탐구하였다는 점이다. 잘 알려져 있듯, 실증주의는 형이상학을 거부하는 동시에 세계의 통일원리와 발전원리에 대한 고찰을 거부한다. 그들은 철학의 과학화를 시도하였으며, 이러한 경향의 배후에는 철학이 지닌 세계관으로서의 작용을 제거하려는 의미가 담겨 있다. 후대의 논리실증주의는 심지어 철학의 임무를 단지 과학적 명제에 대한 논리 분석으로 규정하면서(신실재론이 이미 그 단서를 보여 주었다. 러셀이 대표적인 사례이다.) 이러한 경향을 계속해서 발전시켜 나갔다. 실증주의가 철학을 편협하게 이해한 것에 비해, 신리학은 사변적 특징을 지니고 있기는 하였으나, 통일원리와 발전원리의 철학에서의 지위를 재확인함으로써 이러한 편협함을 교정하려는 모습을 보여 주기도 했다. 형이상학의 실증화가 철학의 근대화라는 경향을 담고 있었다면, 실증주의의 형이상화는 실증론을 돌파하려는 요구를 나타내 준다.

2. 명제의 이중화와 변명석리辨名析理

실증주의와 형이상학의 모순과 융합은 신리학의 본체론에서 잘 드러나는데, 그 인식론과 방법론의 내적 특징을 이루기도 하였다.

앞에서 서술했듯, 풍우란은 경험 현상의 분석을 형이상학 재건의 첫 단추로 삼았다. 이와 비슷하게 그는 철학의 관념과 명제가 비록 형식적(경험적 내용을 포함하지 않는)인 것이지만, 이러한 관념을 파악하기 위해서는 반드시 감각 경험에 의지해야 한다고 생각했다. "우리가 형이상자를 알고자 한다면 반드시 형이하자에서 출발해야 한다. 우리의 앎은 바로 감각에서 시작된다. 감각의 대상은 각종 사물로서 모두 형이하자에 속한다."[24] 간단히 말해 인식의 순서로 볼 때, 우선 형이하자를 파악해야만 더 나아가 형이상자를 파악할 수 있다. 그리고 형이하자는 구체적 대상인 만큼, 오직 감각 경험을 통해서만 인간에 의해 인식된다. 비록 본체(理세계)적 존재는 경험에 의지하지 않지만, 그에 대한 인식은 경험을 벗어날 수 없다. 마찬가지로 과학적 인식 역시 반드시 경험에서 출발한다. "과학의 명제들은 모두 리理와 관련된 명제이다." "인간이 어떤 사물의 리理의 내용을 알고자 한다면 반드시 경험에 근거하여 이를 추측해야 한다."[25] 정리하면, 형이상의 앎이나 과학적 인식 모두 감각 경험에서 출발해야 한다. 풍우란은 경험을 중시했던 만큼, 귀납 역시 중요한 위치에 놓아두었다. 그는 보편적 의리義理를 찾기 위해서는 반드시 귀납법에서 시작해야 한다고 보았다.

형이상학을 앎(인식)의 대상으로 놓아둔다는 점에서 보면, 풍우란의 이러한 사유는 실증주의와 명백히 구분된다. 하지만 넓은 의미에서 인식(형이상학과 과학적 지식)이 경험에서 비롯한다고 강조하고 앎을 추구하는 기본적 방법으로서 귀납을 제시한다는 점에서 그의 기본적 사고방식은 역시 실증론에 근접해 있으며, 일반적인 사변철학과는 구별되기도 한다. 실증론의 기본적 신념은 바로 인식은 경험을 초월할 수 없다는 것이다. 실증론의 원칙에서 이 점은 매우 분명하다. 이른바 실증이란 경험을 명제를 검증하는 주된, 내지는 유일한 척도로 삼는다는 의미로 정의될 수 있다. 신실재론이 경험론적 원칙을 명확히 제시한 것은 아니지만, 이들은 인식의 내용과 대상은 직접적으로 동일하다고 여겼으며, 이에 근거해서 표상 이론 (presentative theory)을 제시하였다. 표상의 대상과 직접적으로 동일한 관념이란 바로 감각의 또 다른 표현이다. 신실재론은 이러한 관념을 인식의 중심에 위치시켰는데, 본질적으로 이들이 나타내고자 하는 것은 결국 일종의 경험론적 원칙이었다. 신실재론자는 이러한 사실을 숨기려 하지 않았는데, 예를 들어 페리는 신실재론이

---

24) 馮友蘭, 『三松堂全集』 제4권, 37쪽.
25) 馮友蘭, 『三松堂全集』 제5권, 242쪽.

흄의 관점과 근접하다고 여기기도 하였다. 이러한 측면에서 신실재론을 위시한 실증주의 사조 전체는 대체로 흄의 전통을 계승했다고 보아도 무방할 것이다. 풍우란이 이러한 실증주의(신실재론을 포함하여)의 사고방식을 완전히 따른 것은 아니지만, 경험의 작용에 대한 중시는 어느 정도 실증주의와 일치하는 경향을 나타내 주었던 것도 사실이다. 이처럼 풍우란은 한편에서는 형이상학에 대한 추구를 포기하지 않으면서, 다른 한편에서는 실증주의의 경험론 원칙을 도입하고자 노력했다. 실증주의와 형이상학의 이러한 복잡한 결합은 초험적 리理세계와 현실적 경험을 인식론적으로 소통시키고자 했던 그의 노력을 잘 보여 준다.

그러나 형이상학적 명제이든 과학적 명제이든 본질적으로는 모두 보편적이고 필연적인 성질을 지닐 수밖에 없다. 반면 경험은 언제나 특정한 시공간의 구체적 대상과 관련되기 마련이므로, 특수성과 개연성을 지닌다. 이러한 차이는 다음과 같은 문제를 낳는다. 그렇다면 어떻게 특수하고 개연적인 경험으로부터 보편적이고 필연적인 명제로 건너갈 수 있을 것인가? 경험주의의 한 유파로서 실증론은 이러한 문제 앞에 매우 무기력한 모습을 보여 준다. 그들이 시도할 수 있는 유일한 해결 방법이란 형이상학적 명제를 제거하고 과학적 인식을 현상 간의 관계에 관한 서술로 귀결시키는 일이었다. 하지만 이는 그저 문제를 회피하는 것이지 진정으로 문제를 해결하는 것으로 볼 수는 없었다. 마찬가지로 신실재론의 표상 이론 역시 보편에 대한 인식을 개별에 대한 인식으로 환원시키는 것을 제외하면, 이 문제에서 더 나은 설명을 제공하지 못했다. 풍우란 역시 곤란한 부분을 인식하고 있었다. 그렇다면 이 문제를 헤쳐 나갈 출구는 어디에 있는 것일까? 실증론이 현상주의로 귀결되는 것과는 달리, 풍우란은 명제 자체를 구분함으로써 이러한 난제를 해결하고자 했다. 그의 견해에 따르면, 명제는 두 가지 종류로 구분할 수 있다. 하나는 본연에 관한 명제이고, 다른 하나는 실제에 관한 명제이다. 본연명제는 본연의 의리義理를 내용으로 삼으며, 이는 인간에 의해 실제로 진술되는지와는 무관하게 항상 존재한다. 실제명제는 인간의 본연명제에 관한 진술을 말하며, 따라서 이는 본연명제를 근거로 삼는다. 예를 들어, 유클리드의 기하학은 실제명제 체계의 일종으로서 가장 완전한 기하학을 근거로 성립된 것이다. 가장 완전한 기하학이란 바로 본연명제로 구성되는 기하학 체계이다. 본연명제는 항진성을 띠고 있으며, 실제명제는 본연명제와 서로 결합하였을 때만 참의 진리값을 지닌다. 이른바 '본연명제'란 경험에 의존하지 않고 존재하는 인식 형식임을 쉽게 알 수 있다. 이는 본질적으로 초험적 성질을 지니며, 달리 표현하면 인식론화된 리理세계라고도 할 수 있다.

명제에 대한 풍우란의 이 같은 구분 방식은 자연스럽게 정주程朱의 관점을 떠올리게 한다. 정주의 견해에 따르면 천리天理를 내용으로 하는 진리는 일종의 본유적 체계로서 인간에 의해 실제로 진술되는지와 무관하게 항상 존재한다. "천지 사이에는 오직 이 도리만 있어 그 사이를 두루 유행하니, 성인이 이를 말하지 않는다고 해서 도리가 존재하지 않는다고 할 수 없다. 이 도리는 저절로 천지 사이에 생겨난 것으로 단지 성인의 입을 통해 한 차례 설명되었을 뿐이다. 예를 들어, 역易이란 음양의 리理를 말하는 것일 뿐이며, 복희씨가 최초로 그린 것은 바로 이 리理이고, 문왕, 공자 모두 이러한 리理를 설명한 것이다."[26] 풍우란의 '본연명제'라는 설명 방식 역시 이와 무관하지 않다. 실제로 『신리학』에서는 정주의 논의를 본연명제를 설정하는 근거로 삼는 사례가 자주 등장한다. 이렇게 볼 때, 풍우란은 정주리학의 도입을 통해 본연명제에 초험적 성질을 부여하고, 그에 따라 형이상학 및 과학 명제의 보편필연성을 초험적인 리理세계의 성질로 귀속시키고자 하였다. 이러한 연역 작업을 통해, 특수성과 개연성을 지닌 경험이 보편필연적 앎으로 옮겨 가는 과정은 말소될 수 있었다. 보편필연적 명제는 항진적 본연명제로서 후천적 경험 속에 형성되지 않고, 경험에 선행하여 독립적으로 존재한다. 이 과정에서 경험은 사람들이 이를 이해하고 파악하는 데 도움을 주는 역할을 할 뿐이다. 풍우란의 이러한 견해는 그의 '이중세계이론'을 인식론 측면으로 확장한 것이라 볼 수 있다. 그가 본체론상 진제(理세계)에서 실제(현실세계)로의 이행이라는

---

26) 朱熹, 『朱子語類』, 권9.

문제를 해결할 수 없었던 것처럼, 인식론에서도 특수한 경험에서 보편적 명제로의 이행 문제를 해결할 수 없었다. 따라서 이 난관에서 탈출하기 위한 최후의 출구로서 문제 자체를 해소하는 방식을 통해 문제를 매듭짓는 수밖에는 없었다. 물론 실증론의 현상주의적 귀결과 비교했을 때, 펑우란이 보편필연성의 근원을 초험적 영역으로 끌고 온 것은 사변철학적 특징을 더 많이 드러낸 것으로 볼 수 있다.

본연명제의 설정은 구리학을 계승한 것으로서 전통의 사변적 색채를 드러내고 있는 것이 사실이다. 하지만 실증주의의 발생과 발전이라는 역사적 조건 아래에서 이는 하나의 새로운 이론적 함의를 지닐 수 있었다. 이는 특히 규약주의(conventionalism)에 대한 비판에서 잘 나타났다. 규약주의의 기원은 마하주의(2시대 실증론)의 영향을 받은 프랑스 철학자 푸앵카레로 거슬러 올라간다. 푸앵카레는 과학의 법칙 및 원리는 인간의 규약에 다름 아니며, 그 작용은 개념의 의미를 규정하는 것에 있다고 하였다. 이후의 논리실증주의(빈학파)에 이르러 이러한 규약주의적 관점은 한차례 발전을 이루었다. 특히 후기 논리실증주의는 철학의 임무를 언어의 의미 분석으로 보는 것에서 더 나아가 구문의 분석으로 정의하였다. 구문 분석은 일정한 규칙을 근거로 삼는다.(이러한 규칙은 구체적으로 형성 규칙과 변형 규칙으로 구분된다.) 그렇다면 구문 분석의 규칙 자체는 또 무엇을 근거로 삼는가? 논리실증주의는 그 역할을 인간의 임의적 선택에 맡기고자 한다. 카르나프는 다음과 같이 말한다. "언어의 형식에 대해 우리는 모든 측면에서 완전한 자유를 지닌다. 문장을 구성하는 규칙이든 변형하는 규칙(이는 통상적으로 '기준' 혹은 '추론의 규칙'으로 불린다.)이든 모두 임의적으로 선택할 수 있다."[27] 이 관점은 '관용 원칙'으로 불리기도 하는데, 이는 다음과 같은 관념을 내포하고 있다. 즉 논리 분석의 대상으로서 명제 및 그들 간의 관계는 궁극적으로 규약의 성질을 지닌다는 것이다.

하지만 펑우란은 논리실증주의에 대한 규약주의적 관점에 동의하지 않았다.

---

27) R. Carnap, *Logical Syntax of Language*, translated by Amethe Smeaton(London: Routledge, 2000), xv.

본연명제설에 입각하여, 풍우란은 명제의 의미와 그들 간의 관계가 항상 본연에 관한 내용을 포함한다고 보았다. 어떤 기호를 사용하여 이러한 명제와 그 관계를 표현할지는 물론 규약을 통해 정할 수 있지만, 명제의 내용과 관계 자체는 함부로 약정될 수 없다는 것이다. 예를 들어, ⊃라는 기호가 포함관계("만약 ~라면, 즉 ~이다")를 나타낸다고 하는 것은 인간이 약속을 통해 정할 수 있는 부분이다. "하지만 명제 간에 이러한 관계가 있다는 것은 인간이 약정한 것이 아니며, 논리학이 창조해 낸 것도 아니다. 이는 본래부터 존재한 것이다."[28] 수리논리의 발전사를 통해 보면, 러셀과 힐버트는 수 개념의 내용에 대해 서로 다른 정의를 내렸으며, 이로부터 서로 다른 체계를 연역해 냈다. 이는 개념의 내용이 임의로 약정될 수 있음을 증명하는 것이 아닌가? 이에 대해 풍우란은 다음과 같은 답변을 내놓았다. "우리는 한 개념의 내용을 정의하고, 그로부터 하나의 체계를 연역해 낼 수 있다. 이러한 사실은 개념의 내용이 그와 같이 정의될 수 있음을 나타내는 것이다. 즉 이 개념의 대상이 되는 리理의 내용은 그러한 정의에 해당하는 것을 지닌다는 말이다. 러셀은 수를 분류의 분류라고 정의하고 다시 이로부터 하나의 체계를 연역해 냈고, 힐버트는 수를 원시적 존재로 정의하고 다시 이로부터 하나의 체계를 연역해 냈는데, 이러한 사실은 수라는 것이 본래 어떤 측면에서는 분류의 분류로 볼 수 있고, 또 어떤 측면에서는 원시적 존재로 볼 수 있음을 말해 준다."[29] 간단히 말해, 인간이 표현하는 개념과 명제에는 항상 그에 대응하는 본연의 대상이 존재한다. 이는 본래부터 그렇게 대응하는 것으로 주체의 경험을 초월해 있으므로 임의로 약정될 수 없다. 이처럼 러셀과 힐버트가 수의 의미를 정의한 것은 각자의 본연적 대응자에 근거한 것이므로 임의의 약정이라 볼 수 없다는 것이다. 여기에서 '정의된 개념과 명제는 앞에서 말한 '실제명제'에 속하고, 개념의 '본래' 내용 및 '본래'의 관계는 앞에서 말한 '본연명제'에 속한다는 것을 알 수 있다. 여기에서 풍우란은

---

28) 馮友蘭, 『三松堂全集』 제5권, 245쪽.
29) 馮友蘭, 『三松堂全集』 제5권, 248쪽.

바로 개념과 명제의 본연성을 긍정하는 것에서 출발하여 실증주의의 규약론을 반박하고 있다. 바꾸어 말해, 명제의 이중화가 규약주의를 부정하는 전제가 되었다. 비록 그가 본연적 내용을 대상에 대한 객관적 정의라고까지 이해하지는 않았지만, 본연적 내용을 가지고 규약주의를 비판한 것은 '본연명제'가 정주의 '본래의 리理'와는 다른 의미를 지니도록 만들었다.

규약주의에 대한 비판과도 관련된 것으로서, 풍우란은 논리실증주의가 개념분석/명제분석(辨名)에만 머무르는 것에 대해 상당한 이의를 보였다. 논리실증주의는 철학의 기능을 명제의 의미 분석과 구문 분석으로 규정하였으며 나아가 이러한 원칙을 과학을 이해하는 데에도 도입하였다. 이는 물리주의라는 특징에서 잘 나타난다. 물리주의는 현상주의가 허점을 드러낸 이후 카르나프, 파이글 등의 인물에 의해 새롭게 제시된 주장이다. 이에 따르면, 모든 개별적 과학 명제는 그에 상응하는 물리 명제로 전환될 수 있으며, 모든 과학의 공통적 언어로서 물리 언어는 사실상 하나의 형식적 언어로 규정될 수 있다. 카르나프는 다음과 같이 말한다. "물리주의의 문제는 일종의 과학적 문제이며, 더 정확히 말하자면, 논리 문제 혹은 구문 문제이다."[30] 이러한 견해는 사실 본연지리에 대한 파악을 언어에 대한 논리 분석으로 대체한 것이나 다름이 없는데, 이는 철학과 과학을 언어(혹은 명제)의 영역에 가두어 버린 면이 없지 않다. 풍우란은 논리실증주의의 이러한 경향에 대해 깊은 불만을 지니고 있었다. 그가 볼 때, 논리 분석에 구문 분석이 포함되기는 하지만, 결코 여기에 머물러서는 안 되며 명제의 구문에 대한 분석(辨名)은 반드시 이치의 분석(析理)[31]과 관련을 맺어야 한다. "우리의 견해에 따르면 논리 분석 방법은 바로 변명석리의 방법이다. 이 말은 우리가 빈학파와 같지 않음을 나타낸다. 우리는 석리는 변명으로 나타나며, 변명은 결국 석리로 귀결되어야 한다고 생각하는 반면, 빈학파

---

30) 루돌프 카르나프, 傅季重 역, 『哲學和邏輯句法』(上海: 上海人民出版社, 1962), 56쪽.
31) 역자 주: 풍우란은 중국 고대철학의 '辨名析理'라는 용어를 빌려 각각 형식적 측면의 논리 분석(辨名)과 보편적 이치의 분석(析理)을 가리키는 것으로 사용하였다. 이하에서는 '변명'과 '석리'라는 용어를 그대로 사용하여 번역하였다.

는 오직 변명만이 가능하고 석리는 불가능하다고 생각한다."32)

왜 변명辨名은 석리析理로 귀결되어야 하는가? 풍우란은 이 문제를 다음과 같이 분석하였다. 그에 따르면, 명名이란 단순한 기호가 아니라 그 자체로 항상 의미를 지닌다. 이러한 의미는 바로 리理에 의해 규정된 것이다. 이처럼 '개념(名)의 의미를 분명히 밝히는 것'(辨名)은 리理에 대한 고찰을 벗어날 수 없다. 명名의 이러한 성질은 명名에 의해 구성되는 분석명제가 단지 언어 형식으로만 이해될 수 없도록 만든다. 사실 분석명제는 항상 리理를 나타내고 있다. 바로 이러한 점으로 인해 분석명제는 보편필연적 성질을 지니게 된다. "리理는 영원한 것이므로 분석명제는 보편필연적으로 참이다." 분석명제가 이러하다고 한다면, 과학적 종합명제는 다음과 같다. 즉 "과학에서의 명제는 모두 리理와 관련된 명제이다."33) 비록 풍우란이 말한 리理가 사물 간의 필연적 관계가 아니라 주로 '보편'들 간의 논리 관계를 가리키기는 하지만, 그는 개념과 명제가 단순히 공허한 언어적 기호에 머무르는 것이 아니라, 본연지리(보편 및 그들 간의 상호 관계)와 관련된다고 보았다. "명사만을 논해야 한다"(카르나프의 말)는 빈학파(논리실증주의)의 주장과 비교했을 때, 풍우란이 말한 석리析理는 분명 더욱 넓은 이론적 시야를 지니고 있었다. 다른 한 측면에서 보면, 풍우란의 석리가 주로 보편 간의 논리 관계 파악을 지칭하기는 했으나, 언어분석을 넘어서고자 했던 시도는 본체론의 형식화 경향을 어느 정도 제약해 주는 의미가 있었다.

풍우란이 석리析理를 중시했던 것은 그 내면에 각인된 전통의 영향이 컸다. 원래 '변명석리'라는 표현은 위진현학과 관련된 것이었다. 기원을 더 거슬러 올라가면, 선진철학에서 이미 그 전통이 발견된다. 예를 들어, 『묵경』에서는 "명실名實의 리理를 고찰"34)하는 것을 논리적 사유의 중요한 내용으로 여겼으며, 후대의 송명리학 역시 리理에 대한 파악을 지극히 중요한 지위로 격상시켰다. 리학자들은 격물치지格物致知와 궁리窮理를 하나의 과정의 두 가지 다른 측면으로 여기면서, 궁리를

---

32) 馮友蘭, 『三松堂全集』 제5권, 233쪽.
33) 馮友蘭, 『三松堂全集』 제5권, 234 · 242쪽.
34) 『묵자』, 「소취」.

분석의 목표로 삼았다. 주희는 다음과 같이 말했다. "의리義理의 정수를 파악하고자 한다면 천하의 리理를 철저히 궁리窮理하는 것을 목표로 삼아야 한다."35) '의리의 정수를 파악한다'는 말은 경전 속의 명제와 개념의 내적 함의를 파악하는 것을 가리킨다. 주희가 볼 때, 이러한 목표에 도달하기 위해서는 궁리窮理의 과정을 벗어날 수 없다. 간단히 말해, 언어(혹은 명제)는 리理의 담지자일 뿐이며, 치지致知의 임무는 언어(혹은 명제)를 넘어 그에 내재한 리理로 들어가는 것이다. 정주의 이러한 이해 방식은 풍우란에게도 간과할 수 없는 큰 영향을 미쳤다. 풍우란의 석리析理는 어떤 의미에서 보면 궁리窮理의 파생으로도 볼 수 있다. 물론 전반적으로 보면 중국 전통철학은 형식논리를 소홀히 한 것이 사실이다. 선진시기 이후 묵변은 점점 잊게 되었고, 위진시기의 명변 사조는 일시적인 유행에 머물렀다. 인도의 인명因明은 유입되고 얼마 지나지 않아 사람들의 관심에서 멀어졌다. 이러한 역사적 특징과 맞물려 정주리학 역시 궁리를 강조하면서도 변명辨名에 대해서는 마땅한 지위를 부여하지 않았다. 이 점은 풍우란이 신리학 체계를 재건하고자 하였을 때, 주의 깊게 살핀 바이기도 하다. 전통철학을 정화해야 한다는 요청이 풍우란으로 하여금 빈학파의 변명辨名의 주장을 받아들이게 한 계기가 되었다면, 전통철학의 영향은 풍우란이 논리 분석과 구문 분석을 동치로 여기지 못하게 만든 주된 원인이 었다.

변명석리가 일종의 논리적 방법으로서 이른바 '직접적 방법'이었다면, 형이상학은 이외에 '간접적 방법'을 사용하기도 하였다. "진정한 형이상학의 방법에는 두 가지 종류가 있다. 하나는 직접적 방법이고 다른 하나는 간접적 방법이다. 직접적 방법이란 논리 분석 방법을 통해 형이상학을 논하는 것을 말한다. 간접적 방법이란 형이상학이 불가능함을 논하는 것이다."36) 풍우란이 볼 때, 대전大全, 도체道體와 같은 형이상적 대상은 본성대로라면 원래 사고할 수 없는 것이다. 도체는 모든

---

35) 朱熹, 『朱子語類』, 권59.
36) 馮友蘭, 『三松堂全集』 제5권, 173쪽.

변화를 의미하며, 대전은 모든 유有(존재)를 의미하므로 사고 속의 도체와 대전이 사고 그 자체를 포함하는 것은 영원히 불가능하기 때문이다. 즉, 사고 속의 도체와 대전은 불완전한 것이다. 그렇다면 어떻게 이 문제를 해결할 수 있을까? 유일한 출구는 바로 간접적 방법을 사용하는 것이다. 이러한 방법의 특징은 "논할 수 없음에 대하여 논하는 것"으로 정리할 수 있다. 여기에서 '논할 수 없다'는 것은 논리 분석의 방법을 통해 파악할 수 없음을 가리키며, '논한다'는 것은 논리 분석 밖의 깨달음을 가리킨다. 풍우란은 선종의 방법이 바로 간접적 방법에 해당한다고 보았다. 선종에서는 궁극의 진리는 말로 표현할 수 없으며, 오직 깨닫는 것만 가능하다고 강조하였다. "따라서 궁극의 진리가 말하려고 하는 바를 이해하는 앎은 일반적으로 말하는 지식으로서의 앎이 아니라 선종에서 말하는 깨달음이다."[37] 즉 풍우란의 '간접적 방법'은 선종의 방법에서 나온 것임을 알 수 있다.

풍우란은 깨달음이라는 방법을 도체, 대전에 이르기 위한 수단으로 삼았다. 이는 어느 정도 신비주의적 경향을 나타내기도 하는데, 그 역시 이 점을 숨기지 않았다. 이런 측면에서 보면 풍우란은 실증주의에서 한 걸음 후퇴하였으며, 그만큼 실증주의와의 거리 역시 한층 멀어지게 되었다. 그런데 풍우란이 도체와 대전의 불가사의한 성질을 단언했을 때 그는 이미 논리 분석이 통일원리와 발전원리를 파악하는 데 한계를 지닌다는 사실을 인식하고 있었다. 신비주의라는 형식이 바로 그러한 사실의 방증이라고 볼 수 있다. 이른바 대전과 도체는 통일원리와 발전원리에 대한 사변적 표현에 다름 아니다. 여기에는 사실 통일원리와 발전원리에 대한 고찰이 논리 분석을 초월한다는 결론이 잠재되어 있다. 이러한 관점은 형이상학이 논리 분석을 초월한다는 실증주의의 견해와도 분명 비슷한 점이 있다. 형이상학 명제의 형식화가 실증주의의 의미 기준을 직접적으로 받아들인 결과라고 한다면, 대전과 도체가 언어(혹은 명제)를 넘어서는 성질을 지닌다고 본 것은 그러한 경향을 간접적으로 나타낸 결과였다. 이러한 간접적 방법으로 표현된 신비주의 형식으로부

---

37) 馮友蘭, 『三松堂全集』 제5권, 262쪽.

터 우리는 형이상학과 실증주의 간의 이중적 관계를 다시금 확인하게 된다.

풍우란은 직접적 방법으로는 대전과 도체의 내적 의미를 알기에 부족하다고 생각했다. 바로 이러한 점에서 그는 논리 분석이 통일원리와 발전원리를 파악하는 데 한계를 지닌다고 한 것이며, 이는 이론적으로 아무런 문제가 없다. 풍우란이 이해한 논리 분석은 기본적으로 형식논리 분석을 말한다. 정태적 형식논리 방법으로는 확실히 보편적 도를 완전히 파악하기는 힘들다. 이러한 점을 고려하면, 형식논리와 철학의 관계를 정확하게 규정하고 설명하는 것은 지극히 중요한 일이 아닐 수 없다. 하지만 풍우란은 개념의 변증 운동을 통해 인간이 형식논리의 한계를 넘어 세계의 통일원리와 발전원리에 대한 인식에 도달하고 부단히 이를 심화시켜 나갈 수 있다는 점을 깨닫지 못했던 것 같다. 분명, 풍우란이 규약주의를 비판하고 변명과 석리의 통일을 강조했던 것은 그가 실증론을 넘어서고자 했음을 말해 준다. 하지만 그 이론적 추론의 심층에서 실증주의는 여전히 내적 제약의 요소로서 자리하고 있었다.(형식논리를 절대화하면서도 개념의 변증 운동을 이해하지 못했다는 사실은 바로 실증론, 특히 논리실증주의의 뚜렷한 특징이다.) 또한 실증주의는 형이상학의 원칙과 서로 복잡하게 얽혀 있었는데, 이러한 이유로 인해 풍우란은 통일원리와 발전원리로 향하는 합리적인 경로를 끝내 모색하지 못했다.

3. 인생경지설: 메타윤리학의 포기

풍우란이 변명석리를 통해 신리학을 건립한 것은 당연히 사변적 관심을 충족하기 위함 때문만은 아니었다. 천도天道(진제)에 대한 분석은 바로 인도人道를 고찰하기 위한 전제였다. 즉 신리학적 논리의 종착점은 본체론이 아니라 인생철학이었던 것이다.

윤리학적 측면에서 보면, 신실재론의 중요한 특징은 바로 전통적 규범윤리학에서 메타윤리학으로 전향하기 시작했다는 점에 있다. 메타윤리학은 도덕 언어의 연구를 주된 내용으로 삼는데, 이는 윤리학을 일정 부분 도덕 개념과 도덕 판단에 관한 논리 분석에 귀속시킨 것으로도 볼 수 있다. 비록 '메타윤리학'이라는 개념이 신실재론에서 나온 것은 아니지만, 그 기본적인 사상은 이미 신실재론에서 모두 형성된 상태였다. 무어의 견해에 따르면, 윤리학의 우선적인 임무는 바로 '선', '정의', '의무' 등의 윤리학적 술어의 함의를 확정하는 것이며, 이러한 임무는 오직 윤리 개념에 대한 논리 분석을 통해서만 실현될 수 있다. 간단히 말해, 윤리학 체계는 인간의 실제 행위를 분석하거나 도덕 판단의 내용을 연구할 필요가 없이 오직 도덕 개념의 정의와 개념 간의 논리 관계만을 고찰하면 된다는 것이다. 모든 윤리 개념 중에서도 특히 '선'의 개념은 핵심적 지위를 차지한다. 바로 이러한 의미에서 무어는 "'선하다'는 것의 의미야말로 윤리학만의 유일하면서도 단순한 사상적 대상이다. 따라서 그 정의는 윤리학적 정의 가운데 가장 중요한 부분이다"[38] 라고 말했다. 신실재론의 이러한 관점은 이후의 실증주의에 이르러 다시 한 번 발전을 맞이하게 된다. 논리실증주의는 전통 윤리학의 명제를 아무런 의미를 지니지 않는 허구적 명제라고 보았다. 그들이 볼 때, 엄격한 윤리학은 "반드시 윤리학의 어휘에 대해 분석하고 이를 통해 모든 윤리적 판단이 어떤 범주에 속해 있는지를 밝혀야 한다."[39] 그들에게서 윤리학은 사실상 일종의 언어분석을 내용으로 하는 도덕철학이 되었다.

신실재론과 논리실증주의에서 도덕 개념에 대한 논리 분석을 중시했던 것이 이론적으로 아무런 가치를 지니지 못하는 것은 아니었다. 실제로 전통적 윤리 개념에는 정밀하지 못한 부분이 더러 존재하였으며, 논리 분석을 통해 전통적 도덕 범주를 정리하는 것은 충분히 의미 있는 일이었다. 풍우란은 이러한 관점에서 분명히 신실재론과 논리실증주의의 영향을 받았다. 그는 『신원인新原人』이라는

---

38) 무어, 長河 역, 『倫理學原理』(北京: 商務印書館, 1983), 11쪽.
39) A. J. 에이어, 尹大貽 역, 『語言, 眞理與邏輯』(上海: 上海譯文出版社, 1981), 117쪽.

글의 첫머리에서 '인생에 의미가 있는가?'라는 문제를 제기한 동시에, 이 문제를 다시 '의미'라는 말의 함의를 밝히는 것으로 환원시켰다. "인생의 의미라는 말에서 의미라는 것은 무슨 의미인가? 다시 말해, 의미라는 말은 과연 무엇을 말하는 것인가?"[40] 본론의 서술 속에서도 풍우란은 계속해서 개념의 분석과 정의에 관심을 두는 모습을 보였다. 예를 들면, '당위'란 윤리학의 기본 범주 가운데 하나인데, 풍우란이 볼 때 '당위'에는 본래 공리적 의미와 도덕적 의미가 모두 담겨 있다. 공리적 의미의 당위는 조건적이고, 도덕적 의미의 당위는 무조건적이다. 또 다른 예로 '인성' 개념은 전통철학 가운데 해석이 가장 다양한 문제에 속한다. 풍우란은 논리 분석 방법을 사용하여 '인간의 성'과 '인간이 지닌 성'을 구분하였다. 전자는 인간을 인간이게끔 하는 본질적 규정을 가리키고, 후자는 인간의 생물학적 성을 포괄한다. 이러한 분석은 분명 전통철학과 비교했을 때 훨씬 명료한 모습을 보여 준다.

하지만 변명에서 석리로 나아갈 것을 주장하기도 한 만큼, 그는 신실재론과 논리실증주의가 윤리학을 도덕 언어에 대한 논리 분석으로 귀결시킨 것에 대해서는 절대 동의하지 않았다. 풍우란의 견해에 따르면, 철학은 인생을 벗어날 수 없으며 나아가 인생철학은 실제의 일상과 관련을 맺어야 한다. 바로 이러한 의미에서 풍우란은 명가가 "형상을 초월한 자신들의 지식을 충분히 사용하여 삶의 방식을 도출해 내지 못했다"[41]고 비판하였다. 명가는 변명석리에 대한 중시를 특징으로 한다. 따라서 명가에 대한 이러한 비판에는 신실재론과 논리실증주의에 대한 질책이 포함되어 있다고도 할 수 있다. 이론적으로 보면, 윤리학이 개념의 명료화에 주목해야 하는 것은 분명한 사실이지만, 주된 임무는 결코 여기에 있지 않다. '도덕과학'으로서 윤리학은 도덕 현상의 본질과 기능에 관해 연구해야 하며, 인간의 행위규범을 고찰하고 인생의 이상과 도덕적 이상을 토론해야 한다. 윤리 개념과

---

40) 馮友蘭, 『三松堂全集』 제4권, 513쪽.
41) 馮友蘭, 『三松堂全集』 제5권, 50쪽.

명제에 대한 논리 분석이 중요한 까닭은 바로 논리 분석 작업이 이러한 연구와 고찰, 토론에 도움을 줄 수 있기 때문이다. 신실재론과 논리실증주의는 윤리학의 임무를 단지 도덕 언어에 대한 분석으로 귀결시키고, "윤리학의 직접적인 목적은 실천이 아니라 지식"[42]에 있음을 강조하였다. 이는 본질적으로 현실의 삶을 향해 있어야 하는 윤리학을 건조하고 추상적인 논리 공식으로 만들어 내적 활력을 잃게 만든 것이다. 이처럼 신실재론과 논리실증주의가 편향성을 지녔던 것과는 달리, 풍우란은 도덕 개념의 분석을 중시하는 동시에, 다른 한편으로 철학과 생활의 연결을 추구하기도 하였다. 이는 명백히 메타윤리학의 이론적 틀을 돌파한 것이다. 어떤 의미에서 그는 메타윤리학과 전통적 규범윤리학을 융합하려는 경향을 보여 주었다고 할 수 있는데, 이러한 경향은 실증주의와 형이상학을 회통하고자 했던 사유 구조를 인생철학의 측면에서 한층 더 발전시킨 것으로도 볼 수 있다.

철학은 반드시 인생을 연구해야 한다고 하였는데, 그렇다면 인생의 근본적인 특징이란 과연 무엇이라 할 수 있을까? 풍우란은 "인생은 깨달음(覺解)이 있는 삶, 혹은 고도의 깨달음이 있는 삶이라고 할 수 있다. 이것이 바로 인간이 동물과 구분되는 지점이며, 인생이 다른 동물의 삶과 구분되는 지점이다"[43]라고 하였다. 여기에서 깨달음이란 이해(解)와 자각(覺)의 합성어이다. 이해란 개념을 빌려 활동을 전개하는 것이고, 자각은 일종의 심리 상태를 가리킨다. 인간이 구체적인 활동을 할 때는 항상 자신이 하는 활동에 대한 이해를 지니며, 자신이 그러한 활동을 하고 있다는 사실을 자각한다. 이러한 이해와 자각의 통일이 바로 깨달음(覺解)이다. 여기에서 풍우란은 대상성에 대한 이해와 자아의식을 서로 연관하면서 인간의 활동이 이성적 이해의 과정으로 나타나며, 주체의 자각적 상태로 드러난다는 점에 주목하였다. 바꾸어 말해, 이성은 대상 지향적 활동으로 나타날 뿐만 아니라, 동시에 주체의 자아의식(이해 과정 자체에 대한 일종의 자각적 의식)을 내용으로 삼기도 한다.

---

42) 무어, 『倫理學原理』, 26쪽.
43) 馮友蘭, 『三松堂全集』 제4권, 522쪽.

실증주의가 이성을 단지 언어를 대상으로 하는 논리 작용으로 보는 것과는 달리, 풍우란의 이러한 견해는 이성의 자각적 주체성을 더 강하게 드러내고자 한다.

인생의 보편적 특징으로서 깨달음(覺解)은 도덕 행위의 내적 성격을 형성하기도 한다. 풍우란은 다음과 같이 말한다. "엄격하게 말하자면, 도덕 가치에 대한 깨달음을 가지고서 행하는 도덕적 행동만이 도덕 행위라고 할 수 있다." 이러한 관점에 근거하면, 풍우란은 자발적인 행위에 대해 비판을 제시한 것으로 볼 수 있다. 물론 자발적 행위 역시 도덕규범에 부합할 수 있지만, 만약 깨달음이 결핍된 행위라면 다음과 같은 결함을 지니기 쉽다. 첫째, 이러한 행위는 흔히 편협함에 빠지게 된다. 둘째, 자발적 행위는 종종 일시적인 충동에서 일어나기 때문에 항상성을 지니지 못한다. 셋째, 자발적 행위는 단순한 차원에 그치기 때문에 남을 감화시키는 힘을 지니지 못한다. 일반적으로 말해 도덕 행위의 특징 중 하나는 이성적 자각에 있는데, 이러한 자각적 이성은 도덕 행위에 대한 올바른 길잡이가 되어 행위의 일관성을 보장하고 숭고한 품격을 부여함으로써 도덕 행위가 본능적인 충동과 구별되도록 해 준다. 도덕에 부합하는 행위와 도덕 행위는 외관상 서로 비슷한 측면이 있지만, 동시에 양자 간에는 본질적 차이가 존재하기도 한다. 이러한 차이는 결국 깨달음의 유무로 설명할 수 있다. 선진 유가에서 이미 이 점을 인식하고 있었는데, 후대의 송명리학은 이를 한층 더 발전시켰다. 풍우란의 이러한 견해 역시 유학의 전통(특히 송명리학)을 계승한 것이다. 그가 깨달음이라는 말로 도덕 행위의 특징을 개괄한 것은 자신의 인생철학의 이성주의적 성격을 더욱 선명하게 한 것으로 볼 수 있다.

그런데 유가는 이성주의를 강조한 동시에 이성의 윤리화라는 경향을 드러내기도 하였다. 공자는 '지知'를 인간을 아는 것(知人)으로 규정했고, 맹자는 '지智'를 인의를 파악하여 잃지 않는 것으로 정의했다. 이러한 경향은 송명리학 속에서 더욱 발전되었는데, 그들은 치지致知를 덕성의 체험으로 이해하는 한편, 심지어 윤리 외의 과학적 연구를 '사물에 정신이 팔려 뜻을 잃어버린 격'이라 하며 배척하였다. 리학자의 편협한 시각에 대해 풍우란은 명확히 부정적인 태도를 표했다. "지식이 곧 도덕이나, 말로는 표현할 수 없다." "송명 사람들의 어록에 있는 많은 논의는 사실 불필요한 것이다. 예컨대 그들은 거경居敬(주희의 주장)이나 존성存誠(육구연의 주장) 등의 공부 외에도 명물도수 등 역시 강학하고 추구할 필요가 있는지를 논의했다.……말류의 도학자들은 거경이나 존성의 공부를 실천하면 이러한 것들(명물도수)을 할 수 없다고 본 것 같다."[44] 풍우란의 견해에 따르면, 도덕 행위가 이성의 인도를 받는 것은 맞지만, 이성은 단지 도덕 이성으로만 귀결될 수는 없다. 사실 완전한 도덕 행위에 이르기 위해서는 선인지 악인지를 아는 것만으로는 부족하다. 바로 이러한 의미에서 풍우란은 "천지의 경지 혹은 도덕적 경지에 있는 사람은 도덕적 사리에 관한 지식을 추구하는 것 말고도 다른 방면의 지식 역시 추구해야 한다"[45]라고 생각했다. 이것으로 볼 때, 도덕 이외의 '지식 기술 문제'와 관련된 이성은 이미 윤리 이성을 넘어 과학 이성의 의미를 포함하고 있음을 알 수 있다. 이는 실증주의에서 중시하는 이성(논리 작용으로 나타나는 이성)과도 상통하는 점이 있다. 그런데 풍우란이 실제의 인생에 대한 사고에서 벗어나려는 실증주의적 사유 경향에 대해 찬성하지 않는 입장을 보였던 것이 사실이나, 과학 이성에 대한 실증주의의 이해 방식은 풍우란에게 중대한 영향을 미쳤다. 덕성적 앎을 초월한 이성을 도입함으로써 풍우란은 윤리 이성에 사로잡힌 전통 유학의 폐단을 어느 정도는 극복할 수 있게 되었다.

물론 이성의 윤리성에 대한 지양이 이성의 작용을 제한한다는 의미는 결코 아니다. 풍우란에게서 도덕 행위의 내적 요소인 이성은 도덕 주체 속에서 주도적 지위를 지니고 있었으며, 이상적 인격은 바로 '완전한 이상에 도달하는 것에 있었다. "이성의 어떤 의미를 가지고 말하더라도 인간은 모두 이성적이라 할 수 있는데, 완전히 이성적이라고 할 수는 없다. 완전히 이성적이라고 하는 것은 인간의 최고 기준이므로, 인간은 반드시 자각적으로 노력하여 이를 향해 나아가야 한다."[46]

---

44) 馮友蘭, 『三松堂全集』 제4권, 543 · 564쪽.
45) 馮友蘭, 『三松堂全集』 제4권, 662쪽.
46) 馮友蘭, 『三松堂全集』 제4권, 389쪽.

그는 이성화를 추구했던 만큼, 감정과 욕망에 대해서도 다음과 같이 설명하였다. "인간의 마음에는 감정과 욕망 등이 있다. 이는 인간이 동물과 같은 혹은 비슷한 지점이다."47) 욕망은 의도를 표현하는 형식이다. 감정과 욕망을 동물과 유사한 본성으로 보는 것은 분명 감정을 깎아내리는 것으로 볼 수 있다. 이처럼 완전한 이성화란 이상적 인격 속에서 감정의 요소를 제거하는 것을 의미하기도 한다. 이러한 견해는 어느 정도 정주리학으로 회귀한 측면이 있다. 정주는 이성을 윤리화 한 동시에 이러한 윤리 이성을 최상의 지위로 격상시켰다. 인심에 대한 도심의 주재 작용을 설명한 데에서 이러한 특징이 잘 나타난다.48) 풍우란 역시 이러한 전통에서 완전히 벗어나지 못한 모습을 보여 준다.

인격이란 본질적으로 지知(이성), 정情(감정), 의意(의지)가 서로 통일을 이루고 있는 총체이다. 그런데 여기에서 감정과 의지를 추출하여 이성의 작용만을 단편적 으로 부각한다면, 인격은 지나치게 추상적이고 건조한 것으로 변모할 뿐 아니라, 도덕 행위의 자발성을 경시하는 결과를 초래하게 된다. 풍우란 역시 이와 비슷한 경향을 드러냈다. 그가 볼 때, 당연 법칙(當然之則)은 이성적 규범의 일종으로서 '본연적인 것'이다. 여기에서 말하는 '본연'은 본체론상의 진제, 인식론상의 본연명 제에 해당하며, 초험적 성질을 지닌다. 인간이 이러한 본연적 규범을 내면의 의지에 따라 선택하는 것은 불가능하며, 오직 깨달음을 통해 이를 따르는 것만 가능하다. 이처럼 이성을 강화한 만큼, 풍우란은 도덕 행위와 쾌락(樂)을 서로 포용할 수 없는 상극으로 이해했다. 그에 따르면 쾌락이란 항상 '자신의 쾌락'일 뿐이니, 기껏해야 '공리경지'로 연결될 수 있을 뿐, 도덕 행위의 요소가 되지는 못한다. 이러한 견해는 쾌락주의의 한계를 의식한 것이기는 하나, 도덕 행위 속에서 무조건 적으로 쾌락을 제거한 것은 행위의 자발성 원칙을 약화한 것이기도 하다. 이러한 견해는 정주의 '낙고지심樂苦之心'의 주장과 비슷한 가치적 지향을 보여 준다. 사실

---

47) 馮友蘭, 『三松堂全集』 제4권, 547쪽.
48) 楊國榮, 『善的歷史—儒家價值體系的歷史衍化及其代轉換』(上海: 上海人民出版社, 1994), 제 6장.

진정한 도덕 행위는 자각적 이성을 규범으로 삼아야 하는 것이 분명하다. 하지만 이는 동시에 주체의 자발적 선택에 의한 것이어야 한다. 만약 이성적 규범에서 내적 의향을 제거한다면 이는 이성에 의한 강제로 변모하게 되며, 이와 관련된 행위 역시 완전한 도덕으로서의 의미를 상실하게 될 것이다.

풍우란은 인생경지설에서도 마찬가지로 이성주의 원칙을 전개하였다. 그의 견해에 따르면, 깨달음(이성적 자각)의 정도에 따라 인생의 경지를 구분하는 것이 가능하다. 여기에서 경지란 인간(주체)에게 있어 우주와 인생이 지니는 서로 다른 의미를 말한다. "우주와 인생에 대한 인간의 깨달음의 정도에는 차이가 있을 수 있다. 따라서 우주와 인생은 인간에게 각기 다른 의미를 지니게 된다. 우주와 인생에 대해 인간이 각기 다른 깨달음을 지니므로 인간에게 우주적 삶이 지니는 각기 다른 의미는 바로 인간의 경지를 이루게 된다."[49] 여기에서 풍우란은 경지를 인간의 깨달음과 관련된 의미의 세계로 이해한다. 풍우란의 견해에 따르면, 의미세계는 존재세계와 서로 다르다. 존재세계는 모든 개체 밖에 독립적으로 존재하므로 공통적인 것이다. 반면 의미세계는 인간과 공공의 세계 간의 의미 관계를 표현한다. 이는 각 주체의 서로 다른 깨달음 위에 건립되기 때문에 고하의 차이가 있다. 의미의 측면에서 인간과 존재의 관계를 고찰한다는 점에서, 풍우란의 이러한 견해는 분명 실증주의적 요소를 포함한다. 실증주의(특히 후대의 논리실증주의)는 의미의 문제를 상당히 두드러진 지위로 격상시켰는데, 여기에서 의미는 주체와 상대되는 것으로서 단순한 존재와는 다르다. 하지만 전체적으로 보면, 실증주의는 인식론적 각도에서 의미에 대해 고찰하는 경우가 많다. 이러한 고찰은 대개 현상주의와 형식주의의 특징을 지닌다. 그들이 이해하는 의미세계란 종합명제로 구성되는 경험세계 및 분석명제로 구성되는 논리세계만을 지칭하며, 그 외의 모든 존재는 무의미한 것으로 간주된다. 이와는 달리 풍우란은 주로 인생철학의 각도에서 의미세계를 논의하며, 그에 따라 의미세계를 정신적 경지로 이해하고자 한다. 이러한 논의는 실증주의의

---

49) 馮友蘭, 『三松堂全集』 제4권, 549쪽.

의미 이론을 벗어난 것이다.

풍우란의 견해에 따르면, 의미세계로서의 인생경지는 네 가지 종류로 구분할 수 있다. 첫 번째는 자연경지이다. 이 경지에 있는 인간은 그들이 행하는 활동에 대해 뚜렷한 이해가 없으며, 그들의 행위는 언제나 자신의 습관이나 사회적 습속에 따라 이루어진다. 두 번째는 공리경지이다. 이 경지의 인간은 자신의 활동에 대해 비교적 분명하게 이해하고 있다. 하지만 그들의 행위는 대개 '자신의 이익을 위해' 이루어지므로 개인과 사회를 하나로 통합할 수 없다. 세 번째는 도덕경지이다. 이 경지의 인간은 사회에 대한 공헌을 목적으로 삼으므로 개인과 사회의 대립을 초월한다. 마지막 네 번째는 천지경지이다. 이 경지에 이른 사람은 한 차원 높은 깨달음을 지닌다. 즉 인간이 사회의 일원임을 인식할 뿐만 아니라, 우주의 일원이라는 점을 인식하고 있기 때문에, 우주에 대해서도 공헌하고자 한다. 이것이 바로 '하늘을 섬긴다'(事天)는 것이다. 자연경지에서 천지경지까지는 하나의 단계를 그리고 있는데, 다음 단계로 건너가기 위해서는 깨달음의 부단한 제고가 요구된다.

여기에서 자연경지와 공리경지는 이론상 두 가지 기본적인 윤리 문제와 관계가 있음을 알 수 있다. 즉, 의義-리利 관계와 집단(大我)-개인(小我) 관계이다. 풍우란이 공리경지와 도덕경지에 관해 서술한 것은 이러한 두 가지 윤리 문제를 펼친 것으로 볼 수 있다. 앞에서 설명했듯, 공리경지의 특징은 '이익(利)을 위하는 것'에 있고, 도덕경지의 특징은 '의義를 행하는 것'에 있다. 이 둘의 차이는 우선 의義와 리利의 대립으로 나타난다. 풍우란의 견해에 따르면, 철학사상의 공리주의와 쾌락주의는 기본적으로 모두 공리 경제를 벗어나지 않는다. 풍우란이 볼 때, 쾌락주의적 관점은 도덕철학으로서 실행될 수 없는 것이다. 만약 순전히 고통을 피하고 쾌락을 추구하는 것만을 행위의 목적으로 삼는다면, 도덕규범은 보편적 효력을 잃어버리고 말기 때문이다. 하지만 풍우란의 이러한 견해는 다소 극단적인 측면이 있다. 즉 도덕 행위의 가치를 단지 주체의 동기(의도) 및 행위 자체만으로 귀결시키고 있기 때문이다. "도덕 행위의 도덕적 가치는 그 행위 자체에 있다." "한 인간이 최선을 다해 그 행위가 의도하는 좋음을 실현하고자 하였다면, 설사 그것이 실제로 실현될 수 없는 것이라 하더라도 이를 실현한 것으로 보기에 무방하다."[50] 이에 따르면, 가치판단의 근거는 주로 행위의 동기에 있으며 행위의 결과와는 무관하다.

의義－리利 관계에 대한 풍우란의 이러한 규정은 도의론의 성격을 분명히 드러낸다. 앞서 서술했듯, 도덕 행위는 사회현상의 일종으로서 항상 이중성을 지닌다. 그 기원과 작용이라는 점에서 보면, 도덕 행위는 사회의 공리 관계를 기초로 하며, 도구적 성격을 지닌다. 하지만 이와 동시에, 인간의 존엄성 및 이성적 역량의 표현으로서, 도덕은 그 자체로 내적 가치를 지니며, 도구성과 공리성을 넘어서는 측면을 보여 주기도 한다. 전자의 측면은 도덕에 현실성이라는 특징을 부여해 주며, 후자는 도덕의 숭고함을 드러내 준다. 풍우란이 도덕의 가치가 동기 혹은 행위 자체에 있음을 강조한 것은 도덕의 내적 가치를 부각하고, 도덕의 숭고성이라는 측면을 더 강화된 형식을 통해 펼친 것이라 볼 수 있다. 하지만 그만큼 도덕의 외적 가치에 대해서는 소홀히 할 수밖에 없었는데, 이는 의義－리利 관계를 지나치게 추상적으로 바라보는 결과를 가져왔다. 이러한 점에서 풍우란은 엄복이 도입했던 초기 실증론(예를 들면, 존 스튜어트 밀)의 입장과는 사뭇 달랐다.

내적 함의로 말하자면, 의義와 상대되는 리利는 개체의 이익을 가리키며, 의義는 집단의 요구를 나타낸다. 이처럼 의리지변은 필연적으로 개인과 집단이라는 문제로 이어질 수밖에 없다. 풍우란의 견해에 따르면 집단(사회)과 대비되는 '나'에는 두 가지 의미가 포함되어 있다. 하나는 공리 주체로서의 '나'이고 다른 하나는 주재하는 '나'이다. 공리적 '나'는 거짓된 '나'이며, 주재하는 '나'야말로 참된 '나'이다. "'거짓된 나가 없어야만 '참된 나'가 있을 수 있다."[51] '무아'(공리적 '나'가 없는 상태)에서 '유아'(참된 '나'가 있는 상태)로 나아가는 것은 공리경지의 단계에서 도덕경지의 단계로 건너가는 것을 말한다. 풍우란이 말한 '무아'와 '유아'는 사실 한 가지 논제의 두 측면에 해당하며, 그 이면에는 개체는 반드시 사회에 속해야 한다는 함의가 담겨 있다.

---

50) 馮友蘭, 『三松堂全集』 제4권, 578·622쪽.
51) 馮友蘭, 『三松堂全集』 제4권, 560쪽.

주재라는 형식으로 표현되는 참된 '나'는 바로 의를 행하는 '나'이다. 의를 행해야 한다는 기본적 요구는 곧 사회를 위해 개인이 희생해야 한다는 말을 나타내기도 한다. "한 개인은 반드시 자신을 희생하여 사회의 이익을 추구해야 한다."[52] 여기에서 참된 '나'와 거짓된 '나'의 관계는 사실 집단과 개인의 관계를 구체화한 것으로 볼 수 있다. 참된 '나'는 보편적 의義의 내재화로서 대아大我의 성격을 지니고, 개체의 리利와 관련된 거짓된 '나'는 소아小我에 해당한다고 할 수 있다. 따라서 '거짓된 나'가 없어야만 '참된 나'가 있을 수 있다는 말은 소아小我를 대아大我 속에 녹아들게 하는 것을 의미한다. 바로 이러한 의미에서 풍우란은 "사회는 하나의 전체이며 개인은 전체의 일부분이다. 부분이 전체를 떠난 순간, 부분은 성립될 수 없다"[53]라고 하였다.

도덕경지 다음이 바로 천지경지이다. 이 경지에 이른 사람은 우주(천지)와의 합일에 이르고자 한다. 이러한 경지에 이르게 되면 그 정신은 지극한 승화를 경험하게 되어 자타, 내외, 나와 만물 등의 대립은 더 이상 존재하지 않게 된다. 또한 이는 깨달음이 최고로 발전한 경지로서 자각적 이성이 인간의 인격으로 내재하여 도덕규범을 따르는 데 어떤 강제성이 없는 단계이다. 그런데 어떻게 하면 이러한 단계에 이를 수 있을까? 풍우란은 이 문제를 해결하는 과정에서 본체론과 인생철학을 서로 연관시키기 시작했다. 그는 본체론 중의 도체道體, 대전大全 등의 개념을 빌린다면 사람들이 천지의 경지에 마음을 둘 수 있을 것이라 보았다. "도체 및 대전의 관념은 사람들이 '존재 전체'에 마음을 두게 만들 수 있다. 이러한 관념은 사람들이 하늘을 알고 하늘을 섬기고 하늘을 즐기도록 하며, 나아가 하늘과 합일을 이루도록 한다. 이러한 관념은 인간의 경지를 자연경지, 공리경지, 도덕경지 등과 다르게 해 준다."[54] 여기에서 본체론은 천지경지로 통하는 형이상학적 통로가 되어 준다.

---

52) 馮友蘭, 『三松堂全集』 제4권, 610쪽.
53) 馮友蘭, 『三松堂全集』 제4권, 553쪽.
54) 馮友蘭, 『三松堂全集』 제4권, 159쪽.

솔직히 말해, 천지경지에 대한 풍우란의 이 같은 설명은 다소 현학적인 색채를 지닌 것이 사실이다. 하지만 그 현학적이고 추상적인 형식 속에서 우리는 가치 있는 견해를 발견할 수 있다. 정신적 경지를 부단히 승화해야 한다는 주장을 비롯하여 하늘과 인간, 진과 선을 통일하고자 하는 사유 경향이 바로 그것이다. 그는 도덕경지에 도달한 이후에 더 나아가 우주대전宇宙大全과 합일을 이루어야 함을 강조하였는데, 이는 도덕 측면의 선善과 본체론 측면의 진眞을 서로 융합한 것으로 이해할 수 있다. 이러한 융합은 주체 자신에게서 이성적 자각과 자연과의 합일로 구체화되어 나타난다. 이때, 자각적 이성은 인간의 제2의 천성(자연)이 되어 행위 속에서 자연스럽게 발현되는데, 진과 선, 하늘과 인간, 자각과 자연 간의 이러한 통일은 천지경지가 도덕경지보다 더 높은 가치를 지니는 근거가 된다. 이러한 견해는 일정 부분 유가의 자각 원칙과 도가의 자연 원칙을 통일한 것으로서 새로운 의미를 지닐 수 있다. 만약 이를 실증주의와 비교해 본다면, 그 이론적 의미를 더욱 깊이 이해할 수 있다. 실증주의(신실재론과 논리실증주의를 포함)는 논리 분석을 철학의 주된 기능으로 삼았다. 이들이 전통 윤리학에서 메타윤리학으로 전향해 간 것은 주체 및 인생을 논리화하려는 경향을 드러낸 것이라 볼 수 있다. 이러한 방향과 비교하여 풍우란의 천지경지설은 틀림없이 더욱 심오한 이론적 함의를 포함한다. 즉, 하늘과 인간, 진과 선, 자각과 자연의 합일로서, 천지경지는 인생의 논리화 경향을 넘어선다.

제5장
실증주의를 넘어서

중국 근대 신실재론의 또 하나의 핵심 인물로 김악림을 들 수 있다. 풍우란이 신실재론과 정주리학을 융합하여 신리학을 건립하고 인생철학을 논리의 귀착점으로 삼았던 것과는 달리, 김악림의 초점은 인식론과 방법론 측면에 더욱 치중해 있었다. 그의 이론은 특히 신실재론에서 출발하여 그 범위를 오갔다. 풍우란에게서 신실재론은 주로 전통철학(특히 정주리학)에 새로운 형태를 부여하는 역할을 했다면, 김악림에게서 신실재론은 현대철학으로 나아가는 매개체가 되었다. 그는 바로 신실재론을 넘어서는 과정 가운데 새로운 이론을 수립하였다. 넓은 의미에서 보면 그의 새로운 이론은 중국 근대 실증주의 사조의 논리적 귀결이라 볼 수 있다.[1]

1. 원학元學[2]의 논리적 구조화와 논리를 넘어서는 도道

신실재론의 영향으로 김악림은 전통 형이상학에 대해 상당히 불만을 가졌다. 그가 보기에 전통의 형이상학은 흔히 우주 본체의 측면에서 마음(心)과 사물(物)의 관계 등을 토론하는 데 몰두하는데, 이러한 심물心物 관계에 대한 논변은 그다지

---

1) 김악림 이외에도 실증주의의 영향을 받은 1930~40년대의 인물로는 洪謙을 들 수 있다. 홍겸은 빈학파(논리실증주의)의 선두 주자였던 슐리크를 사사하여 1940년대 중기에 『빈학파의 철학』이라는 책을 저술하기도 하였다. 하지만 그의 작업은 빈학파의 철학을 소개하고 설명하는 데 머물렀으며 온전히 자신만의 독창적인 체계를 형성해 내지는 못했다.
2) 역자 주: 김악림이 건립하고자 한 형이상학 체계를 지칭하는 말.

큰 의미가 없다. "만약 우리가 物을 심心으로 삼거나 심心을 물物로 삼는다고 하면, 우주 일원화라는 결론에 도달하게 되는데, 유심파의 심心과 유물파의 물物 모두 결국 하나의 존재이니, 이를 심心이라고 부르든 물物이라고 부르든 별다른 차이가 없다.…… 이들은 서로 오랫동안 누가 옳은지를 다투어 왔지만, 정작 우리에게 어떤 한 가지 사물에 대한 지식조차 증가시켜 주지 못했다."3) 심물心物 논쟁이 우리에게 지식을 증가시켜 주지 못했다고 한다면, 결론은 자연스럽게 유심파와 유물파를 넘어서야 한다는 것으로 이어진다. 『지식론』 중에서 김악림은 "이 지식론은 유심론적 지식론도 유물론적 지식론도 아니다"4)라고 명확히 밝힌 바 있다. 이같이 유심과 유물을 넘어서고자 한 것은 신실재론과 대체로 일맥상통하며, 이는 모두 실증주의적 경향성을 표현한 것이기도 하다.

하지만 전통 형이상학을 비판했다는 것이 모든 형이상학을 배척한다는 의미는 결코 아니다. 김악림은 현학(형이상학)에 신구의 구분이 있다고 보았으며, 이 둘에 대해 서로 다른 태도를 지니고 있었다. "신현학과 구현학은 지극히 중요한 차이가 있다. 구현학을 반대하는 사람이라고 해서 반드시 신현학을 반대하는 것은 아니다."5) 심물心物 논쟁류의 형이상학이 의미가 없다고 해서, 형이상학 일반을 부정할 수는 없을 것이다. 철학적 논의는 결국 현학(형이상학)의 문제를 완전히 벗어날 수 없다. 현학은 "정서적인 만족"6)뿐만 아니라, 기타 철학 문제를 해결하는 데 필요한 전제를 제공할 수 있기 때문이다. 예를 들어, 귀납 이론은 질서 문제와 관련이 있기 마련인데, 지식의 질서는 궁극적으로 세계 자체의 질서와 관련된다. 이는 바로 현학의 문제이다.7) 김악림의 이러한 견해는 후대의 논리실증주의와는 서로 다르지만, 실증주의 사조의 다른 한 지류인 신실재론과는 비슷한 부분이 있다. 신실재론은 유심-유물 간의 논쟁을 초월하고자 했던 동시에 존재와 같은 문제에 대한 탐구를 포기하지

---

3) 『金嶽霖學術論文選』(北京: 中國社會科學出版社, 1990), 156~157쪽. 이하 『文選』으로 칭한다.
4) 金嶽霖, 『知識論』(北京: 商務印書館, 1983), 17쪽.
5) 『文選』, 158쪽.
6) 金嶽霖, 『論道』(北京: 商務印書館, 1987), 17쪽.
7) 金嶽霖, 『論道』, 2~3쪽.

않았다. 미국의 신실재론자들은 논리 연구와 존재에 대한 고찰을 서로 연결하였으며,[8] 마찬가지로 영국의 신실재론자인 러셀 역시 시종일관 실재의 기본 형식과 같은 본체론적 문제에 관심을 가졌다. M. K. 뮤니츠는 러셀 철학의 특징을 다음과 같이 개괄하여 설명한 바 있다. "러셀의 철학은 사실 가장 일반적인 관점에서 말하면 이러하다. 즉 장기간의 발전 과정에서 그의 철학을 살펴보면 주로 본체론과 인식론이라는 두 측면의 문제를 논의하였다."[9] 이러한 분석은 상당한 식견이 있다. 김악림은 신실재론, 특히 러셀 철학의 영향을 깊이 받았는데, 이러한 특징은 구현학을 비판하되 현학 자체를 비판하지 않는다는 점에서 잘 나타난다. 뒤에서도 다루겠지만, 현학의 의미를 인정하는 것은 중국 전통철학에 대한 긍정을 의미하기도 한다.

신구 현학이라는 구분을 통해 살펴보면, 김악림이 긍정한 현학은 주로 신현학이었다. 그렇다면 어떻게 해서 무의미한 구현학에서 신현학으로 넘어갈 수 있을까? 이는 현학의 재건이라는 문제와 관련된다. 김악림의 견해에 따르면, 우선 구현학에 대한 정화 작업이 이루어져야 한다. 이러한 목표를 실현하기 위해서 사용해야 하는 것이 바로 '오캄의 면도날'이다. 이러한 단계를 완성한 후에는 더 나아가 논리 분석을 통해 신현학을 구축할 필요가 있다. 김악림은 이렇게 형성된 현학을 '유실唯實철학' 혹은 실재주의라고 불렀으며, "가장 잘 분석할 수 있음"[10]을 그 특징으로 보았다.

김악림은 바로 논리 분석 방법을 사용하여 현학의 문제를 고찰하고자 하였다. 그는 우선 두 개의 기본 범주인 능能과 식式을 제시하였다. 능能이란 "모든 사물의 재료가 되는 것"[11]이다. 모든 사물은 각자의 능能을 지닌다. 하지만 능能 그 자체로는 어떤 성질도 지니지 않는다. 능能은 보편도 아니며 개별도 아니다. 생성되거나

---

8) E. B. Holt, *The Concept of Consciousness*(London: Geroge Allen, 1914), p.3를 참고할 것.
9) M. K. 뮤니츠, 吳牟人 등 역, 『當代分析哲學』(上海: 復旦大學出版社, 1986), 151쪽.
10) 『文選』, 158~160쪽을 참고할 것.
11) 金嶽霖, 『論道』, 15쪽.

소멸하지도 않고, 증가하거나 감소하지도 않는다. 능能은 아리스토텔레스가 말한 질료나 주희가 말한 기氣와도 비슷한 부분이 있는데, 그렇다고 해서 완전히 같은 것은 아니다. 아리스토텔레스의 질료와 주희의 기氣는 실체로서의 의미를 지니고 있지만, 김악림의 능能은 실체가 아니다. 능能은 어떤 규정성도 지니지 않는 논리적 추상을 나타낸다. 따라서 "능能이란 모든 사물의 재료이다"라는 말은 논리 의미에서의 보편 질료(논리적으로 사물이 존재할 수 있는 이유 혹은 근거)를 가리킨다. 이처럼 능能은 논리적 규정이므로 능能이라는 명에서 능能의 실을 상정하는 것은 불가능하다.12) 김악림이 상정한 능能은 풍우란이 말한 '진원의 기'와도 상당히 비슷한 측면이 있으나 김악림의 능能이 더 현대과학에 근접한 모습을 보여 준다. 예컨대, 능能은 생성되거나 소멸하지 않는다는 설명은 '에너지 보존의 법칙'에 근거하고 있다.13)

능能 이외에 가능可能14)이라는 것도 있다. 가능可能이란 일종의 '양식'이나 '틀'을 가리킨다. 이는 능能을 지닐 수 있으나, 반드시 능能을 지니는 것은 아니다. "가능可能은 능能을 지니는 것이 가능하나 반드시 능能을 지니는 것은 아니다.…… 여기에서 가능하다는 것은 논리적 측면에서 가능하다는 것으로 모순을 지니지 않는다는 의미의 가능을 말한다."15) 모순을 지니지 않는다는 의미의 '가능'은 현실 속의 가능성과는 전혀 다른 의미이다. 만약 가능可能을 하나도 빠짐없이 선언적 형식으로 배열해 낸다면, 이러한 가능可能은 식式으로 표현될 것이다. "식式이란 선언적으로 포함하지 않는 것이 없는 모든 가능可能이다."16) 간단히 말해, 식式은 모든 양식의 총합이다. 논리적으로 말해, 능能은 식式 속에서 존재하며, 식式 역시 능能을 떠날 수 없다. 김악림은 이러한 의미를 다음과 같은 명제로 표현했다. "능能이 없는 식式은 없고, 식式이 없는 능能은 없다."17) 식式과 능能은 일종의 논리 관계이며,

---

12) 金嶽霖, 『論道』, 21쪽.
13) 金嶽霖, 『論道』, 27쪽.
14) 역자 주: '가능'이 김악림이 사용한 철학 개념일 경우에는 '可能'으로 표기하고, 일상언어적 용법일 경우에는 '가능'으로 표기하였다.
15) 金嶽霖, 『論道』, 21쪽.
16) 金嶽霖, 『論道』, 22쪽.

선후의 구분이 있는 것은 아니다. 김악림은 여기에서 사실 식式과 능能의 관계의 논리화를 통해 전통의 리기理氣의 선후 논쟁을 피하고자 한 것이다.

능能과 식式은 어떻게 현실세계를 구성하는가? 김악림은 가능可能의 현실화를 통해 이 문제를 설명하고자 하였다. 아리스토텔레스가 형상인과 운동인을 다른 것으로 여겼듯이, 김악림은 식式을 정태로 능能을 동태로 이해하였다. 능能이 동태라는 것은 능能이 항상 출입을 반복하는 것을 가리킨다. 즉, 능能은 어떤 하나의 가능可能(양식)을 떠나 다른 하나의 가능으로 들어갈 수 있다. 능能이 어떤 하나의 가능可能에 들어가게 되면, 이 가능可能은 실현된 가능可能이 된다. 예를 들어, 인간이 하나의 현실적 존재가 될 수 있는 것은 능能이 '인간'이라는 하나의 가능可能(양식)으로 들어갔기 때문이라고 이해할 수 있다. 한편 가능可能은 일종의 보편적 양식이므로 가능可能의 실현은 보편적 양식이 현실적 규정을 획득한다는 것을 의미하기도 한다. 현실적 규정을 지닌 이러한 양식은 우리가 일반적으로 말하는 보편(共相)에 해당한다.

> 만일 능能이 있다면, 능能이 있는 가능可能은 가능可能일 뿐만 아니라, 일반적으로
> 말하는 보편(共相)이기도 하다. 가능可能이 보편이 된다는 것은 하나의 가능可能이
> 구체적인 사물을 지닌 류類로 나타나는 것을 의미한다.[18]

이처럼 능能과 가능可能의 결합(즉, 能이 可能에 출입하는 것)을 통해 논리상의 가능可能 세계는 현실적 보편세계로 전환된다.

가능可能의 실현은 다른 한 측면에서 보면, 가능可能의 구체화이기도 하다. 능能이 가능可能으로 들어가기 이전, 가능可能은 구체적으로 표현되지 않은 하나의 추상적 양식에 지나지 않는다. 가능可能과 보편의 차이점 중 하나는 바로 가능可能에는 어떠한 구체성도 없지만, 보편은 구체적 표현 형식이 있다는 점이다. 물론

---

17) 金嶽霖, 『論道』, 24쪽.
18) 金嶽霖, 『論道』, 42쪽.

단순히 '구체적 본연세계'라는 것만으로는 여전히 부족함이 있다. "만약 본연세계가 더없이 커다란 하나의 구체적 존재일 뿐이라면, 현실이 병행한다고 할지라도 여전히 소모적인 것에 머무르게 된다. 왜냐하면 그러한 상황에서 대다수의 관계는 모두 실현되지 못하기 때문이다."19) 따라서 구체적 본연세계는 분해와 다양화의 과정을 거쳐야 한다. 이 과정은 이른바 개체화 과정이기도 하다.

> 구체가 분해와 다양화의 과정을 거친 이후, 본연세계는 그저 하나의 구체로서 존재하지 않는다. 모든 개체는 각기 그 특별한 상태를 지닌다. 성질의 측면에서 말하면, 서로 구분되지 않는 두 개체가 있을 수 있지만(사실 그러한 경우는 지극히 드물다.), 관계 측면에서 말하면, 많은 개체들 가운데 어떤 한 개체가 지닌 관계를 다른 개체가 지니는 경우는 사실상 존재하지 않는다. 개체화되기 이전에는 실현되기 어려웠던 관계가 개체화 이후에는 손쉽게 실현될 수 있다.

바로 개체화 과정을 통해 시공간을 초월한 능能은 특정 시공간 속의 존재가 되기 시작하며, 보편세계 역시 마찬가지로 다양한 표현 형식을 지니게 된다.

김악림은 능能, 가능可能, 식式에서 출발하여 보편세계와 다양한 개체들을 연역해 내며, 다시 이것으로 전체의 존재를 설정한다. 이 과정은 기본적으로 하나의 논리적 구조화로 나타난다. 앞서 서술했듯, 그의 체계의 출발점이 되는 능能, 가능可能, 식式은 논리적 추상에 지나지 않는다. 이들은 시공간을 초월한 것으로서 이들에게는 생성도 없고 소멸도 없다. 이들은 어떤 구체적 성질도 지니지 않는 순수하게 형식화된 규정이다. 이와 마찬가지로 현실을 초월한 가능可能세계에서 현실의 보편세계 및 개체 존재로 이행되는 것 역시 논리적 추론을 벗어나지 않는다. 존재에 대한 설명으로 말하자면, 이러한 추론은 당연히 현학(형이상학)의 계열에 속한다. 일종의 형식화된 논리구조로서 전통 형이상학과는 분명 다르며, 오히려 어떤 의미에서는 신실재론에 더 가깝다. 앞에서 언급했듯, 신실재론이 존재 문제에 대한 논의를

---

19) 金嶽霖, 『論道』, 70쪽.

완전히 거부하는 것은 아니다. 다만 전통적 사변철학과는 달리, 그들은 존재론을 논리 분석의 기초 위에 세우고자 한다. 홀트는 전체 우주를 하나의 연역체계로 볼 수 있으며, 더욱 기본적인 존재 속에서 고차원의 존재를 연역해 내는 것이 가능하다고 생각했다.[20] 페리 역시 물리적 존재는 유사한 논리 개념을 지닌 단순 항목들 및 관계로 분해될 수 있음을 강조했다. 나아가 그는 이렇게 단언했다. "논리는 물리학에 앞선다."[21] 더 나아가 러셀에게서 마음, 사물 등의 대상은 일종의 논리적 구조로 이해되기도 하였다. 신실재론은 전통의 사변적 형이상학을 거부한 동시에 형이상학의 논리화를 시도했다고 볼 수 있는데, 김악림이 시도한 존재의 논리적 구조화 역시 대체로 이와 비슷한 사유 방식을 나타냈다.

물론 비슷하다는 것이 같음을 의미하는 것은 절대 아니다. 신실재론은 논리 분석 방법으로 형이상학의 문제들을 해결하고자 했던 동시에, 2세대 실증론(마하주의)의 영향을 받기도 하였다. 이러한 특징은 주로 감각을 원시적 존재로 보았던 점에서 두드러지게 나타난다. 앞서 언급했듯, 홀트는 전체 우주를 하나의 연역체계로 볼 수 있으며, 더욱 기본적인 존재 속에서 고차원의 존재를 연역해 내는 것이 가능하다고 생각했다. 이 가운데 가장 기본적인 존재로 거슬러 올라가면 결국 '중성적 실체'로 귀결된다. 이른바 '중성적 실체'란 대체로 마하가 말한 '요소' 혹은 제임스의 '순수경험'과 비슷한 것으로서 가장 직접적인 감각 자료(sense data)를 의미한다. 이 점은 신실재론자들 역시 말하고 있는 바이며,[22] 러셀은 이러한 관점을 더욱 분명하게 서술하였다. 그의 견해에 따르면 우리는 항상 외부 대상의 존재에 대해 단언할 수 없다. 우리가 확인할 수 있는 것은 오직 직접적으로 드러나는 감각 자료뿐이다. 다시 말해, 외부 대상의 존재란 직접적 감각 자료로부터 도출된 일종의 추론에 지나지 않는다.[23] 이후 러셀은 이러한 추론설을 포기하고 논리적

20) E. B. Holt, *The concept of Consciousness*, pp.154~160을 참고할 것.
21) R. B. Perry, 傳統先 譯, 『現代哲學傾向』(北京: 商務印書館, 1962), 110쪽.
22) R. B. Perry, 『現代哲學傾向』을 참고할 것.
23) 러셀, 何明 譯, 『哲學問題』(北大: 商務印書館, 1959)를 참고할 것.

구조에 더욱 치중하였으나, 그 논리적 구조의 기본 자료는 결국 감각 자료를 벗어나지 않았다. 예를 들어, 그는 논리 분석 방법으로 '마음'과 '사물'을 구조화하는 한편, '원자 사실'을 물질의 중성적 자료로 건립하였다. 원자 사실이란 바로 감각에 다름 아니다. 바로 이러한 의미에서 러셀은 "감각은 심리계와 물리계에 대해 공통적인 것으로, '마음과 사물의 접점'이라 정의될 수 있다"[24]고 생각했다. 감각을 기본적이고 원시적 존재로 삼는다는 점에서, 신실재론의 이러한 견해는 분명 심리주의적 색채를 띠고 있다. 즉 러셀의 구조화 작업과 심리주의가 서로 얽히고 맞물려 본체론 측면에서 신실재론의 기본 특징을 형성하였다고 할 수 있다. 이와 비교했을 때, 김악림은 감각에 기초한 추론에 대해 별다른 관심을 보이지 않았다. 그에게서는 심리주의의 흔적을 거의 찾아보기 힘든데, 실재가 감각으로 환원되는 모습보다는 기본적으로 본체의 논리화라는 특징을 보여 준다. 뒤에서 자세히 다루겠지만, 심리-감각주의에 대한 이러한 거부는 김악림이 인식론상 신실재론을 초월하는 데 내재적 이론 전제가 되었다.

신실재론은 존재의 구조화를 실시한 동시에 감각의 환원 및 추론을 사용하였는데, 이러한 이중화된 사유 경향은 개별과 보편에 대한 그들의 견해를 내적으로 제약하는 결과를 가져왔다. 일반적으로 말해, 감각을 통해 추론해 낸 실재는 '개별'로 나타나지만, 논리적 구조화는 대개 보편적 형식을 다루므로 우선 '보편'과 서로 관련을 맺는다. 이처럼 감각 추론과 논리적 구조화의 병립은 흔히 개별과 보편 간의 대립으로 이어지기 쉽다. 우리는 신실재론의 설명으로부터 바로 이러한 논리적 결론을 목격하게 된다. 러셀은 두 가지의 세계, 즉 개별의 세계와 보편의 세계가 존재한다고 표명한 바 있다.

보편의 세계는 실재의 세계라고도 할 수 있다. 실재의 세계는 영원불변하며, 엄정하며, 정확한 것이다. 수학자에게, 논리학자에게, 형이상학 체계의 건립자에게 그리고

---

24) 러셀, 李季 譯, 『心的分析』(北大: 商務印書館, 1963), 102쪽.

생명보다 아름다움을 좋아하는 모든 사람에게, 실재의 세계는 더없이 행복한 것이다. 존재의 세계는 매 순간 변화하며, 모호하고 불명확하며, 정확한 경계가 없으며, 어떤 분명한 기획이나 계획도 지니고 있지 않다.[25]

여기에서 보편은 일종의 개별을 초월한 존재로 이해되며, 양자는 서로 완전히 독립적인 계열로 전개된다. 플라톤주의적인 색채를 지닌 이러한 관점은 다른 신실재론자들에게도 스며들어 있었는데, 예를 들어 몬터규는 존재의 논리 계열 속에서 보편이 항상 우선한다고 생각했다.[26] 종합하면, 신실재론에서 논리 형식에 대응되는 보편과 감각 자료에 대응되는 개별은 한편으로 각자 실재성을 지니면서, 다른 한편으로 서로 분리되어 있다.

보편과 개별에 대한 신실재론의 이러한 규정과 비교하여, 김악림의 견해는 사뭇 차이를 보인다. 앞에서 서술했듯, 김악림은 가능可能과 보편을 서로 구분했다. 가능可能은 비록 보편적 양식을 가리키지만, 실현되기 전에는 구체적인 표현 형식을 지니지 않으므로 '보편'이 아니다. 보편적 양식으로서 가능可能은 주로 능能과 상대되는 것이며, 가능可能과 능能의 관계로 말하자면, 둘은 서로 결합될 수도 있고, 서로 분리될 수도 있다. 능能이 가능可能 속으로 들어갔을 때는 서로 결합한 상태라고 할 수 있지만, 능能이 가능可能 속으로 들어가지 않았을 때 이들은 분리된 상태에 있다고 할 수 있다. 가능과는 달리 보편은 일종의 현실적 관계로서 주로 개별과 상대된다. 이처럼 보편은 특수한 시공간 및 특수한 존재에 구애받지 않지만, 다른 한편으로 시공간과 특정 존재와 분리될 수 없기도 하다.

한편에서 말하자면 보편은 자신의 범위에 속한 모든 개체를 초월하지만, 다른 한편에서 말하자면 보편은 자신의 범위 내의 모든 개체에 독립적으로 존재할 수 없다. 전자의 측면에서 우리는 보편을 Transcendent적(초월적)이라고 할 수 있으며,

25) 러셀, 『哲學問題』, 70쪽.
26) W. P. Montague, *The Ways of Knowing Or the Methods of Philosophy*(New York: Macmillan, 1925), p.73.

후자의 측면에서 이를 Immanent적(내재적)이라고 할 수도 있다. 하지만 가능可能의 경우, 어떤 측면에서 보든지 항상 Transcendent적이다.27)

간단히 말해, 보편은 개별(개체)을 초월하면서도 개별(개체)에 내재해 있다. 이처럼 비록 가능可能세계에서 일반적 양식이 논리적으로 능能과 서로 분리될 수 있다고 하더라도, 현실세계에서 보편은 개별 이외의 독립적 실재로 나타나지 못한다. "보편은 항상 개체세계에 잠재되어 있다."28) 이러한 견해는 명백히 보편세계에 대한 신실재론의 설명 방식을 지양한 것으로서 존재에 대한 논리적 구조화 속에서 그 근거를 찾아볼 수 있다. 김악림의 이해에 따르면, 현실세계는 가능可能과 능能의 결합(즉 能이 可能 속에 들어가는 과정)에 의해 탄생하며, 이러한 과정에서 보편과 그 구체적 표현 형식(개별) 또한 그와 동시에 형성된다. 따라서 여기에는 감각 추론으로서의 개별세계와 논리 형식의 외면화로서의 보편세계 간의 대립은 존재하지 않게 된다. 이렇게 본다면, 김악림은 통일적 논리 구조 아래에서 보편세계와 개별세계 간의 분리를 넘어서고자 노력했음을 알 수 있다.

현대 서양철학의 변천 과정을 통해 보면, 신실재론은 절대적 유심론에 반기를 드는 과정에서 일어났다고 할 수 있다. 절대적 유심론이란 우선 신헤겔주의를 가리키는 것으로 볼 수 있다. 영국 신헤겔주의의 대표주자인 브래들리는 절대적 실재가 유일한 세계임을 논증하기 위해 이른바 '내재관계설'을 제시하였다. 내재관계설이란 관계는 항상 관계항 속에 있으며, 관계항 및 그 관계는 최종적으로 그들이 이루는 전체에 귀속된다고 보는 입장이다. 예컨대, A, B가 관계항을 나타내고 R이 관계를 나타낸다고 할 때, 'ARB'라는 관계 속에서 R은 독립적인 성질을 지니지 않고, 단지 A와 B의 내적 속성으로서 그들 가운데 내재해 있을 뿐이다. 이후 러셀은 이를 간단히 정리하여 다음과 같이 설명하였다. "내재관계설의 주장은 다음과 같다. 두 개의 항이 이루는 모든 관계는 기본적으로 이 두 항의 내적

---

27) 金嶽霖, 『論道』, 74쪽.
28) 金嶽霖, 『論道』, 90쪽.

속성을 나타내는 것으로, 결국 이 두 항이 구성하는 총체의 속성을 나타내는 것으로 볼 수 있다."[29] 정리하면, 브래들리의 의견은 관계와 관계항은 실체성을 띠는 전체를 기초로 하였을 때만 의미를 지닐 수 있다.[30]

신실재론은 이러한 신헤겔주의의 견해에 대해 상당한 불만을 보였는데, 러셀은 내재관계설을 여러 차례 비판하기도 하였다. 러셀이 볼 때, 대칭 관계 외에 수많은 비대칭 관계가 존재하는데, 이러한 비대칭 관계에 대해서 내재관계설은 전혀 통하지 않는다. 예를 들어, "A는 B보다 크다"라고 했을 때, 이러한 관계 속에 'B는 A보다 크다'라는 관계는 포함되어 있지 않다. 바꾸어 말해, 이러한 관계는 A, B 두 항이 공통적으로 지닌 내적 속성이 아니다. 1907년의 논문을 통해 러셀은 그의 입장을 분명히 밝혔다. "나의 결론은 이러한 공리(즉, 내재관계설을 말함)가 거짓이라는 것이다." "우리는 많은 사물이 존재하는 세계를 생각해 볼 수 있다. 이들 간의 관계는 서로 관련된 사물의 이른바 '성질' 혹은 스콜라철학적 본질로부터 얻어질 수 없다. 이 세계 속에서 모든 복잡한 것들은 서로 관계한 단순 사물로부터 이루어진다."[31] 신헤겔주의와는 대조적으로 러셀은 외재 관계의 지위를 더욱 부각하면서, 다원론을 통해 신헤겔주의의 전체주의 및 절대적 일원론을 부정하였다. 하지만 다원론을 강조한 것과 동시에, 신실재론자로서 러셀은 사물 간의 보편적 연관성 및 세계의 통일성에 대해서는 약화하려는 경향을 나타내기도 하였다.

내재 관계와 외재 관계 문제에서 김악림은 신실재론의 관점들을 받아들이기도 하였으나, 여전히 이들과는 일정한 거리를 유지하고 있었다. 러셀이 그랬던 것처럼 김악림 역시 "모든 관계가 모두 내재적인 것은 아니다"[32]라고 분명히 밝힌 바 있다. 그러나 러셀이 내재관계론을 완전히 부정했던 것과는 달리, 김악림은 이를 단순히 거부하지만은 않았다. 김악림의 견해에 따르면, 성질과 관계는 서로 다르다.

---

29) 러셀, 溫錫增 역, 『我的哲學的發展』(北京: 商務印書館, 1982), 47쪽.
30) F. H. Bradley, *Appearance and Reality: A Metaphysical Essay*(Cambridge: Cambridge University Press, 2012), Chapter XIII, XIV.
31) 러셀, 『我的哲學的發展』, 53쪽에서 인용.
32) 金嶽霖, 『智識論』, 149쪽.

성질의 측면에서 말하자면, 하나의 개체는 일부 개체의 영향만을 받지만, "관계의 측면에서 말하자면, 하나의 개체는 모든 개체의 영향을 받는다."[33] 바꾸어 말해, 물론 신헤겔주의의 이해 방식처럼 관계는 필연적으로 관계항의 성질에 영향을 주게 되는 것은 아니다. 하지만 이는 분명 서로 관련된 개체 간의 '관계'를 제약한다. 이러한 관점에 기초하여 김악림은 "모든 개체 각각은 전체의 본연세계를 반영하고 있기 마련이다. 즉, 각각의 개체와 그 나머지 개체는 모두 이러한 관련성을 지닌다"[34]라고 주장했다. 그의 이러한 견해에는 이미 내재관계설이 어느 정도 스며들어 있었다. 도道에 대한 김악림의 설명에서 이러한 경향은 더욱 강하게 나타난다. 김악림이 정의한 바에 따르면, 도道란 식式과 능能의 통일이다. 그의 말을 빌리자면, "도道는 식式에 머무르며 능能으로 말미암는 것에 다름 아니다."[35] 여기에서 능能으로 말미암는다는 것은 능能의 출입을 말하며, 식式에 머무른다는 말은 능能이 식式 속에 존재하는 것을 가리킨다. 즉, 대상의 변화 운동이든 그것의 정태적 존재이든 모두 도道를 나타낸다는 것이다. 전자의 측면에서 도道는 법칙이라고 할 수 있으며, 후자의 측면에서 도道는 통일된 전체로 나타난다. 바로 이러한 의미에서 김악림은 "'우주'는 '전全'이며, '전全'은 전체를 의미한다", "'우주'는 전全일 뿐만 아니라 대전大全이다"[36]라고 설명하였다.

신실재론이 '다원', '개체'를 강조한 것과는 대조적으로, 상술한 김악림의 견해는 분명 사물 간의 상호 관련 및 보편적 연관성에 더욱 주목하고 있었다. 바꾸어 말해, 김악림이 이해하는 세계란 브래들리식의 신비한 '절대'가 아니며, 러셀이 말한 것처럼 상호 분리되는 원자 혹은 원자적 사실로 나타나는 것도 아니다. 이는 하나의 상호 관련된 통일적 전체로 전개된다. 이에 대해 좀 더 깊이 분석해 보면, 김악림의 이 같은 견해 속에는 중국 전통철학의 관념이 깊이 새겨져 있음을 알

---

33) 金嶽霖, 『論道』, 87쪽.
34) 金嶽霖, 『論道』, 89쪽.
35) 金嶽霖, 『論道』, 40쪽.
36) 金嶽霖, 『論道』, 218쪽.

수 있다. 사실 김악림은 중국 전통철학에 대해 시종일관 깊은 관심을 보였는데, 특히 중국철학 속의 도道 관념을 중시하였다. 그의 견해에 따르면, 모든 문화권은 각자 주력이 되는 사상을 지니며 모든 주력 사상에는 가장 숭고한 개념이 존재하기 마련이다. "중국사상 가운데 가장 숭고한 개념이라면 아마도 도道일 것이다."[37] 하나의 철학 범주로서, 도道는 분명 중국 전통철학에서 지극히 중요한 지위를 지니고 있다. 천도관에서 윤리사상, 인식이론에 이르기까지, 우리는 거의 모든 곳에서 도道의 흔적을 발견한다. 예컨대, 천도관의 측면에서 보면, 도道는 통일원리를 나타낸다. 도道를 만물의 본원으로 삼는 도가의 관념이나 '천지의 도道를 포괄할 것'(『역전』)을 강조하는 유가의 관념 모두 세계의 통일성에 대한 확고한 신념을 보여 준다. 이러한 관념은 중국철학에서 매우 오랜 역사를 지니고 있으며, 마찬가지로 김악림에게도 간과할 수 없는 중요한 영향을 미쳤다. 김악림이 자신의 본체론 저작의 이름을 『도를 논함』이라고 지은 것 역시 이러한 점을 잘 말해 준다. 또한 이는 김악림이 내재 관계와 외재 관계의 문제에서 신실재론을 벗어나 신헤겔주의로 다가가게끔 하는 배경이 되었다. 그는 도道라는 관념과 내재관계론을 일정 부분 융합함으로써 다원론을 강조하며 보편적 관계 및 통일원리를 소홀히 한 신실재론(특히 러셀)의 편향성을 어느 정도 극복할 수 있었다.

세계의 전체성을 긍정하기 위한 전제로서, 김악림은 리理와 세勢에 대해서도 고찰하였다. 리理는 '보편적 관련'(共相的關聯)[38]을 가리키며, 세勢는 개별의 생성과 소멸을 가리킨다. 개체는 항상 머무르지 않고 변화 운동을 지속한다. 그런데 개체의

---

37) 金嶽霖, 『論道』, 16쪽.
38) 역자 주: '보편적 관련'이란 김악림이 새롭게 제시한 철학 개념으로서 그는 '보편(共相) 간의 관계'를 '보편적 관련'이라 칭했다. 그는 '관계'라는 말과 '관련'을 구분하면서 개체 간에는 '관계'라는 용어를 사용하고 보편 간에는 '관련'이라는 용어를 사용해야 한다고 하였다. 개체 간의 '관계'는 우연적이지만, 보편 간의 '관련'은 우연적인 것이 아니므로 이 둘을 서로 구분하여 이해해야 하기 때문이다. 예를 들어, 개체 간의 관계는 상대적이다. 어떤 노란 것과 어떤 파란 것은 '어떤 것이 다른 어떤 것보다 더 노랗다' 혹은 '어떤 것이 다른 어떤 것보다 더 푸르다'라는 상대적인 관계로 나타날 수 있다. 하지만 노랑 그 자체와 파랑 그 자체 간에는 이러한 상대적인 관계가 존재하지 않는다.

변화 운동은 결코 무규칙적인 것이 아니며, 항상 보편적 관련을 내포하고 있다. 이러한 관련은 보편성을 지니며, 이미 이루어진 관련만을 나타내는 것이 아니라 "아직 실현되지 않은 관련까지도 나타낸다."[39] 보편적 관련으로서 리理는 필연적 성질을 지닌다. 김악림의 말을 빌리자면, "리理에는 본래 그러함이 있다." 이처럼 대상의 변화 운동은 보편필연적인 리理의 제약을 받기 때문에, 세계는 이성의 방식을 사용하여 이해할 수 있다. "우리는 이미 있었던 것을 이해할 수 있으며 앞으로 일어날 것 역시 이해할 수 있다."[40] 논리적 측면에서 김악림의 이러한 견해는 그가 귀납 문제를 해결하는 본체론적 전제가 되는데, 이는 실증주의적 관점과 현저한 차이를 보인다. 실증주의는 다양한 형태와 유파로 구분되지만, 몇 가지 공통점을 지닌다. 즉 원칙적으로 현실세계 속의 보편적 관련을 현상 간의 관계로 본다는 점이 그것이다. 논리적 관계 간의 필연성을 제외하고, 이들은 기본적으로 그 어떤 보편필연성도 인정하지 않는다. 이러한 점에서 실증주의는 대체로 흄의 전통을 따르고 있다. 리理(보편적 관련)에 대한 김악림의 이해 방식은 분명 실증론이 지닌 흄주의적 한계를 극복한 모습을 보여 준다.

하지만 보편적 관련의 보편필연성을 긍정한다는 것이 단순히 보편적 관련만을 통해 개별의 변화 운동을 설명한다는 의미는 아니다. 그는 "리理에는 본래 그러함이 있다"라고 강조한 동시에, "세勢에는 필연적 귀결이 없다"[41]라고 하기도 하였다. 인과관계로 말하자면, 원인과 결과의 관계는 필연적이라고 할 수 있다. 즉 어떠한 원인이 있으면 반드시 어떠한 결과가 따른다. 하지만 그러한 원인이 발생하는가는 결코 필연적이지 않다. 바꾸어 말해, 어떤 한 대상은 다양한 인과관계의 영향 속에 있을 수 있지만, 그중에서 어떤 인과관계가 실현되는지는 여러 가지 구체적인 조건에 의해 결정된다는 것이다. 이처럼 "한편으로는 개체의 어떤 변화나 운동이든, 우리가 이를 이해하는 것이 가능하다.(실제로 그러한 이해가 성공적인가의 여부는 별개의

---

39) 金嶽霖, 『論道』, 113쪽.
40) 金嶽霖, 『論道』, 151쪽.
41) 金嶽霖, 『論道』, 201쪽.

문제이다.) 다른 한편으로 우리가 어떻게 이를 이해하든, 우리는 개체의 변화 운동을 완벽하게 통제하지는 못한다."[42] 이러한 견해는 그가 이미 우연성의 작용을 인식하고 있었음을 보여 준다. 즉 개체의 변화 운동의 실현 과정에는 항상 '비결정적' 요인이 존재한다는 것이다. 신혜겔주의가 개체는 세계 전체 속에서만 의미를 지닐 수 있다고 했던 것과는 달리, 김악림은 보편적 관련과 개체의 변화 운동 관계에 대해 더욱 합리적인 이해 방식을 보여 주었다. 실증주의는 '세勢에는 필연적 귀결이 없다'라는 측면만을 부각하고 '리理에는 본래 그러함이 있다'라는 측면을 소홀히 했던 반면, 신혜겔주의는 '리理에는 본래 그러함이 있다'라는 측면에 초점을 맞추는 대신 '세勢에는 필연적 귀결이 없다'는 측면은 살피지 못했다. 이들과는 달리, 김악림은 양자 간의 관계 문제에 대한 보다 전면적인 해결 방법을 제시하였다.

김악림의 견해에 따르면, 형이상학을 연구하는 것이 오직 '지성적 이해'를 얻기 위함이어서는 안 되며, 그보다 '정서적인 만족'에 도달하고자 해야 한다. 즉, 세계는 그저 냉담한 하나의 대상으로만 여겨져서는 안 된다는 것이다. 바로 이러한 가치관에 기초하여 김악림은 통일원리인 도道를 '무극이태극'의 과정으로 이해하기도 하였다. 도道에는 본래 시작이 없으나, 논리적으로 보면, 무한히 극한까지 소급해 올라갈 수 있다. 이른바 무극無極이라는 것은 바로 이 극한을 가리키며, 이는 만물이 유래하는 바를 이룬다. 한편, 도道에는 본래 끝이 없으나, 논리적으로 보면 끝이 없는 극한의 최종점이 있을 수 있다. 이것이 바로 태극太極이다. 비록 태극에 도달하는 것은 불가능하지만, 이는 '절대적 목표'가 될 수 있다. 이러한 목표는 아리스토텔레스가 말한 '목적인'과도 유사하다. 절대적 목표로서 "태극은 지극한 진眞, 지극한 선善, 지극한 미美, 지극한 여如이다."[43] 이러한 경지 속에서는 진선미의 통일은 물론이고 그 어떤 갈등과 대립, 불균형도 해소되어 "성정과 체용이 조화를 이루며 모든 사물이 완전히 자유자재의 상태를 이루게 된다."[44] 실재의

---

42) 金嶽霖, 『論道』, 167쪽.
43) 金嶽霖, 『論道』, 212쪽.
44) 金嶽霖, 『論道』, 214쪽.

이러한 경지는 인간의 가치적 이상을 나타내므로, 인간에게 정서적 만족을 가져다줄 수 있다. 바로 이러한 의미에서 김악림은 "'무극이태극'이란 방향뿐만 아니라 목표와 가치를 나타낸다"[45]라고 하였다. 실재에 대한 김악림의 이러한 규정은 분명 신실재론과는 전혀 다른 의미를 내포한다. 신실재론이 기본적으로 논리 분석을 위주로 실재를 고찰하였다고 할 때, 이러한 분석의 기원은 고대 그리스의 로고스(Logos) 전통까지도 거슬러 올라갈 수 있다. 그렇다면 김악림이 존재를 논리적으로 구조화하는 동시에, 인문적 의미를 바탕으로 실재를 고찰하고자 하였던 것은 중국 전통철학의 영향과 깊은 관련이 있을 것이다. 익히 알려져 있듯, 천도와 인도의 융합은 중국 전통철학의 특징 가운데 하나였다. 유가는 "성誠은 하늘의 도이고, 성誠에 이르고자 하는 것은 인간의 도이다"(『중용』)라고 설명한다. 이는 천인합일의 관념을 나타낼 뿐만 아니라, 동시에 천도에 어떤 가치적 의미를 부여한 것이기도 하다. 한편 도가에서는 "도는 자연을 본받는다"(『노자』)라고 하였다. 자연이란 본래 그러함을 의미하는 동시에, 갈등과 충돌이 해소된 '절대적 화해'('도는 하나로 통한다', '만물을 하나로 가지런히 한다')라는 가치 형식으로 이상화되기도 하였다. 정리하면, 천도에 인문적 의미를 부여하는 것은 중국철학의 전통을 이루었다. 김악림은 천인합일을 중국철학의 가장 눈에 띄는 특징으로 여겼는데, 천인합일은 "근본적 동일성을 견지하여 모든 드러난 차별을 제거하는 것"[46]으로 이해되기도 하였다. 김악림은 태극 속에서 "진眞은 곧 미美이며, 미美는 곧 진眞이다. 이들은 모두 선善이기도 하다"라고 강조하면서, '지극한 여如'를 그 특징으로 보았는데, 그는 의식적으로 중국 전통철학을 계승했던 것이 분명하다.

　　그러나 김악림의 현학이 전통철학의 요소를 상당수 받아들였다고는 하나, 그 전체적 체계는 어디까지나 하나의 논리적 구조로 나타난 것이 사실이다. 신실재론의 세례를 입은 철학자의 하나로서, 김악림이 추구했던 바는 여전히 형식화(논리화)

---

45) 金嶽霖, 『論道』, 220쪽.
46) 金嶽霖, 『文選』, 355쪽.

된 형이상학이었다. 바로 이러한 점으로 인해 그의 이론체계는 풍우란의 신리학과 마찬가지로 극복하기 힘든 이론적 어려움을 포함할 수밖에 없었다. 앞에서 서술했 듯, 그의 현학체계의 초석이 되는 능能, 가능可能, 식式은 기본적으로 하나의 논리적 설정을 나타낸다. 그런데 논리적 본체는 어떻게 현실세계로 옮겨 갈 수 있을 것인가? 시공간을 초월한 논리적 규정은 어떻게 해서 시공간 속의 존재로 전환될 수 있는가? '무극이태극'의 과정에서도 이와 마찬가지의 문제가 존재한다. 즉, 무극은 어떻게 태극으로 나아갈 수 있는가? 김악림은 몇 가지 논리명제의 구조화를 통해 존재를 해석하고자 시도하였으나, 원하는 바를 이루지는 못했다.

또한 김악림은 도道를 통일원리로 삼는 한편, 태극으로 도道를 규정하였다. 도道는 진선미의 통일이자, 지여至如적 존재의 경지로서 분명 논리의 영역을 초월해 있다. 도道는 어떤 의미에서 보면, 형이상적인 목적인을 나타내기도 한다. 실증주의 의 영향은 김악림으로 하여금 형식화된 현학체계를 추구하게 하였는데, 이와는 반대로 그는 전통철학에 대한 이성적 동질감과 감정적 연민으로 인해 결국 형이상학 에 대한 궁극적인 관심을 포기할 수 없었다. 그렇다면 논리를 초월한 존재적 경지(도, 태극)와 형식화된 논리구조는 어떻게 통일을 이룰 수 있을까? 김악림에게 있어 이는 여전히 역사적 난제로 머물러 있었다. 정리하면, 풍우란과 마찬가지로 김악림 역시 새로운 현학체계를 건립하고자 하였다. 하지만 필연적인 이론상의 곤란함으로 인해 결국 그는 소기의 목표를 달성하지 못했다. 이러한 사실은 다시 한 번 중요한 교훈을 일깨워 준다. 즉, 실증주의를 기초로 형이상학을 건립하고자 하는 일은 성공하기 힘들다는 것이다.

2. 주관주의 방식에 대한 비판

신실재론과 전통적 본체론 간의 소통을 추구한 것에서 김악림이 원학元學의

의미를 인정했음이 잘 드러난다. 그런데 물론 신실재론의 도입이 형이상학의 재건을 위한 것만은 아니었다. 그의 이론은 오히려 인식론과 더 많은 관련을 지니고 있었다. 분명 우리는 그의 이론에서 독창적인 인식론 체계를 확인할 수 있다. 김악림이 실증주의를 지양하고 극복하고자 했던 것은 바로 이 지점에서 잘 나타난다.

김악림은 지식에 관해 논하려면 반드시 감각에서 시작해야 한다고 생각했다. 감각은 지식의 창구이자 지식의 근거지가 되기 때문이다. "지식이 늘었다고 말하는 것은, 간단히 말해 여러 가지 다른 내용의 참된 깨달음이 증가했다는 말과 같다."[47] 감각을 지각의 근원으로 삼는다는 점에서 이러한 견해는 확실히 실증주의에 근접한다. 실증주의의 원류인 흄에게 있어, 감각에 대한 확신은 가장 기본적인 신조였다. 실증주의는 1세대에서 3세대(논리실증주의)에 이르기까지 대체로 이러한 전통을 모두 계승하였다. 이는 넓은 의미에서 실증주의의 한 지류로 분류되는 신실재론 역시 예외가 아니다. 러셀은 모든 지식은 분석을 거쳐 최종적으로 모두 원자명제와 논리 규칙으로 환원될 수 있다고 생각했다. 원자명제란 바로 감각에서 직접 획득되는 명제를 말한다.[48]

일반적으로 말해, 감각론은 항상 상호 관련된 두 가지 문제를 다룬다. 첫 번째는 감각은 외부 사물을 대상으로 삼는가?라는 문제이고, 두 번째는 감각은 참된 존재(객관 실재)를 제공해 줄 수 있는가? 하는 문제이다. 이 두 가지 문제에 대해 김악림과 실증주의(신실재론을 포함)는 서로 다른 원칙을 지니고 있었다. 김악림은 비록 러셀과 빈학파가 감각을 중시하기는 했으나, 전체적으로는 칸트와 같이 여전히 주관주의 방식을 인식론의 출발점으로 삼았다고 생각했다. 주관주의 방식이란, 그 순간의 감각 현상으로만 한정하는 방식, 즉 인식을 그 즉시의 감각 안에 가두어 영원히 감각을 넘어설 수 없도록 하는 것을 말한다. 그런데 이러한 방식에는 두 가지 치명적인 결함이 존재한다.

---

47) 金嶽霖, 『智識論』, 953쪽.
48) 러셀, 『我的關於外間世界的知識』을 참고할 것.

우선 외부의 독립적 사물을 알 수 없다는 문제가 있다. 주관주의 방식은 그 순간의 감각에 한하여 즉시의 감각만을 인정하지, 외부 사물을 이러한 감각의 대상으로 인정하지 않는다. 따라서 이러한 방식에 따르면 오직 추론을 통해서만 외부 사물을 알 수 있다. 그런데 감각의 내용에서 외부 사물을 추론하려면 이론적으로 극복할 수 없는 문제가 있다. 감각 내용은 감각에 따라 생겨나고 사라지기 마련이므로 감각이 멈추면 감각 내용 또한 더 이상 존재할 수 없게 된다. 이처럼 찰나의 감각 내용에서 외부 사물을 추론해 내는 것은 당연히 어려운 일이 아닐 수 없다. 러셀은 이에 대해 여러 가지 추론을 시도해 보았으나, 그 결과는 성공적이지 못했다.

주관주의 방식의 또 다른 결함은 바로 참에 대한 객관적인 인증을 획득하기 어려워 참·거짓을 구분하기가 힘들다는 점이다. 주관주의 방식은 그 순간의 감각에만 머물러 있으므로 타인의 존재를 추론하는 것조차 어렵기 때문에, 주체 간의 참된 공통 인식에 도달하는 것은 불가능하다. 따라서 이러한 방식에 따르면, 주체는 개체의 개인적 경험에만 한정되므로 자아 중심주의를 벗어나기 힘들게 된다. 개인적 경험에 함몰되어 주체 간의 공통성에 도달할 수 없다는 점과 더불어 주관주의 방식은 진위에 대한 객관적인 판단 역시 불가능하며, 기껏해야 감각 내용과의 일치 여부 정도만을 따질 수 있다.[49]

주관주의 방식의 이러한 결함은 결국 지식을 불가능한 것으로 만든다. 지식이란 외부 대상에 대한 인식과 관련되기 마련인데, 이러한 인식은 개체의 사적 경험을 넘어 공통적이고 객관적인 진리성을 지녀야 하기 때문이다. 주관주의 방식과는 달리, 김악림은 외부 사물에 대한 긍정을 인식론(감각 이론을 포함)의 전제로 삼았다. 그가 볼 때, 외부 사물의 존재를 회의하는 것은 주관주의 방식의 편견일 뿐이다. 왜냐하면 그 순간의 감각에 갇히게 되면 비로소 외부 사물의 존재가 하나의 문제로 떠오르기 때문이다. "지식은 본래 외부 사물에 대한 지식이므로, 감각이 있다는

---

49) 金嶽霖, 『智識論』, 제1장.

명제와 외부 사물이 있다는 명제는 동등한 대우를 받아야 마땅하다."[50]

김악림은 여러 가지 측면에서 외부 사물의 실재성을 고찰하였다. 우선 외부 사물은 지식과 감각을 벗어나 독립적으로 존재한다. 지각하는 바(지식의 대상)인 외부 사물은 지식과 감각의 산물이 아니며, 지식의 존재에 따라 존재하는 것이 아니다. '존재란 곧 지각되는 것이다'라는 명제와는 대조적으로 김악림은 다음과 같은 사실을 분명히 밝혔다.

> 존재와 존재를 안다는 것은 두 개의 일이다. 우리가 X라는 존재를 알지 못할 때 우리는 X라는 존재에 대해 말할 수 없다. 하지만 X의 존재는 우리가 그것을 알고 그것에 대해 말하는 것에 의존하지 않는다.[51]

다음으로 외부 사물의 실재성은 그들 자신의 연속적 동일성에 놓여 있기도 하다. 세상에 변하지 않는 것은 없다. 그러나 외부 사물이 어떻게 변화하든 간에 그것이 어떤 한 사물일 때는 다른 사물이 아니라 바로 그 자신임이 틀림없다. 바로 이러한 연속적 동일성은 대상 독립성의 중요한 특징을 이룬다. "독립 존재의 한 부분의 의미는 바로 단절된 두 감각 사실 S_1, S_2 혹은 단절된 두 지식 경험 K_1, K_2 가운데에서 나타나며, A라는 감각 혹은 지각 대상은 동일한 것이다."[52] 주관주의 방식을 도입하게 되면 이러한 동일성을 획득할 수 없는데, 감각에서 외부 사물의 동일성을 추론해 낼 수 없기 때문이다.

이와 같은 설명 외에도, 김악림은 성질의 상대성과 독립성을 서로 구분함으로써 외부 사물의 실재성 문제를 논증하였다. 그는 "'성질'이라는 말에는 두 가지 용법이 있을 수 있다. 한 가지 용법은 관계망 속에서 어떤 한 감각 종류와 상대 관계에 있지 않은 성질이고, 다른 하나는 관계망 속에서 어떤 한 감각 종류와 상대 관계에

---

50) 金嶽霖, 『智識論』, 86쪽.
51) 金嶽霖, 『智識論』, 100쪽.
52) 金嶽霖, 『智識論』, 106쪽.

있는 성질이다"[53]라고 하였다. 예를 들어, '귀에 이르면 소리가 되고, 눈에 이르면 색이 된다'[54]라는 감각 관계 속에서 '색'과 '소리'는 어떤 한 감각 종류에 대응하는 성질이다. 즉, 이들은 모두 상대성이라는 측면을 지닌다. 하지만 이러한 성질은 눈과 귀에 이르는 '것'과 같이 비록 관계 속에 있으나 주체에 의해 창조된 것이 아니다. 바꾸어 말해, 성질의 상대성은 그 독립성을 배제하지 않는다.

김악림의 이러한 견해는 감각에서 존재를 추론하는 주관주의 방식을 지양한 것으로서 감각 대상이 되는 외부 사물의 실재성을 구체적으로 설명함으로써 인식론(특히 감각 이론)을 위한 굳건한 전제를 제공해 주었다. 추론설을 부정했다는 점에서 보면, 이러한 인식론적 원칙은 분명 그의 원학(원학적 본체론)과 영향을 주고받은 것이 분명하다. 하지만 외부 사물의 존재를 직접적으로 긍정했다는 점에서 보면, 그의 원학적 입장과는 확실히 차이가 있기도 하다. 그의 이론에서 외부 사물 위의 논리적 본체는 마치 외부 사물에 의해 초월된 것처럼 보이기까지 한다. 바꾸어 말하면, 외부 사물의 실재성(독립성)에 대한 긍정이 이미 형식화된 논리 구조를 능가한 것이다. 이는 김악림이 인식론 영역에서 어느 정도 원학의 논리, 즉 형이상학을 극복했음을 말해 준다. 이는 그가 원학의 문제점을 마주한 이후 선택한 이론적 방향이라고 볼 수도 있고, 인식론으로부터 원학을 반성하여 이르게 된 적극적 형태의 결론이라고 할 수도 있다.

감각이 독립적으로 존재하는 외부 사물을 대상으로 한다면, 감각은 주체에게 이러한 외부 사물을 그대로 제공해 줄 수 있는 것일까? 이는 감각 이론이 해결해야 하는 또 다른 문제이다. 김악림은 '소여는 객관의 현현'이라는 명제를 제시함으로써 이 문제에 대한 독특한 해답을 내놓았다. 소여는 외부 사물이 유(감각 종류)의 감각 활동 속에서 드러난 것으로, 지식의 가장 기본적인 자료를 이룬다. 지식의 기본 자료로서 소여는 감각의 내용이기도 하고 감각의 대상이기도 하다.

---

53) 金嶽霖, 『智識論』, 103쪽.
54) 역자 주: 소동파가 지은 『전적벽부』의 문구를 인용한 것.

소여에게는 두 가지 측면의 위치가 있다. 이는 내용이 되기도 하고, 대상이 되기도 한다. 내용으로서 소여는 현현이고, 대상으로서 소여는 대상성을 지닌 외부 사물, 혹은 외부 사물의 일부분이다. 내용과 대상은 올바른 감각적 소여 위에서 하나가 된다.[55]

감각의 내용과 대상의 통일을 긍정한다는 점에서, 김악림의 이러한 견해는 신실재론(주로 미국 신실재론)과 분명 상통하는 부분이 있다. 신실재론은 이원론을 반대하고 일원론을 견지하는 원칙에서 출발하여 감각과 감각의 대상이 본질적으로 동일한 것임을 강조한다. 홀트는 "감각 혹은 지각은 그 '대상'과 같은 것이기도 하다"[56]라고 하였으며, 몬터규 역시 "나의 시각적 범위 안에서 지각되는 것들은 외부 물질세계 속에 존재하는 것과 모든 방면에서 동일한 것일 수 있다"[57]라고 단언하였다. 이러한 견해는 실증론의 흄주의적 전통과는 서로 차이를 보인다. 이들은 감각과 외부 사물 간의 장벽을 허물고 양자 간의 관계에 주목했기 때문이다. 이러한 점에서 보면, 이들은 김악림과 비슷한 사유의 방향성을 나타낸다.

그런데 신실재론은 감각 내용과 대상을 통일하는 것에서 더 나아가, 이들 간의 차이를 전혀 고려하지 않으려는 경향을 보여 주기도 하였다. 그들이 볼 때, 만약 의식과 외부 사물을 두 개의 존재로 여긴다면 일종의 이원론에 이르고 만다. 따라서 그들에게 있어, 감각 내용과 대상의 일치란 외부 사물이 직접 의식 속으로 들어오는 것이라 이해되었다. 예를 들어, 페리는 다음과 같이 생각했다. "사물이 우리에게 인지되는 순간 이는 마음속의 관념이 된다. 사물은 직접 마음속으로 들어올 수 있는데, 사물이 마음속에 들어올 때 이들은 이른바 관념으로 변하게 된다."[58] 만약 버클리의 '존재는 지각되는 것이다'라는 주장이 사실 존재(외부 사물)의 의식화를 의미한다고 한다면, 신실재론의 이러한 관점은 어떤 의미에서 보면,

---

55) 金嶽霖, 『智識論』, 130쪽.
56) E. B. Holt, *The Concept of Consciousness*, p.219.
57) W. P. Montague, *The Ways of Knowing*, p.308.
58) R. B. Perry, 『現代哲學傾向』, 300~301쪽.

의식 현상의 물리화 혹은 감각을 외부 사물(객체)과 동일시하는 것이라 할 수 있다. 이러한 점은 몬터규의 다음과 같은 설명 속에서 분명하게 나타난다. "지각에서 경험되는 모든 객체(감각 자료)는 현실의 물질적 실재라는 지위를 누리고 있다."[59] 실재론에 대한 후대의 비판은 신실재론의 이러한 견해를 '범–객관주의'라고 칭하는 한편, 정신적 내용을 존재의 실체로 변화시킨 것을 그 특징으로 보았다.[60] 이러한 비판은 근거가 없는 것이 아니다.

신실재론과는 달리 김악림은 '소여는 객관의 현현'이라는 명제를 제시하면서 감각 내용과 대상 간의 합일을 긍정했다. 하지만 이러한 합일은 의식과 존재가 서로 구분된다는 것을 그 전제로 한다. 앞선 인용문에서 우리는 이러한 특징을 쉽게 발견할 수 있다. 김악림은 소여가 두 가지 위치를 지닌다고 분명히 밝힌 바 있다. 즉 소여는 내용이기도 하고 대상이기도 하다. 여기에서 '위치'란 존재의 방식을 가리키는 것이다. 즉, 존재 방식에서 보면 의식으로서의 감각 내용은 외부 사물로서의 대상과 서로 똑같이 취급될 수 없다. 이른바 '합일'이란 감각이 곧 외부 사물 자체의 현현, 즉 존재 방식을 바꾼 외부 사물이라는 것을 가리킨다. 현현하는 것과 현현되는 것은 존재 방식의 차이 외에는 다른 본질적인 차이를 지니지 않는다. 신실재론이 감각 자료를 존재의 실체와 동일시하는 것과 비교하여, 김악림의 이와 같은 견해는 분명 의식의 물리화 경향을 포기한 것으로 볼 수 있다.

신실재론은 개체의 감각을 객체로 동화시키고자 하는데, 이는 이론상 한 가지 문제를 발생시키게 된다. 즉 개체의 감각과 존재의 실체가 동일한 것이라면, 어떻게 진리와 오류, 실재와 허상을 구분할 수 있는 것인가? 신실재론의 설명에 따르면, 각 개체의 감각은 객체 자체이며, 이러한 전제로부터 객체가 모든 조건 아래 획득하는 감각은 모두 객관적이라는 명제를 추론할 수 있다. 하지만 이렇게 되면, 올바른

---

59) W. P. Montague, *The Ways of Knowing*, p.292.
60) A. O. Lovejoy, *The Revolt Against Dualism*(Open Court Publishing, 1960)을 참고할 것.

감각과 환각, 착각 등의 구분은 모호해지고 만다. 신실재론은 오류를 설명하는 문제에서 분명 무력한 모습을 보여 준다. 그런데 신실재론이 이와 같은 이론적 난관에 빠지게 되는 더욱 내재적인 근원은 역시 개체의 감각에만 국한된다는 점에 있다. 개체의 감각에만 주목한다는 점에서, 신실재론과 기타 실증주의자들은 별반 차이가 없다. 만약 개체의 감각에서 출발하게 되면, 올바른 감각과 그릇된 감각에 대한 정확한 구분을 하기가 힘들게 된다. 이러한 상황에서는 공통된 기준에 도달하는 것이 어렵기 때문이다.

이와 비교해 보면, 김악림은 또 다른 사고방식을 보여 준다. 김악림이 볼 때, 감각 활동은 올바른 감각을 기준으로 하여 검사를 해야 한다. 올바른 감각이 무엇인지에 관해서 그는 다음과 같이 정의하였다.

정상적인 감각 능력을 지닌 자가 감각 활동 중에서 외부 사물 혹은 외부 사물의 일부분을 정상적으로 감각해 내는 것이 올바른 감각이다.

'정상적'이라는 것은 개체가 속한 종류에 상대하여 말한 것이다. 개체가 만일 어떤 종류에 소속된 '유형'을 지니고 있다면, 이는 정상적인 감각 능력의 종류로 볼 수 있다. 정상적인 개체(즉 어떤 종류에 소속되어 그러한 유형을 지닌 것)는 정상적인 감각 활동 속에서 '눈으로 서로 같은 것을 보고, 귀로 서로 같은 것을 듣게' 된다. "어떤 성질의 변화가 없다는 가정하에, 동일한 외부 사물 혹은 동일한 외부 사물의 동일한 한 부분에 대해 하나의 종류에 속한 정상적인 감각 능력을 지닌 개체들이 정상적인 감각 활동 속에서 획득하는 현현은 모두 같은 성질을 지닌다."[61] 간단히 말해, 객관의 현현이란 우선 감각 종류에 상대하여 말한 것이다. 바로 이러한 의미에서 김악림은 객관이란 곧 '유관類觀'이라고 보았다.[62] 유형에 부합하는 유관을 도입하여 우리는 특정 개체의 감각을 교정함으로써 올바른 감각과 그릇된

---

61) 金嶽霖, 『智識論』, 133쪽.
62) 金嶽霖, 『智識論』, 147쪽.

감각을 구분할 수 있다.

실증주의와는 달리, 김악림의 이러한 견해는 개체로서의 인식주체가 아닌 유類로서의 인식주체로 초점이 옮겨 가기 시작한 것으로 볼 수 있다. 개체의 범위 내에서 해결이 불가능했던 참과 거짓, 옳고 그름의 문제는 유관類觀의 도입을 통해 보편적 기준을 획득하게 된다. 이른바 올바른 감각이란 유관과 합치되는 감각에 다름 아니다. 감각의 내용과 대상은 바로 '올바른 감각적 소여' 위에서 합일을 이룬다. 감각 내용과 대상 간의 통일을 긍정하는 것이 주로 의식과 외부 사물 간의 소통이라는 의미를 지닌다고 했을 때, 유관(올바른 감각적 소여)의 위에서 이러한 통일을 실현한다면, 감각 내용과 대상 양자 간의 소통은 개인의 사적 경험을 넘어 객관적 실재를 제공해 줄 수 있게 된다. 이러한 상황에서, "소여는 한 감각 종류를 공통으로 하는 모든 정상적인 감각자의 현현이다."[63] 서로 같은 조건 아래에서, 같은 한 종류에 속하는 '정상적인 감각 능력을 지닌 서로 다른 주체들'은 동일한 대상에 대해 서로 같은 현현을 획득할 수 있다. 그렇다면 이러한 현현에 제공하는 것은 틀림없이 참된 존재일 것이다.[64]

김악림은 이상의 관점에서 출발하여 빈학파에 대해서도 다음과 같이 비판하였다. "어떤 이들은 감각적 소여를 주관으로 언어를 객관으로 보고자 하는데, 바로 빈학파의 사람들이 이렇게 주장한다. 본서는 이러한 방법이 옳지 않다고 여긴다."[65] 3세대 실증주의로서 논리실증주의(빈학파)는 감각에 대한 이해에서 기본적으로 흄의 입장을 넘어서지 못했다. 그들이 볼 때, 감각은 항상 개체성을 띠는 것으로서 주체들 간에 전달이 불가능하므로 오직 개인의 사적 경험에 속하게 된다. 다만

---

63) 金嶽霖, 『智識論』, 474쪽.
64) 묵자는 군중들의 감각적 실상을 판단의 기준으로 삼아야 한다고 주장한 바 있다. 김악림의 견해는 이와 서로 통하는 지점이 있다. 하지만 묵자가 말한 '군중'이 개체들의 집합이라면, 김악림이 말한 類觀은 보편의 類觀으로, 양자의 함의에는 상당한 차이가 있다. 상대적으로 말해, 김악림의 견해는 순자의 "동일한 류의 동일한 정을 지닌 것들끼리는 사물을 감각하는 것 역시 동일하다"라는 설명과 더욱 비슷하다. 물론 김악림의 논증이 훨씬 더 깊고 정밀한 것은 의심의 여지가 없다.
65) 金嶽霖, 『智識論』, 223쪽.

언어만은 사적인 성질을 넘어 주체들 사이에서 전달될 수 있으며, 따라서 객관적인 성질을 지닐 수 있다. 김악림의 견해에 따르면 빈학파의 이러한 관점은 성립하기 힘들다. 우선 언어 자체는 감각을 떠날 수 없다는 점을 이유로 들 수 있다. 언어의 기호는 감각을 통해서 부여되며, 언어가 의미를 획득하려면 반드시 객관적 소여가 있음을 인정해야 한다. 더욱 중요한 이유는 바로 감각은 결코 사적인 주관 경험에 머물지 않는다는 점이다. 물론 비유관非類觀적 조건 아래에서 감각 주체 S_n^m과 S_n^{m+1} 양자의 현현은 다를 수 있고, 따라서 둘 사이에 소통 역시 불가능할 수 있다. 하지만 유관類觀의 상황 아래에서 "S_n^m과 S_n^{m+1}이라는 두 감각자는 서로 그들의 감각을 교환할 수 있다."[66] 즉 올바른 감각이라면 주체 사이에서의 교환 가능성을 지닐 수 있다. 김악림의 이러한 견해는 감각 자체에 이중성이 내재해 있음을 이미 인식하고 있었다. 특정 시공간 속의 외부 사물을 대상으로 삼고 또 이러한 대상이 항상 개체로서의 주체 속에 현현한다는 점에서 보면, 감각은 명백히 특수한 것이다. 하지만 유관으로 표현된다는 점에서 보면, 감각은 개체를 넘어 공공성(주체 간 전달 가능성)을 지닐 수 있다. 실증주의에서 감각을 사적인 주관 경험으로 한정하고자 했던 원인 가운데 하나는 바로 개체로서의 주체에서 유類로서의 주체로 완전히 건너가지 못했던 점에서 찾을 수 있다.

김악림은 외부 사물의 독립적 존재를 긍정하는 것을 자신의 감각 이론의 전제로 삼아 '소여는 객관의 현현'이라는 명제를 제시하였다. 이는 감각이 객관 실재를 제공할 수 있는가? 하는 문제를 해결하는 데 상당한 영감을 제공해 주었다. 비록 김악림이 감각적 객관을 유관類觀의 기초 위에 건립하고자 하여, 주체의 감성 활동을 실천 활동으로 이해하는 것에까지는 이르지 못했으나, 전체적으로 보면, 그의 감각 이론은 실증주의의 궤도를 넘어선 것이 분명하다.

---

66) 金嶽霖, 『智識論』, 474쪽.

3. 개념론

감각의 대상은 일종의 '상像'이므로, '소여는 객관의 현현'이라는 명제는 우선 어떻게 '상像을 감각할 수 있는가'하는 문제에 대한 대답을 제공한다. 한편 상像을 감각한 이후에는 리理를 밝히는 것으로 나아가야 한다. "지식은 상像을 감각한 것일 뿐 아니라 리理를 밝힌 것이기도 하다."[67] 리理는 보편과 보편 간의 관계로서, 상像과는 달리 주체 이전에 직접 현현될 수 없고, 오직 추상을 통해서만 파악할 수 있다. 인식 과정에서 주체는 항상 대상을 먼저 의상意象으로 전환하게 된다. 하지만 의상은 구체적 특징을 완전히 벗어던질 수 없고, 의상이 개념으로 승화된 후라야 '일에서 다', '원형에서 실물'로의 이행이 이루어질 수 있다. 그리고 이러한 이행의 과정은 추상을 통해서 완성된다. "원래부터 지니고 있던 일一은 의상에서 개념으로 도약하는 추상의 과정을 거쳐야만 중점에 도달했다고 할 수 있다. 이 도약은 구체와 비슷한 것에서 완전한 추상으로 넘어가는 것을 말한다. 이 과정 이후, 원래부터 지니고 있던 일一은 생각의 내용이 된다."[68] 김악림은 의상意象에서 개념으로의 도약을 상당히 중시하였는데, 이 단계가 완성되어야만 진정으로 경험지식을 획득한 것으로 볼 수 있다고 생각했다. "경험이라는 것은 바꾸어 말하면 개념의 획득이다. 진정으로 지식 상의 경험이 있다는 것은 곧 진정으로 개념이 있다는 말과 같다."[69]

의상意象에서 개념으로 나아가는 추상 과정은 개념으로써 소여를 모사하고 규칙화하는 과정으로도 나타난다. "추상적 실재는 두 가지 측면을 지니고 있다. 하나는 모사이고 다른 하나는 규칙화이다."[70] 모사에 대해서 김악림은 다음과 같이 정의하였다.

---

67) 金嶽霖, 『智識論』, 353쪽.
68) 金嶽霖, 『智識論』, 230쪽.
69) 金嶽霖, 『智識論』, 384~385쪽.
70) 金嶽霖, 『智識論』, 355쪽.

모사라고 하는 것은 소여가 현현된 것을 기호의 형태로 개념의 도안 속에 배치하여 현현된 것이 보존되고 전달될 수 있게 하는 것이다.[71]

소여는 직접적 현현으로서 주체에게 있어 우선 '이것' 혹은 '저것'으로만 나타나며, 이러한 현현은 보통 찰나의 순간에 사라지고 만다. 따라서 소여는 일정한 개념 구조 속에 놓여 있어야만 이해되고 나아가 보존되어 주체 사이에서 전달되고 교류될 수 있다. 예를 들어, 소여가 X, Y, Z라는 세 개의 항을 제공하고, 그중 Y는 빨강, Z는 노랑, X는 무슨 색인지 알 수 없다고 가정했을 때, 우리는 이 세 개의 항을 서로 비교할 수 있다. 비교의 결과, X의 색은 Y보다 옅고 Z보다 진하다고 했을 때, 우리는 X를 주황색 혹은 주홍색으로 칭할 수 있을 것이다. 즉 X라는 소여를 주황 혹은 주홍이라는 개념에 배치할 수 있다는 것이다. 이 과정이 바로 개념(주황 혹은 주홍)으로써 소여(x)를 모사하는 과정이다. 바로 이러한 모사의 과정을 통해 구체적인 '이것'(x)은 추상적인 개념(주황 혹은 주홍)으로 전환된다.

다른 측면에서 보면, 모사는 개념에 의미를 부여하는 과정으로 나타나기도 한다. 개념의 의미는 바로 '말하는 바'(지칭하는 것)이다. '말하는 바'는 소여가 제공하는 실재 속에 존재한다. 모사의 과정에서 소여는 개념 구조 속에 배치되어 주체에 의해 이해된다. 그런데 다른 한편에서 보면, 개념은 바로 이 과정을 통해 그 의미를 획득하게 된다. 앞에서 든 예를 살펴보면, '주황' 혹은 '주홍'은 개념이며, "주황 혹은 주홍이라고 말하는 바는 절대 공허한 것이 아니다. 우리는 실제로 X, Y, Z라는 색깔을 비교해 볼 수 있고, 실제로 그러한 관찰과 비교로부터 주황 혹은 주홍이 말하는 바를 획득할 수 있다. 단지 이 측면만 가지고 말하자면, 우리가 지닌 주황 혹은 주홍이라는 개념은 소여로부터 획득된다."[72] 모사의 과정은 소여로부터 획득하는 과정으로서 복제라는 성질을 지니기도 한다. 김악림의 이러한 견해는 사실상 반영론(theory of reflection)에 거의 근접해 있었다.

---

71) 金嶽霖, 『智識論』, 356쪽.
72) 金嶽霖, 『智識論』, 357쪽.

모사를 통해 구체적인 의상意象은 추상적인 개념으로 승격되기 시작하고 주체는 특수한 시공간을 넘어 대상에 대한 보편적 지식을 획득하게 된다. 모사라는 추상화 과정을 중시한다는 점에서 김악림은 흄의 경험론에 비판을 제기한다. 그의 견해에 따르면, 경험론자들은 대개 구체적 의상에만 머물러 있다. "흄의 철학에는 바로 이러한 문제점이 있다. 그의 철학은 다른 사람의 철학과 같이 추상적인 개념이 없으면 성립되지 않는다. 하지만 그는 추상적인 개념을 구체와 유사한 의상으로 보았기 때문에 추상이라는 것은 근본적으로 성립될 수 없었다."73) 의상만을 인정하고 개념을 인정하지 않는다면 소여를 모사할 수 없게 된다. 의상은 특수한 것이므로 특수한 시공간을 초월하여 다른 대상을 모사하는 것은 불가능하기 때문이다. 따라서 의상에만 머물러 있다면, 보편필연적 지식을 획득하기 힘들고 오직 그 순간의 개체적 경험에만 국한되게 된다. 이러한 점을 보면, 김악림은 이미 흄이 인식론상 회의주의로 향하고 있었다는 점을 인식하고 있었다. 이는 그의 협소한 경험론 입장이 향할 수밖에 없는 논리적 귀결이기도 하다.

흄은 실증주의의 선구자였다. 김악림은 『지식론』에서 흄을 "18세기의 빈학파"74)라고 칭하기도 하였다. 이처럼 흄에 대한 비판은 빈학파(논리실증주의)를 향한 것이기도 했다. 빈학파는 유의미한 명제를 두 가지 종류로 구분하였다. 하나는 분석명제로서, 이는 대상을 다루지 않고 오직 항진적 논리명제로만 표현된다. 다른 하나는 종합명제, 즉 현상계를 다루는 경험명제이다. 이는 관찰적 서술에 상당하는 것이기도 하다.(즉 관찰적 서술로 환원될 수 있고, 관찰적 서술로 검증이 가능하다.) 그런데 관찰적 서술에는 어느 정도 개인의 사적 경험이 개입될 수밖에 없다. 대상에 대한 종합명제가 관찰적 서술 위에 성립되고, 관찰적 서술이 개체성과 개인성을 벗어나기 힘들다면, 지식의 보편적 유효성에 문제가 생기게 된다.75) 현상에만

---

73) 金嶽霖, 『智識論』, 228쪽.
74) 金嶽霖, 『智識論』, 44쪽.
75) 이후 논리실증주의에서도 이 문제를 인식하여 현상주의에서 물리주의로 전향을 이루었다. 하지만 그와 동시에 형식주의로서의 편향성을 드러내기도 하였다.

머무른다는 점에서 빈학파의 관점과 흄의 관점은 분명 통하는 지점이 있다. 이들은 어떤 의미에서 말하면, 의상意象에서 개념으로 향하는 추상의 과정을 진정으로 이해할 수 없었다. 이와는 대조적으로 김악림의 모사설은 개념에 대한 모사 작용을 간과하는 현상주의 관점을 넘어서고 있었다.

김악림 이전, 러셀은 기술 이론(theory of description)을 제시하면서 개념에 대한 모사 작용에 대해서도 어느 정도 주의를 기울인 바 있다. 이는 김악림의 모사설과도 완전히 무관하다고는 할 수 없을 것이다. 사실 러셀이 말한 기술과 김악림이 말한 모사는 영어 단어로는 동일하게 'description'으로 표현된다. 하지만 러셀의 기술 이론은 주로 기술을 통해 보통의 고유명사를 대체하는 것에 중점을 두었다. 러셀이 볼 때, 고유명사가 의미를 지니기 위해서는 반드시 한 가지 대상을 지칭해야 한다. 하지만 이렇게 되면 각종 허구의 실체를 인정해야 하는 문제에 봉착하고 만다. '황금 동산', '둥근 네모' 등을 예로 들 수 있다. 과도한 본체론적 허용을 피하기 위해서는 기술을 통해 고유명사를 대체할 필요가 있다. 기술의 특징은 직접적으로 대상을 지칭하지 않는다는 점에 있으며, 그 의미는 문장 전후의 관계 속에서 확정될 수 있다. 이러한 점에서 보면, 러셀의 기술 이론은 사실 개념과 대상의 관계를 개념 간의 논리 관계(같은 문장의 서로 다른 개념 전후의 관계)로 전환한 것으로 볼 수 있으며, 따라서 기술 역시 대상에 대한 모사의 과정으로 나타나지 않게 되었다. 이와 같은 러셀의 견해와 비교하여, 김악림은 개념으로 소여를 모사하는 것을 강조하였다. 이는 의식적으로 실재론적 입장을 견지한 것으로 볼 수 있다.

모사 이외에, 개념은 소여에 대한 규칙화 작용도 지닌다. 규칙화에 관해서 김악림은 다음과 같이 정의하였다.

> 규칙화란 개념상의 배치를 통해 새로운 소여를 기다리는 것 혹은 받아들이는 것이다.[76]

---

76) 金嶽霖, 『智識論』, 364쪽.

소여는 지식의 가장 기본적(원시적) 자료로서 최초로 경험상의 잡다함으로 나타난다. 이는 주체 이전에 나타나지만, 이때는 어떤 질서나 조리도 지니지 않는다. 개념이란 일정한 조건, 준칙을 규정하며, 이러한 조건과 준칙에 합치되면 어떤 한 종류에 속하게 되고, 그렇지 않으면 그 종류에서 배제된다. 이처럼 개념을 통해 소여를 규칙화한다는 것은, 개념에 따라 조건을 규정하고 이를 바탕으로 소여를 받아들이고 정리하는 것을 의미하며, 이를 통해 소여는 개념이 대표하는 보편의 범주로 들어가게 되며 내적 질서를 획득하게 된다. 예를 들어, 개, 고양이, 원숭이, 말 등으로 이루어진 한 무리의 동물이 주체 이전에 드러나 있다고 가정하면, 주체가 개념을 통해 이들을 규칙화하지 않았을 때, 이들은 그저 한 무리의 잡다한 것들로 나타날 뿐이다. 하지만 '고양이', '개', '원숭이', '말' 등의 개념을 통해 이들을 받아들이게 되면, 이들은 상응하는 종류의 범주로 들어가게 되고, 이러한 소여는 정리되어 질서를 지니게 된다. 바로 이러한 과정이 개념의 규칙화 작용을 말해 준다.

철학사 상에서 보면, 칸트는 이미 개념의 규범화 작용에 주목하기 시작했다. 그의 관점에 따르면, 감성 직관이 제공하는 자료는 보편필연성을 결여하기 마련이며 오직 지성적 범주의 정리를 통해서만 과학적 지식으로 승격될 수 있다. 김악림이 말하는 개념의 규칙화 작용과 칸트가 이해한 지성 범주의 작용은 분명 비슷한 부분이 있다. 하지만 칸트에게서 범주는 선험적인 사유형식으로 여겨지며, 감성 자료에 대한 지성 범주 정리 작용은 인간이 자연에 입법하는 과정으로 귀결되곤 한다. 선험에 대한 이러한 견해와는 달리, 김악림은 개념의 규칙화 작용을 소여를 받아들인 뒤 이를 그에 상응하는 종류에 속해 내적 질서를 획득하도록 하는 과정으로 이해했다. 하지만 이러한 과정은 소여가 어떻게 현현되는지는 규정하지 못한다.[77] 즉 대상에게 입법하는 과정으로 나타나지는 않는다는 것이다. 주체는 선험적 범주가 아니라 소여를 규칙화하는 개념의 힘을 빌린다. 결국 주체란 소여에서

---

77) 金嶽霖, 『智識論』, 366쪽.

제5장 실증주의를 넘어서   195

나오기 때문이다. 규칙화에 대한 이러한 이해는 명백히 선험론을 지양한 것이다.

다른 한 측면에서 보면, 비록 칸트가 감성 자료에 대한 지성 범주의 규범화 작용에 주목하기는 하였으나, 범주에 대한 그의 이해는 선험적이었을 뿐만 아니라, 상당히 협소한 측면을 보이고 있었다. 특히 칸트가 지성 범주를 12가지로만 규정하여 개념의 규범 작용에 제약을 불러온 것에서 이러한 특징이 잘 나타난다. 이 점에서 신실재론(및 후대의 논리실증주의)은 다소 차이를 보인다. 러셀을 예로 들면, 그는 모사(기술)를 문장 구성 성분 간의 관계로 이해함으로써 어느 정도 대상과 분리를 이루었으나, 경험 자료에 대한 논리적 구조화에 특히 주목한 측면이 있다. 이는 주로 감성 자료를 일정한 논리 구조 속에 포함시킨 데에서 잘 나타난다. 이러한 과정은 논리적 형식으로 자료를 정리한 것으로도 이해할 수 있다. 그러나 논리 구조 속의 논리 형식은 대개 빈약한 모습을 띠므로 형식주의로 빠지기가 쉽다. 사실 러셀은 인식을 하나의 연역체계로 수립하고자 시도하기도 하였는데, 이 연역체계가 바로 형식화를 특징으로 하고 있다. 이와는 대조적으로 김악림은 칸트의 지성 범주를 넓은 의미에서의 개념으로 확장하는 동시에, 개념이 빈약한 논리 형식이 아닌 소여로부터 획득되는 것임을 강조함으로써 칸트와 신실재론(및 논리실증주의)을 동시에 극복하고자 하였다.

개념의 모사와 규칙화 작용에 대한 위와 같은 해석은 일종의 분석적 설명 방식에 속한다. 현실의 인식 과정에서 모사와 규칙은 항상 서로 연관되어 분리될 수 없다.

> 우리에게 모사의 성분만 있고 규칙화의 성분이 없는 개념이란 존재하지 않는다.
> 모사의 작용만 있고 규칙화의 작용은 없는 순간 역시 존재하지 않는다.[78]

우선 규칙화가 없으면 모사도 있을 수 없다. 주체는 소여를 받아들이는 과정에서 소여를 모사하는데, 주체가 개념을 사용해서 소여를 받아들일 수 있을 때만, 소여에

---

78) 金嶽霖, 『智識論』, 376쪽.

대한 모사가 가능하다. 김악림은 다음과 같은 예를 들어 이를 설명한다. 즉 만약 어떤 사람이 '바나나'라는 개념으로 소여를 받아들이지 못한다면, 그는 '개념'이라는 개념으로 소여를 모사할 수 없다. 간단히 말해, 소여를 모사하는 과정은 동시에 소여를 규칙화하는 과정이기도 하다. 마찬가지로 규칙화 역시 모사와 분리될 수 없다. 만약 우리가 어떤 하나의 개념을 사용하여 대상을 모사할 수 없다고 한다면, 즉 그것이 '말하는 바'를 알지 못한다고 한다면, 우리가 해당 개념을 사용하여 새로운 대상을 받아들이는 것 역시 불가능하다. 정리하면, "개념은 규칙화되지 않으면 모사할 수 없고, 반대로 모사하지 않으면 규칙화할 수 없다. 양자가 서로 번갈아 사용되어야 개념은 비로소 개념으로 성립된다."[79]

　　모사와 규칙화의 통일은 소여로부터 획득되는 것과 소여에게 환원하는 것 간의 통일이기도 하다. 즉 모사를 통해 개념은 소여로부터 의미를 획득하며, 이로써 대상과의 괴리를 피할 수 있게 된다. 반대로 개념은 다시 소여에게 규칙화를 진행하여 직접적 현현으로서의 소여가 질서를 지닐 수 있도록 한다. 바로 이러한 과정에서 주체는 점차 지식 경험을 형성하게 된다. "지식 경험은 소여에서 얻은 것을 다시 소여에게 환원하는 것이다." "진정한 의미에서 지식적 경험이 있다는 것은 바로 진정한 의미에서의 개념이 있다는 말과 같다. '진정한 의미에서의 개념이 있다'는 말은 소여에서 얻은 것을 다시 소여에게 환원하는 것을 가리킨다. 즉 소여에서 얻은 것이 있으면 다시 이를 소여에게 돌려주는 것이 가능하다는 말이다."[80] 이 과정을 좀 더 깊이 분석해 보면, 상호 연관된 두 측면으로 구성되어 있음을 발견할 수 있다. 하나는 소여를 사실로 변화시키는 과정이다. 본연적 세계는 아직 인식론적 의미의 사실이라고 할 수 없다. 본연적 대상은 오직 주체에 앞서서만 나타날 수 있으며, 주체에 의해 받아들여지고 정리되어야만 주체가 인지하는 사실이 될 수 있다. "가장 최초 단계의 자료는 X, Y, Z…… 등등이다. 이러한 자료는 우리가

---

79) 金嶽霖, 『智識論』, 382쪽.
80) 金嶽霖, 『智識論』, 470・385쪽.

받아들이는 과정을 거쳐야만 '객관적 사실'이 된다. 지식을 추구한다는 것은 단지 사실과 마주하는 것뿐만이 아니다. 일부분의 작업은 사실을 발견하는 것에 있으며 사실이 발견되면 이미 절반은 이루어진 것이다."[81] 김악림의 이러한 견해는 본연적 대상과 인식론 의미에서의 사실을 서로 구분한 것이며, 그는 본연적 존재에서 인지된 사실로의 전환 과정이 소여에서 얻은 것을 소여로 환원하는 과정으로 이루어진다는 점을 이해하고 있었다.

소여 가운데에는 본래 질서가 있으며, 보편적 관련을 지닌다. 소여에 대한 모사와 규칙화는 소여를 사실로 전환하는 과정이기도 하지만, 나아가 보편 간의 관련성을 파악하는 것을 의미하기도 한다. "모사의 도구라는 점에서 말하면, 개념은 소여가 드러내는 보편적 관련을 묘사한다."[82] 이처럼 소여에 대한 모사와 규칙화를 통해, 주체는 특수한 사실에 관한 지식을 형성할 뿐만 아니라 보편지리에 대한 인식에 도달할 수 있게 된다. 간단히 말해, 소여에 대한 개념의 모사 및 규칙화 작용은 구체적 사실을 아는 것(知事)과 보편적 이치를 아는 것(明理)의 통일을 나타내기도 한다.

개념의 이중적 작용을 설명하는 김악림의 학설은 감성과 이성의 관계에 대해서도 충분한 설명을 제공한다. 일반적으로 말해, 실증주의는 감각 경험을 중시하면서도 이성에 대한 작용을 완전히 배제하지는 않았다.(신실재론 및 논리실증주의는 논리의 지위를 특히 부각하였는데, 이는 논리적 사유를 긍정한다는 의미를 내포한다.) 하지만 그들이 이론상 감성과 이성 간의 관계 문제를 진정으로 해결했다고 볼 수는 없었다. 그들에게 있어 양자는 서로 분리되기도 하고, 병렬적인 관계로 나타나기도 한다. 이러한 점에서 논리실증주의의 견해는 더욱 전형적인 의미를 지니고 있기도 하다. 앞에서 서술했듯, 논리실증주의는 유의미한 명제를 종합명제와 분석명제로 구분한다. 전자는 특수한 경험명제이고, 후자는 보편적 논리명제이다. 논리실증주의의 이해

---

81) 金嶽霖, 『智識論』, 462쪽.
82) 金嶽霖, 『論道』, 7쪽.

방식에 따르면, 종합명제는 항상 경험적이지만, 분석명제는 영원히 선험적이다. 이처럼 양자는 기원 상 완전히 분리되어 서로 관련되지 않는다. 종합명제와 분석명제의 이러한 구분 배후에는 사실 감성과 이성 간의 모종의 분열이 자리한다. 실증주의와는 대조적으로 김악림은 개념의 모사와 규칙화를 통일함으로써 지식 경험은 소여에서 얻은 것을 다시 소여로 환원하는 것에 다름 아님을 논증하였다. 소여에서 얻었다는 점에서 이는 후험적이지만, 다시 소여로 환원한다는 점에서 이는 선험적(환원의 대상이 되는 소여에 앞선다는 의미)이다. 감성과 이성, 후험과 선험은 본질적으로 서로 연관되는 과정으로, 이 과정은 구체적 사실을 아는 것(知事)과 보편적 이치를 아는 것(明理)의 통일을 의미하기도 한다. 이러한 이론은 그가 이미 실증주의적 시각을 넘어섰음을 분명히 보여 준다.

물론 실증주의를 넘어선다는 것이 실증주의와의 관계를 완전히 단절하였다는 것을 의미하지는 않는다. 사실 김악림의 개념론에서는 여전히 어떤 실증주의적 흔적을 엿볼 수 있다. 이러한 특징은 우선 그가 개념에 대한 역사성에 그다지 주목하지 않은 점에서 확인할 수 있다. 물론 그가 개념의 이중적 작용을 긍정하기는 했으나, '소여에서 얻은 것을 다시 소여에게 환원한다'는 설명이 역사적 과정에서 부단히 발전해 왔다는 점을 강조하지는 않았다. 이와 관련하여, 그는 특히 추상적 개념의 작용을 중시하였으며, 변증성을 지닌 구체적 개념은 기본적으로 그의 눈 밖에 있었다. 이러한 견해는 분명 어느 정도 논리를 중시하고 역사성을 소홀히 하며 형식화를 추구한 실증주의의 사유 경향과 궤를 같이한다.

4. 접수 총칙과 귀납 문제

개념으로 소여를 모사하고 규칙화하는 것을 통해 주체는 소여를 사실화할 뿐 아니라 보편적 관련을 파악한다. 그렇다면 어떻게 이를 통해 형성되는 지식 경험이 신뢰성을 지니도록 할 수 있을 것인가? 이는 우선 논리 원칙의 사용 문제와 관련이 있다. 이에 대해 김악림은 다음과 같이 설명한다.

> 논리명제는 모사의 모사이자 규칙의 규칙이다. 모사의 모사라는 것은 개념이 논리명제를 따르지 않는다면 모사의 작용을 할 수 없음을 말한다. 규칙의 규칙이라는 것은 개념이 논리명제를 따르지 않는다면 규칙화의 작용을 할 수 없음을 말한다.……논리명제가 규칙의 규칙인 이상, 이는 당연히 개념이 반드시 따라야 하는 기본 조건이 된다.[83]

간단히 말해, 형식논리를 따르는 규칙은 형식적 지식 경험의 필요조건이 되며, 어떤 개념이든 오직 논리 규칙과 부합해야만 소여에 대한 모사와 규칙화 작용을 일으킬 수 있다.

모사와 규칙의 기본 조건이 되는 사유의 규칙은 주로 형식논리의 동일률, 배중률, 모순율 등을 가리킨다. 김악림은 이를 '생각의 원칙'이라 불렀다. 세 가지 사고 원칙 가운데 가장 기본이 되는 것은 동일률로, "이는 의미의 가능한 한 가장 기본이 되는 조건"[84]이기 때문이다. 따라서 동일률을 따라야만 개념은 확정된 의미를 획득할 수 있으며 그렇지 않으면 정상적인 사유활동과 사유의 교류는 진행될 수 없다. 배중률은 사유의 가장 기본적인 개념 형식이다. 이는 모든 가능성을 따짐으로써 논리명제는 모두 필연적임을 나타낸다. 논리적 사유란 항상 필연적인 명제를 추구하기 마련이므로 배중률은 논리적 사유의 기본 규칙을 이루게 된다. 세 가지 사고 원칙 중 마지막 하나는 바로 모순율이다. "모순율은 배제의 원칙이며 이는 사고 가운데 모순을 배제한다."[85] 모순에 의한 배제가 없다면, 사유란 불가능해진다. 만약 개념에 모순이 있으면 이는 (소여를) 받아들이는 방식이 될 수 없다.

---

83) 金嶽霖, 『智識論』, 409쪽.
84) 金嶽霖, 『智識論』, 414쪽.
85) 金嶽霖, 『智識論』, 416쪽.

정리하면, 김악림이 볼 때, 논리 규칙은 그 자체로 지식을 제공해 주지는 않지만, 지식 경험을 위해 필요한 담보를 제공해 줄 수는 있다. 형식논리에 대한 이와 같은 중시는 분명 사변철학(예를 들면, 헤겔의 사변체계)과는 다르며, 실증주의적 전통에 더욱 근접해 있음을 알 수 있다.

논리는 물론 지식 경험의 필요조건이기는 하지만, 주로 소극적 방식(형식논리에 어긋날 수 없다는 의미)으로 지식에 담보를 제공한다. 형식논리 외에도 소여의 모사와 규칙화에 대해서는 귀납원칙이 적용되어야 한다.

> 우리는 소여로부터 개념을 획득한 이후에 이 개념을 이용하여 소여를 받아들일
> 수 있다. 바로 이 수용과 대응의 과정에서는 항상 귀납원칙이 적용되고 있다.[86]

소여를 받아들여서 지식을 형성하는 것은 귀납원칙을 사용하지 않고서는 있을 수 없는 일이다. 이러한 의미에서 김악림은 귀납원칙을 '접수 총칙'이라고 불렀다. 소여로부터 받아들이고 이를 다시 소여에게 환원하는 과정은 하나의 귀납 과정으로 나타나기도 한다. 김악림은 우선 '귀납'을 일종의 '발견의 방법'으로 이해한다.

귀납의 기능에 대한 그의 이러한 규정은 논리실증주의와는 명백히 다르다. 경험주의에 속하는 논리실증주의는 물론 귀납의 작용을 상당히 중시하였지만, 앞에서도 설명했듯, 전체적인 경향으로 말하자면 이들은 기본적으로 귀납을 증명의 방법으로 이해하였지, 발견의 방법으로 이해하지는 않았다. 논리실증주의의 입장에서 과학적 발견은 하나의 심리학적 문제로서 어떤 따를 만한 규칙을 지니지 않으며, 오직 증명의 과정만이 귀납과 서로 연결된다. 여기서 말하는 증명이란 확증(Confirmation)이라고 이해되기도 한다. 카르나프는 귀납의 작용을 확증의 정도를 제공해 주는 것으로 규정한다. 확증의 정도란 바로 확증의 증거와 가설 간의 논리 관계를 의미한다.[87] 발견 과정과 증명 과정을 구분하고 증명 과정에 대해 분석한

---

86) 金嶽霖, 『智識論』, 458쪽.
87) 루돌프 카르나프, 張華夏 역, 『科學哲學導論』(光州: 中山大學出版社, 1987)을 참고할 것.

논리실증주의의 견해는 분명 유의미한 바가 있다. 하지만 귀납을 지식 획득의 과정 밖으로 배제한 것은 아무래도 과학적 발견에서 귀납이 지니는 작용을 소홀히 한 것으로 볼 수밖에 없다. 물론 귀납이 발견을 위한 기계는 결코 아니지만, 과학적 발견의 과정은 항상 귀납의 작용을 포함하고 있기 마련이다. 이러한 점에서 김악림이 귀납을 하나의 '사물에서 이치를 추구하는' 과정이라고 본 것은 분명 논리실증주의와 비교했을 때 더욱 합리적인 것이다.

그런데 발견의 방법 혹은 증명의 방법이라는 의미와 무관하게, 귀납원칙은 그것이 과연 신뢰할 수 있는 것인가 하는 문제를 본질적으로 내포하고 있다. 연역과는 달리, 귀납은 특수에서 보편으로 이르는 과정이며 귀납적 결론은 항상 그 전제를 넘어서게 된다. 이러한 상황에서 어떻게 귀납적 결론의 신뢰성을 확보할 수 있을 것인가? 이 문제는 결국 귀납원칙의 신뢰 문제로 이어진다. 흄이 이에 대해 의문을 제기한 이래, 사람들은 부단히 이 문제를 고민해 왔다. 김악림 역시 오랜 기간 이 문제로 곤란을 겪었다. 그가 볼 때, 만약 귀납의 문제를 해결하지 않는다면 과학지식은 그 바탕에서부터 흔들리고 만다. 이처럼 지식 경험이 확실한 담보를 지니도록 하려면, 귀납원칙의 유효성 문제를 깊이 고찰하지 않을 수 없다.

김악림은 흄이 제시한 귀납 문제는 우선 미래는 과거와 유사할 것인가 하는 문제와 관련된다고 보았다. 흄의 견해에 따르면, 귀납의 전제는 과거의 사실에 관한 것이며, 귀납의 결과는 미래를 향해 있다. 하지만 과거의 참이었던 것이 미래에 반드시 참이리라는 보장은 없다. 예를 들어, 태양은 매일 동쪽에서 떠오른다. 이는 우리가 부단히 경험하는 사실이지만, 내일 태양이 동쪽에서 뜰 것이라는 사실을 반드시 보장해 주지는 않는다. 간단히 말해, 과거는 미래에 의해 뒤집힐 수 있으므로 귀납원칙은 완벽히 신뢰할 수는 없다는 것이다. 흄과는 달리, 김악림은 미래가 어떠하든 과거의 사실을 뒤집을 수는 없다고 생각했다. 설사 반례가 나오더라도 과거의 사실이 뒤집히는 것을 의미하지는 않는다. 논리적으로 말해, 시간은 머물러 있는 것이 아니므로 반례가 출현한 순간은 이미 미래가 아니게 되기 때문이다. 물론 귀납원칙이 미래에 의해 뒤집힐 수 없는 이유가 이와 같은 반례의 성질에 있는 것만은 아니다. 더욱 중요한 것은 귀납원칙과 귀납의 구체적인 결론을 구분해야 한다는 것이다. 김악림의 견해에 따르면 귀납원칙은 아래와 같은 형식으로 요약할 수 있다.

만약 $a_1 - b_1$

               $a_2 - b_2$

               $a_3 - b_3$

               $\vdots \quad \vdots$

               $a_n - b_n$ 이면,

(대략)   A $-$ B 이다.

간단히 말해, 위의 형식에서 a_1, b_1 등은 개별 사례를 의미하고 A $-$ B는 이들을 통해 얻어진 구체적 결론을 말한다. 한편 귀납원칙은 '만약 ~라면 ~이다'라는 논리 관계로 표현된다. 여기서 미래에 한 가지 반례가 출현했다고 가정해 보면, $a_{n+1} \neq b_{n+1}$가 될 것이다. 그렇다면 귀납의 과정은 다음과 같이 나타낼 수 있다.

만약 $a_1 - b_1$

               $a_2 - b_2$

               $a_3 - b_3$

               $\vdots \quad \vdots$

               $a_n - b_n$

           $a_{n+1} \neq b_{n+1}$ 이면,

            A $\neq$ B 이다.

이러한 상황에서 반례 '$a_{n+1} \neq b_{n+1}$'가 뒤엎는 사실은 귀납원칙의 전제(즉, $a_1 - b_1$ 등)나 귀납원칙 자체가 아니라, 오직 'A — B'라는 구체적 결론일 뿐이다. 바꾸어 말해, 반례는 기껏해야 어떤 한 귀납 과정의 구체적 결론만을 반박할 수 있을 뿐, 귀납원칙 자체와 저촉되지는 않는다는 것이다. 사실 '$a_{n+1} \neq b_{n+1}$'로부터 'A $\neq$ B'라는 결론이 도출되는 것 역시 '만약 ~라면 ~이다'라는 귀납원칙의 사용을 함축하고 있다.[88]

귀납은 어떤 의미에서 하나의 추론 과정으로 나타나기도 한다. 이러한 과정의 첫 번째 전제는 바로 귀납원칙이고, 두 번째 전제는 예증이다.[89] 이 과정의 구체적인 형식은 다음과 같다.

만약, $a_1 - b_1$, $a_2 - b_2$, $a_3 - b_3$ …… $a_n - b_n$이면, (대략) A—B이다.

그런데 $a_1 - b_1$, $a_2 - b_2$, $a_3 - b_3$ …… $a_n - b_n$이다. 따라서 (대략) A—B이다.

즉, 첫 번째 전제(즉 귀납원칙)가 정확하고, 예증(관찰적 진술)이 참이라면, 귀납추리는 타당하게 된다. 논리 관계로 말하자면, '만약 ~라면 ~이다'라고 표현되는 귀납원칙은 본질적으로 하나의 조건명제(혹은 함축명제)로 전개된다. 전건이 참인데 후건이 거짓인 경우만 없다면, 이 조건명제는 필연적으로 참이다. 이상의 분석에 근거하여, 반례의 여부와는 무관하게 귀납 과정에서 전건의 참으로부터 후건의 참을 항상 추론해 낼 수 있다. 이렇게 귀납추론의 타당성 또한 논리적으로 보장될 수 있다.

김악림의 이러한 설명은 흄의 문제를 해결하고자 했던 그의 시도를 보여 준다. 비록 순수한 논리적 이유만으로는 귀납원칙을 완전히 담보할 수 없는 것이 사실이다. 하지만 이상의 설명 방식은 논리가 지닌 강력한 힘을 잘 보여 주었다. 논리

---

88) 金嶽霖, 『論道』, 「緒論」을 참고할 것.
89) 金嶽霖, 『智識論』, 436쪽.

관계 위에서 귀납원칙의 항진성에 대해 설명한다는 점은 자연히 논리실증주의를 떠올리게 만든다. 논리실증주의는 귀납을 중시하여 흄의 문제라는 피할 수 없는 난제에 직면할 수밖에 없었다. 귀납에 신뢰할 수 있는 형식을 부여하기 위해 논리실증주의는 귀납논리체계를 세우는 데 힘썼다. 이 측면에서 카르나프는 대표적인 인물이었다. 그는 다음과 같이 단언한 바 있다. "정언 근거(e)와 진술 가설(h)로 이루어진 한 쌍의 문장이 있다고 했을 때, 우리는 귀납논리체계를 구축함으로써 모든 경우에서 e에 관한 h의 논리적 확률을 하나의 수치로 나타내고자 한다." 이러한 귀납논리는 심지어 귀납 기계로 비유되기도 하였다. "나는 과도하지 않은 목표를 지닌 귀납 기계가 존재할 수 있다고 믿는다. 일정한 관찰(e)과 하나의 가설(h)을 설정하면(예를 들어, 이는 예언적 형식일 수도 있고, 심지어 규칙 집합의 형식일 수도 있다.), 나는 기계의 프로그램을 이용하여 많은 상황에서 그 논리적 확률 혹은 e라는 기초 위에서의 h의 정확도를 확정할 수 있다고 생각한다."[90] 이러한 목표를 실현하기 위해 카르나프는 여러 가지 노력을 시도하였는데, 이러한 노력은 결국 귀납추론의 형식화(연역과 유사한 논리의 체계로 만드는 과정)를 통해 귀납에 확실한 기초를 제공하기 위함과 다름이 아니었다. 비록 김악림은 귀납의 형식화를 시도하지 않았고, 오히려 귀납논리와 연역논리를 엄격하게 구분하고자 하였으나, 그는 귀납 과정에 대한 논리적 분석을 통해 귀납원칙의 신뢰성을 논증하고자 했다. 이러한 해결 방식은 어떤 의미에서 분명 논리실증주의와 비슷한 모습을 보여 준다.

하지만 논리실증주의가 귀납 문제에 대해 고찰한 것은 기본적으로 논리 영역을 벗어나지 않았다. 연역과 유사한 귀납논리체계를 구축하고자 한 실패한 노력 외에, 흄의 문제에 대해 논리실증주의는 또 다른 해답을 내어놓지는 않았던 것으로 보인다. 이와는 대조적으로 김악림은 더 개방적인 시야를 보여 주었다. 그가 볼 때, 흄의 문제를 해결하는 것은 논리적 분석에만 국한되어서는 안 된다. 근본적으로 말해 "흄의 문제는 질서의 문제이다."[91] 진정한 질서는 보편필연적 관계로 전개된

---

90) 루돌프 카르나프, 『科學哲學導論』, 33~34쪽.

다. 흄은 협소한 경험론적 입장에서 출발하여 현상의 항상적 결합만을 인정하고 대상들 사이에 존재하는 보편필연적 연결은 부정하였다. 그의 견해에 따르면, 보편필연성이란 사실 현상의 항상적 결합에 지나지 않는다. "각 사물의 현상 사이에서 이러한 '필연적 연결'이라는 관념이 생길 수 있는 이유는 바로 우리가 비슷한 사례 속에서 이러한 일들이 항상 하나로 결합하는 것을 목격하기 때문이다."[92] 경험 관찰을 통해 얻는 '항상적 결합'은 이전 혹은 현재와 관련되며, 미래와는 무관하다. 이는 과거에 그러하였음만을 나타내지, 미래에도 그러할 것이라는 사실을 보장하지 않는다. 따라서 이러한 '결합' 위에 세워진 귀납에는 문제가 발생하지 않을 수 없다.

> 흄에게는 공식적으로 진정한 보편이란 존재하지 않으며, 이후 우리가 제시하고자 한 진정한 질서도 존재하지 않는다. 그에게는 오직 현재와 과거의 인상에 따른 질서만 존재할 뿐이다. 따라서 가령 미래가 현재와 과거를 뒤엎는 일이 있다고 하면, 그가 힘들게 얻어낸 질서 또한 뒤집어지게 된다.[93]

여기서 김악림은 흄의 문제를 해결하는 중요한 전제가 바로 귀납을 위한 객관적 근거를 찾는 데 있었음을 인식하고 있었다. 이러한 근거는 바로 대상 속에 존재하는 진정한 질서(보편필연적 관련)이다. 앞에서 서술했듯, 김악림의 견해에 따르면 사실(事)은 본래 이치(理)가 포함되어 있으니, 소여 속에도 객관적 질서가 존재한다. 마찬가지로 귀납의 전제가 되는 개별적 사례들은 단지 '이것' 혹은 '저것'과 같은 순수한 개별이 아니다. 이들은 항상 보편적 관련을 내포하고 있으며, 보편의 방식으로 받아들인 소여로 나타난다. 바로 a_1, b_1과 a_2, b_2 등의 개별 사례에 진정한 질서가 존재하므로, 진정한 질서는 과거 현상의 '결합'과는 또 다르다고 할 수 있다. 이는

91) 金嶽霖, 『智識論』, 419쪽.
92) 흄, 關文運 역, 『人類理解研究』(北京: 商務印書館, 1972), 69쪽.
93) 金嶽霖, 『智識論』, 419쪽.

과거와 미래를 관통하기 마련이므로 개별에서 보편으로의 귀납은 합리적인 근거를 지닐 수 있다. 바꾸어 말해, 개별 속에 존재하는 보편을 제대로 드러내기만 한다면, 귀납 추론은 미래에도 항상 타당한 것이 되므로 흄처럼 귀납 문제 앞에 무력한 모습을 보이지 않을 수 있다. "진정한 보편을 승인한 이후, 개념이 모사와 규칙화의 작용을 한다는 점을 승인한 이후, 이 문제가 지닌 어려움은 천천히 해소된다."[94]

김악림의 이러한 견해는 방법론적 연구와 본체론적 고찰을 결합하기 시작하였음을 보여 준다. 객관적 질서(진정한 보편)는 개별에서 보편에 이르기 위한 내적 기초가 되며, 과학적 방법으로서 귀납 역시 이를 통해 본체론적 근거를 획득하게 된다. 귀납 문제에 대한 이와 같은 해결법은 흄의 시야를 넘어서는 것은 물론이고 논리실증주의의 방향과도 다른 모습을 보여 준다. 흄의 계승자로서 논리실증주의는 객체의 진정한 질서(보편필연적 관련)에 대해 의문의 태도를 나타냈다. 카르나프는 흄의 관점이 "실질적으로 정확한 것"이라고 명확한 긍정의 태도를 보이면서 "만약 필연성을 관찰해 내지 못했다면 이를 단정할 수 없다"[95]고 여겼다. 이러한 견해로 인해 논리실증주의는 비록 귀납 문제를 해결하고자 노력하기는 했으나, 결국 논리 분석의 영역에만 사로잡혀 귀납의 신뢰성을 위한 확실한 기초를 마련할 수 없었다. 논리실증주의와 비교하면 김악림은 이 측면에서 분명 중요한 한 걸음을 내디뎠다.

귀납원칙은 접수 총칙으로서 지식 경험을 가능하게 하는 조건을 이룬다. 시간이 멈추지만 않는다면 거대한 변화는 항상 진행되니 소여 역시 끊임없이 생겨날 수밖에 없다. 그리고 소여가 사실이 되는 과정, 즉, 소여로부터 얻은 것을 다시 소여로 환원하는 과정에서는 항상 귀납원칙이 사용된다. 이러한 의미에서 김악림은 귀납원칙을 선험적 원칙으로 칭하고자 하였다. "귀납원칙이 선험적 원칙이라는 것은 그것이 경험의 필요조건이라는 말이다."[96] 김악림의 이러한 견해는 러셀과도

---

94) 金嶽霖, 『智識論』, 419쪽.
95) 루돌프 카르나프, 『因果性和決定論』. 자세한 내용은 洪謙 주편, 『邏輯經驗註意』 상권(北京: 商務印書館, 1982), 356쪽을 참고할 것.
96) 金嶽霖, 『智識論』, 453쪽.

비슷한 부분이 있다. 러셀은 "귀납원칙은 경험을 근거로 하는 논증의 타당성에 대한 필요조건이 된다. 하지만 귀납법 원칙 자체는 경험에 의해 증명되지 않는다." 즉 귀납원칙은 선험적 성질을 지닌다는 것이다.[97] 하지만 러셀이 논리를 선험의 반열에 둔 반면, 김악림은 선천과 선험을 서로 구분한 뒤, 논리는 선천 원칙에 속하고 오직 귀납만이 선험 원칙에 해당한다고 생각했다. 선천 원칙은 시공간을 초월한 것으로서 설령 시간이 멈춘 상황 속에서도 이는 여전히 참이다. 이에 반해 선험 원칙은 시간의 흐름 및 사실의 부단한 발생이라는 조건 아래에서만 참일 수 있다.[98] 바꾸어 말해, 선험 원칙의 기초는 현실의 존재 속에 있다. 이처럼 귀납원칙은 한편으로는 경험의 필요조건이면서, 다른 한편에서는 현실 속 경험세계와 유리되어 있지 않다. 김악림의 이러한 설명 방식은 여전히 어느 정도는 추상적이었으며, 심지어 다소 사변적이었다고 할 수도 있다. 하지만 다른 한 측면에서 그는 귀납원칙에 대해 실증론과는 다른 방식으로 설명하기도 하였다.

귀납원칙과 그 기초에 대한 김악림의 이러한 고찰은 흄의 문제에 대한 의미 있는 이론적 시도임이 분명했다. 그의 견해는 상당히 독창적인 사고방식을 보여주었는데, 이미 많은 부분 실증주의의 틀을 뛰어넘고 있었다. 물론 귀납은 과학의 방법으로서 항상 연역과 서로 연관되며, 내적으로 분석과 종합의 통일을 포함하고 있다. 오직 귀납에만 의존한다면 진정한 보편에 도달할 수 없으며, 귀납을 과학적 분석 및 연역과 결합해야만 그 결론이 진정으로 보편필연성에 도달할 수 있게 된다. 이러한 보편적 결론은 다시 경험적 실천의 검증을 거쳐야만 타당한 형식을 획득할 수 있다. 과학적 방법의 각 절차와 실천 과정을 떠나서는 귀납의 신뢰성 문제를 제대로 해결할 수 없다. 실증주의에서 출발한 한 명의 철학자로서, 김악림은 상술한 이론 관계에 대해서는 다소 소홀히 하는 모습을 보이기도 하였다. 이와 동시에, 김악림은 귀납원칙을 접수 총칙으로 이해하면서, 소여를 받아들이는 과정

---

97) 러셀, 『哲學問題』, 48쪽을 참고할 것.
98) 金嶽霖, 『論道』, 12쪽을 참고할 것.

(소여로부터 받은 것을 소여에게 환원하는 과정)의 복잡성에 대해서도 제대로 주의를 기울이지 않았다. 하지만 이러한 결점에도 불구하고 귀납 문제에 대한 김악림의 탐색은 여전히 매우 중요한 이론적 의의를 지닌다.

덧붙이는 말

엄복에서 김악림에 이르기까지, 중국 근대실용주의는 수많은 우여곡절 속에서 발전을 이룩해 왔다. 중국 및 서양의 실증론은 어디까지나 하나의 철학 사조로서 공통적인 특성과 유사한 철학적 의의를 지닌다. 하지만 중국 근대가 처했던 역사적 배경 및 철학, 문화전통 등은 서양의 그것과는 뚜렷한 차이를 보였다. 이러한 차이는 중국에 유입된 실증론에 불가피한 변화를 초래했고, 서로 다른 양상으로 변화한 실증론은 사상과 사회의 변화·발전에도 서로 다른 역사적 영향을 형성하였다.

인식론의 측면에서 보면, 실증주의는 경험론의 한 계열로 볼 수 있으며, 사유체계는 기본적으로 데이비드 흄의 논리 전개 방식을 따른다. 이러한 특징은 중국 근대의 대다수 실용주의자에게서도 어느 정도 비슷하게 발견된다. 그러나 중국의 실용주의가 경험론을 받아들였다고는 하지만, 완전히 이러한 전통에 갇혀 있던 것은 아니었다. 예를 들어, 엄복은 "인간의 지식은 경험에 부합하는 것으로 제한된다"라고 하면서 실용주의와 일맥상통한 입장을 취한 것이 사실이지만, 한편으로 현상 배후의 본체를 부정했던 오귀스트 콩트와는 달리 현상 배후의 본체를 인정하고 이를 감각의 원인으로 보았다. 이처럼 엄복의 실용주의는 흄에서 출발하여 칸트로 나아가게 되었다. 호적 역시 인간의 인식이 경험을 넘어설 수 없다고 여겼는데, 다른 한편으로는 주체가 대상의 진실한 상태를 파악할 수 있음을 인정하였다. 이는 곧 감각에서 대상으로 한층 나아감을 의미한다. 김악림은 여기에서 더 나아가 '소여는 객관의 현현'임을 주장하면서, 정상적인 감각 활동 가운데에서 대상은 내용과 일치된다는 점을 강조하였다. 이는 감각이 객관의 실재를 제공할 수 있음을 확인한 것이다. 만약 엄복과 호적의 사상이 주로 정통 실증론을 벗어나는 모습으로 나타났다고 한다면, 김악림은 실증론의 새로운 지평을 돌파하기 시작했다고 할 수 있다. 중국 실증주의는 감각론 측면에서 위와 같은 변화·발전을 이루었으나, 여전히 내적으로는 감각론과 논리 관계를 맺고 있었다.

경험과 이론의 관계는 인식론이 다루는 또 다른 기본적인 문제 중 하나다. 경험의 극복과 돌파라는 점에서 중국과 서양의 실증론은 분명 상통하는 지점이 있다. 그러나 서양의 실증론은 인식의 과정을 대체로 현상 경험에 대한 묘사로 이해하면서 객관에 내재하는 보편 이치에 관해 고찰하기를 거부하며, 심지어 경험 관찰이라는 과정 안에 모든 일반 이론을 녹여 내고자 한다. 이러한 사고방식과는 달리, 중국 근대의 실증주의는 결코 이론적 사유와 그 성과들을 간단히 폄하하고자 하지 않았다. 호적은 실용주의를 받아들이는 동시에, 학문적 이치가 인식 과정에서 어떤 규범적 작용을 한다는 점에 주목했다. 비록 그가 학문적 이치를 단편적으로 정의하기는 했지만, 어디까지나 그의 입장은 극단적인 경험론과는 달랐다. 풍우란은 변명석리辨名析理를 제시하면서 보편적 이치에 대한 파악이 인식 과정에 반드시 포함된다고 여겼다. 풍우란의 리理세계라는 관념은 어느 정도 허구적인 성질을 지니고 있었기는 하지만, 석리析理라는 그의 주장은 분명 실증주의의 경험론적 입장을 넘어서고 있다. 김악림은 소여가 객관의 현현이라는 점을 인정하는 한편, 이를 전제로 개념이 소여에 대한 규범과 모사의 작용을 한다는 것을 강조함으로써 경험과 이성을 통일하려는 방향으로 나아갔다.

이상 우리는 중국과 서양의 실증주의가 인식론의 측면에서 지니는 차이점들을 살펴보았다. 이러한 특징은 여러 방면의 원인에서 기인한다. 베이컨에서 시작하여 로크, 버클리, 흄 등을 거치며 서양 근대는 매우 뿌리 깊은 경험론 전통을 이룩하였다. 어떤 의미에서 보면, 이러한 전통은 실증주의 이론의 선도자로서 기본적인 사고체계와 골자를 규정한 것으로 볼 수 있다. 경험론 전통의 발전과 진보의 논리적 귀결로서, 실증주의는 시작부터 경험론의 강한 제약을 받을 수밖에 없었다. 서양과 비교해 보면, 서양이 17세기 이래로 일방적인 경험론 전통을 이루었던 것과 달리, 중국에서는 그러한 전통이 형성되지 않았으며, 경험주의와 이성주의 간의 경계 역시 그렇게 뚜렷하지 않았다. 물론 청대의 박학은 어느 정도 경험론적 경향을 지니고 있었지만,

다른 한편으로 경학의 의리義理가 지니는 보편적 규범성에 대해 한 번도 의심한 적이 없었다. 더 앞으로 거슬러 올라가 중국 고전철학 전반을 고찰해 보면, 도道와 리理에 대한 부단한 추구를 발견하게 된다. 이러한 철학 배경은 중국 근대의 실용주의가 극단적인 경험주의를 받아들이기 어렵게 만드는 원인이 되었으나, 반대로 이성이라는 원칙에 대해서는 비교적 관용적인 태도를 지니게 했다. 호적에서 김악림까지 실로 모든 철학자가 이러한 특징을 보였다고 할 수 있다. 더 나아가 말하자면, 중국 근대 실용주의에 녹아 있는 이성주의적 관념이란 본래 많은 부분 전통철학에 그 기원을 두고 있었다. 다른 측면에서 말하자면, 중국 고전철학에는 일방적인 경험론 전통은 존재하지 않았다. 이는 이론적 편협함을 피했다고 이해할 수도 있으나, 일정 부분 인식이라는 단계에 대한 고찰을 저해하는 결과를 가져오기도 했다. 중국 근대 실증주의는 극단화 경향을 배제하는 것을 전제로 하여 인식 단계에 대한 일련의 세밀한 고찰을 시행하였고, 이것으로부터 '소여는 객관의 현현', '개념의 이중 작용' 등의 이론을 도출하였다. 이는 실증론의 새로운 지평을 여는 일인 동시에, 중국철학을 이론적으로 심화시키는 것이기도 하였다.

인식론은 필연적으로 방법론과 관계된다. 넓은 의미에서 보면, 실증주의는 처음부터 이중적인 함의를 내포하고 있었다. 우선 실증주의는 근대 경험과학의 방법과 정신을 받아들이면서 한편으로 현상주의와 같은 원칙을 핵심으로 삼고 있었는데, 이 둘은 서로 불가분의 관계로 깊이 얽혀 있었다. 콩트가 사회학에 도입한 관찰, 비교, 실험 등의 방법, 밀이 체계화한 귀납논리, 논리실증주의가 중시한 기호논리 등은 본질적으로 모두 실증과학의 방법에 속한다. 그리고 당연하게도 이러한 방법들은 대개 실증주의라는 원칙을 따른다. 서양 근대 실증주의의 이러한 이중성은 중국 근대 실증주의에도 상당히 복잡한 영향을 미쳤다. 실증주의라는 형식 속에서 중국 근대 실증주의는 현상주의 원칙을 도입하는 한편, 서양 근대의 과학적 방법 또한 받아들였다. 엄복의 '경험귀납적 학문 방법'에서 호적의 '과학실험실적 태도'까지 모두 이와 같은 특징을 잘 드러내고 있다. 만약 서양 실증주의를 철학의 한 유파라고 본다면, 그 중심에 있는 것은 역시 현상주의 등의 원칙일 것이다. 그렇다면, 중국 근대 실증주의는 대체로 과학적 방법론 자체에 더 주목했다고 할 수 있다. 어떤 의미에서 서양 실증주의는 중국의 실증주의가 근대과학적 방법을 도입하는 중개자의 역할을 담당한 것으로도 볼 수 있는데, 이러한 중개자의 필요성은 중국 근대과학의 발전이 상당히 낙후되어 있었고, 근대 실험과학의 방법론이 형성되지 못했던 것과 관련이 있다. 실험과학이라는 현실적 근거가 결여된 상황 속에서 과학적 방법론은 철학 속에서의 표현을 통해 그 존재를 확인받고 함의를 드러내 보일 수밖에 없었다.

그 중심의 전환을 전제로 하여, 중국 근대 실증주의는 서양 근대과학적 방법과 전통의 학문 방법 및 일반적인 방법론 사상 간의 소통에 주목하기 시작했다. 왕국유, 호적, 풍우란, 김악림 등은 모두 이 문제에 관해 각기 다른 차원에서 노력을 기울였다. 중서 방법론 간의 융합은 전통 방법론 사상 가운데에서 풍부한 생명력을 지닌 내용에 새로운 지위를 부여하는 한편, 서양 근대의 실험 방법론이 지닌 과학적 요구를 특히 강화해 나갔다. 그리고 이 과정에서 실증주의에 담긴 일종의 편향성은 일정한 제약을 받게 되었다. 예를 들면, 호적은 감각의 영역을 초월하여 이루어지는 '실사구시'를 추구하였고, 풍우란은 변명辨名을 통해 석리析理로 나아갈 것을 주장하였다. 이 모두가 각기 다른 방식으로 실증론의 편향성을 피하고자 노력했던 결과물이었다. 이와 동시에, 서양 근대과학적 방법은 동양에 유입된 외래 관념의 하나로서 종종 중국의 전통사상과 연결되지 못하는 모습을 보였고, 사람들에게 모종의 이질감을 주어 보편적인 인정을 획득하는 데 실패하곤 하였다. 중국 근대 실증주의가 중서 방법론의 회통을 위해 기울였던 노력은 서양 근대의 과학적 방법이 중국에서 뿌리를 내리고 폭넓게 전파되는 데에 분명 간과할 수 없는 의의를 지닌다. 그런데 다른 측면에서 보면, 비록 전통 방법론 사상에 간과할 수 없는 핵심적인 요소가 적지는 않지만, 상대적으로 실험과학의 기초가 부족했던 탓에 대개 단순한 성격에 머무르며 여러 방면에서 한계를 드러냈다. 근대에 진입한 이후, 방법론 사상 자체에서도 근대화의 문제가 대두되게 되었다. 중서 방법론 사상의 결합은 두말할 것 없이 이러한 역사적 요구에 대응한 것이었다. 이러한 과정은 서양 근대과학의 방법을 위해 전통적 근거를 제공해 주었으며 전통적 방법론이 근대적 형식을 획득하게 하였다. 이렇게 방법론의 근대화가 본격적으로 추진되었다. 이러한 측면에서 보면, 중국 근대 실증주의는 분명 서양의 실증론과는 다른 이론적 의의를 보여 준다.

역사적으로 볼 때, 중국 고대의 과학이 누구나 인정할 만한 성과를 거두었던 것은 분명하지만, 과학의 내적 가치는 그에 상응하는 인정을 받지 못하였다. 정통이라는 관점에 근거하면, 과학은 어디까지나 '기술(技)'일 뿐, '도(道)'와는 거리가 있었다. 학문의 올바른 길은 형이상의 도를 고찰하고 체득하는 것이지, 과학 연구가 아니었다. 송명시기에 이르면 심지어 과학을 깊이 연구하는 것을 "사물에 정신이 팔려 뜻을 잃어버린" 것으로 보기도 하였다. 이러한 문화전통의 영향으로 형식논리는 오랜 기간 냉대를 받았다. 선진시기의 묵변에서부터 당나라시기에 전래된 인명(因明)까지 어느 것도 이러한 운명을 벗어날 수 없었다. 근대에 이르러 실증주의 사조가 굴기를 맞이하자 이와 맞물려 과학의 가치는 철학의 측면에서 인정을 받기 시작했다. 형식논리와 과학적 방법 역시 그와 마찬가지로 점차 중시되었다. 이러한 변화는 근대로 나아가고자 하는 역사적 요구를 바탕으로 가능했는데, 반대로 근대화의 과정에 내재적 추진력을 제공하기도 하였다. 중국 근대의 실증론이 어느 정도는 불가피하게 과학주의 경향을 보일 수밖에 없었다고는 하지만, 근대의 문화 보수주의가 과학을 비판하면서 "과학의 파산"을 단언했던 것에 비하면, 실증주의는 새로운 시대로의 추세를 더욱 분명히 드러내고 있었다.

철학 그 자체의 변천으로 말하자면, 실증주의가 과학 및 논리 분석 방법에 몰두한 것 또한 간과할 수 없는 의의를 지닌다. 서양 근대 실증주의는 처음부터 철학과 과학의 관계를 강조하였고, 이는 철학의 과학화를 추구하는 경향으로 나타났다. 일반적으로 말해, 중국 근대 실증주의가 철학의 과학화에 크게 열중했던 것은 아니었고, 이러한 점에서 서양 실증주의와는 뚜렷한 차이가 있다. 그렇다고 해서 과학과 철학의 관계를 소홀히 여겼던 것은 아니다. 사실 엄복에서 김악림까지 모든 학자가 어느 정도는 철학의 과학적 기초에 대해 인정했다. 이는 바로 과학적 기초를 자각하고 주목한 것으로서, 중국 근대 실증주의가 전통철학을 넘어서는 중요한 지점이 되었다.[1] 철학이 과학 위에 세워져야 한다는 생각과 더불어 근대 실증주의는 논리 분석 방법을 철학으로 도입하기 시작했다. 근대 실증주의는 철학 범주, 개념, 명제 등에 관한 정의와 규정에 치중하였으며, 논증의 엄밀성을 강조하였고, 내용과 형식의 이중적 체계화를 실현하기를 강조했다. 이러한 점들은 전통철학을 새롭게 정리하는 작업을 통해 구현되었고, 또한 자신의 철학체계를 건립하는 작업으로 전개되었다. 근대 실증주의가 사용하는 개념, 범주 등은 분명 고전철학의 그것에 비해 더욱 명료하며, 내적 논리 또한 더욱 엄밀하다. 전통적 방법과 서양 근대과학의 방법 간의 소통이 방법론을 근대화시켰던 것처럼, 철학과 과학 간의 관계 재인식, 논리 분석 방법의 도입 등 또한 넓은 의미에서 철학 자신의 근대화를 이끌었다고 볼 수 있다. 앞서 설명했던 것처럼, 실증주의는 서양에서 최초로 발생한 이후 현대철학의 거대한 사조로 자리 잡았다. 그리고 이는 다른 하나의 거대한 사조인 인본주의와는 대립 관계를 형성했다. 이 둘의 근본적인 차이는 바로 형이상학에 대한 관점의 차이에서 기인한다. 실증주의의 기본 원칙이란 이른바 형이상학에 대한 배격이다. 설사 정도는 다르다고 할지라도, 콩트의 논리실증주의에서 시작된 반형이상학적 경향은 실증주의를 관통하는 핵심을 이루었다. 그리고 이를 전제로 하여, 이들은 본체에 관한 탐구, 가치에 관한 관심, 인생의 의미 추구와 같은 문제들 하나하나를 철학 속에서 해소하고자 하였다. 이러한 시도 속에서 세계는 마치 각종 물리적, 수학적 규정(물리, 수학의 용어로 묘사할 수 있는 현상)에 의해 낱낱이 분해되는 것과 같은 지경에 이르렀고, 인간(주체) 역시 물리학, 생물학, 심리학 등의 대상으로 존재할 뿐이었다. 정리하면, 실증철학의 영역에서 세계와 인간은 모두 단편화되고 말았다.

이와는 대조적으로, 중국 근대 실증주의는 상술한 문제에서 이중적인 모습을

---

1) 물론 이것이 전통철학과 과학은 서로 관련이 없음을 말하는 것은 아니다. 다만, 철학이 과학적 근거를 지녀야 한다고 자각적으로 강조한 것은 분명 근대적 관념이라 볼 수 있다.

보이는 경우가 많다. 한편으로는 현상 배후의 본체에 대해 의문을 제기하는 등 실증주의적 입장을 드러내다가도, 다른 한편으로는 형이상학 문제에 대해 관용적인 태도를 취하며 서양 실증주의와는 구별되는 모습을 보인다. 예를 들어, 엄복은 불가사의의 영역을 인정하였고, 왕국유는 좋아하는 것(형이상학)과 믿을 수 있는 것(실증주의) 간의 모순적 관계 속에서 고민하였으며, 호적은 실용주의와 자연주의를 넘나들었으며, 풍우란은 전통 형이상학을 비판하며 형이상학을 재건하고자 하였고, 김악림은 형식화를 추구하면서도 원학元學(형이상학)을 인정하였다. 이들 모두 이중의 철학적 면모를 보여 주고 있다. 이들이 실증론 원칙을 철저히 관철하지 못했다기 보다는, 서양 실증주의의 단편성을 지양하려 했다고 보아야 할 것이다. 이와 같은 중서 실증주의의 차이를 만들어 낸 원인은 다방면에 걸쳐 있다. 역사적 측면에서 보면, 중국 근대는 사회 격변의 시대였다. 계몽, 국난극복, 현대로의 이행과 같은 시대적 사명 속에서 가치에 관한 관심이나 존재의 의미에 대한 추구와 같은 문제들은 회피할 수 없는 문제가 되었다. 따라서 본체에 관한 탐구 역시 더욱 고차원적인 측면에서 이러한 점들을 반영할 수밖에 없었다. 그리고 이와 같은 요소들로 인해 중국 근대의 실증주의는 서양 실증론과는 달리 역사와 본체세계로부터 멀어질 수 없었던 것이다.

조금 더 깊이 들여다보면, 현상세계와 본체세계 사이를 배회한다는 이중적인 이론의 배후에 더욱 심원한 역사적 의도가 내포되어 있음을 발견하게 될 것이다. 19세기 중엽 이래로, 실증주의와 인본주의라는 양대 사조의 대립은 현대 서양철학의 기본 구조를 이루었다. 그런데 이 둘 간의 대립 이면에는 과학과 가치, 진리와 선, 현상과 본체 등의 분리 또한 함축되어 있다. 실증주의는 철학의 과학화를 추구하는 동시에 과학 유일주의 등의 경향을 나타내는 등, 현실의 삶으로부터 점점 더 멀어지는 측면이 있다. 이에 반해, 인본주의는 인간이라는 존재에 주목하는 동시에, 개체의 비이성적 요소를 인간의 궁극적 본체로 규정하면서 최종적으로는 비이성주의를 초래하게 된다. 엄복에서 김악림으로 이어진 철학적 변천은 전체적으로는 실증주의 사조로 들어서는 길이 분명하다. 하지만 그 속에는 분명 여러 측면에 걸쳐 인본주의의 내용이 녹아들어 있다. 만약 실증주의의 세례가 그들에게 풍우란이 말한 '낡은 형이상학'을 배격하도록 만들었다면, 전통철학의 영향과 역사변혁과의 상호작용 등은 그들이 항상 인본주의와 철학적 공명을 이루어 낼 수 있게끔 하였다. 학자마다 정도는 다르겠지만, 이들 모두 실증론 입장에 속에 서 있으면서도 두 사조의 대립을 지양하고자 하였는데, 바로 이 점이 두 사조가 병존하고 있음을 잘 말해 준다. 이들은 공통적으로 진리와 선, 과학과 가치, 현상과 본체 등등 간의 소통을 그 이론의 내적 함의로 삼았다. 서양철학 역시 최근 들어 두 사조 간의 대립보다는 대화를, 배격이 아닌 융합을 추구하고자 한다. 어쩌면 중국 근대철학은 이러한 역사적 흐름을 예시했던 것이 아닐까?[2]

물론 중국 근대 실증주의가 보여 준 이와 같은 흐름은 동시에 두 사조가 아직 충분히 전개되고 발전되지 않았음을 전제로 하는 것이기도 하다. 이러한 점으로 인해 중국에서 두 사조는 조숙한 형태로 결실을 이룰 수밖에 없었다. 중국 근대 실증론에 실험과학적 기초가 부족하여, 대개 철학 관념이 그대로 이입되는 것 역시 이러한 원인과 관련이 깊다. 이는 서양 실증주의가 1세대부터 3세대까지 발전해 나가는 과정에서 항상 과학 발전이 그 배경으로 자리하고 있었던 것과는 사뭇 차이가 있다. 이것만 놓고 말하자면, 중국 근대 실증론은 '사변' 전통에서 완전히 벗어나지 못한 것처럼 보인다. 과학적 방법과 논리학에 대해서도 중국 근대 실증주의는 이 분야의 최신 성과를 민감하게 받아들이지 못하는 경우가 많았다. 김악림과 같은 소수의 학자를 제외하고는, 기타 실증주의자들은 대체로 기호논리에 대해 깊이 있게 연구를 진행하지 않았다. 사실, 프레게 및 그 이후의 러셀, 화이트헤드, 힐버트 등은 이미 19세기 말에서 20세기 초에 이르러 수리논리의 기초를 정립했다. 하지만 엄복에서 호적까지의 학자들은 그리스에서 근대까지에 통용되었던 고전논리학에 관해서만 관심을 가졌다. 이러한 점에서 본다면, 근대

---

2) 로티의 신실용주의, 가다머의 해석학, 하버마스의 의사소통행위이론 등, 현대 서양철학의 변화·발전 과정 속에서 우리는 이러한 점을 어렵지 않게 발견할 수 있다.

실증주의는 중국철학의 현대화 혹은 현대 서양철학과의 소통과 같은 문제에 대해서는 적극적인 영향을 미치지는 못했다.

존재와 경지[1]

본체론에 관한 관심은 중국 현대철학의 주된 특징 가운데 하나이다. 웅십력熊十力의 경론境論이나 김악림의 『도를 논함』 모두 본체론을 세우고자 했던 경향을 보여 준다. 이 둘과 비슷하게 풍우란 역시 본체론을 철학의 핵심 문제로 여겼다. 본체론의 중심 문제는 바로 존재의 문제이다. 그런데 존재 문제에 대한 고찰은 다른 차원에서 각기 전개되었다. 예컨대, 풍우란이 고찰했던 존재 문제는 천도天道와도 관계가 있고 인도人道와도 관계가 있었다. 그중에서도 후자는 논리적으로 인생경지설로 연결된다. 천도라는 의미에서 존재는 대개 본체세계를 향해 있는 경우가 많으나, 인생경지는 무엇보다 인간 자신의 '존재' 자체에 초점이 맞추어져 있었다. 이 두 가지 측면은 존재에 대한 서로 다른 착안점을 보여 주는 것으로서 그 속에는 우주와 인생에 대한 궁극적 사고가 깊이 스며들어 있다. 바로 이 '궁극'이라는 의미에서 존재 문제를 따지는 것은 항상 언어의 영역과 언어를 넘어서는 영역 간의 관계 문제와 서로 맞물려 있다. 즉, 형식적 측면의 '말하기'(논리적 측면의 '말하기')란 결국 실제로 '존재하는 것'에 맞닿아 있기 마련이다.

1.

존재의 문제는 넓은 의미에서 형이상학의 영역에 속한다. 신실재론과 빈학파의 영향으로, 풍우란은 전통 형이상학(구형이상학)에 대해 비판적인 태도를 보였고, 형이상학을 배격해야 한다는 실증주의의 주장에 대해서도 어느 정도는 이를 인정하

---

1) 『中國社會科學』 1995년 제5기에 수록된 글.

였다. 그는 다음과 같이 말했다. "형이상학에 대한 빈학파의 비판 대부분은 우리 역시 찬성하는 바이다. 그들이 형이상학을 철폐하고자 하려는 움직임 역시, 어떤 의미에서는 충분히 환영할 만하다."[2] 그런데 한편으로 풍우란은 전통 형이상학과 형이상학이라는 개념 자체를 구분하고자 하였다. 그가 볼 때, 전통 형이상학이 결함을 내재하고 있다고는 하나, 그것이 형이상학 자체를 지양해야 하는 이론적 근거가 되지는 않는다. 구형이상학을 배격하는 것은 결국 새로운 형이상학을 재건하기 위한 일이다. 이러한 점에서 풍우란은 다시 서양 실증주의를 비판한다. "서양의 철학자들은 신논리학의 진보를 신형이상학을 세우기 위해 이용하는 경우가 드물다. 많은 논리학자가 신논리학의 진보를 형이상학을 무너뜨리는 데 사용하고자 한다. 그들은 자신들이 형이상학을 무너뜨렸다고 생각하지만, 사실 그들이 무너뜨린 것은 형이상학 그 자체가 아니라 서양의 구형이상학일 뿐이다. 형이상학이란 본래 무너뜨릴 수 없는 것이다."[3]

풍우란이 형이상학을 재건하고자 한 것은 '가장 철학적인 철학'이라 할 수 있다. 그가 사용한 개념, 명제, 추론 등은 오직 형식적인 의미만 지녔을 뿐, 어떤 사실이나 경험을 다룬 것이 아니었다. 풍우란은 진제眞際와 실제實際를 서로 구분하여 다음과 같이 정의했다. "진제와 실제는 서로 같지 않다. 진제는 일반적으로 '유有'라고 부르는 것을 가리키며, 이를 본연本然이라고도 말할 수 있다. 실제는 사실을 지닌 존재자를 가리키며, 이를 자연自然이라고도 말할 수 있다. 진眞이라는 것은 거짓이 없음을 말한 것이고, 실實이라는 것은 비어 있지 않음을 말한 것이다."[4] '유有'(being)는 곧 존재이며, 진제란 본연의 존재를 말한다고 볼 수 있다. 진제의 '진眞'이라는 말은 논리적으로 모순이 없음을 가리킨다. 진제는 본연의 존재로서 논리적인 모순을 배제한다. 실제의 세계(자연)는 진제에 포함되지만, 반대로 진제가 있다고 해서 반드시 실제가 있는 것은 아니며, 실제의 외연은 항상 진제의 외연보다

---

2) 馮友蘭, 『三松堂全集』 제5권(鄭州: 河南人民出版社, 1986), 221쪽.
3) 馮友蘭, 『三松堂全集』 제5권, 147쪽.
4) 馮友蘭, 『三松堂全集』 제4권(鄭州: 河南人民出版社, 1986), 11쪽.

크다. 어떤 면에서 보면 진제는 칸트가 말한 '물자체'라는 개념과 비슷한 것처럼 보이나, 사실 이 둘은 전혀 같지 않다. 칸트의 물자체 개념은 일종의 사실적인 '존재在'(이는 인식의 피안에 있으나, 감성 경험의 근원을 이룬다.)이다. 반면 풍우란의 진제는 "논리적인 것이지, 사실적인 것이 아니다."5) 즉, 일종의 논리적인 설정으로 등장하는 경우가 많다. 풍우란이 새로이 세우고자 했던 형이상학이 구형이상학과 구별되는 지점은, 오직 진제만을 긍정한다는 데에 있다. 바로 이러한 특징으로 인해 풍우란의 형이상학은 이른바 "가장 철학적인 철학"이 된다.

철학은 본연의 세계를 논의 대상으로 삼으며, 이 본연의 세계는 주로 논리적인 설정으로 나타난다. 여기에서 더 나아가 풍우란은 논리 분석과 논리 구조화의 방법을 사용하여 새로운 형이상학을 건립하고자 하였다. 그 첫 번째 단계는 논리 분석의 결과로 얻어진 보편규칙을 형식화하는 것이었다. 이는 보편과 개별을 분리하려는 것이기도 했는데, 보편규칙을 사실과 무관한 순수한 형식으로 만들고자 하는 것이었다. 이러한 형식은 우선 리理라는 형태로 존재한다. 리理라는 것은 어떤 물物을 물物이게끔 만드는 근거다. 하지만 순수 형식으로서 리理는 일종의 논리적인 근거일 뿐, 어떤 구체적 존재의 사실적인 근거가 되지는 않는다. 바꾸어 말하면, 사물 속에 있으면서 사물을 결정하는 것이 아니라, 그저 사물의 존재를 위한 일종의 논리적인 조건일 뿐이라는 것이다. 논리적으로 말하자면, 모든 구체적 사물은 리理에 의거하여 존재한다. 하지만 사물이 의거하는 리理는 사물의 변화에 따라 변화하지 않는다. 풍우란의 말을 빌리자면, "어떤 리理에 의거하는 실제 사물이 있다고 해서 리理가 이를 따라서 생겨나는 것은 아니며, 리理에 의거하는 실제 사물이 없다고 해서 리理가 그로 인해 없어지는 것은 아니다."6) 달리 표현하자면, "리理세계는 논리적으로 실제의 세계에 앞선다."7) 여기서 리理와 실제의 사물은 두 개의 서열로 표현된다. 리理는 사물을 결정하면서, 또한 시공간을 초월해 있다.

---

5) 馮友蘭, 『三松堂全集』 제4권, 10쪽.
6) 馮友蘭, 『三松堂全集』 제4권, 41쪽.
7) 馮友蘭, 『三松堂全集』 제5권, 150쪽.

진제와 실제 간의 구분은 바로 이러한 리理와 사물 간의 대립 형식을 이어받은 것이다.

리理 외에도 신형이상학(신리학) 체계의 기본 범주에는 기氣, 도체道體, 대전大全(宇宙) 등이 포함된다. 기氣라는 것은 어떠한 규정성도 없는(즉, 모든 속성을 탈각한) 절대 질료를 가리킨다. 기氣 개념은 모든 실제의 내용이 제거된 순수 형식을 띠는 하나의 범주이다. 풍우란은 이를 진원眞元의 기氣 혹은 무극無極이라 칭했다. 기氣에서 리理로 이행되는 과정이 바로 도체이며, 정적 측면에서 보면 '진원의 기氣', 모든 리理, 도체道體는 대전大全 혹은 우주로 통칭할 수 있다. 기氣, 리理, 도체道體, 대전大全 등의 기본적 범주들은 다시 아래의 네 가지 명제로 구체화되어 나타난다.

신리학의 제1 명제는 다음과 같다. "모든 사물이란 반드시 '어떠한 사물'이며, '어떠한 사물'은 반드시 '어떠한 종류의 사물'이다. '어떠한 종류의 사물'은 반드시 그것을 그것이게 하는 바를 지닌다." 이는 즉, 모든 존재하는 사물은 모두 하나의 종류에 속하며, 어떤 한 종류의 사물에는 필연적으로 그것의 리理가 있다는 의미로 이해할 수 있다. 간단히 말해, 존재는 종류를 포함하며 종류는 리理를 포함한다. 풍우란은 이 명제로부터 다시 아래의 두 가지 명제가 도출될 수 있다고 보았다. 하나는 "구체적 사물이 없더라도 그 사물을 규정짓는 리理는 변함없이 존재할 수 있다"라는 명제이고, 다른 하나는 "리理는 구체적 사물에 앞서 존재한다"라는 명제이다. 신리학의 제1 명제는 사실 리理세계가 실제세계에 앞서며, 그에 독립하여 있다는 점을 특별히 강조하여 나타낸 것이다. 한편 신리학의 제2 명제는 사물의 존재와 관련된다. 리理는 사물을 한 종류의 사물로서 결정하며, 어떤 한 종류의 사물은 기氣를 떠나 존재할 수 없다. 기氣는 사물이 존재할 수 있게 하는 바가 된다. 여기에서 당연히 기氣는 절대 질료를 가리키는 것이며, 구체적 사물과는 일종의 논리적 관계 속에 있다. 신리학 제3 명제는 주로 '무극이태극無極而太極'(무극은 氣, 태극은 理를 지칭)의 이행을 설명한다. 여기에서 '이행'이란 기氣가 리理를 실현하는 (즉 氣가 理에 의거하는) 과정을 말한다. 기氣가 어떤 리理를 실현한다는 것은 어떠한 종 혹은 어떠한 류의 사물이 된다는 것을 의미한다. 실제란 사물의 전체를 뜻하며,

기(眞元之氣) 자체는 어떠한 것으로도 규정되지 않고, 한계도 없다. 따라서 무극無極이라고 한다. 태극太極은 리理의 전체이며, 따라서 실제의 존재는 무극無極이 태극太極을 실현하는 과정이라고 할 수 있다. "일체의 모든 이행 과정을 도체道體라고 하며, 도체道體는 바로 무극이태극無極而太極의 과정이다." 여기에서 풍우란은 리理와 기氣의 융합을 통해 실제세계의 형성을 설명하고자 하였다. 마지막으로 신리학 제4명제는 바로 이것이다. "일체의 모든 유有를 가리켜 대전大全이라고 한다." 대전大全은 우주라고도 칭하는데, 이는 물질적 우주를 말하는 것이 아니라 논리적으로 가능한 모든 존재를 지칭하는 것이다. 도체道體가 동적 측면을 가지고 말한 것이라면, 대전大全은 정적 측면을 가지고 말한 것이다.[8]

　풍우란이 새롭게 형이상학을 세운 이상의 과정은 전체적으로 논리 분석과 논리적 구조화를 기본 절차로 삼았다. 우리는 여기에서 신실재론의 영향과 함께, 정주리학 관념의 흔적 또한 확인할 수 있다. 신형이상학의 기본 뼈대가 되는 리理, 기氣 등의 개념범주와 정주 계통의 리학은 명백히 계통적 관계를 지닌다. 하지만 리학의 범주와 관념은 다시 신실재론의 세례를 통해 형식화라는 특징을 획득하였고, 이를 통해 구성된 형이상학은 비형식화된 전통의 리학과는 달리 형식화된 신리학 체계를 이루었다.

　그런데 풍우란이 신리학에 논리화된 형식을 가미했다고는 하나, 그가 제시한 진제, 실제 등과 같은 설정들은 여전히 본체론의 영역을 넘어서지 못했다. 본체론으로서 신리학이 주목한 것으로는 우선 넓은 의미의 존재 문제를 들 수 있다. 그런데 앞서 고찰한 존재 문제는 주로 천도와 관련을 맺는다. 리理, 기氣와 같은 개념은 각각 내적 근거와 질료라는 측면에 치중하여 존재를 규정한 것이고, 도체道體는 존재와 과정의 관계를 가리키며, 대전大全은 전체로서의 존재를 파악하고자 한 것이다. 이와 같은 존재에 대한 분석에서 천도와 인도를 분리하려는 관념이 포함되어 있음을 어렵지 않게 발견할 수 있다. 리理, 기氣, 도체道體, 대전大全 등은 모두

---

8) 馮友蘭, 『三松堂全集』 제5권, 148~154쪽.

세계를 묘사하는 기본 범주로서 주로 천도와 관련이 있지, 인도와 관계된 것이 아니다. 단적으로 말해, 신리학에서 풍우란은 기본적으로 인간 자신의 존재 문제를 떠나 천도의 관점에서 존재를 고찰한다. 풍우란의 견해에 따르면, 철학은 주로 형이상학적 측면에서 진제에 관해 논의하는 것이며, 진제는 하나의 본연세계로 표현된다. 본연세계는 논리적으로 실제의 세계에 앞서며, 그런 만큼 인간 존재에도 앞선다. 이렇게 리理, 기氣, 도체道體 등은 본연세계의 논리적 전개로서 인간 존재 밖에서 천도로서 천도를 논한 것이다. 존재에 관한 이러한 탐구 방식은 풍우란의 신리학에 뚜렷한 사변적 색채를 부여했다.

철학사의 관점에서 보면, 근대 이래 본체론 연구는 인식론과 서로 관련을 맺기 시작했다. 이러한 추세는 칸트에 이르러 매우 분명해졌다. 칸트는 존재를 현상과 물자체로 구분하였는데, 이러한 문제는 원래 본체론의 문제로 보아야 하지만, 칸트철학에서 이러한 구분은 우선 인식론적 의미를 지닌다. 물자체와 현상의 구분은 주로 인간의 인식능력과 관련하여 말한 것이다.(현상은 인간의 인식능력이 다다를 수 있는 것이며, 물자체는 인간의 인식능력 밖에 있다.) 물론 칸트철학은 또 다른 이중적인 특징을 지니고 있다. 물자체라는 칸트의 설정은 여전히 천도와 인도를 구분하는 사변적인 의미를 갖는다. 이러한 점에서 후설은 칸트와는 다른 사유 방식을 보여 준다. 후설은 사물 자체로 돌아가야 한다는 원칙을 제시하였는데, 그가 말한 사물 자체는 칸트가 말한 물자체(thing itself)는 형식적으로는 비슷하지만, 내적 함의는 완전히 상반된다. 칸트의 물자체는 주체의 밖을 넘어서는 것이지만, 후설의 사물 자체는 주체의 의식 영역 속에 들어와 있는 존재이다. 후설에게 있어 사물 자체로 돌아간다는 것은, 바로 주체를 넘어서는 존재에 대한 판단을 중지하고, 나 자신에게 직접 드러나는 세계로 돌아간다는 것을 의미한다. 하이데거는 어느 정도 후설의 입장을 따른다. 그는 기존의 형이상학이 존재자에만 주목하고 존재 자체에 대해서는 망각했다고 여러 차례 비판하였다. 여기에서 말하는 존재 자체란, 주로 인간 존재와 관련이 깊다. 따라서 존재 자체에 대해 망각했다는 것은 인간 존재를 떠나 초월적인 본체세계만을 그리고자 했음을 의미한다. 전통 형이상학과는 달리, 하이데거는 존재를 우선 현존재(Dasein)로 이해했다. 현존재는 존재이면서 존재를 추궁하는 자이다. 그의 본체론의 존재에 대한 고찰은 구체적으로 현존재라는 개념을 두고 전개된다. 그런데 존재에 대한 이러한 추궁과 사고는 동시에 존재의 자기 이해라는 방식으로도 표현된다. 하이데거는 존재에 관한 연구를 현존재로 한정했고, 현상학을 바로 존재 문제로 들어가는 방법으로 삼았다. 그의 이론은 명백히 자신의 문제를 다루었지만, 그는 존재의 문제를 인간의 문제와 연관시키면서, 전통적인 사변철학과는 구별되는 방식을 보여 주었다. 이러한 흐름은 비트겐슈타인에게도 일정 부분 반영되었다. 비트겐슈타인은 언어를 세계의 한계로 보면서, 인간은 오직 개념과 언어의 영역에 들어온 존재만을 알 수 있다고 말할 수 있으며, 이 영역을 넘어서는 것에 대해서는 침묵을 지켜야 한다고 생각했다. 비트겐슈타인의 이와 같은 입장은 어느 정도 편협한 면이 있기는 하나, 중요한 것은 존재에 대한 고찰은 언어를 통해 세계를 파악하는 과정과 완전히 분리될 수 없다는 함의였다.

철학은 결국 존재의 문제에서 벗어날 수 없다. 하지만 존재에 관한 사고는 서로 다른 방향으로 진행될 수 있다. 이러한 차이는 대체로 인간의 인식 과정과 역사적 실천을 서로 연결하는지의 여부에 달려 있다. 만약 하이데거가 긍정한 현존재의 시간성과 자아의 구축의 측면이 어느 정도 존재의 고찰과 인간의 역사 활동의 관계를 다룬 것이라고 한다면(물론 그는 생활세계 속에서 전개되는 역사 과정에 더욱 치중해 있었고, 역사 유물론적인 역사 실천 관념에는 아직 미치지 못했다.), 비트겐슈타인은 존재와 언어의 영역을 서로 연결하고자 하였는데, 이는 사실 본체론이 넓은 의미에서 인식론과 분리될 수 없음을 알아차린 것으로도 볼 수 있다. 존재에 대한 고찰은 어떤 측면에서는 존재의 의미에 대한 추궁이라고도 볼 수 있다. 그런데 이러한 의미는 인간의 역사적 실천과 인식 과정을 그 배경으로 두어야만 밝힐 수 있다. 존재가 역사적 실천과 인식 과정 밖에 있을 때, 존재는 그 본연의 의미만을 지니게 된다. 우리는 이러한 본연세계를 본연적 혹은 즉자적이라고 말하는 것 외에 달리 설명할 방법이 없다. 이른바 '본연本然'이란 인간의 지식과 행위, 언어 등의 영역에 대비하여 말한 것이다.(즉, 인간의 인식과 실천 과정으로 들어오지 않음을 말한 것이다.) 본연세계가 인식의 영역으로 들어오는 순간, 사실세계로의 전환이 시작된다. 본연계를 즉자적 대상으로 볼 수 있다면, 사실계는 대자적 대상들로 볼 수 있다. 이 둘 간의 구분 역시 인식론 과정을 통해서만 의미를 획득할 수 있다. 인간의 역사적 실천과 인식 과정을 벗어난 채 존재의 구조를 규정하거나 존재를 정의하는 것은 사변의 환상을 피하기가 어렵다.[9)]

풍우란은 형이상학을 새롭게 건립하여 구형이상학을 넘어서고자 하였다. 하지만 지식과 행위의 과정 밖에서 존재를 규정하려는 본체론적 방향성을 고려하면, 그가 진정으로 전통 형이상학을 탈피했다고 보기는 힘들었다. 그는 세계를 진제와 실제로 구분하고, 리理, 기氣, 도체道體, 대전大全 등의 범주를 통해 이 세계에 대한 한 폭의 논리적 지형도를 그려냈다. 하지만 이러한 지형도가 우리에게 제공한 것은 주로 현학적인 체계일 뿐, 참된 존재에 대한 이론적 설명까지 내놓지는 못했다. 역사 속 기타 사변 구조와 마찬가지로 풍우란의 신리학 역시 극복하기 힘든 이론적 난점을 포함하고 있었던 것이다. 그는 세계를 진제(理세계)와 실제(실제세계)로 이분화했는데, 그렇다면 이 둘 간의 경계는 어떻게 넘어설 수 있는가? 다시 말해, 리理세계는 어떻게 실제세계로 이행될 수 있는가? 정주의 '구'리학은 비형식화된 방식으로 이러한 문제를 해결하고자 했으나, 결국 리理세계와 실제세계 간의 대립을 극복하지 못했다. 반면, 풍우란은 형식화된 방식으로 논리적 해석을 시도했으나, 그 역시 염원을 이루지 못했다. '리理가 있어야 성性이 있을 수 있고, 성性이 있어야 실제의 세계가 있을 수 있다.' '무극이태극' 등과 같은 사변적 추론 외에, 신리학은 천도라는 의미에서의 존재에 대해 더 많은 설명을 제시할 수 없었다.

---

9) 이 부분에 관해서는 풍계의 관점을 참조할 만하다. 풍계는 이른바 '지혜설'을 통해 당시 중국철학에 일가를 이룬 바 있다. 그의 지혜설은 性과 天道에 관한 이론을 주요 내용으로 하는데, 특히 후자의 경우 다시 인식세계와 인식주체라는 개념으로 구체화된다. 풍계는 인식 과정 밖에서 어떤 초월적인 본체론 체계를 세우고자 하지 않고, 인간 인식의 역사적 전개 과정을 기초로 본연세계, 사실세계, 가능세계, 가치세계 그리고 이들 간의 전환 등을 논의했다. 이렇게 함으로써 그는 전통적 사변철학을 넘어설 수 있었다.

2.

진제와 실제의 구별은 주로 천도의 영역에서 전개된다. 천도의 영역에서 존재를
고찰할 때, 물론 사변적 방식을 사용하여 인간이라는 존재를 제쳐 두고 생각할
수도 있다. 하지만 천도의 문제에서 인도의 문제로 들어서는 순간, 인간 존재는
더는 피할 수 없는 문제가 된다. 풍우란은 "철학체계란 적어도 고유의 우주론과
인생론은 갖추고 있어야 한다"고 여겼다. 우주론이 '무엇인가'(어떠한가)에 관해
논의한다면, 인생론은 '무엇이어야(어떠해야) 하는가'에 관해 논의한다.10) 만약 본체
론이 주로 천도의 측면에서 세계(우주)는 어떠한 '존재인지'를 고찰한다면, 인생론은
인도의 측면에서 인간은 어떠한 "존재이어야" 하는지를 탐구한다.

인간 존재에 대한 사고는 구체적으로 인생경지설을 통해 전개되었다. 풍우란은
인간은 하나의 특정한 존재로서 '각해覺解', 즉 깨달음이 있다는 것을 본질적 특징을
지닌다고 보았다. 그의 말을 빌리자면, "인생이란 깨달음이 있는 삶 혹은 고차원적인
깨달음이 있는 삶이다. 이것이 인간이 금수와 구별되는 지점이며, 인생이 다른
동물의 삶과 다른 이유이다."11) 이 각해覺解라는 말은 '이해了解'라는 말과 '자각自覺'
이라는 말로 이루어져 있다. 이해란 개념을 빌려 전개하는 활동이며, 자각이란
자기 자신에 대한 반성적 의식이다. 인간은 구체적인 행위를 할 때, 항상 그 행위에
대해서 이해하며, 스스로 어떤 행위를 하고 있다고 자각한다. 이러한 이해와 자각의
통일이 바로 풍우란이 말하는 각해覺解다. 풍우란은 대상에 대한 이해와 자신에
대한 반성적 의식을 서로 연결하면서, 인간의 행위가 하나의 이성적 이해 과정인
동시에 주체의 명확한 인식 상태를 전제로 한다는 점에 주목했다. 바꾸어 말하면,
이성은 어떤 대상성의 활동인 동시에, 주체의 자아의식(이해 과정 자체에 대한 자각적
의식)을 내용으로 한다. 이러한 관점은 이성의 측면에 초점을 맞추어 인간 존재를
고찰한 것이며, 주체적 존재로서 인간은 자신의 존재 상태에 대한 반성적 사고를

---

10) 馮友蘭, 『三松堂全集』 제1권(鄭州: 河南人民出版社, 1986), 353쪽.
11) 馮友蘭, 『三松堂全集』 제4권, 522쪽.

할 수 있음을 인정하였다.

각해覺解, 즉 깨달음은 인간 존재의 특징이지만, 서로 다른 인생경지에 따라 그 정도를 달리하기도 한다. 우주와 인생은 인간(존재의 주체)에게 서로 다른 의미로 이해될 수 있다. 이것이 바로 경지의 개념이다. 풍우란에 따르면, "우주와 인생에 대한 인간의 깨달음의 정도에는 차이가 있을 수 있다. 따라서 우주와 인생은 인간에게 각기 다른 의미를 지니게 된다. 우주와 인생에 대해 인간이 각기 다른 깨달음을 지니므로 인간에게 우주적 삶이 지니는 각기 다른 의미는 바로 인간의 경지를 이루게 된다."[12] 단적으로 말해, 경지란 깨달음에 상응하는 하나의 의미세계를 말한다. 풍우란의 관점에 따르면, 의미세계는 외부 존재와는 다르다. 외부 존재는 각 개체 외부에 독립적으로 존재하며, 따라서 이는 공통성을 지닌다. 반면 의미세계는 인간이 외부의 공통세계와 어떤 의미와 관계를 지니는가를 나타내는 것이며, 이는 각자의 서로 다른 깨달음 위에 세워지므로 상하우열의 차이가 있을 수 있다. 풍우란은 이 의미세계 개념이 곧 인간 존재라는 개념에 대응된다고 보았다. 인도의 영역에서 존재를 고찰하는 이러한 방식은 천도가 인간 존재를 '망각'한 것과는 분명 차이가 있다.

의미세계로 표현되는 인생의 경지는 풍우란의 관점에 따르면 네 가지로 구분할 수 있다. 바로 자연경지, 공리功利경지, 도덕경지, 천지경지가 그것이다. 자연경지란 타고난 성질에 따라 행동하는 단계를 말하며, 이러한 경지에 있는 자는 자신이 행하는 바의 성질에 대한 명확한 이해가 없이, 그저 개인의 습관이나 사회의 습속에 따라 행동한다. "이러한 경지는 마치 혼돈의 상태와 같다." 풍우란이 말한 자연경지는 근대철학자들이 말하는 자연상태와는 다르다. 자연상태는 인류 역사 발전 단계의 하나로서 제시된 일종의 설정으로, 일반적으로 문명 이전의 상태를 의미한다. 반면 자연경지는 개체의 존재에 대해 말한 것이며, 주로 즉자적 자아에 대응된다. 동태적 과정에서 보면 개체 존재는 항상 즉자와 대자의 구분이 있는데, 비록 즉자적

---

12) 馮友蘭, 『三松堂全集』 제4권, 549쪽.

자아의 행위가 사회규범과 합치될 수는 있으나 이를 깨닫지는 못한다.

공리경지에서 인간은 자신의 행위를 비교적 명확하게 이해하기 시작한다. 하지만 그 행위는 대개 이익, 특히 자신의 이익을 위해 행해진다. 자연경지의 인간은 자신과 대상에 대한 자각적 의식이 없지만, 공리경지의 인간은 '자아'를 자각하기 시작한다. 따라서 인간 존재의 과정으로 말하자면, 공리경지는 명백히 자연경지에 비해 한층 더 나아간 경지에 해당한다. 그러나 공리경지에 있는 인간은 주로 자신의 이익에만 관심을 가지는데, 물론 그의 행위가 객관적으로 타인과 사회에 도움을 줄 수도 있으나, 그 행위의 출발점은 어디까지나 이기적이다. 따라서 공리경지에 있는 자도 어떤 성취를 이룩할 수 있지만, 존재라는 측면에서 보면 여전히 공리경지는 한계를 지닌다.

공리경지의 이기성과는 달리, 도덕경지는 '행의行義'를 그 특징으로 한다. 행의란 바로 사회에 대한 공헌을 말한다. 공리경지 속의 '깨달음'이란 자아에 대한 자각으로 나타나지만, 도덕경지 속의 '깨달음'이란 인간이 사회적 존재임을 자각하는 것으로 나타난다. 이와 관련하여, 공리경지에 있는 자는 일반적으로 인간과 사회가 서로 대립한다고 생각한다. 반면 도덕경지에 있는 자는 인간이 사회 속에서만 의미를 지닌다는 것을 알고 있으므로 개인과 사회의 대립을 지양한다. 공리경지와 도덕경지의 구분 이면에는 의리지변이 내재해 있는 동시에, 개인과 집단 간의 관계 설정 문제 또한 함께 얽혀 있다. 공리경지의 인간은 이기적 존재이지만, 도덕경지의 인간은 이타적(사회를 포함) 존재이다. 이 두 종류의 존재는 두 가지 서로 다른 깨달음을 나타내 준다.

도덕경지 다음에는 천지경지가 있다. 이는 존재의 가장 고차원적 경지다. 이 경지 속의 인간은 자신이 사회 속의 일원임을 인식할 뿐만 아니라, 자신이 우주의 일원임을 인식한 채 우주 속에 당당히 한 개인으로 존재한다. 그런데 천지지경이 도덕지경과 완전히 분리되어 있는 것은 아니다. 다만 이는 일반적인 도덕지경을 초월해 있다. 도덕지경 속에서 행의行義는 일종의 의도를 담은 선택으로 표현된다. 반면 천지지경 속에서 행의는 애쓰지 않아도 들어맞고, 억지로 생각하지 않아도 합당한 과정으로 나타난다. 후자는 깨달음이 한 단계 상승한 상태로, 자각적 이성이 이미 인간의 내적 성격으로 자리 잡아 도덕규범을 따르는 데 어떠한 억지스러움이 발생하지 않는다. 천지경지에 있는 인간이 이러한 초월적 경지에 다다를 수 있는 이유는 바로 그가 천天을 알고, 천天을 따르며, 천天을 즐거워함으로써 스스로 대전大全과 하나될 수 있기 때문이다. 이것이 바로 천지우주와의 합일이며, 이런 의미에서 풍우란은 천지지경을 '동천경지同天境界' 즉, 천天과 하나되는 경지라고도 칭한다. 이와 같은 경지에 다다르게 되면, 자타, 내외, 물아 등의 구분을 초월하며, 동시에 리理세계와 합일을 이루게 된다. 풍우란의 말을 빌리자면, "천지경지 속의 인간은 천天과 하나될 수 있는 자이며, 리理세계에 동화될 수 있다."[13]

자연경지에서 천지경지까지 인간 존재는 한 단계 한 단계 상승하는 과정에 있다. 본체세계에 대한 신리학적 고찰과 비교했을 때, 인간 존재에 대한 풍우란의 규정은 명백히 서로 다른 특징을 지닌다. 신리학 체계 내에서 본체세계는 시간과 완전히 단절되어 있다. 이는 기본적으로 논리적 평면 위에 놓여 있다. 바꾸어 말하면, 신리학은 존재에 논리화 작업을 가한 것이다. 반면 인생경지설에서 인간 존재는 논리적이면서도 한편으로는 논리를 넘어서 있다. 즉 인생의 각기 다른 경지는 깨달음을 근거로 하여 논리적으로 구분되면서도, 시간의 차원이 개입되어 하나의 역사적 과정으로 전개된다. 그 현실적 양상으로 말하자면, 인간 존재는 우선 종류의 측면에서 끊임없이 이어지는 변화와 변천을 경험한다. 반면 개체의 측면에서 보면, 인간 존재는 본연에서 당연으로, 가능의 경지에서 이상의 경지로 가는 과정으로 나타난다. 하이데거 역시 존재와 시간을 서로 연결 지으면서 바로 이 점에 주목하였다. 개체 존재가 본연에서 당연으로 나아가는 것은 자기 노력이라는 과정으로 나타나는데, 이 노력에는 인지적 차원에서의 진리 추구, 가치적 차원에서의 선의 추구, 심미적 차원에서의 미의 추구 등이 포함되며, 동시에 이러한 과정은 주체의 정신경지의 상승을 수반한다. 풍우란은 깨달음의 고저에 근거하여

---

13) 馮友蘭, 『三松堂全集』 제4권, 694쪽.

인간 존재를 자연적 경지에서 천지의 경지로 나아가는 과정으로 이해하는데, 이러한 이해 방식은 앞서 언급한 존재의 함의로부터 착안한 것이 분명하다. 풍우란은 천지경지를 존재의 최고 경지로 보며, 그의 인생경지설 가운데 가장 주목할 만한 부분 역시 바로 이 천지경지이다. 풍우란의 경지설에 따르면, 천지경지의 주된 특징은 인간과 우주 및 대전大全이 완전히 합일을 이룬다는 것에 있다. 이러한 합일은 인간을 자연경지의 혼돈 상태와 구별시켜 주며, 공리경지 속의 각종 분별과 이해타산을 넘어서도록 만들어 준다. 우주 및 대전大全이 천도(본체론)의 관점에서 본 존재라면, 인간은 인도의 관점에서 본 존재이다. 그런데 천지경지 속에서 이 둘은 일종의 소통을 이루게 된다. 천지경지 속의 이러한 존재는 본체세계 속의 존재와는 다르다. 본체세계 속에서 천도적 존재와 인도적 존재는 기본적으로 관계가 없다. 리理, 기氣, 도체道體, 대전大全 등은 모두 인도(인간의 역사적 실천과 인식 과정)의 논리적 규정을 벗어나 있다. 이 지점에서 본체론(신리학의 형이상학)에 의해 분리된 천도와 인도가 인생철학 속에서는 다시 통일을 향해 가고 있음을 확인할 수 있다. 천지경지에 내재한 철학적 함의는 천도와 인도, 본체세계의 존재와 인간 존재를 다시금 소통시켰다는 점에 있다고 하겠다.

천지경지에 구현된 천天과 하나되는 경지는 전통적 관념을 떠올리게 한다. 하지만 이는 결코 전통 관념의 단순한 반복이 아니다. 철학사를 통해 보자면, 유가와 도가 모두 천인합일을 논했으나, 이 둘의 중점은 서로 거리가 멀다. 유가는 인도의 원칙을 강조하였는데, 유가의 천인합일은 우선 천으로서의 천(자연)과 인간으로서의 천(자연의 인간화)을 전제로 한다. 반면 도가는 "인人으로 천天을 멸하지 않도록 할 것"을 주장한다. 도가의 천인합일은 주로 인간으로서의 천으로부터 천으로서의 천(자연)으로 돌아갈 것을 요구한다. 유가가 종종 인도로 천도를 멸하는 방향으로 흘러갔다면, 도가는 반대로 천도로 인도를 멸하는 경향을 보이곤 했다. 풍우란은 자신의 경지설에 입각하여 유가와 도가를 다음과 같이 비판하였다. "도가의 경우, 도덕경지와 천지경지 간의 구별은 분명히 살폈으나, 자연경지와 도덕경지 간의 구별은 제대로 살피지 못했다. 반대로 유가의 경우, 자연경지와 도덕경지 간의 구별은 분명히 살폈으나, 도덕경지와 천지경지 간의 구별은 제대로 살피지 못했다."[14] 자연경지와 천지경지를 구별하지 못했다는 것은 인도를 천도로 귀결시켰음을 의미한다. 반면 도덕경지와 천지경지를 구별하지 못한 것은 논리적으로 천도를 인도에 포함시키는 결과를 낳았다. 전자의 경우 자연 원칙을 강조하다가 인도 원칙을 소홀히 하게 되었고, 후자는 인도 원칙에 주목하여 자연 원칙에 적합한 위치를 부여하지 못했다. 하지만 유가 및 도가와는 달리, 풍우란의 천지경지는 이성적 자각을 주된 내용으로 삼고 있으므로 자연경지의 혼돈함을 넘어설 수 있으며, 덕성을 천성으로 승화하고자 하므로(덕성을 인간의 제2의 천성으로 이루고자 함) 의도적으로 사고하여 행위하는 도덕경지를 넘어설 수 있다. 이처럼 그 속에는 자연 원칙과 인도 원칙의 통일이라는 관념을 포함하고 있다.

신리학 체계의 진제에서부터 천지경지까지, 존재에 대한 풍우란의 고찰은 천인분리에서 천인합일로 이행되었다. 천인의 통일이라는 관념의 구현으로서, 자연 원칙과 인도 원칙은 인간 존재의 두 차원, 즉 자연의 인간화와 인간의 자연화를 표상한다. 자연의 인간화란 대개 이성화와 관련이 있는데, 그 목표는 인간을 전사회화의 개체에서 이성적 존재로 승화하고자 하는 것이다. 반면 인간의 자연화란 이성의 과도한 강조를 억제하려는 것으로서, 이성적 본질이 개체 존재를 지나치게 통제하는 것을 피하고자 한다. 이 둘 모두에는 일종의 가치적 의미가 내재해 있다. 이와 동시에, 천지경지는 인위의 억지스러움을 넘어서고자 하며, 천지우주에 동화되어 이른바 '종용중도從容中道'[15]의 경지에 도달하고자 한다. 이는 자유의 경지에 대한 지향으로 표현되기도 하며, 이 역시 가치적 추구의 일종으로 볼 수 있다. 풍우란은 이러한 각 측면에서 인간 존재를 규정하였는데, 분명한 것은 그가 존재론(본체론)과 가치관 사이의 관계를 인식하고 있었다는 점이다.

---

14) 馮友蘭, 『三松堂全集』 제4권, 560쪽.
15) 역자 주: 『예기』 「중용」에 나오는 구절.

3.

　신리학은 일종의 형이상학으로서 제1원인에 대한 탐구를 주된 내용으로 삼는다. 리理, 기氣, 도체道體, 대전大全 등은 모두 존재의 제1원인과 관련이 있다. 그 본성상, 제1원인은 항상 언어라는 측면을 초월하기 마련이다. 풍우란은 이에 대해 서슴없이 말한다. "엄격히 말하자면, 대전大全, 우주, 혹은 대일大一은 말할 수 없는 것이다." "대전, 우주, 혹은 대일은 사고할 수 없는 것이기도 하다."[16] 마찬가지로 인간 존재로 말하자면, 그 최고 경지 역시 언어적 속성을 넘어선다. "대전과 하나되는 경지 역시 사고할 수 없다."[17] 이처럼 존재와 언어의 관계는 직시하지 않을 수 없는 문제가 된다.

　풍우란의 관점에 따르자면, 이른바 말할 수 없다는 것은 각기 그 내용을 달리한다. 천도의 경우, 말할 수 없는 상황은 대체로 두 가지이다. 첫째는 말하고자 하는 대상의 무성無性인 경우이다. 예를 들어, 절대 질료인 진원지기眞元之氣는 무성이므로 그에 대해 말할 수 없다. "기氣를 형용할 수 없고, 말할 수 없으며, 그에 대해 사고할 수 없는 것은, 그것이 무성이기 때문이다."[18] 무성이란 어떤 속성도 지니지 않음을 뜻한다. 어떤 사물에 대해 말하려면 그 사물을 주어로 삼고, 그 사물에 대한 정의나 속성을 서술어로 삼아 하나의 명제를 형성해야 한다. 하지만 궁극적 질료인質料因인 진원지기眞元之氣는 어떤 속성도 지니지 않으므로 그에 대해 말할 수 없다. 두 번째는 말하고자 하는 제1원인이 지극히 거대하여 말할 수 없는 경우이다. "대전, 우주, 혹은 대일은 말할 수 없는 것이다. 왜냐하면 이는 그 외에는 아무것도 없을 정도로 지극히 거대한 것이기 때문이다. 그런데 만약 그것에 대해 말하려면 그것의 밖에 있어야 한다."[19] 이와 동시에, 일반적인 언어는 각각의 구체적인 대상 혹은 대상의 각 측면을 분별적으로 나타낼 뿐이지만, 대전은

---

16) 馮友蘭, 『三松堂全集』 제4권, 30쪽.
17) 馮友蘭, 『三松堂全集』 제4권, 635쪽.
18) 馮友蘭, 『三松堂全集』 제4권, 48쪽.
19) 馮友蘭, 『三松堂全集』 제4권, 30쪽.

구분할 수 없는 전체이다. 따라서 궁극적 존재는 항상 언어의 차원을 초월한다.

그런데 궁극적 존재에 대해서는 말할 수 없다고 하지만, 철학이란 어디까지나 그것에 대해 말하고자 한다. 풍우란이 볼 때, 철학의 특징은 말할 수 없는 것에 대해 말하고, 사고할 수 없는 것에 대해 사고하는 것이다. "사고할 수 없는 것에 대해 사고하고, 말할 수 없는 것에 대해 말하는 것이 바로 철학이다."[20] 철학사의 관점에서 보면, '말하기'라는 것은 대체로 다음과 같은 몇 가지 형식을 지닐 수 있다. 즉, 기술(descripion), 표현(expression), 규정(prescription) 등이 그것이다. 기술은 경험대상을 '말하는' 방식이고, 표현은 주체의 내적 감정, 기대, 희망 등을 '말하는' 방식이고, 규정은 본체세계를 '말하는' 방식으로 볼 수 있다. 형이상학적 언어 방식으로서, 규정은 칸트가 말한 '자연에 대한 입법'과 유사한데, 이는 경험적 대상에 관한 기술과도 다르며, 주체의 정리情理세계에 관한 표현과도 구별된다. 만약 기술이 실제로 그러한바, 즉 사실을 추구하고, 표현이 그래야 하는바, 즉 당위를 함축한다면, 규정에는 이 두 가지가 맞물려 있다. 규정은 사실을 파악하려는 의도를 포함하고 있으면서, 당위에 관한 설정이 스며들어 있다. 형이상학의 대상으로 말하자면, 궁극적 존재는 일종의 '실제로 그러한' 존재이면서도 비경험적 존재이다. 따라서 이에 대해 기술할 수 없다. 그러므로 이에 대해 말하고자 하면, 형이상학적 범주(예를 들어, 大全 등)를 빌려 그러한 존재로 '규정'할 수밖에 없다. 궁극적 존재에 대한 '말하기' 방식으로서, 규정은 서로 다른 주안점을 지닐 수 있다. 요약하자면, 실질적 규정과 형식적 규정, 혹은 실질적 말하기와 형식적 말하기로 구분할 수 있다. 형식적 규정은 주로 논리적 관계에 주목하며, 실질적 규정은 시공간 속의 존재를 다룬다. 전통 형이상학은 주로 실질적 규정에 치중해 있었다. 예를 들어, 정주리학이 리理, 기氣, 심心 등에 대해 규정한 것은 대체로 실질적 측면에서 논한 것이다. 이들은 리理, 기氣 등에 실질적인 내용을 부여하였는데, 이는 이 개념들을 시공간 속에 두고 규정한 것이므로 "형상으로 드러나는 것을 피할 수

---

20) 馮友蘭, 『三松堂全集』 제4권, 10쪽.

없었다." 풍우란은 이에 대해 다음과 같이 비판했다. "송대 유학은 리理의 비실질성에 대해 제대로 살피지 못했거나, 혹은 분명히 설명하지 못했다. 예를 들어 송대유학은 '리理가 사물에 있는 것을 성性이라고 한다', '심心은 여러 리理를 두루 갖춤으로써 만물에 응한다'고 말한다. 그런데 이러한 말은 마치 리理가 사물에 들어있는 것으로 해석될 수 있다. 이러한 오류는 때로는 주자조차도 피할 수 없었다. 만약 이러한 오류를 벗어날 수 없다면, 이치를 설명하는 데 여러 가지 통하지않는 부분이 발생한다."21) 전통 형이상학과는 다르게 풍우란은 형식적 말하기를주로 사용했다. 신리학은 진제를 철학의 대상으로 삼는데, "진제라는 것은 오직형식적 차원에서 긍정할 수 있을 뿐, 사실적으로 긍정할 수 있는 것이 아니다."22) 형식적 말하기는 바로 논리적 말하기이다. 앞서 언급한 대로, 신리학의 리理, 기氣, 도체道體, 대전大全 등은 모두 순수 형식으로서 일종의 준·논리개념이며, 신리학의네 가지 명제들 역시 사실을 다루지 않는 분석명제 혹은 중언重言명제이다. 풍우란은이를 "중언서술重言敍述"23)이라고 칭하기도 했다. 이처럼 궁극적 존재에 대해서는반드시 규정의 방식을 통해 말해야 하는 것이 확실하지만, 어디까지나 이러한말하기 방식은 형식적 의미만을 갖출 수밖에 없는 것도 사실이다.

　풍우란은 논리적 말하기를 통해 형식화된 형이상학 체계를 세우고자 했으나, 이론적으로는 결코 성공을 거두지 못했다. 그의 '논리적 말하기'는 정주리학의 '실질적 말하기'와 형식적으로는 달랐을지 몰라도, 결국 하나의 사변적 말하기, 혹은 논리적 사변에 지나지 않았다. 철학은 그 본성 자체가 형식화되기 힘든 성질을지녔다. 논리실증주의에서도 인공언어를 통해 철학을 정화하여 새롭게 철학을세우고자 하였으나, 결국 소기의 목표에 도달하지는 못했다. 그 후에 등장한 분석철학이 일상언어 연구로 방향을 전환한 것 역시 철학의 형식화가 쉽게 성공할 수없음을 잘 말해 준다. 풍우란은 형식적 말하기를 통해 전통 형이상학의 난점을

21) 馮友蘭, 『三松堂全集』 제4권, 39쪽.
22) 馮友蘭, 『三松堂全集』 제4권, 11쪽.
23) 馮友蘭, 『三松堂學術文集』(北京: 北京大學出版社, 1984), 555쪽.

피해 가고자 했으나, 그 역시 성공을 거두지 못한 것으로 보인다. 하지만 풍우란이 다루었던 존재와 언어의 관계 문제는 분명 중요한 철학적 문제였다. 만약 궁극적 의미의 존재를 세계의 통일원리 및 발전원리로 이해한다면, 여기에는 분명 이에 대해 말할 수 있을 것인지, 혹은 이에 대해 어떻게 말할 수 있을 것인지(어떻게 언어로 표현할 것인지)와 같은 문제가 상존한다. 철학사상의 많은 철학자, 즉 장자에서부터 하이데거, 비트겐슈타인 등 모두가 이 문제에 주목했다. 일반적인 언어는 통일원리 혹은 발전원리를 파악하는 데 분명한 한계를 지닌다. 언어의 영역과 언어를 초월한 영역 간의 모순과 긴장을 어떻게 해결할 것인가 하는 문제는 이론상 난제임이 확실하다. 비록 풍우란 역시 진정으로 이 문제를 해결하지는 못했지만, 그의 실패는 어떤 측면에서 우리에게 시사점을 주었다. 즉, 형식적 말하기 이외에 새로운 경로를 개척해야 한다면, 그 대안으로 선택할 수 있는 것은 바로 인식의 역사 발전 과정 가운데 개념의 변증 운동을 통해 부단히 발전해 나가야 한다는 점이다. 유한 속에서 무한을 포착하고, 상대 속에서 절대를 파악하고자 끊임없이 시도해 나가야 한다. 뒤에서도 다시 논하겠지만, '말하기'에 치중하여 존재가 가진 언어 초월적 측면을 간과해서는 안 되는 것도 물론 중요하다.

논리적 말하기는 주로 천도의 측면에서 존재를 말할 때 사용되며, 인도로 말하자면, 이러한 존재는 그 최고 형태인 천지경지에 해당한다. 앞서 논의했듯, 이러한 경지는 풍우란이 볼 때 말할 수 없는 것이다. 천지경지의 특징은 바로 물아일체에 있는데, 이는 곧 사물과 대립하지 않는다는 말과 같다. 하지만 언어에는 항상 대립이 존재한다. 즉, 能능과 所소, 이것과 저것을 구분하고자 한다는 것이다. 바꾸어 말하면, 말하는 바에는 항상 말하는 것 이외의 것이 있기 마련이므로, '내외의 도를 합일'하는 단계에 이르지 못한다. 그러나 말할 수 없는 것에 대해 역시 말을 하지 않을 수는 없는데, "하지만 말을 한 이후에는 반드시 다시 그것이 말할 수 없는 것임을 말해야 한다."[24] 천지경지는 대립이 사라진 영역이므로,

---

24) 馮友蘭, 『三松堂全集』 제4권, 635쪽.

그러한 경지에 도달하고 이를 표현하려면 대립을 타파해야만 한다. 즉, 물아, 천인, 내외 등의 대립을 초월해야 한다는 것이다. 그런데 이러한 대립을 타파하기 위해서는 분명 논리적 분석에만 의존할 수는 없다. 풍우란은 형이상학의 방법을 두 가지로 구분한 바 있다. 즉, 정면적 방법과 이면적 방법[25]이 그것이다. "진정한 형이상학의 방법은 두 가지가 있다. 하나는 정면적 방법이고, 다른 하나는 이면적 방법이다. 정면적 방법은 논리 분석으로 형이상학을 논하는 것이고, 이면적 방법은 형이상학이 논할 수 없는 것임을 논하는 것이다. 형이상학이 논할 수 없는 것임을 논하는 것 역시 형이상학을 논하는 한 가지 방법이다."[26] 이면적 방법은 '타파하기'라고도 표현할 수 있으며, 이는 바로 일상경험적 지식으로부터 발생한 대립에 관한 집착을 타파한다는 뜻이다. 또한, 이면적 방법은 시와 같은 직관이라고도 이해할 수 있다. 우리는 일상의 대립을 타파함으로써 물아일체를 깨닫게 되며, 시적 직관을 통해 천인합일적 정취를 느낄 수 있게 된다. 본체세계의 논리를 건립하는 과정에서 풍우란은 정면적 방법을 주로 사용했는데, 천지경지라는 설정은 이면적 방법과 더욱 관련이 깊다고 말할 수 있다. 인간의 존재 방식 및 존재 양태로서 천지경지는 '말하기'와도 관계가 있으나, '존재' 문제와 더 큰 관련을 지닌다.

언어와 언어의 초월 간의 관계 문제는 철학의 매우 중요한 문제 중 하나다. 철학은 항상 궁극의 의미에서 세계의 존재와 인간 존재를 논의한다. 따라서 존재에 대한 고찰은 내적으로 자연히 세계의 통일원리와 발전원리 문제로 이어지게 된다. 세계의 통일원리와 발전원리를 탐구하는 것은 물론 넓은 의미에서 보면 인식과정의 문제에 속하기도 한다. 그런데 이러한 인식은 경험영역의 지식이 아닌, 지혜의 영역을 지칭한다. 지혜는 본체에 대한 앎인 동시에, 인간 정신적 승화를 의미한다. 세계라는 존재와 인간 존재, 제1원인(본체세계)에 관한 탐구와 인간 정신 경지의 전환은 본질적으로 서로 관련이 있다. 본의에 따르자면, 세계의 통일원리와

---

25) 역자 주: 직접적 방식과 간접적 방식이라고도 이해할 수 있다.
26) 馮友蘭, 『三松堂全集』 제5권, 173쪽.

발전원리를 파악하는 것은 곧 유한 속에서 무한을 포착하는 것이며, 상대 속에서 절대를 체득하는 것이다. 인간은 이러한 과정을 통해 점차 물아일체, 주객통일의 경지로 나아간다. 풍우란은 이러한 과정을 "전식성지轉識成智"라고 칭했다. 인간이 경험영역의 지식으로부터 나아가 이러한 지식과 우주 및 인생 간의 관계를 깨닫는 순간, "이전의 지식은 지혜로 전환된다. 불교의 용어를 빌리자면, 이러한 과정은 바로 '전식성지轉識成智'라고 할 수 있을 것이다."[27]

존재의 실현과 인간의 경지 문제는 지혜의 영역으로서 언어와 개념의 세계를 초월해 있다. 사실 우리는 개념과 명제 등을 사용해서 철학적 지혜를 표현할 수도 있다. 예컨대, '물아를 동시에 잊는다'(物我兩忘)는 말을 통해 우리는 인간이 도달한 어떠한 경지를 표현하는 것이 가능하다. 철학사를 통틀어 진정으로 독창적인 견해를 제시했던 철학자들은 모두 자신만의 방식으로 철학적 지혜를 표현하였다. 그들이 남긴 텍스트는 바로 개념과 명제로 이루어진 언어체계였다. 그런데 다른 한편으로, 철학적 지혜는 분명 말로 표현할 수 없는 측면을 지닌다. 한 주체가 유한 속에서 무한을 포착할 때, 상대 속에서 절대를 체득할 때, 그가 도달한 경지는 어떤 의미에서 일종의 존재 상태로 전환된다. 간단히 말하면, 자타 간의 존재적 합일이 이루어진 것이다. 물론 이러한 경지를 '안으로는 자신을 인식하지 못하고, 밖으로는 우주를 관찰할 수 없다' 등의 언어적 표현을 통해 설명할 수는 있겠지만, 이러한 상태 자체는 결코 전달될 수 없다. 단지 추상적 이치 차원에서 타인에게 그 경지를 알려줄 수는 있겠지만, 그러한 경지에 도달한 자만이 이해하는 내적 함의를 진정으로 깨닫게 해 줄 수는 없는 노릇이다. 요약하자면, 지혜의 영역은 인간 존재가 이르는 경지인 만큼, 언어로 묘사할 수는 있다고 하더라도, 주체 자신의 존재로 이를 직접 확증하는 것이 더욱 중요하다. 그러한 경지는 해당 주체의 정신구조로 이미 고착화되어 인간의 전체 존재 속에 스며든 상태이기 때문이다. 여기까지 이르게 되면, 이는 "말하기"의 문제를 넘어 "존재"의 문제가 된다. 풍우란

---

27) 馮友蘭, 『三松堂全集』 제4권, 542쪽.

은 천지경지에 이르면 "언어도단"(言語路絶)[28]의 상태가 된다고 하였는데, 그 역시 이 점을 인식하고 있었던 것 같다. 그러므로 신리학에서 인생경지설에 이른 것은 어떤 의미에서는 논리적 '말하기'에서 실제적 '존재'로 옮겨 가는 과정으로 나타나기도 한다.

여기에서 한층 더 깊이 고찰해 보면, 대립을 초월하여 주객, 내외, 천인 간의 통일로 나아간다는 것은 소극적 차원(대립의 타파)에서 말한 것임을 확인할 수 있다. 만약 적극적 차원에서 보자면, 지혜의 영역은 더 다방면의 내용을 내포한다. 이는 우선 도道로써 관조하는 것을 의미한다. 경험의 영역에서 인식은 대개 분별에 치중하며, 그만큼 쉽게 하나의 편견에 집착하게 된다. 하지만 지혜의 영역은 '상대'를 제거하여 '대립'을 지양하며, 도의 관점(전면적 관점)으로 경험영역의 분별을 초월한다. 여기에서 경지는 주체가 세계를 인식하는 일종의 입장과 태도로 구체화되며, 이러한 입장과 태도는 다시 편견을 극복하고 변증과 종합에 이르기 위한 내적 조건이 된다. 선의 추구라는 측면에서 생각해 보면, 지혜의 영역은 '종심소욕불유구 從心所欲不逾矩'[29]라는 말로 표현할 수 있을 것이다. 종심소욕이란 내적 의도에서 기인함을 의미하며, 불유구는 이성적 규범에 부합함을 의한다. 이 둘을 종합하면, 주체는 인위적인 노력을 초월하여 종용중도從容中道의 경지에 이르게 된다. 이러한 정신적 경지에 이르면, 인간의 행위는 강제나 억지에서 나오는 것이 아니라, 애쓰지 않아도 들어맞고 억지로 생각하지 않아도 합당하게 된다. 이러한 경지는 도덕적 영역에서의 자유를 획득한 상태라고도 할 수 있다. 인간의 경지는 물론 선의 추구에로만 국한되지는 않으며, 이는 심미의 영역을 가리키기도 한다. 심미의 측면에서 보면, 지혜의 영역은 합목적성과 합규칙성의 통일이라는 관념으로 전개된다. 합목적성의 내적 함의는 즉자적 사물이 대자적 사물이 된다는 것이며, 합규칙성이란 자연의 인간화는 인간의 자연화를 막을 수 없음을 의미한다. 즉, 인간의 본질적

---

28) 馮友蘭, 『三松堂全集』 제4권, 634·697쪽.
29) 역자 주: 『논어』 「위정」에 나오는 말.

역량과 천지의 미가 상호 융화하여 주체의 심미적 경지로 내재화되며, 이는 다시 미의 창조와 미적 관조를 위한 내적 원천으로 작용하게 된다. 한 가지 분명한 것은, 인간과 존재적 합일을 이룬 경지로서의 지혜의 영역은 어떤 추상적 정신 상태를 말하는 것이 아니며, 어떤 신비한 면모를 지닌 것도 아니라는 점이다. 지혜가 인간과 함께 존재한다는 것은, (지혜가) 주체가 도의 관점으로 진리를 추구하는 과정에 '존재함'을 말하며, '종심소욕불유구'라는 선으로 향하는 과정에 '존재함'을 말하며, 합목적성과 합규칙성이 서로 통일을 이룬 심미적 과정에 '존재함'을 말한다. 정리하면, 주체라는 존재는 이러한 경지들을 내적으로 융합하며, 반대로 이러한 경지는 주체가 현실적이고 역사적으로 '존재'하는 과정 가운데 확인될 수 있다.

존재에 대한 탐구는 필연적으로 그 대상을 지혜의 영역으로 이끌게 된다. 지혜의 영역은 다시 '말해지는 것'에서 '존재하는 것'으로의 전환을 통해 인간 존재와 합일을 이룬다. 존재에 대한 탐구가 지혜의 영역으로 승화되는 것과 지혜의 영역이 존재의 형태로 나타나는 것은 서로 밀접한 관련이 있다. 이러한 과정은 하나의 동적인 과정으로서 본질적으로 인간의 역사적 실천에 기초한다. 만약 존재와 경지에 관한 풍우란의 학설에 이론적인 전환을 가하고자 한다면, 지금까지 설명한 내용을 한 가지 참고할 방향으로 삼을 수 있을 것이다.

세계철학의 시각에서 보는 지혜설[1]

　'지혜설'은 풍계馮契 선생이 말년에 이룬 철학체계를 말하며, 지혜에 대한 그의 탐색은 초기 저작물인 『지혜』[2]로 거슬러 올라갈 수 있다. 장기간에 걸친 철학적 사색의 집결체인 '지혜설'은 결코 역사적 근거가 없는 사변체계가 아니다. 이는 중서철학의 변화 과정을 그 출발점으로 삼고 있다. 여기에서는 세계철학의 시각에서 '지혜설'의 이론적 의의를 살펴보는 데 중점을 두고자 한다.

1. 배경 및 경로

　풍계 철학사상의 발생과 형성은 넓은 의미에서 보면, '고금중서' 간의 치열한 논쟁을 배경으로 한다. 풍계 역시 이 점을 자각하고 있는데, 『지혜설 삼 편·도론』에서도 이 점을 분명히 인정한 바 있다. '고금중서' 간의 논쟁은 정치 관념, 정치체제 측면의 논쟁과도 관련이 있으며, 사상 및 문화(철학이론을 포함)상의 관점 차이에 관한 것이기도 하다. 근대 이래로, 서양의 학문이 점차 동양으로 유입됨에 따라 중서사상은 서로 만남을 가지며, 충격과 격동을 맞이하기도 하였다. 이러한 현상에 수반된 것이 이른바 '고금지변'이다. 철학적 측면에서 '고금중서' 논쟁을 고찰해 본다면, 근대사상 발전의 두 가지 서로 다른 추세를 확인할 수 있다. 그 첫 번째가

---

[1]　본문의 내용은 2015년 9~10월, 화동사범대학 철학과 박사토론회 시리즈 강좌에서 발표한 내용을 기초로 한다. 원문은 『學術月刊』 2016년 제2기에 실렸다.

[2]　'지혜설'은 『認識世界和認識自己』, 『論理思惟的辨證法』, 『人的自由和眞善美』 3편의 저작에 잘 나타나 있다. 풍계 선생은 이 세 편의 저작을 '지혜설 삼 편'이라 칭하고자 했다. 『智慧』는 풍계 선생이 서남연합대학 재학 시절 집필한 논문을 엮은 것으로, 『哲學評論』 1947년 제10권 제5기에 간행되었다.

바로 중국철학에 대한 경시와 냉대다. 이러한 현상은 현대에도 발견되지만, 그 기원은 더욱 과거로 거슬러 올라간다. 잘 알려져 있듯, 헤겔은 『역사철학강의』에서 이미 중국철학을 언급한 바 있다. 전체적으로 보면, 그의 중국철학에 대한 평가는 그리 높지 않다. 헤겔이 보기에 공자는 "중국인의 중요한 철학자"이지만, 그 사상은 "상식적인 도덕"에 지나지 않으며, "사변적인 철학은 조금도 보이지 않는다." 비록 『역경』에서 추상적인 사상을 다루기는 했으나, "절대 심오하지는 않으며, 가장 표면적인 부분에 그칠 뿐이다."[3] 헤겔 이후, 주류 서양 철학자들은 대체로 위와 같은 중국철학에 대한 이해를 답습하였고, 중국철학은 주요 서양 철학자들의 시각에 근본적으로 편입되지 못했다. 현재의 서구권에서 주목받는 대학들은 철학과 에서는 중국철학을 다루지 않는 경우가 일반적이며, 중국철학은 대개 동아시아학 과, 종교학과, 역사학과 등에서 다루어지고 있다. 이러한 현상은 주류 서양 철학계가 중국철학을 그들이 생각하는 철학으로 인정하지 않는다는 점을 보여 준다. '고금중 서' 논쟁이라는 측면에서 보면, 이 같은 현상은 주로 서양철학에 정통성과 주도적 위치를 부여하고, 또 이 점에서 출발하여 중국철학 및 그 변화 과정을 이해하려는 경향으로 나타난다. 이러한 시각에서 중국철학은 기본적으로 주변부에 지나지 않는다.

이 같은 추세에 대비되는 것이 전통적 중국사상(특히 유가사상)에만 사로잡혀 있는 경향이며, 이는 '고금중서' 논쟁의 다른 한 극단에 자리한다. 19세기 후기의 '중체서용'설에서부터 현대 신유가와 관련된 관념에 이르기까지, 이러한 경향은 중국 근현대에 걸쳐 끊임없이 이어져 왔다. 가치와 사상이라는 측면에서 말하자면, '중체서용'의 기본 입장은 중국 전통사상을 '체'로 보고, 서양의 기물, 체제, 관념을 '용'으로 보는 것이며, 동시에 전자는 '본', 후자는 '말'로 이해되기도 한다. 신유가 역시 철학 사변적 측면에서 비슷한 경로를 이어 왔다. 물론 신유가가 서양철학에 전혀 관심을 가지지 않은 것은 아니었다. 예를 들면, 모종삼 같은 인물들은 서양철학

---

3) 헤겔, 賀麟·王太慶 역, 『哲學史講演錄』 제1권(北京: 商務印書館, 1981), 118~132쪽.

에 상당한 공을 들이기도 하였다. 모종삼은 특히 칸트철학에 많은 노력을 기울였다. (물론 그가 칸트철학을 얼마나 정확히 이해했는지는 별개의 문제이다.) 하지만 신유가가 서양철학 이해에 노력을 기울였고, 자신의 철학 연구 과정에서 서양철학의 개념과 이론틀을 사용하여 중국철학을 돌아봤다고 하더라도, 근본적인 입장에서 보면, 그들은 여전히 중국철학 특히 유가철학을 본위로 삼았다. 그들의 심중에는 철학사상의 정도는 유가라는 생각이 자리하고 있었다. 좀 더 넓은 의미에서 말하자면, 이는 결국 국학을 의미한다. 더욱 극단적인 신유가들은(예를 들면, 馬一浮) 서양의 철학 이론 개념과 사상구조를 완전히 거부하였고, 자신들의 논저에서도 오로지 전통철학의 명사, 학술용어, 관념 등만을 사용하였다.

이상의 두 가지 추세는 철학 방면에서 이루어진 '고금중서' 논쟁의 주요 골자를 이루었다. 첫 번째 추세가 서양의 사상 관념을 기타 학설을 비평하는 기준으로 삼았다는 것이라면, 두 번째 추세는 중국철학을 본위로 삼으며, 철학적 사고를 중국철학으로 한정하려는 것이었다. 이러한 이중적 추세는 현대 중국철학의 변화 및 발전에 배경을 이루게 되었다.

풍계의 철학 사고는 우선, '고금중서' 논쟁에 대한 이론적 답변으로 전개되었다. 『지혜설 삼 편·도론』에서 풍계는 고금중서 논쟁의 실질이 "어떻게 하면 서양의 선진문화를 분석적으로 학습하고, 자신의 민족전통을 비판적으로 계승하여 이를 통해 중서 간의 회통을 이루어 낼 것인가, 어떻게 하면 중국이 당면한 현실 문제에 정확히 대응할 것인가"[4]에 있다고 보았다. 이것을 보면, 그가 '고금중서' 논쟁 속에서 서양을 가지고 중국을 비판하거나 중국을 가지고 서양을 비판하지 않고, 중서의 회통을 지향하는 데 중점을 두었음을 알 수 있다. 중서의 회통을 통해 당대의 문제를 해결하고자 했던 것이 바로 그의 기본 입장이었다.

구체적으로 말해, 중서의 회통은 두 가지 측면을 포함한다. 하나는 비교의 관점으로, 중서철학을 서로 다른 측면에서 비교해 보는 것이다. 여기에서 비교를

---

4) 馮契, 『認識世界和認識自己』(上海: 上海人民出版社, 2011), 2쪽.

위해 한 가지 전제를 염두에 두어야 한다. 즉, 비교하려는 쌍방을 동등한 위치에 둔 채, 어떤 것이 정통이고 어떤 것이 정통이 아닌지를 예판하지 않아야 한다. 대신, 각각을 독자적인 의미를 지니는 사상 대상으로 삼고 고찰을 진행해야 한다. 이러한 시각의 이면에는 '고금중서' 논쟁 가운데 어떤 한쪽에 편중되는 것을 지양해야 한다는 원칙이 함축되어 있다. 중서회통의 다른 한 가지 측면은, 개방적 관점이다. 즉, 중국철학과 서양철학 모두를 당대의 철학적 사고를 위한 이론 자원으로 삼는 것이다. 역사적으로 살펴보면, 중국철학과 서양철학은 분명 서로 다른 기원에서 유래하여 각자의 독특한 전통을 형성한 것이 사실이다. 하지만 이 둘은 모두 인류문명 발전의 성과로서, 자신만의 이론적 함의를 지닌다. 어떤 시대의 철학적 사고든 완전히 무에서 시작할 것이 아니라, 인류문명이 이미 도달한 이론 성과를 출발점으로 삼아야 한다. 중국철학과 서양철학 역시 인류문명 발전의 성과로서 당대의 사고를 위한 이론 자원을 제공해 준다. 이러한 관점은 오늘날 우리가 철학체계를 세우는 데 중서 가운데 어느 한 가지 전통으로 한정될 수 없다는 원칙을 제시해 준다.

　물론 역사의 계승과 현실적 논쟁은 서로 긴밀히 맞물려 있다. 기존의 사상 자원에 기초한 철학 이론은 오늘날의 새로운 관점과 서로 대화하고 토론함으로써 점차 발전해 나가게 된다. 풍계는 철학이 '전 세계판 백가쟁명을 마주하고 있다'는 예견을 내어놓았는데, 그의 이러한 말은 철학적 사고 속에 있는 세계적 시각을 보여 주는 것이면서, 동시에 세계적 시각 아래에서 중서철학이 각기 그 의미를 지닐 수 있음을 인정한 것이다.

　사유의 전반적 추세를 좀 더 넓게 살펴보면, 중서철학의 구체적인 방향성에는 서로 다른 특징이 존재한다는 것을 알 수 있다. 풍계는 중서철학 간의 비교를 진행하면서 양자의 서로 다른 중점과 특징을 다각도로 조명하였다. 좀 더 넓게 보면, 서양철학은 출발부터 형식논리에 대해 많은 고찰을 시도하였다. 물론 중국철학이 형식논리에 관심을 가지지 않았던 것은 아니지만, 중국철학은 그에 비하면 사유의 변증이라는 차원에 더 치중하였다. 예컨대 인식론을 놓고 보면, 풍계는

'광의의 인식론' 개념을 제시하였다. 이는 '감각이 객관 실재를 부여해 줄 수 있는가?, '보편적으로 유효한 법칙적 지식은 가능한가?' 등의 문제를 다룰 뿐만 아니라, '논리적 사유가 구체적 진리를 파악할 수 있는가?, '자유 인격 혹은 이상적 인격을 어떻게 기를 수 있을 것인가?' 하는 문제의식까지도 포함한다. 풍계의 이해에 따르면, 이러한 측면에서 중서철학은 서로 다른 특징을 보여 준다. 서양철학이 주로 전자의 문제(즉, 감각이 객관 실재를 부여해 줄 수 있는가, 보편적으로 유효한 법칙적 지식은 가능한가)에 관해 깊고 체계적인 고찰을 진행하였다면, 중국철학은 논리적 사유가 구체적 진리를 파악할 수 있는가, 자유 인격은 어떻게 기를 수 있을 것인가와 같은 문제들에 더 많은 관심을 가졌다.

서로 다른 철학 전통은 서로 다른 방향성과 흐름을 지니기 마련이며, 이는 역사 속에서 확인할 수 있는 사실이다. 좀 더 넓은 철학적 사고 측면에서 보자면, 이러한 각기 다른 철학적 방향성과 흐름 모두는 합리적인 철학 사유라면 반드시 갖추어야 할 것들로, 어느 한 측면을 배제하거나, 어느 한 측면에만 치중해서는 안 된다. 논리 분석과 변증적 사유의 관계를 놓고 보자면, 철학 연구 및 더 넓은 의미에서의 사상 활동은 논리적 분석을 벗어날 수도 없고, 변증적 사유와도 분리될 수 없다. 즉, 이 둘에 대해 이것 아니면 저것이라는 대립적 태도를 가질 필요가 없는 것이다. 마찬가지로, 넓은 의미의 인식론 중에서는 앞의 두 가지 문제(즉, 감각이 객관 실재를 부여해 줄 수 있는가, 보편적으로 유효한 법칙적 지식은 가능한가)도 물론 중요하지만, 뒤의 두 가지 문제(논리적 사유가 구체적 진리를 파악할 수 있는가, 자유 인격은 어떻게 기를 수 있을 것인가) 역시 시야의 범위에 두어야 한다. 따라서 중서철학이 역사 속에서 어떠한 경로를 형성하며 서로 다른 모습으로 발전해 왔는지에 대해 우리는 더 넓은 시야에서 소통과 융합적 각도로써 이를 이해해 나가야 한다.

근대 이래, 서양철학은 또 다른 한 가지의 방향성에 주목했다. 독일철학의 경우, 칸트는 비교적 지성에 치중하였다. 단순히 지성 자체에 대해 고찰한 것 외에도, 철학의 전반적 경로라는 측면에서 칸트철학은 지성화의 길을 걸었다. 지성의 특징 가운데 하나는 바로 존재의 서로 다른 측면을 세밀하게 구분하고 분석하고 규정한다는 것이다. 칸트는 주로 대상과 관념의 서로 다른 측면을 구분하려는 경향을 보였다. 현상과 물자체, 이론이성과 실천이성 그리고 판단력 등이 그것이다. 칸트의 철학사상에서 보면 이들은 모두 판연히 구분되며, 그 철학사상 역시 각자 관련된 영역으로 제한된다. 헤겔과 비교했을 때, 헤겔은 독일 고전철학적 의미에서의 이성 개념에 초점을 맞추었다. 그는 칸트가 지성의 측면을 구분한 것에 불만을 표하며, 변증법의 방식을 사용하여 이러한 경계를 넘어서서 이성의 종합으로 나아가고자 하였다. 이와 같은 서로 다른 철학의 경로는 후에 이어지는 철학 사고에도 중대한 영향을 미쳤다. 서양 근대철학의 발전을 놓고 보면, 이후의 실증주의, 분석철학 등은 상당 부분 칸트가 제시한 지성 관념의 경로를 따라 발전해 갔으며, 마르크스의 철학사상의 경우 이성 혹은 변증적 사유의 경로와 깊은 관련이 있다.

현재의 서양철학의 발전 경로는 이른바 분석철학과 현상학으로 구분되어 있다. 분석철학은 언어를 통해 철학의 주요 대상을 분석하며, 언어적 논리 분석에 초점을 맞춘다. 반면, 현상학은 주로 의식에 관심을 가지며, 그 철학사상 역시 의식과 내적 연관을 지닌다. 이들 중 전자는 언어에 대한 논리 분석에 특출나고, 후자는 의식에 대한 선험적 고찰을 특히 강조한다. 이렇듯, 둘 사이에서는 뚜렷한 철학적 경로의 차이가 확인된다.

철학의 관심 대상의 측면에서도 지금껏 수많은 '패러다임적 전환'이 있었다. 이러한 시각에서 보면, 근대철학은 우선 '인식론적 전환'과 관련이 깊다. 즉 철학의 관심이 고대 그리스부터 항상 관심을 가지던 형이상학 및 본체론 문제에서 인식의 문제로 전환되기 시작했다는 것이다. 한편, 현대의 철학은 '언어학적 전환'으로 설명된다. 분석철학이 바로 이를 대표하며, 그 주된 특징은 언어분석을 철학의 주요한 작업으로 삼았다는 것이다. 이러한 서로 다른 '전환'의 배후에는 서로 다른 철학적 경로가 자리한다. 인식론적 전환이 발생하기 이전, 철학은 형이상학과 본체론 문제에 관한 관심을 주된 방향으로 삼았으나, 인식론적 전환 이후, 인식론 문제에 대한 고찰로 관심의 방향을 돌렸다. 유럽 대륙의 데카르트, 스피노자, 라이프니츠에서 영국의 베이컨, 로크, 흄 그리고 그 이후의 칸트에 이르기까지, 이들 철학의 중심은 결국 인식론 문제로 귀결된다. 한편 언어학적 전환은 철학의 관심을 인식론 문제에서 한층 더 나아가 언어에 대한 논리 분석으로 돌려놓았다. 분석철학에서 인식론(epistemology)은 지식론(the theory of knowledge)으로 발전하였고, 인식 자체에 대한 연구 또한 인식 과정에 대한 동태적 연구가 아닌 언어에 기초한 정태적 고찰로 귀결되었다.

지금까지 언급한 여러 가지 경로와 비교할 때, 풍계의 지혜설은 명백히 더욱 넓은 시야를 보여 준다. 지성과 이성의 관계라는 측면에서 보면, 그의 철학은 우선 이 둘 간의 대립을 지양한다는 특징을 지닌다. 한편에서 풍계는 지성과 관련된 논리 분석을 중시하였으나, 다른 한편에서는 변증적 사유의 의미를 강조하기도 하였다. 지혜설을 이루는 저작 중 하나인 『논리적 사유의 변증법』에 양쪽 측면을 융합하고자 하는 이러한 경향이 집중적으로 나타나 있다. 철학적 '전환'은 그와 관련된 새로운 철학적 문제를 낳기 마련이다. 논리적으로 말하자면, '전환'이란 한 가지 문제에서 다른 한 가지 문제로의 '전환'을 의미한다. 즉 인식론적 전환 및 언어학적 전환 속에서, 철학의 관심 역시 인식론, 언어철학과 같은 측면으로 한정되게 되었다. 하지만 풍계가 볼 때, 철학적 '전환'과 관련이 있는 본체론, 인식론, 언어철학 등의 문제들은 전환 이전과 이후에 각각 별도로 존재하던 것이 아니었다. 이들은 철학적 문제의 하나로서 철학사상이 항상 갖추고 있어야 하는 것들이며, 모두 고찰과 해결의 가치가 있는 것들이다. 본체론, 인식론, 언어철학 등의 문제를 명확히 분리하려는 것은 지혜의 학문이라는 철학의 면모에 들어맞지 않는다. 철학은 지혜를 추구의 대상으로 삼아, 본체론 문제를 고찰하는 동시에 인식론과 언어철학 문제 등에도 관심을 가져야 한다. 사실 인간이 세계 및 인간 자신을 파악하는 과정 가운데 이 같은 여러 가지 측면은 서로 함께 맞물려 있어, 뚜렷하게 구분해 내기 어렵다. 바꾸어 말하면, 당대의 철학에 의해 인위적으로 구분된 이러한 이론 문제들은 본래부터 내적 연관성을 지닌다. 풍계의 '지혜설'은 바로 철학 문제를 구분하여 논하는 방식을 지양하고, 상호 연관성을 지닌 철학의 본래 상태로 돌아가고자 하는 시도이다.

철학의 경로와 방향성이 분화된 이 형국에서, 철학을 하는 이들은 대개 이쪽이 아니면 저쪽이라는 극단적인 경향을 보이기 마련이다. 이러한 현상은 철학의 유파가 지속적으로 분리되는 현상을 낳았다. 실증주의, 전통 형이상학, 분석철학, 현상학 속에서도 이러한 경향은 쉽게 발견된다. 이와는 달리, 풍계의 지혜설은 서로 다른 철학적 경로와 시각을 겸용하려는 태도를 보여 준다. 그는 소통과 융합적 관점을 가지고 서로 다른 철학의 경로를 넘나들면서 분리된 철학 문제를 이해하고자 한다. 지혜설은 오늘날의 철학 연구 속의 각종 편향을 극복하고자 하는 동시에, 철학 측면에서도 보편적인 의미를 제시하고자 한다.

더 나아가서 말하자면, 풍계는 서로 다른 철학의 경로를 지양하고 세계철학적 시각을 드러내는 동시에, 창조적 사고를 통해 보편적 의의를 지닌 철학체계를 건립했다. 즉, 방식의 측면에서 편향을 지양한 것 외에도, 건설적 의미를 지닌 자신의 철학을 제시하였다. 이러한 내용은 말년의 '지혜설' 가운데 잘 나타난다. 『지혜설 삼 편 · 도론』에서 풍계는 다음과 같이 말한다. "중국 근대철학은 자신의 전통철학과 종적 관계를 맺는 한편, 서양 근대철학과 횡적 관계를 맺고 있다. 마치 민족경제가 세계시장에 참가하고자 하는 것처럼, 중국철학 역시 민족적 특색을 알리며 세계를 향해 나아가야 하며, 세계철학을 이루는 중요한 구성원이 되어야 한다."[5] 20세기 초, 왕국유는 "학문에는 중서의 구분이 없다"는 관념을 제시한 바 있다. 그는 중서사상이 만난 이상, 더는 중서의 구분에 집착해서는 안 된다고 생각했다. 근대철학사상의 발전 측면에서, 풍계는 더 나아가 "학문에는 중서의 구분이 없다"는 관념을 세계철학에 대한 구상으로 연결하면서, 자신의 구체적인 철학 사고를 통해 보편적으로 의미가 있는 철학체계를 세우고자 노력하였다. 이는 이론 형식을 통해 실질적으로 이른바 "전 세계판 백가쟁명"에 참여하려는 것이며, 당대 중국철학의 창조성을 바탕으로 세계철학 속에 융화되고자 한 것이었다.

---

5) 馮契, 『認識世界和認識自己』, 3쪽.

2. 지혜로의 회귀: 지혜의 망각과 지혜의 추상화 경향을 지양하다

세계철학의 관점에서 서로 다른 철학 전통 간의 소통을 시도한 것은 주로 철학적 사고방식의 측면에서 진행되었다. 풍계는 '지혜'의 탐색을 철학적 사고의 목표로 삼았다. 초창기의 『지혜』부터 말년의 '지혜설'에 이르기까지, 그의 철학사상은 지혜에서 시작하여 지혜로 끝난다. 그의 이러한 철학적 추구는 과연 어떤 의의를 지니는가? 이 문제에 답하기 위해서는 근대철학의 발전에 대한 더 깊은 고찰이 필요하다.

19세기 이후, 실증주의는 서서히 역사의 무대에 등장하기 시작했다. 하나의 철학 사조로서 실증주의가 지니는 핵심 원칙은 "형이상학의 철폐"였다. 실증주의의 입장에서 보면, 경험을 초월하는 형이상학 명제는 아무런 의미를 지니지 못한다. 오직 경험 가능한 사실과 관련된 판단이나 항진명제만이 의미를 지닐 수 있다. 초기 형태의 실증주의부터 이후의 논리실증주의에 이르기까지, 이러한 기본 정신은 시종일관 변함이 없었으며, 그 영향은 지금까지도 완전히 소멸되지 않았다. 서양과 거의 비슷한 시기에 근대 중국에서도 유사한 흐름이 있었다. '형이상학의 철폐'라는 말은, 세계의 통일원리 및 발전원리에 관한 연구는 어떠한 의미도 지니지 못함을 뜻한다. 지식과 지혜의 구분이라는 측면에서 보면, 철폐되어야 하는 형이상학의 대다수 문제의식은 넓은 의미에서의 지혜의 영역에 속한다. 지혜와 지식은 세계를 파악하는 서로 다른 관념의 형태이다. 지식은 부문별로 세계를 각기 이해하고자 하며, 모든 종류의 분과 지식은 세계의 특정한 측면 혹은 영역에 대응한다. 지식의 구체적 형태로서, 과학(science)은 '분과학문'으로 나타난다. 자연과학에 속하는 물리학, 화학, 생물학, 지질학에서 사회과학에 속하는 사회학, 경제학, 정치학 등 모두 하나의 분과학문을 나타내는 것이다. 세계에 대한 인식과 파악이라는 측면에서 보면, 세계를 서로 다른 측면으로 구분하는 것은 물론 필요한 일이라고 볼 수 있다. 하지만 세계는 과학에 의해 구분되고 분리되기에 앞서, 이미 그 자체로 하나의 통일된 형태로 존재한다. 따라서 세계를 구분하여 논하는 것에 그친다면 진정한 이해에 도달하기에는 한없이 부족하다. 어떻게 하면 지식의 한계를 넘어 존재 그 자체로 돌아갈 수 있을까? 이는 세계를 더 깊이 이해하기 위해서는 피해 갈 수 없는 문제이다. 지혜가 실질적으로 지향하는 바는 바로 지식의 한계를 초월하여 모든 것을 관통하는 시각에서 세계 자체를 이해하는 것이라 할 수 있다. 실증주의는 형이상학을 철폐하고자 하였으나, 지혜의 방식으로 참된 세계를 이해하는 것에는 소홀했다.

20세기 초에 들어서자 분석철학이 서서히 일어나기 시작했다. 언어분석을 철학의 주요 방식으로 삼는 분석철학은 철학 속에서 언어학적 전환을 실현하고자 하였다. 분석철학에 있어, 철학적 작업은 언어에 대한 논리적 분석에 불과하였다. 이른바 세계를 인식한다는 것 역시 언어 속의 세계를 파악하는 것이었기에, 언어 속으로 들어간 사물을 고찰하는 일 역시 근본적으로 언어의 영역을 벗어나지 않았다. 소극적 측면에서 본다면, 철학적 작업은 언어에 대한 오용을 분석하고 바로잡는 일이라고 할 수 있다. 비트겐슈타인은 철학의 주된 임무를 "단어의 사용을 형이상학적 용법에서 일상적 용법으로 되돌려 놓는 일"[6]이라고 규정하기도 하였다. 그가 볼 때, 언어의 가장 바람직한 사용 방식은 일상적 용법이며, 형이상학은 항상 사변적 방식으로 언어를 사용하기에 언어를 일상적 의미로부터 벗어나게 만든다. 이러한 관점을 바탕으로 비트겐슈타인은 "철학은 언어를 수단으로 하여 우리의 지성을 현혹하는 것에 맞서는 하나의 투쟁"[7]이라고 여겼다. 이러한 이해에 따르면, 인간의 지성은 언제나 언어를 빌려 인간 자신을 현혹하기 마련이고, 철학은 이러한 현혹에 맞서 투쟁을 벌이고자 한다는 것이다. 이처럼 분석철학은 철학의 주요 임무를 언어분석으로 한정하면서, 언어 차원의 기술적 분석을 진실된 존재에 대한 탐구로 대체하곤 했다. 그들은 언어 속의 존재라는 한 가지 종류의 존재만을 알았고, 언어 밖의 진실한 세계는 기본적으로 그들의 안중에 없었다.

---

6) 비트겐슈타인, 湯潮·範光棣 譯, 『哲學研究』(北京: 生活·讀書·新知三聯書店, 1992), 67쪽.
7) 비트겐슈타인, 湯潮·範光棣 譯, 『哲學研究』, 66쪽.

실증주의와 분석철학이 비록 다른 형식으로 나타나기는 했으나 철학의 기술화, 지식화의 경향을 보였다는 점에서는 서로 같았다. 실증주의는 무엇보다 경험과 논리에 관심을 가졌고, 과학과 유사한 이해 방식을 철학의 정도로 삼았다. 한편 분석철학은 언어를 유일한 대상으로 삼았으며, '진실한 존재에 도달하고자 하는 지혜의 탐구'라는 철학적 작업을 언어에 대한 기술적 분석으로 대체하였다. 중국철학의 개념을 빌려 표현하자면, 지혜에 대한 탐색이 '도(道)'에 대한 탐구를 가리킨다면, 위와 같은 흐름은 지식적인 차원에만 집착하는 것으로서, '도(道)'에 대한 추구를 배척한 채 '기술(技)'만을 추구하는 격이라 할 수 있다. '도(道)'에서 '기술(技)'로 나아가고자 하는 이러한 방향성을 실질적 탐구의 측면에서 말하자면, 지혜에 대한 망각을 의미한다고 할 수 있다.

'지혜에 대한 망각'이라는 흐름과 대척점에 서 있는 것이 바로 지혜의 사변화 혹은 추상화 경향이다. 현재의 철학 가운데에서 현상학이 이러한 경향의 전형적인 모습을 잘 보여 주고 있다. 분석철학과 비교했을 때, 현상학은 경험과 언어에 대한 관심에만 국한되어 있지는 않다. 엄격한 과학으로서의 철학을 추구한 후설부터 하이데거의 기초적 본체론에 이르기까지, 이들 모두는 지식과는 다른 방식으로 존재를 이해하고자 하였다. 엄격한 과학으로서의 철학의 건립이라는 이상을 그 출발점으로 삼는 후설의 사상은 '본질적 환원', '선험적 환원'을 구체적인 방향으로 삼았다. 환원을 통해 도달하는 지점은 이른바 '순수의식' 혹은 '순수자아'라고 부르는 것이었는데, 이는 철학의 방식으로 세계를 파악하기 위한 기초로도 이해할 수 있다. '뿌리' 혹은 '본원' 등의 궁극적 문제에 대한 그의 관심은 지혜의 탐구라는 함의 또한 내포하고 있다. 그러나 다른 한편으로 '순수의식', '순수자아'를 철학이라는 거대한 건물의 기초로 삼았다는 것은 또한 사변적 구조 혹은 추상화 경향을 분명하게 드러내는 것이기도 했다. 하이데거는 '기초적 본체론'을 제시하면서 현상학적 방식에 따라 존재를 고찰하였다. 이러한 본체론의 특징은 고찰의 대상이 'Dasein'(현존재)으로 향한다는 것이다. 이러한 방향성은 '고뇌', '두려움'과 같은 개체의 생존 체험에 대해 주목하는 것으로 나타났다. '고뇌'는 주로 일상생활 속에서 마주치는 각종 상황과 상관이 있으며, '두려움'은 죽음의 불가피성으로 인해 발생하는 의식(죽음에 대한 두려움)으로 나타난다. 하이데거가 볼 때, 인간은 "죽음을 향하며 살아가는" 존재로서, 죽음이 피할 수 없는 것임을 깨달을 때, 개체 존재의 일회성, 반복 불가능성, 독특성 등에 대해 깊게 이해하게 되고, 비로소 참된 존재로 돌아갈 수 있게 된다.

현실적 양상으로 본다면, 인간 존재는 분명 하이데거가 묘사한 '고뇌', '두려움'과 같은 여러 가지 심리 체험을 포함한다. 하지만 인간 존재는 자아의 체험에만 국한되는 것이 아니라, 사회적 실천에 기초한 인간과 인간의 교류, 인간과 사물 간의 상호작용 과정이기도 하다. 바로 이러한 것들이 인간 존재의 실질적 내용을 구성하고 있기도 하다. 따라서 이러한 과정에서 벗어나는 순간, 인간은 현실적 인격을 상실하게 된다. 하이데거는 바로 이러한 과정을 참된 자아에서 멀어지는 길이라 여겼다. 그는 기술을 비판하면서, 인간과 사물의 상호작용 과정은 인간이 기술의 지배를 받는 과정으로 이해되며, 인간과 인간의 교류 과정은 공존(being-with)의 형식으로 치부된다고 여겼다. 하이데거가 볼 때, 공존은 인간의 참된 존재 형태가 아닌, 인간의 '타락'에 불과하다. 개체는 군중 속에서 공존하면서 보통 사람으로 전락하고, 결국 참된 자아를 상실하게 된다. 이러한 관념은 인간 존재가 지닌 사회적 인격을 외면하였으므로, 존재의 참된 형태에 도달하지는 못했다. 하이데거는 참된 자아를 모색하고자 시도했으나, 위와 같은 사변적 경로는 아이러니하게도 '참된 자아'를 진실한 존재로부터 더욱 멀어지게 만들었다. 요약하자면, 후설과 하이데거가 철학의 근원을 탐구하고 '기초적 본체론'을 제시한 것은 이를 통해 존재에 대한 본원적 고찰을 시도한 것이었다. 물론 이들이 완전히 지혜를 망각한 것으로 보이지는 않지만, 그들의 전반적인 방향은 명백히 사변화라는 형태를 띠었다. 그리고 이러한 방향은 구체적으로 지혜 탐구의 추상화라는 경향으로 나타났다.

이처럼 당시의 철학은 지혜의 망각이라는 편향적 방향을 보였으나, 풍계는 이와는 다른 철학적 경로를 보였다. 초기 저술인 『지혜』편에서 풍계는 의견, 지식,

지혜의 세 가지 인식 형태를 구분한다. 그는 장자의 표현을 빌려 "의견은 '자신을 통해 보는 것'(以我觀之), 지식은 '사물을 통해 보는 것'(以物觀之), 지혜는 '도를 통해 보는 것'(以道觀之)"이라고 하였는데, 특히 지혜는 "모든 것에 통하고 모든 것으로 이어지는" 영역[8]을 다룬다고 설명함으로써 지혜에 대한 추구를 긍정하는 모습을 보였다. 이와 동시에 풍계는 『지혜』편에서 당시 철학의 저속함을 비판하기도 하였는데, 이를 두고 "언어에 집착하여 몇 가지 관념을 가지고 그럴싸한 허세만 부리니, 이는 이미 고질적인 병폐가 되었다. 이제는 깨달음의 그림자조차 찾아볼 수 없다"[9]라고 평가하였다. 이러한 비판이 당시 한창 성행하기 시작하던 실증주의, 특히 분석철학을 향하는 것임을 어렵지 않게 알 수 있다. 지혜에 대한 수십 년간의 사색을 거쳐 풍계는 말년에 이르러 『지혜설 삼 편』을 주된 내용으로 하는 지혜학설을 이루어 냈다. 실질적인 철학체계를 세움으로써 지혜의 망각이라는 경향을 극복하고자 했던 것이다.

풍계는 지혜의 망각을 넘어서고자 했던 동시에, 지혜의 추상화라는 흐름에 대해서도 자신만의 답변을 내놓고자 하였다. 풍계는 마르크스철학을 이어받아 실천적 관념을 철학체계 속에 도입하였고, 이에 자신의 지혜설을 실천유물주의라고 칭하기도 하였다. 이러한 시각에 따르면, 지혜가 탐구하고자 하는 바는 추상적 대상이 아니라, 현실적 존재이다. 이른바 현실적 존재란 바로 인간의 지식행위 과정으로 들어와 이와 분리될 수 없는 상태의 구체적 실재이다. 초기 유가는 인간이 '천지의 화육을 도울 수 있다'고 보았다. 넓은 의미에서 보면, 이 말은 존재에 대한 인간의 작용을 포함하고 있는데, 이를 통해 형성된 세계는 지식 행위가 개입되지 않은 본연의 세계와는 이미 달라진 상태라고 볼 수 있다. 이는 현실세계란 인간의 지식 행위라는 과정을 거쳐 건립된다는 의미를 담고 있다. 풍계는 실천적 관념에 입각하여 스스로 이 점을 강조하였다. 지혜설의 핵심은 바로 『세계 인식과

---

8) 馮契, 『認識世界和認識自己』, 263~264쪽.
9) 馮契, 『認識世界和認識自己』, 278쪽.

자기 인식』에 잘 나타나 있는데, 풍계는 여기에서 '세계'를 허구적인 본연의 대상과 구별하여 참된 존재로 표현하였다. '자아' 역시 하이데거의 현존재와는 달리 현실적 개체로 표현된다. 간단히 말해, 지혜가 추구하는 대상으로서, 세계나 자아는 모두 현실적 성격을 지닌 참된 존재라는 것이다. 이러한 시각에서 보면, 존재는 본연적 사물과 다르며, 현상학적 의미의 초험적 대상과도 구분된다. 이처럼 '지혜설'은 지혜의 추상화에 대한 초월과 지양을 동시에 나타낸다.

풍계는 한편으로는 지혜를 추구하여 지혜에 관한 학설을 세우고 지혜의 망각이라는 현상을 극복하고자 하였으며, 다른 한편으로는 지혜의 탐구를 참된 기초 위에 둠으로써 지혜의 사변화 및 추상화 경향을 지양하고자 하였다. 이처럼 당대 철학의 두 경향을 동시에 극복하고자 했던 풍계의 입장은 필연적으로 세계철학으로서의 의의를 지닐 수밖에 없다.

3. 광의의 인식론: 인식론, 본체론, 가치론의 회통

풍계의 지혜 추구의 결정체인 '지혜설'은 넓은 의미에서 보면, 인식론을 나타내기도 한다. 즉, 이른바 '광의의 인식론'은 '지혜설'을 구체화한 것이라고 볼 수 있다. 앞서 언급했듯, 풍계는 인식론이 다음과 같은 네 가지 문제를 논의해야 한다고 보았다. 첫째, 감각은 객관 실재를 가져다줄 수 있는가? 둘째, 이론적 사유는 과학 법칙에 도달할 수 있는가? 혹은 보편적으로 유효한 법칙적 지식은 가능한가? 셋째, 논리적 사유는 구체적 진리를 파악할 수 있는가? 넷째, 인간은 자유를 획득하는 것이 가능한가? 자유 인격 혹은 이상적 인격은 어떻게 기를 수 있는가?[10] 앞선 두 문제는 일반적인 인식론 혹은 좁은 의미의 인식론의 논의 대상[11]이며, 뒤의

---

10) 馮契, 『認識世界和認識自己』, 47~48쪽을 참고할 것.

11) 칸트 역시 인식론상에서 두 번째 문제를 다룬다. 하지만 구체적인 논법상 풍계와 칸트
   는 서로 다르다. 칸트가 관심을 갖는 것은 '보편적이고 필연적인 지식이 어떻게 가능한
   가' 하는 문제이지만, 풍계는 '필연적인 지식'을 '법칙적 지식'으로 바꾸었다. 이는 진리
   의 인식 문제를 풍계가 어떻게 이해하고 있었는가와 관련이 있다. 그는 진리의 인식은
   필연적 법칙과 관계가 있을 뿐 아니라, 개연성을 지닌 존재의 규정과 서로 관계를 지닌

두 문제는 일반적으로 이해하는 인식론에 국한되는 문제는 아니다. "논리적 사유는 구체적 진리를 파악할 수 있는가?'라는 이 질문에서 구체적 진리란 세계의 통일원리 및 세계 발전원리에 관한 인식을 가리킨다. 이는 통상적으로는 형이상학, 본체론 측면의 논의로 여겨지지만, 풍계의 견해에 따르면, 형이상적 지혜에 대한 파악은 인식론의 중요한 문제가 되기도 한다. 심지어 마지막 한 가지 문제는 자유 인격(이상적 인격)을 기르는 문제로 나아간다. 인식론에 대한 일반적인 이해 방식과 풍계의 이해 방식은 뚜렷이 구분된다. 일반적인 의미의 인식론은 앞의 두 가지 문제를 주로 논의하는데, 이러한 형태의 인식론을 '협의의 인식론'이라고 한다면, 뒤의 두 가지 문제는 '광의의 인식론'의 영역이라고 볼 수 있다. 철학의 발전이라는 측면에서, 인식론에 대한 풍계의 이러한 폭넓은 이해 방식은 여러 가지 함의를 내포한다.

넓은 형태의 이러한 인식론은 우선 형이상적 지혜를 어떻게 파악할 수 있는가와 같은 문제에까지 확장될 수 있다. 세계의 통일원리와 발전원리를 가리키는 구체적 진리는 인식 내용상 형이상적 지혜에 가깝다. 이러한 의미의 구체적 진리를 인식의 영역에 포함시킨다는 것은 형이상적 지혜를 인식론의 연구 대상으로 삼는다는 것을 의미한다. 이러한 형태를 놓고 보면, 형이상적 지혜는 구체적으로 존재의 원리를 이해하는 방법을 내용으로 삼는다. 이런 의미에서 광의의 인식론은 본체론적 문제 또한 고찰하고 논의할 필요가 있다. 더 나아가 광의의 인식론에서 세계 인식과 자기 인식이라는 문제는 서로 통한다. 자유 인격(이상적 인격)을 어떻게 기를 수 있는지의 문제는 인간이 스스로를 인식하는 문제와 자신의 인격을 배양하는 문제를 동시에 다루고 있는데, 이는 중국철학의 개념을 통해 표현하자면, 자기완성을 가리킨다. 자기완성의 전제는 바로 자신을 인식하는 것이다. 만약 구체적 대상과 형이상적 지혜에 대한 파악이 세계 인식의 문제와 관계된다면, 자유 인격의 함양

다. 이러한 개연성은 인과적 필연성과는 다르며, 통계학적 의미에서의 법칙으로 볼 수 있다. 풍계는 인식론이 이와 관련된 내용을 포함해야 한다고 여겼다.

문제는 자기 인식과 관계된다고 할 수 있다. 풍계가 볼 때, 광의의 인식론은 세계 인식과 자기 인식의 통일을 의미한다. 구체적으로 말해, 인식 과정은 대상에 대한 것이기도 하지만, 인간 스스로가 즉자의 상태에서 대자의 상태로 나아가는 과정이기도 하다. 즉자에서 대자로 나아간다는 것은 본연적 의미의 존재가 지식 행위의 과정을 통해 전개되어 점차 자유 인격을 가진 존재로 나아감을 의미한다. 자기완성 (이상적 인격의 함양) 문제는 가치론과도 관련을 지닌다. 인격의 함양은 넓은 의미에서 보면 그 자체로 가치의 영역과 관계가 있다. 이상, 자유 등의 문제 역시 가치 영역의 논의 대상이다. 이러한 의미에서 인식론 문제는 다시 가치론의 문제와 연결된다. 앞에서도 언급했듯, 풍계는 형이상적 지혜를 인식론으로 가져왔는데, 이는 인식론 문제와 본체론 문제가 서로 연관된다는 것을 인정한 것이다. 한편 세계 인식과 자기 인식 간의 소통을 바탕으로 '자기완성'의 문제로 들어가는 것은 더 나아가 인식론 문제와 가치론 문제를 하나로 연결하는 것이다. 이러한 관점은 서로 다른 측면에서 협의의 인식론과 구별되는 광의의 인식론을 특징을 잘 보여준다. 인식론 문제와 본체론 문제를 하나로 연결하는 철학적 방향성은 여러 측면의 함의를 포함하고 있다. 인식론적 각도에서, 이는 지식에 대한 좁은 의미의 조사와는 차원을 달리한다. 한편 본체론적 각도에서 보면, 이는 사변적인 전통 형이상학과도 다르다. 전통 형이상학이 나아가는 주된 방향은 인간 자신의 지식, 행위의 과정에서 벗어나 존재를 고찰하는 것이며, 이는 흔히 세계에 대한 사변적인 구조를 도출하는 결과로 이어진다. 혹은, 존재를 '기氣'나 '원자原子'와 같은 궁극적 존재 형태로 환원하거나, 궁극적 의미의 관념과 개념으로 거슬러 올라가 추상적 세계의 지형도를 그리는 방향으로 나아가기도 한다. 인간 자신의 존재를 완전히 떠나 존재 양식을 사변적으로 구상하는 전통 형이상학과는 달리, 풍계는 항상 인간의 지식 행위 과정을 바탕으로 본체론 문제를 고찰하였다.

잠시 풍계가 논한 본연계, 사실계, 가능계, 가치계에 대해 좀 더 구체적으로 논의해 보도록 하자. 풍계의 체계에서 이 네 가지는 인식 과정 속의 서로 다른 존재 형태를 나타낸다. 본연계란 아직 인식의 영역에 들어서지 않은 즉자의 사물을 의미한다. 인식 과정에서 주체는 객관 실재에 작용하며, 감성 직관이 소여를 획득함에 따라 추상 개념을 형성하게 된다. 그리고 이렇게 얻어진 것들로 인해 본연계는 다시 사실계로 전환된다. 사실이란 대자적 사물이며, 사실계는 인식된 본연계를 의미한다. 풍계가 볼 때, 지식 경험은 본연계가 사실계로 전환되는 부단한 과정 위에 존재한다.

미분화 상태의 본연계와 비교했을 때, 사실계는 분화된 형식을 취하며, 무한한 다양성을 지니고 있다. 각각의 서로 다른 사실들은 고유의 특수한 시공간적 위치를 점유하지만, 다른 한편으로, 상호 관련 속에서 내적 질서를 지닌다. 풍계는 사실계의 가장 일반적 질서를 고찰하여 이를 두 가지로 요약하였다. 바로 현실의 무모순적 질서와 현실의 모순적 발전 질서이다. 풍계는 김악림의 관점을 수용하여, 이를 간접적 방식으로 규정한다. 그에 따르면, 현실의 무모순성이란 현실세계 속에 서로 융화되지 못하는 사실이 없음을 말한다. 서로 융화된다는 말은 공간적으로 공존하고 시간적으로 연속하는 현실 사물들 사이에 논리적 모순이 존재하지 않음을 뜻한다. 우리는 두 가지의 명제를 사용하여 두 가지 사실이 모순이 아니라는 것을 나타낼 수 있다. 무모순성은 자연적 균형 혹은 동태적 평형을 가리키는 것으로도 이해할 수 있는데, 이러한 균형으로 인해 사실계는 운동 변화하는 과정에서도 계속해서 질서 있는 상태를 유지할 수 있다. 풍계는 사실계의 이러한 무모순적 질서가 이성적 세계 이해의 전제가 되며, 형식논리를 위한 객관 기초를 제공한다고 여겼다. 형식논리적 법칙 및 귀납연역적 질서는 현실의 무모순적 질서와 일치성을 지닌다. 바로 이 점에서 본체론적 고찰과 인식론은 항상 연결되어 있다.

현실의 무모순성과 관계되는 것이 바로 모순적 발전이다. 이는 사실계의 또 다른 하나의 기본 질서를 이룬다. 자연적 균형이란 항상 상대적 관계에 있으며, 사물들은 서로 병행하면서 일정한 시공간적 범위를 지닌다. 또한, 사실계의 대상과 과정은 그 자체로 차이와 모순을 포함한다. 그러므로 사실계는 병행 혹은 균형의 형태로 나타나는 질서를 지니면서, 모순적 운동이라는 형태로 나타나는 질서를 동시에 지니고 있다. 마치 전자가 형식논리의 객관적 기초를 이루는 것과 마찬가지로, 후자는 변증논리의 객관적 근거를 이룬다. 이를 보면, 풍계가 사실계를 이해할 때는 항상 '인간이 어떻게 세계 자체를 파악할 수 있는가'의 문제와 서로 결부시켜 생각하는 것을 확인할 수 있다. 구체적으로 말해, 그는 사실계의 질서를 사유를 위한 논리적 근거와 전제로 삼았다.

더 나아가, 사실계의 질서는 사실 간의 관계를 나타낸다. 이는 바로 사실(事)에 내재한 리理를 말하는 것이다. 한편, 사실(事)과 리理는 다음과 같은 상호 관계를 맺고 있다. 우선 사실계 내의 규칙적 관계는 사실계에 의존한다. 모든 사실은 서로 관계를 맺고 있으며, 한편으로 모든 사실은 리理의 질서 속에 있다. 리理와 사실(事) 간의 상호 관계로 인해, 우리는 사실(事)로부터 리理를 추구할 수도 있고, 리理로부터 사실(事)을 추구할 수도 있다. 바꾸어 말하면, 사실(事)에 내재한 리理는 사유의 논리를 위한 객관적 기초를 제공해 줄 수 있는 한편, 이성적인 현실 파악을 가능케 해 주기도 한다.

그러나 사유의 내용은 사실(事)과 리理에 한정되지는 않으며, 이는 항상 사실계를 초월하여 가능계로 나아간다. 일반적인 의미에서 보면, 가능계의 특징은 논리적 모순을 배제한다는 것이다. 즉, 어떠한 논리적 모순도 없다는 것은 모든 것이 가능하다는 말과 같다. 이와 동시에, 가능계는 유의미의 영역이기도 하며, 이는 모든 무의미한 것을 배제한다. 이 두 가지를 결합하면, 가능의 영역은 '사유 가능한 영역'이 된다. 풍계는, 가능계는 결코 경험을 초월한 형이상학적 세계가 아니라, 언제나 현실세계에 의존해 있다고 강조하였다. 사실계 속의 사실들이 맺고 있는 관계는 다양한 방식으로 나타나는데, 대표적으로 본질적 관계와 비본질적 관계, 필연적 관계와 우연적 관계 등이 있을 수 있다. 사실계가 제공하는 가능계 또한 그에 상응하여 다양한 방식으로 존재한다. 인식론적 관점에서, 풍계는 본질적 관계와 규칙적 관계 그리고 그에 수반되는 '가능'을 중시한다. 이러한 '가능'은 바로 현실적 가능성을 이룬다. 현실적 가능과 현실의 사물 사이에는 본질적 관계가 존재하며, 이들은 규칙에 따라 현실로 전환되게 된다. 가능의 실현은 하나의 과정으로서 그 속에는 내적 질서가 존재한다. 가능의 존재에서 현실의 존재로의 전환에는 우연적이고 예측할 수 없는 측면도 있고 필연적인 측면도 있다. 따라서 사람들은 필연적 추세로부터 이치(理)를 발견하는 것이 가능하다. 사실계에 대한 고찰과 마찬가지로, 가능계에 대한 풍계의 고찰 역시 인간의 인식 과정의 문제를 벗어나지 않는다. 사실계에서 가능계로의 진전, 현실적 능과 비현실적 가능의 구분, 가능에서 현실로의 전환, 이 모든 것이 각기 다른 의미에서 인간의 인식 질서와 대응한다.

사실계의 관계는 다양한 가능성을 제공하며, 서로 다른 가능성은 인간에게 서로 다른 의미를 지니게 된다. 현실적 가능성과 인간의 필요는 서로 결합하여 목적을 구성하게 된다. 인간은 합리적 목적을 행동의 지침으로 삼고, 자연을 개조하여 자연의 인간화를 도모함으로써 가치를 창출한다. 사실계의 필연적 관계에서 도출되는 현실적 가능(인간의 가치에 대한 가능)이 인간의 실천 활동을 통해 실현되면 가치계로 전환되게 된다. 이러한 가치계는 인간화된 자연이라고도 볼 수 있다. 인간화된 자연으로서 가치계는 여전히 객관 실재에 속하지만, 가치계가 이루어지려면 반드시 현실적 가능과 인간 자신의 필요가 파악되어야 한다. 가치 창조의 과정에서 인도人道(당연법칙)와 천도天道(자연적 질서)는 서로 통일되며, 가치계의 형성이란 곧 인간이 즉자적 사물을 대자적 사물로 전환하는 실천을 통해 자유를 획득하는 것을 의미한다.

광의의 인식론을 구성하는 본체론, 사실계, 가능계, 가치계 등에 대한 고찰은 분명 본체론적 의미를 지니고 있다. 하지만 이는 사변적인 본체론과는 분명 구별된다. 즉, 그 목표는 단순히 형이상적 우주 도식 혹은 형이상적 세계에 대한 지형도를 그려내는 것이 아니다. 이는 세계의 인식을 기본적인 축으로 삼되 다시 실천을 주된 방식으로 사용하며, 어떻게 하면 현실에서 얻어진 도道를 다시 현실로 환원함으로써 본연계를 사실계로 전환할 수 있을 것인가를 설명하고자 한다. 즉 사실계로부터 도출되는 가능을 파악함으로써 가치를 창조하는 한편, 자연의 인간화와 이상의 실현이라는 과정 가운데에서 부단히 인간의 자유를 획득하고자 한다. 이처럼 풍계는 세계 인식의 과정에서 존재를 논하는 동시에, 이 과정과 가치의 창조를 통해 자유로 나아가는 과정을 서로 연결하였다. 이러한 그의 본체론은 분명 독창적인 부분이 있다.

지금까지 주로 인식 과정과 관련된 본체론에 초점을 맞추어 살펴보았다. 광의의 인식론은 본체론이 결여된 지식론과는 구별되는 것으로, 오히려 본체론을 그 근거로 삼는다. 분석철학이 생겨난 이래, 당대 철학의 인식론적 고찰은 대개 추상적 형태의 지식론(theory of knowledge)을 주된 방향으로 삼는다. 하지만 풍계는 단순히 인식론 (epistemology)이 지식론(theory of knowledge)으로 돌아가야 한다고 주장하지 않는다. 지식론은 세계 자체에 대한 파악 문제를 회피하는데, 철학의 관점에서 보면 이러한 현상 배후에는 보통 객관성의 원칙을 지양하려는 철학적 경향이 숨어 있다. 이는 당대의 인식론 전통을 비교적 분명하게 보여 주는 것으로서 이른바 '관찰의 이론적 재성'에서부터 '진리대응론'의 철폐에 이르기까지 모두 이러한 경향을 잘 보여 준다. 관찰의 이론적재성 자체는 사실 굉장히 합리적이다. 이는 관찰 과정이 감성적 활동만으로 구성된 것이 아니라, 그 속에 이미 이론적 시각이 투영되어 있다는 주장이다. 그런데 당대의 지식론 측면에서 이러한 이론이 특히 주목했던 부분은 바로 인식 과정에서 인간의 주관 배경이 일으키는 작용에 관한 것이었으며, 인식자가 지닌 개념적 프레임이 인식 활동에 미치는 영향 또한 한 부분을 차지했다. 이러한 작용과 영향은 인식 과정 가운데에서 주관적 차원의 역할을 특히 강조한다. 한편 진리 문제에서, 당대의 지식론은 대개 대응론을 부정하고 비판하는 경향을 보였다. 대응론은 인식 내용과 인식 대상이 서로 대응하는지에 근거하여 인식이 구체적인 진리성을 지니는지를 판단하는 것이다. 이러한 이론의 본래적 의미나 그에 수반될 수 있는 내적 문제에 관해서는 당연히 토론이 가능하다. 하지만 인식과 대상의 대응을 긍정한다는 것은 인식 과정의 객관성을 추구한다는 의미를 동시에 함축하며, 이러한 추구를 거부하는 것은 객관성으로부터 멀어지는 것을 의미한다.

하버마스와 같은 또 다른 학자들은 주체 간의 관계에 문제에 중요한 의미를 부여하기도 하였다. 하버마스는 공동체 속 서로 다른 주체 간의 교류와 소통에 주목하면서, 이러한 과정을 통해 모종의 공통 의식에 도달해야 한다고 강조하였다. 여기에서 그가 특히 주목한 것이 바로 상호주관성이다. 상호주관성은 서로 다른 주체 간의 토론과 대화와 관계되는 개념으로서, 토론과 대화는 인식 과정에서 매우 중요한 의미를 지닌다. 사실, 풍계 역시 이러한 점을 매우 중요하게 여겼다. 그는 집단과 개인의 구별을 인식 과정에 도입하였는데, 이는 서로 다른 주체 간의 교류와 토론이 인식 과정에서 지니는 의미에 초점을 맞춘 것이다. 하지만 이와 동시에 풍계는 상호주관성을 가지고 객관성을 철폐할 수는 없다고 보았다. 논리적으로 상호주관성에만 주목할 경우, 인식은 주체 간의 문제로만 국한되기 쉬워 진정으로 대상에 다가갈 수 없게 된다. 객관과 멀어지고 객관성을 소홀히 한다는 의미에서 단순히 상호주관성만을 강조하려는 경향과 주체성만 주목하려는 경향은 상통하는 부분이 있다.

인식론과 본체론의 관계에서 또 다른 하나의 비교적 특수한 형태가 존재한다. 이러한 형태는 칸트철학과 현대 신유가의 철학적 방향성으로부터 그 대략적인 면모를 엿볼 수 있다. 칸트철학에서 지성에서 이성으로의 진전은 그 비판철학의 중요한 측면을 구성한다. 지성에 관한 토론은 주로 선천의 범주 혹은 순수한 지성 개념에 대해 이루어지며, 이러한 토론에서 다루는 문제에는 선천의 형식이 어떻게 감성이 제공하는 질료와 결합하여 보편적이고 필연적인 지식을 형성하는가 등이 포함된다. 반면, 이성에 관한 토론은 주로 경험 초월적 이념을 다루며, 영혼, 세계, 신 등을 포함한다. 이는 형이상학에 관한 것이기도 하다. 만약 지성이 주로 협의의 인식론 영역을 다룬다고 한다면 이성은 형이상학 문제에 관한 것인데, 이를 좀 더 실질적으로 보면 광의의 형이상학에 들어가게 된다. 칸트 비판철학의 전체적인 개요는 지성에서 이성으로 향하는 것이라 요약할 수 있다. 지성에서 이성으로 나아가는 과정에서 지성과 이성은 마치 두 가지로 분명히 구분되고 있는데, 논리적으로 보면, 이러한 구분의 배후에는 인식론과 형이상학 간의 구분이 동시에 내포되어 있다. 칸트가 나아가는 방향과는 다르게, 현대 신유가의 대표 인물 가운데 하나인 모종삼은 '양지감함良知坎陷'설을 제시하였다. '감함坎陷'은 본래 후퇴 혹은 자아 부정 등의 의미를 지니며, '양자'는 도덕 형이상학 측면에서의 본체에 해당하는 것으로서 대략 칸트의 이성과 비슷한 영역의 개념으로 이해할 수 있다. '양지감함'이란 이성적 본체인 양지가 한 발짝 후퇴하여 지성의 영역에 들어가는 것을 말하며, 이 개념에서 중국 전통철학이 비교적 약세를 보이는 인식론, 과학 이론 등의 논의가 발전되어 나왔다. 사실 이러한 사고방식은 칸트와는 정반대였다. 칸트는 지성에서 이성으로 향하지만, 모종삼은 이성에서 지성으로 향한다. 하지만 어떤 방향이든 모두 인식론과 본체론의 분리라는 의미를 내포하고 있다. 지성에서 이성으로 향하든, 이성에서 지성으로 향하든 이 둘은 서로 결합되지 않고 서로 다른 영역에 별도로 존재한다. 이러한 사고방식은 인식론과 형이상학의 분리라는 양상을 나타내는 것이기도 하다.

근대 이래로 인식론과 본체론 간의 분리는 철학의 중요한 변화 추세 가운데 하나였다. '객관성의 철폐'라는 경향도 이와 관계가 있다. 이러한 철학 추세와 대조적으로, 풍계는 '광의의 인식론'이라는 주제 아래, "인식론과 본체론 양자는 서로의 전제가 되며, 인식론은 본체론을 그 출발점이자 근거로 삼아야 한다"는 주장을 펼쳤다. 이러한 관점은 인식론 문제와 본체론 문제와의 상호 연관성을 분명하게 긍정한다. 그가 볼 때, "심心과 물物의 관계는 인식론의 가장 기본적인 관계이며, 이는 실질적으로 세 가지 항목을 포함한다. 즉, 물질세계(인식대상), 정신(인식주체), 그리고 물질세계가 인간의 두뇌 속에 반영된 것(개념, 범주, 법칙), 즉 앎의 내용이 바로 그것이다."[12] 심心과 물物의 관계는 인간의 개념 및 의식과 대상 간의 관계와도 관련되며, 이는 본체론이 논하는 문제에 속하기도 한다. 풍계의 이해에 따르면, 인식론은 결코 분석철학이 지향하는 지식론처럼 지식 외의 대상에는 의문을 제기하지 않고, 지식의 영역에 갇혀 지식 형태의 논리 분석에만 몰두해서는 안 된다. 이와 관련하여, 풍계는 지식론과 본체론의 문제를 연결시켜 인식의 객관성 원칙 문제를 새롭게 이해하려는 것에 주안점을 두었다. '소여는 객관의 현현'임을 긍정하는 것에서부터 인식 과정은 '현실의 도道에서 얻어진 것을 다시 현실에 환원하는 과정'임을 강조하는 것까지, 풍계는 인식의 객관성 문제를 서로 다른

---

12) 馮契, 『認識世界和認識自己』, 60 · 37쪽.

측면에서 다양하게 살펴보았다. 넓은 의미에서 말하자면, 인식 과정이란 지식 행위 활동을 통해 현실에 작용하고 이것으로부터 현실 자체에 대한 서로 다른 규정들을 파악하여 사실(事)과 리理에 부합하는 인식을 형성하는 것을 말하며, 이러한 하나의 인식 과정은 새로운 인식의 과정을 도출하게 된다. 여기에서 객관성이란 우선 인식 과정에 현실적 근거가 존재한다는 점으로 나타나며, 이로부터 파생하여, 개념, 명제, 이론 역시 지식의 형태를 구성하는 기본 골자로서 단순한 사변적 구조가 아닌, 본래적 의미에서 현실적 근거를 지닐 수 있다.

광의의 인식론 측면에서 보면, 존재의 형이상적 지혜를 파악하는 것은 동시에 세계 인식의 과정을 제약하기도 한다. 형이상적 지혜는 사실 광의의 본체론 문제와 더 많이 결부되어 있는데, 그런 만큼 양자 간의 상관성은 본체론이 인식론의 전제가 된다는 사실을 확인해 주기도 한다. 인식론의 본체론적 기초를 확인하고 인식 과정 속의 주체성과 상호주관성이 객관성과 분리될 수 없음을 긍정함으로써 풍계의 광의의 인식론은 근대 이래로 인식론이 본체론과 단절되어 온 흐름을 지양하고자 하였다. 즉 능지能知(역자 주: 인식 주체)가 소지所知(역자 주: 인식 대상)에서 분리된다는 입장을 거부하는 한편, 단지 인식적 영역에서의 주체성, 상호주체성만을 강조하고 객관성을 거부하려는 흐름을 넘어서고자 하였다.

이와 동시에 인식 과정은 '득得'(획득)과 '달達'(표현/전달)의 관계를 다루고 있기도 하다. '득得'은 지식의 획득 과정에 관한 것이며, '달達'은 지식의 표현 및 현현의 형식에 관한 것이다. 좀 더 확장하여, 지식의 획득은 다시 인식(과학 연구를 포함) 가운데 발견 과정과 서로 연관되며, 지식의 표현 혹은 현현은 논증 혹은 확증(justification) 과정과 서로 관련된다. 현대철학에서 보면, 주류 서양 인식론은 인식론을 논증 혹은 지식의 정당화 과정으로 한정하고, 지식의 획득 혹은 과학 발견의 과정은 심리학의 문제로 귀결시키려는 추세를 보인다. 지식의 논증이나 정당화 문제는 물론 중요한 문제임이 분명하다. 가장 최초 단계에서 인식은 대개 불분명한 형태로 존재하는 한 개체 내의 사상적 통찰이나 직관에 불과하므로, 주체 간의 교류나 전달이 어렵고 따라서 엄격한 의미에서의 지식으로 보기 힘들다. 반드시 논증의 과정(넓은 의미에서 '전달'을 거쳐야 논리적 형태를 획득하여 지식의 계열에 들어가게 되며, 학술 공동체가 이를 사용하여 서로 교류하고 비판할 수 있게 된다. 하지만 지식의 획득 과정을 떠나서는 지식의 '전달'(達) 역시 그 전제를 상실하고 만다. 이러한 사실과 관련하여, 풍계의 광의의 인식론은 지식의 확증(논리적 논증과 실험적 검증을 포함)에 주목하는 동시에, 지식이 어떻게 획득되는가의 문제에도 관심을 가지고자 한다. 우선 풍계는 '문제'를 인식의 과정으로 도입하여 이를 구체적인 인식 과정의 기점으로 삼는다. 인식론 영역의 '문제'는 여러 측면의 함의를 지니는데, 그 특징 가운데 하나가 바로 '지知'와 '무지無知'의 통일이다. 한편으로, 주체는 인식하려는 대상에 대해 무지의 상태에 놓여 있으나, 다른 한편으로 보면, 주체는 자신이 무지의 상태에 놓여 있음을 의식하는 상태이기도 하다. 즉, 스스로 알지 못함을 아는 상태인데, 바로 여기에서 '문제' 제기가 일어난다. 이와 동시에 풍계는 '문제'가 의문과 놀라움과 같은 주체의 심리 상태와 서로 관계가 있다고 생각한다. 의문과 놀라움 모두 감정이나 의도 등의 측면을 포함하고 있으므로 단순한 논리 형식과는 분명 다르다. '문제'를 인식 과정으로 가져와서 이를 인식 과정의 발단으로 삼는 것은, 인식 과정이 심리적 문제를 완전히 배제할 수 없음을 표명하는 것이기도 하다. 이와 같은 견해는 논증을 중시하고 심리를 경시하는 분석철학의 지식론과 뚜렷한 입장의 차이를 보인다. 인식의 방식에서 보면, 풍계는 특별히 이론적 사유의 작용을 언급하는데, 그가 볼 때 이론적 사유는 인간 사유 활동 중에서 가장 중요한 것이며, 인식 과정은 사유 과정과 서로 분리될 수 없다. 사유 과정 역시 마찬가지로 의식 및 심리 측면과 관계되며, 이러한 사실은 더 나아가 광의의 인식론이 심리, 의식적 측면과 완전히 분리될 수 없음을 말하는 것이기도 하다. 마지막으로, 풍계는 이성 직관의 문제를 구체적으로 논의하였다. 직관은 종종 비이성적 측면으로 이해되지만, 풍계의 관점에서 이러한 인식 형태는 이성과 완전히 구분될 수 없다. 이른바 '이성 직관'이란 비이성적 의미의 직관과 이성 간의 상관성을 긍정하는 말이다. 과학적 발견에서부터 뒤에서 서술할 '전식성지轉識成智', 그리고 이성 직관에 이르기까지, 어느 하나도 광의의 인식 과정에서 소홀히 될 수 없다.

‘문제'에서 이론 사유로, 다시 비이성적 의미의 직관까지, 인식 과정에 내재하는 이러한 단계들은 과학적 발견, 새로운 지식의 획득, 지혜로의 도달에서 중요한 측면을 구성한다. 풍계는 어떻게 획득하고 발견할 것인가의 문제를 어떻게 논증하고 표현할 것인가의 문제와 서로 결합하여 인식 과정을 현실의 형태로 돌이켜 놓았다. 본래의 함의에 따르면, 인식 과정의 전개는 지식의 형식에 대한 단순한 논리적 논증이나 지식의 확증 정도에 대한 판정에만 국한되지 않는다. 지식의 논증과 지식의 획득은 완전히 분리되기 어렵다. 분석되고 확증된 지식의 내용은 반드시 이를 어떻게 획득할 것인가의 문제에 직면하게 되는데, 심층적 논증은 바로 이러한 내용을 다루게 된다. 풍계의 광의의 인식론은 ‘득得'과 ‘달達'의 통일을 긍정함으로써 인식 과정에서 획득(발견) 단계와 논증 단계를 서로 결합하며, 이러한 방식으로 형식 측면의 논증에만 초점을 맞추는 현대 지식론의 편향성을 극복하고자 한다.

넓은 의미에서 보면, 단순한 논증 과정은 주로 정태적 논리 분석과 연결되며, 과학적 ‘발견'이나 지식의 ‘획득' 과정은 항상 동태적 활동으로 전개된다. 풍계는 전체적으로 인간의 인식 과정을 ‘무지無知'에서 ‘지知'로, ‘지식知識'에서 ‘지혜智慧'로 발전하는 과정으로 보았다. 중요한 것은 이들이 모두 동태적 과정으로 나타난다는 것이다. 이러한 과정의 내적 구현으로서, ‘득得'과 ‘달達'의 통일은 인식이 하나의 과정의 형태로 전개된다는 것을 인정하는 동시에, 나아가 정태적 논리 분석에만 초점을 맞추는 지식론의 방향성을 지양한다.

종합하면, 광의의 인식론은 인간의 지식행위 과정과 관련하여 존재를 고찰한다는 점에서, 인식론에 기초한 본체론이다. 또한 본체론을 그 인식론의 출발점으로 삼는다는 점에서, 이는 본체론에 기초한 인식론으로 나타나기도 한다. 더 나아가, 광의의 인식론 가운데 자유 인격(이상적 인격)에 대한 파악 문제는 인식론과 가치론 간의 연결을 보여 주는 것이다. 이는 사실적 인지와 가치 평가를 서로 통일된 관계 속에서 전개하는 것을 의미한다. 이런 의미에서 보면, 광의의 인식론의 ‘광의'란 바로 인식론, 본체론, 가치론의 통일로 드러난다고 볼 수 있는데, 이는 지혜설을

구체화한 것으로서 근대 이래의 인식론이 지향한 협의의 지식론에 대한 반향이라고
볼 수 있다.

4. '전식성지', 인식에서 지혜로의 전환은 어떻게 가능한가?

앞에서 서술한 바와 같이, 지혜설의 구현으로서 광의의 인식론은 형이상적
지혜에 관한 탐구와 모색을 포함한다는 특징을 지닌다. 그런데 여기에는 다시
형이상적 지혜란 본래 가능한 것인가 라는 문제가 내포되어 있다. 풍계가 '논리적
사유는 구체적 진리를 파악할 수 있는가' 하는 문제를 광의의 인식론의 문제로
본 것은 사실 이 문제를 다룬 것으로도 볼 수 있다. 광의의 인식론을 전개하기
위해서는 우선 이 문제가 긍정되어야 한다. '가능한가'라는 질문과 '어떻게 가능한가'
라는 질문은 필연적으로 관련되며, 이 둘은 모두 전식성지轉識成智, 즉 인식에서
지혜로의 전환이 어떻게 가능한지에 관한 문제와 연결된다. 근원을 따져보자면,
전식성지는 불교의 유식종과 서로 관계를 지닌다. 유식종에서는 '식識'이 주로
분별, 구분을 나타내며, 이는 인간의 아집과 집착의 측면에 머무른다는 특징을
지닌다. 반면 '지智'는 집착을 초월한 상태를 말하며, 미혹에서 깨달음으로 나아간
인식 상태를 나타낸다. 풍계는 불교적 시각에 국한되지 않고, 전식성지를 지식에서
지혜로 도약하는 과정으로 이해하고자 한다. 이 과정이 어떻게 가능한지의 문제와
형이상적 지혜가 어떻게 가능한지의 문제는 실질적으로 서로 일치한다. 풍계는
서로 다른 측면에서 이 문제들을 탐색해 나간다.

먼저 살펴볼 것은 바로 이성 직관이다. 앞서 언급했듯, 직관은 이성적 분석,
논리적 추론과 상대되는 개념이다. 일반적으로 이는 비이성적인 인식 방식으로
이해되며, 사물의 내적 규칙과 본질을 직접 파악하는 것을 특징으로 한다. 이성은
주로 논리적 사유의 방식을 통해 대상을 이해하고 파악하는 것을 나타낸다. 풍계가
볼 때, 비이성적인 직관과 이성은 서로 확연하게 구분될 수는 없다. 이러한 관점의
배후에는, 인간의 세계 인식하는 과정(형이상적 지혜의 파악 과정을 포함) 속에 이성적

측면과 비이성적 측면이 서로 융합되어 있음을 긍정한다는 전제가 존재한다. 이러한 인식의 비이성적 측면은 전식성지에 독특한 인식론적 함의를 부여해 준다. 그런데 어떤 학자들은 전식성지라는 개념에 대해 종종 의문을 제기한다. 이들은 이 과정에 어떤 신비주의적인 경향이 포함되어 있다고 생각한다. 여기에서 중요한 지점은 풍계의 입장에서 보았을 때, 마치 이성과 비이성이 완전히 구분되지 않는 것처럼 전식성지 역시 단순한 비이성적 깨달음의 과정이 아니라는 것이다. '이성적 직관'이라는 말 자체에 이미 이성과 비이성을 서로 소통하려는 의도가 나타난다.

인식론적 의미에서 직관은 종종 인식적 도약이라는 모습으로 나타난다. 도약의 실현 형식이 되는 직관은 이성적인 측면에서 장기적인 준비가 요구되며, 이성적 준비와 축적이 없이는 도약에 이를 수 없다. 이러한 관점에서 본다면, 풍계가 말한 전식성지는 점진과 돈오, 과정과 도약 간의 통일을 나타내기도 한다. 일반적으로 말해, 도약과 돈오에만 초점을 맞춘다면, 직관은 항상 신비주의로 빠질 위험을 지니게 된다. 하지만 도약과 깨달음이 장기간의 이성적 축적과 논리적 사유의 점진적 구비를 전제로 한다면, 직관은 신비주의라는 혐의를 해소할 수 있게 된다.

당대 철학자 가운데에서는 모종삼이 지혜의 직관에 대해 고찰을 한 바 있다. 모종삼이 말한 지혜의 직관은 우선 칸트철학과 관련된다. 칸트는 현상과 물자체를 구분하면서 인간의 감성 직관은 오직 인간에 대한 물자체의 작용만을 파악할 수 있다고 보았다. 이는 현상을 가리키는 것으로 인간의 감성 직관은 물자체 그대로를 파악할 수 없다는 의미다. 따라서 논리적으로 물자체는 이성 직관 혹은 지혜의 직관에 의존할 수밖에 없다. 인간이 사물 본연의 상태(물자체)를 직관할 수 없고 사물이 인간에게 나타나는 형태(현상)만을 직관할 수 있다는 말은 인간이 이성적 직관 능력을 지니지 않음을 의미한다. 모종삼은 인간이 지혜의 직관을 지니지 않으며, 이것이 인간 인식능력의 한계라고 설명한 칸트를 비판하였다. 칸트와 달리, 그는 인간이 이성 직관을 지니고 있음을 강조한다. 이러한 직관은 주로 형이상적 도덕 본체를 파악하는 것으로 이해되거나 도덕의식(양지)의 즉각적 현현으로 설명된다. 칸트가 보는 지혜의 직관 혹은 이성 직관과 모종삼이 보는 지혜의 직관은 명백히 구분된다. 칸트의 지혜의 직관 혹은 이성 직관은 주로 물자체에 대응하지만, 모종삼이 말하는 지혜의 직관은 주로 형이상적 도덕본체나 즉각적으로 현현되는 도덕의식(양지)을 향한 것이다. 형식적 측면에서 보면, 분명 모종삼이 말한 지혜의 직관은 칸트의 이성 직관과 유사하다. 하지만 형이상적 도덕본체 혹은 도덕의식(양지)의 즉각적 현현을 직관의 내용으로 삼았다는 것은 직관의 초험적이고 즉각적인 성격을 강조하는 것인 동시에, 직관과 이성의 관계를 희미하게 만들고 직관과 현실과의 관계를 멀게 한 것이었다. 이러한 의미의 직관은 상당부분 사변적이고 추상적인 성질을 띨 수밖에 없다. 하지만 풍계는 이성 직관 속에서 비이성과 이성의 소통을 시도했을 뿐만 아니라, 이성 직관과 현실 존재 간의 불가분의 관계를 강조하기도 하였다. "실천 속에서 감성적 활동이 부여하는 객관 실재감은 건물의 전체를 인식하는 기초가 된다. 이성 직관이란 이성이 이러한 객관 실재감을 직접 파악하는 것을 말한다. 그러므로 감성은 단지 지식 경험의 자료로서 추상적인 작용만을 제공하는 것이 아니라, 현실의 흐름으로 나타나며, 물아일체, 천인합일의 경지로 드러나게 된다."[13] 이러한 이해 방식은 이성 직관을 신비한 체험과 구별하여 그 현실적 성격을 잘 드러내 준다.

풍계의 이해에 따르면, 이성 직관을 통해 도달하는 형이상적 지혜에 대한 깨달음은 변증적 종합의 과정을 거쳐야 한다. 어떤 의미에서 변증적 종합은 논리적 분석과 변증적 사유 간의 결합으로도 이해할 수 있다. 그런데 이는 논리적 분석과 해석을 전제로 하면서도 이에 대한 초월을 의미하기도 한다. 즉, 사물 간의 관계를 파악함으로써 전체적 깨달음과 파악에 도달해야 한다는 것이다. 한편, 변증적 종합은 범주의 사용을 포함한다. "'유類'의 동이를 사용하여 상반상성相反相成의 원리를 설명하고, '고故'의 기능과 작용을 이용하여 체용불이體用不二의 원리를 설명하고, '리理'의 구분과 결합을 이용하여 리일분수理一分殊의 원리를 설명한다. 이러한 원리는 모두 변증적 종합이다."[14] 여기에서 말하는 유類, 고故, 리理는 보편차원의

---

13) 馮契, 『認識世界和認識自己』, 247쪽.

범주에 해당한다. 이들은 다양성의 통일이라는 의미를 담고 있을 뿐만 아니라, 동이, 체용, 분합 간의 상호작용이라는 더 심층적 내용까지 포함하고 있다. 나아가 변증적 종합은 추상에서 구체에 이르는 운동을 나타내기도 하며, 역사와 논리의 통일로 전개되기도 한다. 여기에서 종합의 변증적 성질은 단순한 구분 짓기나 분리에 대한 집착을 넘어 전체와 통일의 측면에서 세계를 파악하는 것을 말하며, 정태적 규정을 지양하고 과정의 측면에서 세계를 파악하는 것을 의미하게 된다.

풍계의 관점에서 보면, 형이상적 지혜가 어떻게 가능한가의 문제는 지혜의 실천이라는 차원과 관련되며, 이와 마찬가지로 전식성지轉識成智 역시 지혜의 실천이라는 측면과 관계된다. 지혜의 실천이란 우선 풍계가 제시한 '이론의 방법화, 이론의 덕성화'라는 두 가지 유명한 관념에 잘 나타난다. 이론은 현실로부터 얻어지는 것이지만, 다시 이를 현실에 적용할 수 있다. 이른바 '이론의 방법화'라는 것은 인간이 대상에 작용하는 과정과 관련이 있다. 넓은 의미에서 방법이란 사물에 대한 인식 및 파악과 관련된 것인 동시에 사물에 대한 작용과도 관련이 있다. 이 둘은 모두 실천 과정과 분리될 수 없다. '이론의 덕성화'라는 것은 인간 자신의 성장 과정에서 잘 드러나는데, 이는 구체적으로 이론이 실천 과정을 인도하여 덕성을 성취하도록 하는 방식을 말한다. 중국철학의 개념을 통해 말하자면, 상술한 두 측면은 구체적으로 '성기成己'와 '성물成物'이라고 표현할 수 있다. 형이상적 지혜는 실천 과정에서 오는 한편, 다시 실천 과정에 적용된다. 즉 '이론의 방법화, 이론의 덕성화'를 통해, 형이상적 지혜는 현실에 적용되는 한편, 다시 새로운 내용을 받아들이며 한층 더 깊고 풍부한 형태로 발전하게 된다.

즉, 지혜가 실천의 과정에서 드러나게 되면 실천 지혜라는 형식을 획득하게 된다. 실제로 '이론의 방법화, 이론의 덕성화'와 밀접한 관계가 있는 전식성지轉識成智 역시 내용상 실천 지혜를 긍정하고 있다. 이러한 의미에서 전식성지는 지혜의 사변화 경향과 구분되며, 오히려 이는 형이상적 지혜에 실천적 성격을 부여해

---

14) 馮契, 『認識世界和認識自己』, 249~250쪽.

주는 것이다. 가장 일반적 차원에서 보자면, 실천 지혜는 관념의 형태로서 인간 내부에 존재하며, 이는 인간의 지식 행위 과정 혹은 실천 과정 가운데 작용을 일으킨다. 여기에는 일정한 가치적 지향성에 걸맞은 내면적 덕성이 포함되어 있으면서 인간의 지식 경험 또한 스며들어 있다. 나아가 이 둘은 인간의 현실적 능력 속에 녹아들어 그에 상응하는 규범적 의미를 지닌다. 구체적인 작용으로 보면, 실천 지혜는 실천이성과 이론이성, 세계에 대한 설명과 세계에 대한 변혁을 서로 소통하게 한다는 특징을 지닌다. 논리의 측면에서 순수한 이론이성이 세계를 설명하는 것에만 주목한다면, 실천이성은 주로 세계를 변화시키는 것에 초점을 맞춘다. 실천 지혜 속에서 세계를 설명하려는 이론이성과 세계의 변혁을 지향하는 실천이성을 서로 관련을 맺게 되며, 바로 이러한 점에서 지혜의 실천적 의미가 드러날 수 있다.

풍계는 바로 이 전식성지轉識成智의 실천적 차원에 기초하여, 이성 직관, 변증적 종합을 긍정하는 동시에, '덕성의 자기 증명'이라는 관념을 제시하였다. 덕성의 자기 증명이란 주로 실천을 통한 자아실현을 말하는 것으로, 이는 도道를 응집하여 덕을 이루는 것 혹은 도道를 확충하여 본성을 드러내는 것으로도 표현된다. "외부 세계와 접촉하고 교류하는 과정에서 덕성은 어떤 정서나 태도로 드러나며, 감성을 지닌 사물은 각기 그 도道(서로 다른 경로와 규칙)로써 인간의 개성과 본질적 역량을 대상화하여 자연의 인간화를 이룩하고 가치를 창조한다. 이것이 바로 도道를 확충하여 본성을 드러내는 것이다."15) 여기에서 본질적 역량의 대상화란, 넓은 의미에서 실천 과정으로도 이해할 수 있는데, 이는 자아실현과 덕성의 제고를 단순한 자기반성이나 체험과 구별시켜 주는 것이기도 하다. 다시 말해, 이성 직관, 변증적 종합이 직접적으로 지혜의 이론으로서의 의미를 다룬다면, 덕성의 자기 증명은 주로 지혜의 실천적 성격을 나타내 준다. 세계를 변혁하는 과정에서 이루어지는 자아실현은 실천이라는 측면에서 전식성지에 현실적 담보를 제공한다.

---

15) 馮契, 『認識世界和認識自己』, 253쪽.

전식성지轉識成智에 관한 이러한 이해는 형이상적 지혜로 나아가는 다층적 경로를 잘 보여 준다. 이성과 비이성의 소통, 과정과 도약의 통일 속에서 논리적 분석과 변증적 종합은 상호작용하며 서로 맞물려 있는데, 더 나아가 덕성의 자기 증명은 지혜의 실천이라는 의미를 더욱 선명하게 드러내 보인다. 이성적 직관, 변증적 종합, 덕성의 자기 증명을 통해 실현되는 전식성지는 주체가 지혜로 향하는 과정일 뿐만 아니라, 지혜가 현실화되는 과정이기도 하다. 이런 의미에서 풍계의 견해는 우선 '형이상적 지혜는 어떻게 가능한가'에 관한 구체적 고찰을 드러내 주는 한편, 보다 심층적 측면에서 지혜의 망각과 지혜의 사변화라는 경향을 초월하려는 시도를 보여 준다.

5. 인격학설과 가치 원칙

전식성지轉識成智는 덕성의 자기 증명을 핵심 문제로 삼는데 이는 자아실현 문제를 다루는 것이며 더 나아가 자아실현은 인격 함양의 문제와 직접적으로 관련된다. 더 넓은 의미에서 보면, 풍계의 '광의의 인식론'은 어떻게 하면 이상적인 인격을 기를 수 있는지의 문제를 내적 문제의식으로 삼았는데, 이는 인격 이론이 지혜설의 핵심을 이룬다는 뜻이기도 하다. 이러한 논리적 전제를 바탕으로 풍계는 '평민화된 자유 인격' 학설을 제시하였다. 중국 전통문화 속에서 인격 수양의 목표는 대개 성현에 이르는 것으로 정의되며, 그에 따라 이상적 인격은 성현, 군자로 표현된다. 그런데 이러한 인격 형태는 계급사회 구조와 일정한 역사적 관계를 맺고 있다. 평민은 근대적 관점에서 사회 구성원을 의미하며, 따라서 '평민화'라는 것은 인격의 형태가 전통적 의미의 성현이나 영웅에서 보통의 인간으로 전환되는 것을 말한다. 이러한 전환은 인격 형태의 근대화를 의미하기도 한다. 사실상 평민화된 인격은 이상적 인격의 근대적 형태라고도 볼 수 있다.

'평민화'라는 말은 인격의 '자유'에 관한 규정과 관계가 있다. 평민화된 자유 인격은 전반적으로 이상적 인격과 자유 간의 관계를 부각한다. 풍계의 이해에 따르면, 자유는 인간의 본성이며, 인간이 동물과 구분되는 근본적인 지점은 바로 자유를 추구하고 실현하려는 인격을 지니는 것에 있다. 따라서 자유 인격이란 자유라는 본성이 인격 위에 구현된 것으로 볼 수 있다. 가치의 측면에서 보면, 인간의 이러한 성질은 진·선·미와도 서로 관련을 맺는다. 풍계는 이 세 가지 측면에서 자유를 해석하였다. "인식론적으로 말하자면, 자유는 참된 이성적 인식에 근거하여 세계를 개조하는 것이며, 이는 예측된 현실적 가능성을 기반으로 설정된 과학적 이상이 실현되는 것을 의미한다. 윤리학적으로 말하자면, 자유는 자의적 선택, 자각적 행위준수 속의 당위법칙에 해당하며, 이를 통해 인간의 진보를 추구하는 도덕적 이상이 실현될 수 있다. 미학적으로 말하자면, 자유는 인간화된 자연 속에서 자신을 직관하는 것이며, 사람들의 감정이 주입된 생동하는 현상 속에서 인간의 심미적 이상이 실현된다."16) 여기에서 인간 존재의 본성이자 인간이 추구하는 이상으로서, 자유는 실질적으로 진·선·미의 통일로 나타난다. 이러한 의미에서의 자유는 공허하고 내용이 없는 사변적 장치가 아니라, 현실적 가치의 의미를 지니게 된다. 평민화된 자유 인격을 이상적 인격의 내용으로 삼았다는 것은 인격 형태의 근대적 전환을 보여 주는 동시에, 인격에 자유라는 성격을 부여하고 이를 다시 진·선·미라는 이상과 긴밀하게 연관시킴으로써 인격이 추상화되는 것을 피한 것이기도 하다.

인간의 이상적 존재 형태는 현실적 존재 형태와 서로 분리될 수 없다. 이상적 인격에 대한 정의 역시 현실적 존재에 대한 이해를 바탕으로 한다. 이러한 의미에서 '무엇이 인간인가'의 문제와 '무엇이 이상적 인간인가'의 문제는 내적 관계를 지닌다. 역사적으로 보면, 유가는 일찍부터 인간과 금수 간의 구별을 시도하였다. 인간과 동물 간의 구분 그 배후에는 '인간이란 무엇인가'라는 질문이 담겨 있다. 근대의 칸트는 네 가지 문제를 던진 바 있다. 즉, '나는 무엇을 알 수 있는가', '나는 무엇을 해야 하는가', '나는 무엇을 바랄 수 있는가', '인간이란 무엇인가' 등이 그것이다.

---

16) 馮契, 『認識世界和認識自己』, 27~28쪽.

그중에서 '인간이란 무엇인가'라는 문제는 칸트철학의 문제 제기를 총괄하는 성격을 지닌 문제이다.

'무엇이 인간인가', '무엇이 이상적 인간인가'라는 문제에 관해 풍계는 총 세 가지 측면에서 고찰을 진행하였다. 첫 번째는 바로 개체성과 사회성 간의 관계 측면이다. 전통 유학에서 인간과 금수의 구별은 우선 인간의 사회성과 집단성을 긍정한다는 의미를 지닌다. 맹자는 "성인은 나와 동류이다"[17]라고 특히 강조하였다. 이는 類의 각도에서 보면, 성인과 자신이 동일한 類에 속함을 말한 것으로 볼 수 있다. 전체적으로 말해, 인간의 집단성은 전통 유학에서 중요한 위치에 놓여 있었으며, 이후의 순자 역시 인간과 동물의 구별에 관해 논하면서 '인간은 집단을 이룰 수 있으나 동물은 그렇지 못하다'는 점을 양자의 근본적 차이로 보았다. 상대적으로 말해, 칸트는 '무엇이 인간인가'의 문제를 제시하면서, 주로 인간의 자유의지라는 측면을 부각하고자 하였다. 자유의지는 항상 모든 개체 하나하나와 서로 관련되기 마련이므로 자유의지의 배후에는 인간 존재의 개체성을 긍정한다는 의미가 자리하고 있다. 넓게 말해, 근대 이래의 주류 철학에서는 모두 인간의 개체성을 중요한 위치에 두었으며, 이와 동시에 개체성의 원칙은 근대 계몽사상의 중요한 가치 원칙을 이루게 되었다. 이를 통해 보면, 중국 전통철학과 근대 이후의 서양철학은 인간 존재의 본질 가운데 각기 어느 한쪽 측면을 강화한 것을 알 수 있다. 전통 유학은 집단성을 주도적 위치에 두었고, 근대 이후의 서양철학은 인간의 개체적 측면에 방점을 두었다.

풍계가 볼 때, 구체적 인간의 참된 면모는 사회적 성격을 지니면서도 다른 한편으로 독립성(이러한 독립성은 근대 이후의 개체성과는 상통하는 부분이 있다.) 또한 지니고 있다. 인간의 참된 존재를 이해하려면 사회성과 독립성이라는 두 측면을 모두 간과할 수 없다. 중국 전통철학이 집단성에 비교적 방점을 두었던 것을 고려하면, 풍계는 자유개성에 비교적 많은 관심을 두었다. 풍계의 이해에 따르면, 자유개성은

---

17) 『孟子』, 「告子上」.

본체론적 의미를 지니며, 이는 정신 창조의 본체로 볼 수 있다. 정신 창조의 본체란 넓은 의미에서 문화 창조를 위한 내적 근거이다. 인간의 창조 활동은 물질적 자원에 기초할 뿐만 아니라, 창조자 자신의 정신 형태를 내적 근거로 삼기도 한다. 자유개성 이란 바로 이와 관련이 있다. '무엇이 인간인가'의 문제와 '무엇이 이상적 인간인가' 의 문제 간의 통일이라는 점에서, 인간의 사회성과 자유독립적 개성은 사실적 의미와 당위적 의미를 동시에 지닌다. 사실적 의미에서 보면, 사회성과 자유개성 간의 통일은 인간의 현실적 존재 형태로 드러난다. 당위적 의미에서 보면, 이러한 형태는 이상으로서의 특징을 동시에 지니고 있다. 즉, 인간이 추구하고 실현해야 하는 인격의 경지라는 의미이다. 이와 같은 풍계의 견해는 역사적으로 이어져 온 개인과 집단의 문제에 대한 일종의 결론으로서, 개인과 집단 어느 한쪽으로의 편향을 지양하고, 양자의 소통을 추구하려는 함의를 지니고 있다.

인간 존재에 대한 규정은 리理와 욕欲의 관계 문제와도 관련이 있다. 전통철학, 특히 송명리학에서 리理와 욕欲 간의 논쟁은 매우 중요한 문제였다. 인간 존재라는 측면에서 보면, '리理'는 주로 인간 이성의 본질과 서로 관계가 있고, '욕欲'은 주로 인간의 감성 욕구, 감성적 존재 형태와 서로 관련이 있다. 전통철학의 리욕지변은 주로 감성적 존재와 이성적 본질, 이 둘의 관계를 어떻게 이해해야 하는가의 문제를 논의했는데, 이는 실질적으로 '진정한 인간성이란 무엇인가?'라는 문제를 다룬다. 일부 철학자들은 감성적 측면에 방점을 둔다. "식욕과 성욕이 (인간의) 본성이다"[18] 라는 말이 이를 잘 나타낸다. 이러한 관점에 따르면, 식욕이나 성욕과 같은 기본적인 감성적 욕구가 바로 인간을 인간이게끔 하는 본질이 된다. 이러한 관점은 인간 존재에서 감성적 존재로서의 의미를 강조한다. 이와 달리, 주류 유학에서는 인간의 이성적 본질을 인간을 인간이게끔 하는 근본으로 이해한다. 선진유학에서 송명유학 까지, 대체로는 인간의 이성적 본질이 인간 존재에서 주도적인 위치를 차지했다. 송명리학에서 리理와 욕欲에 관한 논의는 심心과 성性, 도심道心과 인심人心 등의

---

18) 『孟子』, 「告子上」.

논변과도 관계가 있다. 인심人心은 주로 인간의 감성적 욕구를 의미하며 도심道心은 천리天理의 화신으로 볼 수 있다. 이 둘의 관계에 관해 정통 리학의 기본적인 이해는 다음과 같다. "모름지기 심心이 도道에만 위치한다면 얼마 지나지 않아 인심은 굴복하여 보이지 않게 된다. 인심과 도심의 합일은 사실 인심이 없어지는 것과 같다. 오직 도심을 순수하게 지닐 수 있다면 인심 위에 도심을 찾아볼 수 있게 된다."19) 이러한 견해의 배후에는 인심人心의 정화, 즉 인간에 대한 규정에서 이성적 본질을 더욱 주도적 위치에 두고자 하는 관념이 있다. 정통 리학에서는 이성의 우선성을 강조하는 동시에, 인간의 감성적 존재 및 이와 관련된 감성 욕구에 대해 일종의 허무주의적 경향을 드러내기도 하였다. 리학이 추구하는 이상적 인격은 이른바 '순유醇儒'라고 표현되며, 이는 천리를 내면화하고 인심人心이라는 감성적 본질을 제거한 모습으로 나타난다. 이러한 관점은 분명 인간 존재에 내재한 감성적 요소에 합당한 위치를 부여하지 못한다.

서양철학 속에서도 유사한 철학적 경향을 발견할 수 있다. 플라톤에서 헤겔에 이르는 주류의 서양철학은 이성적 측면을 주도적인 위치에 두었으며 이성주의는 줄곧 주류의 철학 형태가 되어 왔다. 모든 서양철학은 플라톤에 대한 하나의 주석에 불과하다는 화이트헤드의 말 역시 이러한 경향을 언급한 것이다. 포스트모더니즘은 서양의 문화를 비판하고 반성하면서, 이러한 이성주의를 거부하고 로고스를 해체하는 것을 자신의 기치로 삼았다. 그런데 이성주의의 거부와 로고스의 해체라는 전제 자체가 이미 이성주의가 서양 문화에서 주도적인 위치를 점해 왔다는 역사적 사실을 방증하고 있기도 하다. 다른 한편으로, 인간 존재 중의 비이성적 본질 역시 각기 다른 형식으로 서양철학에서 주목을 받으며 강조되었다. 근대 이래의 니체와 쇼펜하우어에서부터 실존주의와 포스트모더니즘까지, 이들 모두 각기 다른 의미에서 인간 존재의 비이성적 측면을 부각하였다. 여기에서도 마찬가지로 이성과

---

19) 朱熹,『朱子語類』(『朱子全集』 제16책, 上海: 上海古籍出版社; 合肥: 安徽敎育出版社, 2002), 권78, 2666쪽.

비이성(감성을 포함) 간의 긴장과 갈등 관계를 쉽게 읽어 낼 수 있다.

중국철학의 발전 과정과 서양철학사 모두 이와 같은 경향을 보여 준다. 일부 철학자들은 인간 존재 가운데에서 이성적 차원에 주목하는 반면, 나머지 일부 철학자들은 비이성(감성을 포함)적 차원을 강조한다. 어떻게 하면 이성과 비이성(감성을 포함)에 합당한 위치를 부여할 것인가의 문제는 철학사 속에서 반드시 마주해야 하는 하나의 문제일 것이다. 이러한 철학의 발전사는 인간 존재를 고찰하는 풍계의 이해 방식의 전제가 되었다. 그에 따르면, 리理와 욕欲은 넓은 의미에서 감성과 이성 그리고 비이성에 관한 것이다. 인간에게 있어 감성과 이성 그리고 비이성은 사실 통일된 채로 존재하므로 인간의 성장 과정에서 리理와 욕欲은 어느 하나도 소홀히 될 수 없다. 리理와 욕欲 사이의 이러한 통일은 인간 존재의 전면적 발전 문제로도 나타낼 수 있다. 풍계는 이 둘을 서로 연관된 문제라고 보았는데, 둘 간의 관계를 긍정한다는 것은 이론적으로 리理나 욕欲 가운데에서 어느 한쪽으로만 편향되는 것을 지양한다는 것을 의미한다. 여기에서도 마찬가지로 '무엇이 인간인 가'와 '무엇이 이상적 인간인가'라는 두 가지 문제가 서로 연관되는 것을 알 수 있다. '무엇이 인간인가'의 측면에서 보면, 현실적 존재로서의 인간은 리理(이성적 본질)와 욕欲(감성 존재)의 통일이라는 형태로 나타나며, '무엇이 이상적 인간인가'의 측면에서 보면, 리理와 욕欲의 통일 및 그와 관련된 전면적 발전은 이상적 인격의 목표가 되어야 한다.

천인 관계 역시 리理와 욕欲의 관계와 관련이 있다. 중국철학에서 보면, 넓은 의미에서 천인 관계는 인간과 외부 자연과의 관계를 말하는 것이기도 하고, 인간의 천성과 덕성에 관한 것이기도 하다. 여기에서 덕성은 인간화된 품성을 말하며, 천성이란 인간의 자연적 성질을 말한다. 역사적으로 초기 유가에서는 '천지의 화육을 돕는다'(『중용』), '천명을 다스려 이를 사용한다'(『순자』)와 같은 명제를 제시하기도 하였다. 이들은 모두 자연에 대한 인간의 작용에 중점을 둔 것이다. 이러한 유가의 관념은 천인 관계 가운데에서 인간의 작용에 주도적 지위를 부여한 것으로, '천지의 화육을 돕는다는 말은 현실의 세계는 본래 그대로의 태초적 상태가 아니라,

형성 과정에서부터 인간의 참여를 전제로 한다는 것을 나타낸다. 바꾸어 말하면, 인간의 활동은 현실세계의 생성 과정에서 필수불가결하다는 것이다. 인간 존재에 대해 말하자면, 유가는 인간이 본연적 천성에 머물러 있는 것에 반대하면서 천성을 덕성으로 길러 나가야 한다고 주장하였다. 이는 인간의 지식 행위 과정을 통해 인간의 본성 중의 선천적 가능성을 윤리 규범에 부합하는 덕성으로 바꾸어 감을 의미한다. '천지의 화육을 돕는다'는 명제나 '천명을 다스려 이를 사용한다'는 명제 모두 천인 관계 가운데 인도人道의 차원을 더욱 강조하고 있다. 이와는 반대로 도가는 무엇보다 도법자연道法自然을 강조한다. 인간의 작용과 자연법칙 간의 관계에서 자연에 부합하고 자연을 따르는 것이 더 근본이 된다는 것이다. 다른 한편으로 도가는 '인위로 천성을 멸하지 말 것을 강조하였다. 이는 인위적 규범이나 가르침으로 인간의 천성을 속박하는 것에 반대한다는 의미다. 이상의 두 가지가 바로 천인 관계를 이해하는 도가의 기본 입장으로, 여기에서는 천天에 속하는 자연 원칙이 우월적 위치를 지닌다.

천인 관계에 관한 다른 방향의 전개는 서양사상의 발전 과정에도 비슷한 양상으로 나타냈다. 예를 들어, 고대 그리스의 프로타고라스는 "인간은 만물의 척도이며, 존재하는 사물에 대해서는 존재한다는 척도이며, 존재하지 않는 사물에 대해서는 존재하지 않는다는 척도이다"[20]라고 말했는데, 여기에서 인간은 만물을 판단하는 기준으로 여겨진다. 근대 이래로 인간이 자연을 정복해야 한다는 관념은 계속해서 강조되어 왔으며, 인간이 자연을 이끌고 지배하는 과정에서 인간중심주의의 관념이 서서히 형성되어 갔다. 인간이 만물의 척도라는 명제에서 인간중심주의까지, 모두 인간을 주도적이고 우월적인 위치에 두려는 경향을 지니고 있다. 다른 한편으로, 서양사상에서도 자연을 숭배하는 전통이 있었는데, 근대에도 이러한 경향을 발견할 수 있었다. 예컨대, 루소는 다음과 같이 말했다. "자연으로부터 온 것이라면, 모두

---

20) *Ancilla to the Pre-socratic Philosophers*(Cambridge, MA: Harvard University Press, 1983), p.125.

참된 것이다." "우리의 대부분의 고통은 스스로 만들어 낸 것이다. 따라서 대자연이 우리에게 부여한 소박하고 규칙적이며 고독한 생활방식을 유지할 수 있다면, 우리는 이러한 고통에서 완전히 벗어날 수 있다." "노예의 굴레는 인간이 서로에게 의지하고 서로가 서로를 필요로 하는 상황 속에서 형성된다. 누군가를 다른 사람에게 의지하지 않을 수 없는 상태에 두지 않으면, 그를 노예로 부릴 수 없다. 이런 상황은 자연 상태 속에는 존재하지 않는 것이다. 자연 상태 속에서는 그 누구에게도 구속이나 속박이 가해지지 않으며, 가장 강한 자의 법률 또한 소용이 없다."[21] 여기에서 자연에는 이상적이고 완벽하다는 가치가 부여되고 있다. 이러한 관점 역시 서양의 천인 관계에 대한 관점 가운데 하나를 이루었으며 이러한 경향은 현대철학에서도 찾아볼 수 있다. 예컨대, 하이데거는 인도주의가 형이상학이나 다름없이 존재자에만 초점을 맞추고 존재를 망각한다고 비판하였다. 그에 따르면, 모든 서양 전통 형이상학이 지닌 가장 큰 문제는 바로 존재자에만 초점을 맞추고 존재를 망각한다는 것인데, 인도주의 역시 이러한 전통에서 벗어나지 않는다. 사실 인도주의에 대한 비판은 기술에 대한 비판과도 관련이 있다. 이는 구체적으로 기술에 의한 지배를 거부하고, 기술이 인간의 자연스러운 천성을 왜곡하는 것에 반대한다는 의미로 이해할 수 있다. 이러한 비판은 하이데거가 추구한 이른바 '시적으로 거주하기'와도 서로 상응한다. '시적으로 거주하기'란 기술의 지배를 넘어 자연(시적인 의미를 지닌)에 부합하는 삶으로 돌아가는 것을 의미하며, 이는 인간에서부터 천天으로 나아가는 것이기도 하다. 현대의 일부 환경윤리학은 더 나아가 인간중심주의를 비판하면서 완전히 다른 한 극단으로 치우치기도 하였는데, 이들은 심지어 인간과 인간 이외의 존재를 완전히 동등한 가치로 여기기도 하였다. 즉, 기타 존재와 비교하여 인간은 그 어떤 내적 가치도 지니지는 않는다는 것이다. 넓은 의미에서 보면, 근대 이래 계몽주의는 인간중심주의로 나아갔고 낭만주의는

---

21) 루소, 李平漚 역, 『論人與人之間不平等的起因和基礎』(北京: 商務印書館, 2007), 48 · 54 · 81~82쪽.

자연의 가치를 강조하는 쪽으로 흘러갔다. 이러한 서로 다른 추세의 배후에는 바로 천인 관계가 내재한다.

이런 점에서 보면, 중국 전통철학 혹은 서양철학을 막론하고 어디에서나 천인 관계 문제에서 첨예한 입장의 대립이 존재한다는 것을 알 수 있다. 천도와 인도 간의 대립이라는 철학사의 추세와는 달리, 풍계는 천도와 인도의 합일을 주장했다. "인간은 자연적 가능성에 근거하여 자신을 함양하고, 이를 통해 인간의 진정한 덕성을 이룬다. 진정으로 덕성을 이루었다는 것은 완전히 자연스럽게 습관화되었음을 의미하며, 이때 덕성은 천성과 서로 일체를 이루게 된다. 즉, 진정으로 덕성을 이루기 위해서 덕성은 반드시 자연으로 돌아가야 한다. 만일 그렇지 않다면, 이는 그저 외재적인 것으로 덕성이라고 할 수 없을 것이다."22) 그는 한편으로 인간의 가치 창조, 인간 자체의 존재적 가치 그리고 인간의 존엄 등을 강조하였는데, 여기에서는 인도人道 원칙을 발견할 수 있다. 다른 한편으로 그는 두 가지 각도에서 자연법칙을 준수하고 인간 내부의 천성에 주목할 것을 강조하였다. 즉, 덕성의 함양은 천성에 내포된 자연적 가능성에 기초해야 하지만, 덕성의 완성은 결국 자연(그를 인간이게끔 하는 제2의 자연)으로 돌아가야 한다는 것이다. 이러한 관점은 자연 원칙에 대한 긍정을 잘 보여 준다. 풍계가 볼 때, 천인 관계를 다루는 가장 합리적인 방향은 바로 인도 원칙과 자연 원칙을 통일하는 것이며, 이러한 통일의 내적 의의는 바로 천과 인, 자연법칙과 인간의 가치창조 간의 대립과 긴장을 극복하는 데에 있다. 가치론적으로 볼 때, 자연 원칙과 인도 원칙 간의 통일이라는 문제는 우선 중국 전통철학 속의 천인 논변을 총결한 것으로 볼 수 있으며, 서양 근대의 두 흐름, 즉 자연의 가치를 강조하는 넓은 의미의 낭만주의와 인간의 역량과 가치를 중시하는 넓은 의미의 계몽주의에 대한 반응이라고도 볼 수 있다. 자연 원칙과 인도 원칙의 통일은 인간 존재를 이해하는 문제에서도 기본 전제가 된다. 즉, 천인 통일이라는 관념에서 출발해야만 인간 존재의 참된 형태를 파악할 수 있게

---

22) 馮契, 『認識世界和認識自己』, 223~224쪽.

된다. 구체적으로 말해, 인간에 내재한 천성을 소홀히 할 수 없는 동시에 인간만이 지닌 존재적 가치 역시 긍정되어야 한다.

요약하면, 풍계의 입장에서 '무엇이 인간인가', '무엇이 이상적 인간인가'라는 문제는 합리적 가치 원칙의 파악이라는 문제와 관계가 있다. 자유로운 개성과 사회성의 통일, 리理와 욕欲의 통일, 자연 원칙과 인도 원칙의 통일 등은 인간을 이해하는 기본적인 출발점이 되는 동시에, 이상적 인격의 실현을 위해 반드시 준수해야 하는 기본적인 가치 원칙이기도 하다.

이와 동시에 자유 인격은 실천적 측면과도 연결된다. 현실 속에서 인격은 결코 내재적인 정신적 의미로만 나타나지는 않는다. 이는 도덕 실천의 과정과 관계를 맺으며, 구체적으로 그러한 과정 가운데에서 드러나게 된다. 그렇다면 인격을 나타내는 하나의 형식으로서, 도덕 실천은 어떻게 이해할 수 있을까? 이 문제에 관해 철학사에는 규범윤리와 덕윤리라는 두 가지의 분야가 존재한다. 서양 철학사에서 아리스토텔레스는 덕윤리학의 대표주자로 불리며, 그의 윤리학은 덕윤리학 계통으로 이해된다. 덕윤리학은 인간에 내재한 덕성과 품성에 주목하면서 인간의 실현(to be)을 행위의 실현(to do)의 전제로 삼았다. 이와는 반대로 칸트가 세운 의무론은 규범윤리 계통으로 분류된다. 이는 보편적 도덕 원칙이 지니는 도덕 행위에 대한 제약으로서의 의미를 강조했다는 점을 주된 특징으로 한다. 물론 칸트철학이 그렇게 단순하지만은 않아서, 앞에서도 언급했듯 칸트는 인간의 자유의지에 대해 많은 관심을 보이기도 하였다. 하지만 칸트철학에서 자유의지는 이성화된 의지 혹은 실천이성으로 이해되기도 하였다. 그에 따르면, "의지란 다른 것이 아니라 바로 실천이성이다."[23] 이러한 이성화된 의지와 보편적 규범은 서로 통하는 성격을 보인다. 사실, 칸트에게서 규범이란 바로 이성이 세운 법에 다름 아니다. 이에 기초하여, 자유의지의 실질적 의미로부터 내적 이성 규범을 따라야

---

23) Kant, *Grounding for the Metaphysics of Morals*(Boston: Hackett Publishing Company, 1993), p.23.

한다는 원칙이 도출될 수 있는데, 이는 도덕 행위의 중요한 담보로 이해된다.

중국철학에서 보편 원칙이 인간의 행위에 대해 지니는 제약적 의미에 주목한 것은 유가가 대표적이다. 유가가 제창한 인의예지신仁義禮智信 등은 모두 하나의 덕목이기도 하면서, 규범이기도 하다. 이들은 하나의 규범으로서 도덕 실천 속에서 자각적으로 준수해야 하는 보편준칙이 된다. 이는 특히 도덕 실천의 자각성이라는 원칙을 강조하는 것이다. 이와는 반대로 도가에서는 행위가 자연에서 나오며 천성에 부합해야 한다고 강조한다. 천성에 부합한다는 것은 인간의 내적 의도에 부합한다는 것을 의미한다. 이는 도덕 실천의 자발성이라는 원칙과 관계된다. 더 나아가, 유가 내부에도 서로 다른 방향성이 존재한다. 예컨대 송명리학에서 주희는 행위에 대한 천리의 제약적 측면에 치중하였다. 여기에서 천리는 형이상화된 보편규범에 해당한다. 이와는 달리, 왕양명은 '심체心體'라는 관념에서 출발하여 '선을 좋아하는 것을 호색을 좋아하는 것과 같이해야 한다'고 주장하였는데, 이는 인간의 행위에서 내적 의도가 지닌 영향을 강조한 것으로 볼 수 있다.

상술한 철학사 발전 과정을 보면, 도덕 행위의 자각성과 자발성 원칙은 서로 분리된 형태로 나타났다. 하지만 풍계의 입장에서, 이러한 현상은 도덕 행위의 합리적 형식을 제대로 파악하지 못한 것이다. 한편에서, 진정한 도덕 행위는 도덕 원칙을 준수하는 과정으로 나타나며, 이런 측면에서 자각성을 나타낸다. 다른 한편에서, 진정한 도덕 행위는 주체의 내적 의도로부터 나오는 것으로서 자발성을 지니기도 한다. 만약 행위가 도덕 원칙만을 따른다고 한다면, 행위는 외부의 강제에 의해 쉽게 이끌리고 만다. 반대로 행위가 전적으로 내적 의도에서 나온다면 자발적이고 맹목적인 충동으로 흘러갈 위험이 있다. 이 두 가지 경우 모두 완벽한 도덕 행위라고 보기 힘들 것이다. 이러한 점을 고려하여, 풍계는 합리적인 도덕 행위의 원칙을 자각성 원칙과 자발성 원칙의 통일로 요약하면서 양자 간의 통일을 도덕적 자유에 도달하기 위한 전제로 삼았다.

인격 학설이라는 측면에서 보면, 자각과 자발 간의 통일은 자유 인격의 실천이라는 차원을 강조하는 것이다. 윤리의 형태로 말하자면, 자각 원칙은 규범윤리와 일치되는 모습을 보여 주며, 자발 원칙은 덕윤리와 직접적으로 연관된다. 이런 의미에서 자각 원칙과 자발 원칙의 통일을 긍정한다는 것은 이상적 인격에 현실적 성격을 부여하는 것이면서, 덕윤리와 규범윤리를 동시에 지양하는 것이기도 하다. 이러한 견해는 지혜설의 중요한 한 측면을 이루는 것으로, 풍계의 지혜설이 철학사 속에서 지니는 의미를 잘 나타내 준다.

6. 언어, 의식 그리고 존재

앞서 논의했던 전식성지轉識成智 및 자유 인격 학설 모두 지혜설의 구체적인 내용에 속한다. 전체적으로 보면, 지혜의 획득(得)과 표현(達)이든 자유 인격의 함양 혹은 자유 인격과 관계된 가치체계의 파악이든, 넓은 의미에서 보면 모두 언어와 의식에 관한 것으로 이해할 수 있다. 언어와 의식이란 독특한 성질을 지니는데, 이들은 우선 인간이라는 존재의 기본적 속성에 해당한다. 인간은 흔히 언어적 동물이라고 불리기도 하는데, 이러한 견해는 바로 언어와 인간 존재 간의 내적 관계에 초점을 맞춘 것이다. 이와 동시에 언어는 인간이 존재를 파악하는 수단이자 형식이기도 하다. 이와 유사하게, 의식 역시 인간 존재와 밀접한 관련이 있으며(이성적인 측면에서 보든 비이성적인 측면에서 보든, 의식은 모두 인간 존재와 서로 분리될 수 없다.), 인간의 존재 파악 과정과도 긴밀한 관계가 있다. 이처럼 지혜의 생성과 지혜의 획득 및 표현이라는 문제 등을 논할 때, 언어와 의식의 측면은 어느 하나도 소홀히 할 수 없다.

우선 언어와 관련하여, 역사적으로 언어의 작용을 긍정적으로 본 철학적 흐름이 있었던 반면, 언어가 존재를 파악할 수 있는지에 관해 의문을 제기하는 흐름도 있었다. 도가에서는 '도道는 말해진다면 진정한 도道가 아니고, 이름은 명명된다면 진정한 이름이 아니다'라고 하면서 다시 '도道는 항구적이며 이름이 없다'라고 하였는데, 이는 도道와 일반적인 언명 간에 거리가 있음을 나타낸 것으로 볼 수 있다. 노자와 장자를 보면, 언명을 통해 도道를 파악할 수 있는가에 의문을 제기하고 있음을 발견할 수 있다. 왕필은 '형상을 얻으면 말을 잊고, 뜻을 얻으면 형상을 잊는다'라는 명제로부터 '뜻을 얻는 것은 형상을 잊는 것에 있고, 형상을 얻는 것은 말을 잊는 것에 있다'라는 결론을 도출하였다. 이는 언어를 버리는 것을 보편 원칙을 파악하는 전제로 본 것이다. 선종은 나아가 '불립문자'라는 주장을 펼쳤다. 이는 문자의 작용을 소거하려는 경향을 내포하고 있다. 이와 비슷하게 현대철학 가운데에도 언어가 형이상적 원리를 파악할 수 있는지에 의문을 제기하는 흐름이 존재한다. 바로 비트겐슈타인이 대표적이며, 그는 말할 수 있는 것과 말할 수 없는 것을 구분하고, 말할 수 없는 것에 대해서는 '침묵을 지켜야 한다'고 하였다. 말할 수 있는 것이란, 논리명제, 경험적 진술에 관한 것이며, 말할 수 없는 대상은 형이상적 원리와 관계된 것이다. 그에 따르면, 언어는 형이상의 영역 앞에서는 걸음을 멈추어야 한다.

풍계는 이러한 입장과 시종일관 일정한 거리를 유지하였다. 그가 볼 때, 선종이 '불립문자'를 말한 순간, 사실상 문자는 '성립'(立)되고 만다. '불립문자'를 주장하기 위해 문자를 빌려 그 주장과 관념을 표현하였기 때문이다. 이런 의미에서 불립문자란 사실 성립되기 어렵다. 풍계는 이론 사유는 언어를 벗어나기 힘들다고 분명히 강조하기도 하였다. "이론 사유는 주로 말과 글을 기호로 사용한다." "어휘란 바로 인간이 지닌 이미지를 개념으로 도약하게 해 주는 것이다."[24] 이론 사유를 실현케 하는 형식으로서, 언어의 작용은 단순히 경험 대상을 파악하는 것으로만 나타나지 않고 도에 대한 이해에까지 관련된다. 풍계는 언어와 의식이 도를 파악할 수 있음을 재차 인정하였다. "우리는 인간이 구체적인 진리를 획득할 수 있음을 긍정하였다. 그렇다면, 이는 언어와 의식이 도를 파악할 수 있는가 하는 문제에 대해서 긍정의 답변을 내놓은 것이다."[25] 언어와 도(구체적 진리)의 관계에 대한 이러한 견해는 도가의 '도(道)는 항구적이며 이름이 없다', 선종의 '불립문자' 그리고

---

24) 馮契, 『認識世界和認識自己』, 88~89쪽.
25) 馮契, 『認識世界和認識自己』, 50쪽.

비트겐슈타인의 '침묵'설 등과 이론상 대조를 이룬다.

언어가 경험 대상뿐만 아니라, 도道까지도 파악할 수 있다고 보는 입장 역시 철학사 속에서 일정한 흐름을 형성해 왔다. 우선 선진시기의 순자는 언어의 성질과 작용에 대해 많은 고찰을 시도하였다. 그 내용은 두 가지로 요약할 수 있다. 첫째는 '명名으로 실實을 지칭한다'는 것으로 이는 언어가 경험 영역의 구체적 대상과 사물을 파악할 수 있음을 말한다. 둘째, '명名으로 도道를 깨우친다'는 것으로 이는 언어가 형이상의 원리를 파악할 수 있음을 말한 것이다. 왕부지는 이를 더욱 명확하게 밝힌다. "언어란 인간의 거대한 작용이다. 이는 천天을 이어받아 지니게 된 능력으로 기타 사물과는 다른 점이다."[26] 왕부지에 따르면, 언어는 인간을 기타 존재와 구분해 주는 하나의 본질적 규정으로서, 그 작용은 경험 생활에만 국한되지 않으며 도道와의 관계 속에서도 드러난다. 언어와 도의 관계에 대해 왕부지는 다음과 같이 서술한 바 있다. "언言 · 상象 · 의意 · 도道는 본래 구분되지 않고 합쳐져 있다."[27] 구분이란 곧 경계를 의미하며, '구분되지 않는다'는 말은 언言 · 상象 · 의意 · 도道 사이에 완전히 단절된 경계가 존재하지 않는다는 것을 의미한다. 언어와 개념이 구체적 대상을 파악할 수 있을 뿐 아니라, 보편의 도道까지도 파악할 수 있다고 보는 풍계의 이러한 견해는 명백히 순자, 왕부지와 같은 철학자들의 관념을 이어받은 것이다.

언어의 작용에 대한 긍정을 전제로 하여, 풍계는 언어적 표현 방식에 대해 더 깊은 분석을 실시하였다. 이 부분에서 주목할 만한 것이 바로 언어의 의미(意義)와 함의(意蘊)를 구분한 것이다. 의미(意義)는 주로 언어가 지칭하는 대상과 관계된다. "명제의 뜻은 명제와 사실 간의 일치 혹은 불일치에 달려 있다."[28] 함의(意蘊)는 주체의 바람, 감정의 표현과 관련되며, 의향이나 의도 등을 포함한다. 현대의 분석철학을 참고로 하면 이러한 구분의 이론적 의의를 쉽게 이해할 수 있다. 분석철학은

---

26) 王夫之, 『思問錄 · 內篇』(『船山全書』 제12책, 長沙: 岳麓書社, 1996), 424쪽.
27) 王夫之, 『周易外傳 · 繫辭下』(『船山全書』 제1책), 1040쪽.
28) 馮契, 『人的自由和眞善美』, 84쪽.

언어의 탐구에 대해 대체로 논리 행동주의적 노선을 취했다. 이는 언어 표현과 의식 과정을 서로 분리하는 것을 특징으로 삼으며, 후기 비트겐슈타인이 이러한 흐름을 대표한다. 전기의 그림 이론과 비교하여 후기 비트겐슈타인은 언어의 의미와 언어의 사용을 서로 연관시키면서 언어의 사용을 하나의 공동체 속에서 이루어지는 게임의 과정으로 이해하였다. 한 공동체 내의 게임의 과정으로서 언어는 우선 공공성을 지닌 것으로 이해된다. 비트겐슈타인이 사적 언어(private language)를 거부한 것 역시 이 점을 드러낸 것이다. 계속해서 비트겐슈타인은 주체 내적 정신활동의 존재에 대해 의문을 제기하기도 하였다. 그가 볼 때, 내적 과정은 항상 외부의 기준을 필요로 한다. 즉 인간의 형체는 인간의 심리를 드러내 주는 가장 좋은 형상이 된다. 한편 이해는 결코 하나의 정신적 과정(mental process)이 아니며, 규칙(예를 들면, 문법 규칙)을 준수하는 것 또한 하나의 실천 과정(공동체 속의 게임)일 뿐 내적 의식 활동과는 무관하다. 다른 한편으로 언어와 그 의미는 분명 공공성을 지니지만, 언어에 대한 각 개체의 표현이나 이해의 과정에서 의미의 차이는 존재할 수 있다. 여기에서 우리는 객관적 의미(意義)와 주관적 의미意味29)를 구분해 볼 수 있을 것 같다. 언어기호의 의미는 보편적 의미를 포함하고 있지만, 이러한 보편적 의미는 개체의 표현 및 이해 과정에서 종종 일정한 차이를 보이곤 한다. 하나의 어휘가 표현하는 의미는 서로 다른 개체 속에서 서로 다른 의미를 자아내기 마련이다. '소'라는 단어를 예로 들자면, 동물학자에게서 '소'는 '우제류 초식동물'이라는 함의로 받아들여지겠지만, 소로 경작을 하는 농민의 관점에서 '소'는 무엇보다 노동의 동료로 받아들여지게 된다. 후자의 경우 해당 어휘에 특수한 감정적 의미意味가 부여되어 있다. 후기 비트겐슈타인으로 대표되는 분석철학은 객관적 의미(意義)가 지닌 보편성만을 강조하고, 주관적 의미意味의 차이에 대해서는 충분히 주목하지

---

29) 역자 주: 원문에서는 각각 意義와 意味를 구분하여 사용하였으나, 한국어에서는 적절한 번역어를 찾기가 힘들다. 필자가 사용한 '意義'라는 말은 '보편 객관적인 의미'를 말하는 것인 반면, '意味'는 각 주체에게 다르게 받아들여지는 의미를 지칭한다. 이런 측면에서 意義와 意味를 각각 '객관적 의미'와 '주관적 의미'로 번역하였다.

못했다. 이를 전제로 보면, 풍계가 의미(意義)와 함의(意蘊)를 구분한 것은 현대 분석철학이 지녔던 편향성(언어의 보편적 형식에만 치중하고 다양한 함의[意蘊]를 소홀히 한 것)을 극복하고자 했던 이론적 시도로 이해할 수 있다.

이와 동시에 현대 분석철학에는 또 다른 하나의 흐름이 존재했는데, 이들은 언어의 영역 속에만 머무르면서 언어의 범위를 한 발짝도 넘어서고자 하지 않았다. 비트겐슈타인은 초기에 다음과 같은 주장을 내놓은 적이 있다. "내 언어의 한계는 내 세계의 한계이다."[30] 한계란 곧 구분을 의미한다. 여기에서 언어는 외부 세계에 도달하기 위한 통로가 아니라 외부 존재로 나아가는 길을 막아서는 장벽이 되며, 세계에 대한 인간의 이해 역시 이러한 장벽을 넘어서지 못한다. "존재가 언어로 한정되거나, 언어가 존재의 한계로 규정되는 순간, 언어 외부에 있는 참된 존재는 일종의 '즉자적 사물'이 된다. 언어가 한계가 된다는 전제하에, 주체는 명백히 '한계'의 밖에 존재하는 외부의 참된 존재에 도달할 수 없기 때문이다. 본래 형태로 말하자면 언어는 이중성을 지니고 있다. 의미의 기호체계로서 언어는 특정한 형태의 존재인 동시에, 존재에 도달하는 방식이기도 하다. 만약 언어가 나타내는 존재로서의 정의를 과도하게 강화한다면, 이러한 특정한 존재 형태는 궁극적인 존재, 심지어는 유일한 존재로 무리하게 확대될 수 있다. 다른 한편으로, 언어의 또 다른 기능(즉, 존재에 도달하는 방식이라는 기능) 그 자체에 본원적 성질이 부여될 가능성이 있다. 다시 말해, 대상에 도달하는 방식이 그 대상 자체와 동일화될 수 있다는 것이다. 이러한 경우 참된 존재가 은폐되는 결과가 초래된다."[31] 20세기에 일어난 소위 '언어철학적 전환'의 결과로서, 언어는 점차 인간 자아라는 설정을 속박하는 존재로 변해 갔다. 이를 잘 보여 주는 것이 바로 언어 속의 존재 형식만 주목하고, 언어 외의 진실세계를 소홀히 하는 편향성이다. 분석철학이 열중했던 사고 실험

---

30) L. Wittgenstein, *Tractatus Logico-Philosophicus* 5 · 6(New York: Dover Publication, Inc., 1999), p.88; 비트겐슈타인, 賀紹甲 역,『邏輯哲學論』(北京: 商務印書館, 1996), 79쪽을 참고할 것.

31) 楊國榮,『道論』(北京: 北京大學出版社, 2011), 160~161쪽.

속에서도 이러한 점이 쉽게 발견된다. 사고 실험은 이상화 방식의 일종이며, 이상화란 곧 추상화를 의미한다. 세계를 이해할 때 물론 여러 가지 추상적 수단을 빌리는 것이 가능하다. 인문과학의 사고 실험이든 자연과학의 사고 실험이든 모두 이와 같은 의미를 지닌다. 하지만 사고 실험은 현실적 근거를 바탕으로 해야 하며, 연구의 수단으로서 사고 실험은 결국 현실세계를 설명하기 위한 목적을 지닌다. 이른바 '현실에서 취한 도道를 다시 현실에 환원해야 한다'는 것이다. 그러나 분석철학에서 사고 실험은 대개 논리의 방식으로 현실 속에 존재하지 않는 관계나 상황을 구성하여 논리 측면의 분석을 전개하는 것으로 진행된다. 이 과정에서 현실의 출발점과 현실의 지향성은 간과되거나 모호한 형태로 남는 경우가 많고, 사고 실험은 오직 언어 게임으로만 이루어져 사변적 흥미를 만족하는 것에 그치고 만다. 이것으로 보면, 언어가 구성한 세계에만 국한되는 것은 곧 참된 존재와 유리되는 결과를 낳게 된다.

이러한 경향과는 반대로, 풍계는 명확하게 언어와 객관 존재 혹은 객관세계 간의 관련성을 긍정하였다. 그가 볼 때, 언어에서 형성된 개념 구조는 "객관 사물 간의 연관성을 반영하는 동시에, 사회적 인간의 경험과 전통을 누적하고 있다."[32] 즉, 언어로 표현되는 개념체계는 언어 스스로 세운 구조물일 뿐만 아니라, 객관 사물 자체를 파악하는 것이기도 하다. 이러한 관점에는 언어와 진실세계 간의 관계를 새롭게 세우고자 하는 의도가 내재해 있다. 언어를 존재의 경계(혹은 한계)로 삼는 것은 실질적으로 언어와 존재 간의 분리를 초래한다. 이와는 반대로 풍계는 언어와 실재 간의 관련을 긍정하며, 언어와 진실세계를 분리된 상태에서 다시 소통의 상태로 나아가게 하고자 한다. 이는 풍계의 지혜설이 20세기 철학에 보여줄 수 있는 철학적 의의를 보여 주는 것이기도 하다.

앞서 언급했듯, 20세기 철학에서 언어는 의식의 문제와도 관련된다. 현대철학 가운데 분석철학이 언어의 문제에 주목하였다면, 현상학은 주로 의식에 관해 고찰하

---

32) 馮契, 『認識世界和認識自己』, 89쪽.

였다. 현상학의 정립자인 후설은 초기에 '반심리주의'적 입장을 지니기도 하였으나, 그렇다고 해서 그의 철학이 의식 및 심리와 완전히 단절되었던 것은 아니었다. 사실, 후설의 철학적 작업의 기초는 결국 의식에 대한 철학적 분석과 파악에서 벗어나지 않는다. 후설의 이상은 철학을 엄격한 과학의 형태로 나아가게 하여 철학 전체를 하나의 견고하고 명증성을 지닌 기초 위에 세우고자 한 것이었다. 후설에게서 이러한 기초가 되는 것이 바로 본질적 환원 혹은 선험적 환원을 통해 도달하는 '순수의식' 혹은 '순수자아'이다. 그의 모든 철학의 출발점은 순수한 의식으로 나타나는데 비록 후설이 이러한 의식을 일반적인 경험적 의식이나 일상적 심리와는 다른, 선험적 성질을 지닌 것이라고 강조하기는 하였으나, 언어와 비교했을 때 순수의식은 결국 의식의 영역에 속한다. 다른 한편에서 보면, 각종 '환원'의 과정을 통해 도달하는 순수의식은 그 자체로 분명한 사변성과 추상성을 지니고 있다.

정신이나 의식을 긍정한다는 의미에서 보면, 풍계와 현상학은 상통하는 지점이 있다. 지혜설의 구현으로서 광의의 인식론은 세계 인식과 자기 인식을 지향하는데, 풍계에게서 이른바 '자기 인식'이란 정신 주체로서의 인간 본성을 인식하는 것이며, 정신 주체는 바로 마음(심리)을 가리킨다. 자기 인식의 과정을 구체적으로 말하면, 마음(심리)과 덕성 그리고 이 둘 간의 관계를 인식하는 것이며, 이 둘의 관계는 심心과 성性 간의 관계이기도 하다. 이러한 측면에서 풍계의 철학은 의식 및 의식의 과정과 유리된 분석철학33)과 다르며, 의식에 주목하는 현상학에 더 가깝다.

그런데 마음과 의식에 관한 연구 외에 풍계는 '정신의 탈신비화'에도 매진하였다. 이는 현상학의 의식에 대한 사변화, 추상화 경향을 지양하고자 한 것이다. 풍계는 우선 본체론과 공부론 측면에서 황종희의 견해를 계승하였다. 황종희는

---

33) 분석철학이 비록 심리철학(philosophy of mind)에 대한 연구를 포함하고는 있지만, 이러한 연구는 결국 언어분석으로 환원되며 구체적인 내용은 마음(mind)을 나타내는 언어와 개념의 분석을 넘어서지 않는다. 심리철학은 분석철학의 논리 행위주의적 경향과 서로 대응하는 관계를 보여 준다.

"심心에는 본체가 없으며, 공부를 통해 이르게 되는 것이 바로 본체이다"[34]라고 하였다. 여기에서 말하는 본체는 외부의 물질적 실체를 가리키는 것이 아니라, 인간의 공부 과정에서 점진적으로 형성되는 것으로 이해된다. 이른바 공부란, 세계 인식과 세계 변혁의 과정에 바탕을 둔 정신활동으로 이해할 수 있을 것이다. 풍계는 이와 같은 관념을 긍정하면서, 나아가 다음과 같이 주장했다. "능동적인 정신활동으로부터 분명히 어떤 질서나 구조가 형성될 수 있는데, 여기에는 어떤 일관적인 것이 있으니 우리는 이를 '심心의 체體'라고 부를 수 있다."[35] 이러한 이해에 따르면, 심心의 본체는 어떤 신비하고 선험적인 형식이 아니라 현실의 정신활동 과정에서 형성되는 것이다. 풍계는 마찬가지로 자유로운 덕성이란 시대정신과 일체를 이룰 뿐만 아니라 "생동하는 실재의 거대한 흐름과도 하나가 된다"[36]라고 여겼다. 즉 인간의 자유로운 덕성과 실재의 과정이 이분법적으로 분리되지 않는다는 것이다. 이 양자는 각각 성기成己와 성물成物이라는 현실적 과정 가운데 서로 관련을 맺는다. 이러한 견해는 의식과 실재 세계 간의 관련성을 인정한 것으로서, 현상학이 '실재에 대한 판단중지'를 지향했던 것과는 확연히 구분된다. 풍계는 덕성의 구체적인 형성 과정과 작용 과정을 '도道를 응집하여 덕을 이루는 것' 혹은 '도道를 확충하여 본성을 드러내는 것'이라고 요약한 바 있다. 이와 같은 설명은 심心과 물物, 덕성과 존재의 법칙, 그리고 법칙에 따라 전개되는 구체적인 활동 사이의 상호작용을 잘 드러내 준다. 간단히 말해, 덕성은 내면의 정신적 품성으로서, 그것의 생성 과정은 심물心物, 지행知行 간의 상호작용을 벗어날 수 없다. 이러한 의미에서 정신 본체는 현상학의 순수의식과는 명백히 구분된다.

더 나아가, 이러한 견해를 바탕으로 풍계는 심心과 성性의 관계를 구체적으로 분석하였다. 역사적으로 심성 문제에 관한 고찰은 중국철학의 중요한 부분을 차지해 왔으며, 심성지학은 송명 이래 철학의 내부 구조를 형성하게 되었다. 물론

---

34) 黃宗羲, 『明儒學案』, 「序」.
35) 馮契, 『認識世界和認識自己』, 204쪽.
36) 馮契, 『認識世界和認識自己』, 260쪽.

리학 안에서도 심성心性을 이해하는 서로 다른 방향이 존재한다. 정주로 대표되는 리학은 성性에 중요한 지위를 부여하면서, 성체性體(보편적 본질)에 특히 주목하였다. 이는 어떤 의미에서 천지天地의 화신으로도 볼 수 있다. 한편 육왕으로 대표되는 심학에서는 심체心體를 더욱 우선적 지위에 두면서 개체의 의식에 더욱 치중하였다. 풍계는 심心과 성性에 대한 자신만의 독특한 분석을 실시하였다. 그가 볼 때, 심心은 정신주체의 자아로서 이른바 '영명각지靈明覺知'라는 특징을 지닌다. 다시 말해, 지식 경험의 영역 속에서 주체의 의식은 사유 능력으로 표현되며, 이러한 사유 능력은 이성의 기능에 속한다. 인간의 지식 행위 속에서 이성과 비이성적 측면은 서로 관련을 맺으며, 영명각지靈明覺知라는 사유 능력을 기준으로 보면, 이성이 주도적인 위치를 차지하고 있다. 한편 성性이란, 주로 인간의 본성, 본질을 가리키며, 천성과 덕성을 포괄한다. 풍계의 이해에 따르면, 성性의 측면에서 인간의 본질은 단순히 이성을 통해서만 나타나는 것이 아니라, 비이성과 사회성이라는 측면에서 동시에 나타난다. 한편 심心의 측면에서 보면, 이성의 작용은 인성을 파악하는 것에만 머무르지 않고 천도(자연 질서와 자연법칙)를 향해 있기도 하다.

이러한 심성론은 매우 중요한 의미를 지닌다. 송명리학, 특히 정주리학의 인간 이해는 주로 이성(理)의 측면으로만 제한되었고 비이성(예를 들면, 欲)의 차원은 경시되었다. 따라서 인간의 본성은 천리의 화신으로 여겨졌으며, 이성과 비이성의 차원은 서로 대립하는 모습을 보였다. 인간의 심心이 지닌 영명각지靈明覺知, 즉 이성적 기능은 주로 인도(윤리규범을 포함)를 파악하는 능력으로 이해되었으며, 자연 질서와 자연법칙을 의미하는 천도는 범주 밖으로 밀려나 있었다. 심心과 성性에 대한 풍계의 해석은 인성을 단순히 이성적인 측면으로만 귀결시키는 것을 피하는 한편, 이성을 인성과 윤리라는 좁은 영역 속으로 한정시키는 것을 거부하고자 하였다. 이러한 이해 방식은 이성과 비이성의 대립을 지양하는 것이면서, 이성적 측면에서 천도와 인도를 소통함으로써 이성이 인도의 측면으로 편향되는 것을 극복하고자 한 것이다. 논리적으로 보면, 이성이 인도의 측면에서 이해될 때는 주로 가치 평가의 기능에 초점이 맞추어진다. 반면 이성이 자연법칙을 뜻하는 천도와 관계될 때는 사실적 인지 기능이 더욱 두드러진다. 이성 측면에서 천도와 인도를 소통함으로써 풍계는 이성이 인도 영역으로만 제한되지 않고, 동시에 자연법칙으로서의 천도를 지향하도록 하였다. 이렇게 하며, 인도 측면에서 이성이 지닌 평가의 기능과 천도 측면에서 이성이 지닌 사실 인식의 기능은 서로 통일을 이루게 된다.

지혜의 추구를 지향하는 풍계의 학설은 중국 전통철학의 언言, 의意, 도道의 논변에서 기원하는 한편, 이를 토대로 다시 현대철학의 언어, 의식, 존재 등의 관계에 대한 논의에 참여하였다. 우선 그가 전개했던 언어의 보편 측면에서의 의미(意義)로부터 다양한 차원의 함의(意蘊)로의 확장, 언어와 진실세계의 관계 재구성 등의 논의는 '언어학적 패러다임의 전환'이라는 현상에 대한 반응이었다. 다른 한편으로 세계 인식과 자기 인식, 성기成己와 성물成物 등을 정신활동의 실질적 지향점으로 삼은 것, 정신 본체의 탈신비화를 추구한 것은 고대의 심心—물物 논변을 현대적 시각에서 새롭게 전개한 것으로 볼 수 있다. 그의 이러한 논의는 명실名實, 심물心物의 문제에서 보면, 이른바 '전 세계 차원판 백가쟁명'의 재현이라고 할 수 있으며, 더욱 내적인 측면에서 보면, 지혜로 회귀해야 한다는 철학적 문제의식을 전개한 것으로 볼 수 있다.

과학의 일반화와 그 역사적 의미[1]

5·4운동 시기, 과학과 민주는 발걸음을 나란히 하며 부흥하기 시작하였고, 점차 사람들의 시선을 끄는 시대정신으로 거듭나게 되었다. 그렇다면 5·4운동의 과학 관념은 어떤 역사적 함의를 지니는가? 이는 명쾌한 해답이 없는 문제인 만큼, 본문에서는 이 문제에 대해 좀 더 깊은 차원에서 고찰을 진행해 보고자 한다.

1.

과학적 관념이 광범위하게 스며든 것은 5·4운동 시기의 두드러진 특징이었다. 간행물, 저서, 강연 등의 매체를 통해 과학사상은 멈출 수 없는 추세가 되어 빠른 속도로 각 영역에 전파되었으며 보편적으로 수용되고 사용되기 시작했다. 이 당시, 바람을 불러일으킨 선구적 계몽자에서부터 보통의 청년 학생들에 이르기까지, 전체 지식 계층 대부분이 과학의 신봉자가 되었다. 이러한 현상은 전대미문이 아닐 수 없었다. 잘 알려져 있듯, 서양과학의 유입은 5·4운동 시기에 시작된 것은 아니었고, 아편전쟁 전후에서부터 근대의 지식인들은 이미 서양의 과학과 접촉하기 시작했다.(더 이른 시기는 명대와 청대 무렵까지 거슬러 올라갈 수도 있다.) 양무운동이 일어나기 시작했을 당시, 대량의 서양과학의 번역서가 세상에 선을 보였으며, 무술戊戌변법 시기에는 엄복 등의 학자들이 서양과학을 번역하고 소개하기 위해 총력을 기울이기도 하였다. 그런데 어찌하여 유독 5·4운동 시기에만 과학이 이렇게

---

[1] 『哲學研究』 1989년 제5기에 수록.

광범위하고 깊은 영향을 미칠 수 있었던 것일까? 이 문제는 과학과 특정 시대의 관계에만 결부된 것이 아니라, 더욱 넓은 의미에서 보면, 바로 5·4운동의 과학 관념이 지녔던 이론적 함의와 역사적 의의와 관계가 있다. 이에 대해 보다 심층적인 해석을 가하고자 한다면, 단순히 외적인 역사 조건의 변화(예를 들면, 계몽과 구국 이념 간의 충돌)에만 주목할 것이 아니라, 더 나아가 근대과학 관념 자체의 역사적 변천을 깊이 파고들어야 한다.

어떤 의미에서 임칙서林則徐와 위원魏源 등은 근대적 의식을 지닌 최초의 지식인 들이었다고 할 수 있다. 일반적인 지식인들이 여전히 책 속에 머리를 파묻고 이치를 따지고 있었을 때, 이들은 아주 예민하게 서양을 주목하고 있었다. 아편전쟁이 발발하기 이전부터 임칙서는 『사주지四洲志』를 편찬하였고, 이후 강문진江文秦, 양병 楊炳, 소회유蕭會裕 역시 『홍모영길리고략紅毛英吉利考略』, 『해록海錄』, 『영길리기英吉利 記』 등을 각각 편찬하였다. 이 중 가장 유명한 것으로는 바로 위원의 『해국도지海國圖 志』와 서계여徐繼畬의 『영환지략瀛環志略』이 있다. 이러한 저작을 통해 사람들은 어렴풋하게나마 서양 근대 문명에 대한 윤곽을 엿볼 수 있었고 이를 통해 새로운 시야가 펼쳐지기 시작했다. 하지만 위원 등이 어디까지나 갓 중세기를 지나온 세대로서 비록 동시대 사람들을 뛰어넘는 열린 시각으로 세계를 바라보았다고는 하나, 이들이 보여 준 서양문명에 대한 이해는 여전히 표면에 머무르고 있었다. 그들이 볼 때, 서양 근대 문명의 장점은 주로 기물(器) 측면에 있었다. 예컨대, "오랑캐들의 장기(技)는 세 가지가 있다. 첫째는 전함이요, 둘째는 화기이며, 셋째는 양병의 방법이다."[2] 여기에서 기술(技)은 기물(器)과 완전히 동일시된다. 바꾸어 말해, 과학기술 자체의 의미가 그 결과물에 파묻혀 버렸던 것이다. 기술과 기물을 동일시하는 이러한 관점은 과도기 속의 인물로서 위원 등이 과학기술의 내적 본성 및 그 가치를 제대로 이해하지 못하고 있었음을 보여 준다.

이후 서양의 '기술'(技)에 더욱 주목한 이들이 바로 양무운동과 관계가 있는

---

2) 魏源, 『海國圖志·籌海篇』.

양무파이다. 양무운동은 산업을 일으키고자 하는 것을 주된 내용으로 삼았다. 공장을 세우고 철도를 닦으며 광산을 개척하는 것 등이 바로 양무파가 열중한 사업들이었다. 그런데 사실 이러한 산업 역시 결국 '기물'(器)의 범위를 넘어서지 못했다. 이런 측면에서 양무파 역시 전반적으로 전시대 지식인들의 사유 방식을 답습하였다. 하지만 한 가지 주목할 만한 점은 이들이 산업을 부흥하려 했던 동시에, '번역서관'과 같은 기구를 설치하여 다량의 서양 과학기술 문헌을 조직적으로 번역하였다는 것이다. 『담천談天』, 『대수학代數學』, 『대미적습급代微積拾級』, 『중학重學』, 『식물학植物學』, 『지학천석地學淺釋』 등이 대표적이다. 이들 번역서가 세상에 나옴에 따라, 서양 근대 천문학, 대수학, 미적분, 역학, 식물학, 지질학 등 역시 본격적으로 중국에 유입되기 시작했다. 당시 서양 과학기술 저작에 대한 번역과 소개가 단순히 구술을 기록하는 방식으로 이루어졌기에, 충분한 엄밀성과 정확성을 갖지는 못했으나, 이들은 '기술'(技)과 '기물'(器)이 혼재된 상황을 종결시켰다는 점에서 의의가 있다. 서양 과학기술은 드디어 기물(器)에서 분화되어 나와 학문(서학)으로서 독립적인 지위를 획득하게 되었다. 근대과학 관념의 변천 과정을 통해 보면, 이는 틀림없는 역사적 진보였다.

그러나 양무파에게서 서양의 과학기술이 학문의 영역으로 들어왔다고는 하나, 이러한 학문은 기능 혹은 작용(用)의 의미만을 지니고 있었을 뿐, 지배적인 지위를 점하는 본체(體)로서의 의미는 지니지 못했다. 본체는 어디까지나 중국의 학문(주로 전통 유학)이었다. 서양 과학기술이 기물과는 구분되었다고는 하나, 중학이라는 본체의 그늘에서 제대로 된 지위를 부여받지 못했다. 중학(전통 유학)에 예속되어 있던 서학은 인간에 대한 사유 방식, 관념체계 등에서 보편적 의미를 제공하지 못했다. 문화적 측면에서도 서학의 과학기술은 고차원적인 문화로서의 지위를 획득할 수 없었다.

이후 유신파가 새롭게 부흥함에 따라, 양무파의 과학관은 중대한 도전에 직면하게 되었다. 양무파가 기본적으로 관료적 특징을 보였다면, 유신지사들은 근대적 관념을 받아들이고 전파하고자 했던 지식인들이라고 할 수 있다. 이들 가운데 적지 않은 수가 서양 근대과학의 세례(예를 들어, 엄복)를 직접적으로 경험하였는데, 이러한 점으로 인해, 이들은 서양과학의 본성과 그 기능에 대한 더욱 실질적인 인식을 지닐 수 있었다.

엄복은 다음과 같이 말했다. "수학과 논리학을 하지 않는다면 우리는 필연의 이치와 운명을 제대로 살필 수 없을 것이고, 물리학과 화학을 하지 않는다면 인과의 상생, 기능의 상보 등의 원리를 제대로 살필 수 없을 것이다."(「원강」) 여기에서 수학, 물리학, 화학 등의 서양과학은 구체적인 기물(器)과 구별될 뿐만 아니라, 기술(技)의 차원도 넘어선다. 이러한 점에서 과학은 사실상 어떤 방법론적 의미를 지니기 시작하였다. 이제 과학은 단순히 무기를 개량하는 '양무실업운동'에만 관련되는 것이 아니라, 인간이 필연적인 이치와 인과관계를 파악하는 방식에도 직접 영향을 주기 시작했다. 이러한 과학의 지위 격상은 그것이 일반 관념의 영역에 들어서기 시작했음을 의미한다. 즉, 과학은 대상(사물)을 변화시킬 뿐 아니라, 주체 자체(인간)까지도 변화시키고자 한다는 것이다. 실제로 유신지사들의 관점에서 과학은 형이하적인 자연 지식의 범위를 넘어 형이상적 성질까지도 부여받고 있다. 특히 진화론에 대한 관점에서 이러한 특징이 잘 드러난다. 진화론은 원래 생물학의 원리였으나, 유신지사들의 해석을 거쳐 보편적 우주 법칙(넓은 의미에서의 道)으로 승격되었다. 이로써 진화론의 중점은 더 이상 생물 진화의 자연 질서가 아닌 생존과 종족보존, 자강 등 구국적 의식을 불러일으키는 역사적 사명으로 옮겨 가게 되었으며, 또한 이러한 전환을 통해 진화론은 근대에 거대하고 깊은 영향을 불러일으키게 되었다.

정리하면, 새로운 시각으로 세계를 바라온 1세대 근대 지식인(위원 등)에서 19세기와 20세기의 접점에 있던 유신지사(엄복 등)를 거치며 과학은 기물(器)과 기술(技)에서 시작해 도道라고 이해되기에 이르렀다. 기물(器)과 기술(技)로서의 과학은 사물을 주된 변혁의 대상으로 삼으며, 도道로서의 과학은 주체(사회 혹은 개체)의 관념을 변혁의 대상으로 삼는다. 전자는 서양과학의 기술을 도입함으로써 사물의 근대화를 실현하는 것에 주된 목적이 있었고, 후자는 더 나아가 관념의 전환을 통해 인간의 근대화를 실현하고자 하였다. 이처럼 기물(器)과 기술(技)에서 도道에 이르는 과학의 진화 과정은 과학이 지닌 내적 의미를 심화하는 것이면서 과학의 사회적 기능을 확장하는 것이기도 했다.

엄복 세대의 과학관은 역사 및 논리라는 이중적 의미에서 5·4시기의 전주곡이 되었다. 민주와 병립한 일대 구호로서 과학은 기물(器)과 기술(技) 혹은 구체적인 경험지식이 아니라, 보편적 도道였다. 엄복 등이 주로 특정한 과학 영역(예를 들면, 수학, 물리학, 화학 및 생물학 중의 진화론 등)만을 승격하고자 했던 것과 달리, 5·4시기 지식인들은 과학 전체를 하나의 보편적 규범체계로서 승격시키고자 하였다. 즉 모든 것을 과학 원칙에 따라 행하며 과학의 원칙에 따라 결정하고자 한 것이다. "오늘날, 모든 것이 새롭게 변화하고 있으니 어떤 사소한 일 하나라도 과학의 법칙을 사용하여 판단하고 결정해야 한다."[3] 여기에서 과학의 기능은 인식에만 있는 것이 아니라, 평가의 역할도 지니는 것을 알 수 있다. 바꾸어 말해, 과학은 단순한 지식의 형태에서 가치의 형태로 전환된 것이다. 사실, 5·4시기의 지식인들이 덕선생(민주)과 사선생(과학)을 신문화운동의 좌우 날개로 여겼을 때부터 이와 같은 추세를 분명히 보이고 있었다. 민주는 본질적으로 가치의 선택을 나타는 만큼, 과학과 민주를 동등하게 본 것은 과학에도 어떤 가치의 성질을 부여하겠다는 것을 의미한다. 유신지사들이 과학을 기술에서 도道로 승화시킨 것이 특정 형태의 과학에 보편 규범으로서의 기능을 부여한 것이라고 한다면, 5·4시기의 지식인들은 과학의 의미를 더욱 승격하여, 고도의 포괄성을 지닌 세계관으로 규정하고자 하였다.

5·4시기의 과학 사조가 낳은 사회적 영향은 여러 방면에 걸쳐 있었다. 그런데 과학이 이렇듯 광범위한 충격파를 형성할 수 있었던 것은 과학이 보편적 가치체계 및 지극히 넓은 범위를 포괄하는 세계관으로 승격되었던 사실에 근거한다. 이는 5·4시기의 과학이라는 구호가 실증과학의 범위를 넘어 넓은 의미의 문화 변혁이

---

3) 陳獨秀, 「敬告靑年」, 『靑年雜誌』 1권 1호 1915년 9월.

될 수 있게 만들었다. 이러한 변혁은 결코 단순한 '사상적 외도'라고 치부될 수만은 없을 것이다.

넓은 의미의 문화 변혁으로서, 5·4시기의 과학 사조의 영향은 우선 사유 방식의 측면에서 나타났다. 앞서 서술했듯, 엄복과 같은 유신지사는 과학과 필연적 이치나 인과관계를 파악하는 방식을 연관시키기 시작했다. 하지만 전체적으로 이러한 연결에는 구체적인 접점이 없었기에 여전히 추상적이고 모호한 특징을 보였다. 5·4시기의 지식인들은 더 나아가 과학을 사유 방식의 일종으로 분명히 규정하였다. 이러한 사유 방식은 일반적으로 '과학정신'이라고 불렸다. "하나의 설을 세우려면 반드시 증거를 지녀야 한다. 증거가 갖추어져야만 판단을 내릴 수 있다. 하나의 사실에 대해서는 정확하고 공평한 해석이 존재한다. 타인의 말을 맹목적으로 따르지도 말고, 자신의 의견만을 고수해서도 안 되며, 좋은 것을 선택하여 따라야 한다. 이 모든 것이 바로 '과학정신'이다."[4] 여기에서의 기본적이 되는 부분은 바로 실증에 대한 요구와 이성 관념이다. 5·4시기의 지식인들이 표방한 두 가지는 바로 사람들의 주안점을 전통의 육경에서 사실세계로 전환하고자 하는 것과 주체의 이성을 경전과 성인의 가르침이라는 질곡에서 벗어나게 하는 것이었다. 진독수陳獨秀가 과학을 통해 진리를 증명할 것을 강조하면서 '모든 일은 실증되어야 한다', '오직 이성을 따라야 한다'라고 한 것이나, 호적이 '증거를 가져오'고 부르짖은 것이나, 이대소李大釗가 '공자, 석가, 예수를 믿느니, 진리를 믿는 것이 낫다'라고 한 것에서 이러한 면모가 잘 드러난다. 사실 오늘날의 관점에서 이러한 구호는 별반 특별할 것이 없는 상식이지만, '공자왈, 맹자왈'의 전통에서 완전히 벗어나지 못했던 5·4시기에 실증을 중시하는 이러한 과학정신은 사유 방식의 패러다임을 바꾸는 시대적 의도를 지니고 있었다. 5·4시기 과학 사조가 지니는 역사적 의의는 사실 구체적인 실증 과학적 지식을 제공한 것에 있다기보다, 과학정신의 승화를 통해 새로운 사유 방식을 제공했다는 것에 있었다.

---

4) 毛子水, 「國故和科學的精神」, 『新潮』 1권 5호 1919년 5월.

사유 방식의 전환은 넓은 의미에서 관념적 변화를 동반하였다. 5·4시기의 지식인들이 과학 정신을 실증과 이성에 대한 존중으로 이해하고자 했을 때, 그 속에는 필연적으로 어떤 변화가 함축되어 있었다. 이성이 외부적 권위의 억압과 서로 대립하는 상황에서 이성을 존중한다는 것은 개인이 지닌 독립적 사고 능력을 긍정하는 것이기도 하다. 개인의 독립적 성질과 개인의 독립적 인격 간에는 어떤 확연한 구분이 존재하지는 않는데, 논리적으로 전자는 후자로 향하는 과도적 단계에 해당한다고 볼 수 있다. 진독수는 "만약 의식을 지닌 인간이라면 모두 각자의 의식을 지니며 각자 독립된 자주권을 지닌다. 만약 어떤 한 사람이 다른 한 사람에게 종속된다면, 그는 자유롭고 자존적인 인격을 상실한 것이다"[5]라고 하였다. 이른바 '의식을 지닌다'는 것은 이성과 자주성을 지닌다는 말과 같다. 여기에서 과학정신을 나타내는 이성은 자유롭고 독립적인 인격을 확립하는 직접적인 근거가 된다. 넓은 의미에서 말하자면, 개성의 자유, 인격의 독립은 사실 민주의 범위에 속한다. 이처럼 이성의 자주성을 매개로 과학적 관념과 민주 관념은 서로 하나로 융합되기 시작하였다. 바로 이러한 융합을 통해 이성에 대한 존중을 의미하는 과학정신은 점차 '사유 방식'이라는 의미를 넘어서기 시작했으며, 경전과 성인에 대한 이성의 부정은 개성적 자유를 바탕으로 전통적 전체주의를 지양하는 것으로 의미가 확대되어 갔다. 바로 이러한 의미에서 진독수는 민주와 과학을 '수레의 두 바퀴'[6]라고 비유하기도 하였다.

과학정신의 다른 하나의 기본 지점은 바로 사실을 지향한다는 것이다. 이는 사유 방식에만 제한되지 않고 더욱 넓은 함의를 지닌다. 바로 이러한 넓은 이해에 기초하여, 5·4시기의 지식인들은 과학정신을 인생관으로 도입하면서, '과학을 인생관의 기초로 삼을 것'(호적의 말)을 주장하였다. 과학정신이 인생관에 적용되면 구체적으로 실효성과 효용성을 중시하는 인생 태도로 나타날 수 있다. "과학의

---

5) 陳獨秀, 「一九一六年」, 『青年雜誌』 1권 5호 1916년 1월.
6) 陳獨秀, 「敬告青年」, 『青年雜誌』 1권 1호 1915년 9월.

정신은······ 진보된 정신이다. 어떤 신성한 것을 따르는 사물이든 두려워하지 않고 실증을 통해 진리를 추구한다면, 그 사물은 스스로 우수성을 드러낼 것이니, 이를 그대로 취하여 사용하면 된다."[7] 여기에서 실증의 과학정신을 매개로 진리와 선을 추구하는 것은 서로 연관된 두 측면으로 표현되고 있다. 진眞은 선善을 선도하는 것이며, 선은 진의 결과이다. 이러한 추론 과정은 가치관의 변화를 전제로 한다. 전통 유가의 관점에 따르면, 도道와 공功, 의義와 리利는 서로 양립불가능 한 것이다. "리利를 도모하지 말고 의誼를 바로잡으며, 공功을 헤아리지 말고 도道를 밝혀야 한다"라는 동중서의 말 역시 이 점을 강조한 것이다. 이로부터 논리적으로 비공리주의적 가치관이 도출될 수 있다. 이와 반대로, 5·4의 지식인들이 진리의 추구와 선의 추구를 동일한 과정의 두 측면으로 본 것은 분명 '과학정신'의 전제 아래에서 새로운 가치관을 확립하고자 한 것이다.

요약하자면, 5·4의 지식인들은 엄복과 같은 유신지사를 계승하여 과학을 구체적인 기술(技)과 기물(器)에서 도道로 승화(사유 방식과 인생 태도 및 가치관을 지배하는 세계관)시켰다. 이러한 영향으로 인해, 5·4의 과학 사조는 특정한 과학 분야를 넘어 심층적인 문화 변혁을 일으킬 수 있었다. 인생의 태도나 가치관 측면에서의 전환을 통해 5·4의 과학정신은 주체의 사유 자체를 근대화하였고, 전체 근대사회에도 광범위하고 심층적인 영향을 미쳤다.

2.

하나의 관념체계가 형이상화를 거치고 나면, 본연의 함의를 넘어서 어떤 신앙적인 특징을 부여받게 되기 마련이다. 이러한 상황은 5·4의 과학 관념에서도 똑같이 나타났다. 5·4시기 지식인들이 과학을 각 문화 측면을 포괄하는 보편적 도道로 승격시켰을 때, 과학은 '최고 존엄'(호적의 말)이 되어 신앙의 대상이 되기에 이르렀다. "우리는 신의 만능에 대해서 쉽게 믿을 수 없을지 몰라도 과학적 방법이 만능이라는

---

7) 李大釗, 「東西文明根本之異點」, 『言治』 제3책 1918년 7월.

것은 믿을 수 있다."⁸⁾ 이러한 믿음은 물론 종교적인 맹목적 믿음이 아니지만, 분명한 것은 인지적 의미의 믿음과도 분명히 구별된다는 것이다. 5·4시기의 지식인들은 과학에 대해 모두 이와 같은 순진한 신뢰를 품고 있었다. 이른바 '과학의 만능'이라는 말이 전형적으로 이러한 심적 태도를 나타낸다. 과학에 대한 이러한 신봉은 본질적으로 새로운 문화 규범을 찾고자 하는 시도로 나타날 수밖에 없었다. 전통적 관념체계가 붕괴된 이후, 5·4 세대의 지식인들은 고도로 통일된 새로운 관념체계(자세한 것은 후에 다시 고찰)를 확립하는 데 매진하였다. 그런데 과학이 이처럼 문화 규범으로 강화되고 나면 불가피하게 어떤 부정적 의미 또한 생겨나게 된다.

과학을 신봉하는 5·4의 지식인들에게서 과학은 천도(자연에 관한 필연지리)이자 인도(주체 자신을 지배하는 보편원리)였으며, 자연 현상이나 주체의 행위 모두 과학에 의해 해석되었다. 앞서 이미 살펴보았듯, 이러한 확신에 근거하여 5·4의 과학주의는 과학을 인생관의 기초로 삼았다. 내적 논리로 말하자면, 인생관은 인간(주체) 존재에 대한 규정과 관련된다. 과학을 인생관으로 끌어들인 것은 과학 원칙을 통해 인간이라는 존재를 정의하고자 했던 것이었다. 일반적으로 과학 활동은 지성적 작업으로 나타나며, 5·4시기의 지식인들이 과학정신을 '오직 이성을 따른다'고 설명한 것 역시 바로 이 점을 나타낸다. 이렇듯 과학 원칙을 통해 주체를 해석하는 것은 주체를 지성의 프레임 안에 넣으려는 것을 의미한다. 즉, 이지적 성격을 주체의 주된, 더 나아가 유일한 특성으로 여기려는 것이다. 바로 이러한 의미에서 정문강은 '나'를 일종의 사유 기계에 비유하였다. "내가 사고하는 도구는 보통의 인간을 닮은 하나의 기계이다. 기계의 기능은 다르나 그 성질은 서로 같다."⁹⁾ 이러한 견해는 주체로서 자아가 이지적 특성뿐만 아니라, 감정과 의지도 지닌다는 것을 간과한 것이다. 주체로서의 자아는 본질적으로 지성(知)·감정(情)·의지(意)의 통일로 나타난다. 인간의 행위, 특히 도덕행위가 지성의 지배를 받아야 하는 것은

---

8) 胡適, 『胡適文存三集』(上海: 亞東圖書館, 1924), 권1, 「我們對於西洋文明態度」, 14쪽.
9) 丁文江, 「玄學與科學—評張君勱的「人生觀」」을 참고할 것.

맞지만, 이는 자유로운 의지의 선택에 의한 것이기도 하다. 이는 도덕 행위에 자발적 특성을 부여해 줄 수 있다. 주체가 이성적 기계로 이해되는 순간, 자아 역시 그에 따라 인격화된 지성 혹은 논리의 화신으로 치환되며, 마찬가지로 인생 역시 일종의 논리적 기계의 동작으로 귀결되고 만다. 사실, 5·4시기의 과학주의가 자아와 도덕 등을 이해한 것은 명백히 지성제일주의나 기계론적 경향을 보여 준다. 그들은 인생과 도덕관을 지성과 논리의 영역에 포함시키고자 하였고, 그 결과로 풍부하고 복잡한 인생은 추상적이고 메마른 것이 되어 버렸다. 이러한 범과학주의적 관점은 후에 이르러 현학파들의 불만을 야기하기도 하였다. 이들은 과학파가 "과학이라는 집 아래 오직 물질로 이루어진 기계적 인생관을 세우려고 한다"(양계초의 말)고 비판하면서 주체는 "모두 인격의 발전을 누려야 한다"(장군매의 말)고 주장하였다. 그런데 사실 현학파 역시 과학과 인생 및 의지주의를 완전히 갈라놓았다는 문제를 지니고 있었다. 이들에게서도 과학주의자들이 보이는 자아와 인생에 대한 단편화 경향이 분명히 나타난다.

5·4 과학 사조의 영향 아래, 초기 마르크스주의자들은 모두 어느 정도 범과학주 의적 면모를 보이고 있었다. 과학을 신봉하는 5·4의 지식인들과 비슷하게, 초기 마르크스주의자들 역시 과학을 인생관의 기초로 삼을 것을 강조하였다. "모든 '시대의 인생관'은 당대의 과학지식에 의해 이루어진다. 새 시대의 인생관의 창시자 는 새로운 과학지식에 근거하며 그 '개성적인 인생관'을 확장하여, 이를 시대의 인생관이 되게 한다. 그런데 새로운 과학지식은 경제적 기초 속의 기술 진보와 계급투쟁 속의 사회 경험에서 얻어지기 마련이다. 따라서 한 개인의 선각은 이 투쟁의 필요에 따라 생겨날 뿐으로서 사회의 혹은 계급의 역사적 도구에 지나지 않는다."[10] 여기에서는 과학에 더 넓은 함의가 부여되고 있다. 즉, 과학의 범주에는 사회와 역사 영역의 과학이 포함되기도 한다. 하지만 과학이 인생관을 지배한다는 관점에서 보면, 여전히 당시의 과학주의 사조를 벗어나지 못했다. 여기에서 인생관

---

10) 瞿秋白, 「自由世界與必然世界」, 『新青年季刊』 제2기 1923년 12월 20일.

이란 주체를 규정하는 문제와도 관계된다. 한 가지 다른 점이 있다면, 실증론 경향을 지닌 과학주의의 경우 주체는 내면의 이지적 성격이 인격화된 것으로 이해된다. 반면, 초기 마르크스주의에서 주체는 역사의 도구로 이해된다. 전자가 과학적 추론을 통해 주체를 추상화한 것이라고 한다면, 후자는 자아의 추상적 정의를 지양하면서 과학이라는 대전제 아래 주체를 수단과 동일시한 것이다. 주체에 대한 초기 마르크스주의자들의 이러한 정의는 명백히 내적 결함을 지닌다. 내적 규정에 따르면, 주체(인간)는 단순히 역사의 도구일 뿐만 아니라, 동시에 목적으로도 이해되어야 한다. 인류 역사의 진보는 어떤 의미에서 인간의 전면적 발전을 그 목표로 삼으며, 과학의 진보, 사회 변혁 역시 결국에는 이러한 목표를 실현하기 위한 것으로 귀결된다. 이러한 점은 마르크스주의의 창시자 또한 거듭 밝힌 바이기도 하다.

5·4시기 지식인들의 견해에 따르면, 과학은 인생관의 기초로 인과관계를 기본 원리로 삼는다. 인과법칙은 물질현상을 지배하는 것이기도 하지만, 정신현상을 지배하는 것이기도 하다. 이러한 보편적 인과법칙은 주로 일종의 선형적 인과율로 이해되며 이는 기본적으로 단방향적 결정론으로 나타난다. 5·4 과학주의자들이 과학을 인생관에 도입하였을 때, 그들은 이러한 선형적 인과 결정론을 특히 강조하였다. 이러한 인과율의 영향 아래에서 인간의 자유는 매우 제한적인 것으로 변모한다. "인과의 거대한 법칙은 그들(인간의 삶에서 생존경쟁의 참극은 인간의 모든 행위를 채찍질한다.)을 지배하고 있다. 이 두 손을 사용하는 동물의 자유란 이다지도 제한적인 것이다."[11] 여기에서 인과법칙과 인간의 자유는 사실상 대립하는 양극단으로 여겨지며 인과적 필연성은 자유에 대한 소극적 제한으로 표현된다. 의지주의가 점차 고개를 들던 근대에 이러한 관점은 의지주의 사조를 지양한다는 점과 함께 인간의 자유 문제를 경시했다는 함의를 동시에 지니고 있다.

한 가지 주목할 점은 당시의 마르크스주의자들 역시 이와 비슷한 견해를 지니고

---

11) 胡適, 「序」, 『科學與人生觀』, 28쪽.

있었다는 점이다. 구추백瞿秋白의 다음과 같은 말에서도 이러한 면모를 엿볼 수 있다. "모든 동기(의지)란 자유로운 것이 아니라 연관되어 있는 것이다. 모든 역사 현상이란 필연적인 것이며, 역사적 우연이란 인간이 그 속의 인과를 제대로 파악하지 못한 것일 뿐이다. 따라서 순수란 주관적인 것이다."[12] 가장 일반적인 의미에서 보면, 자유는 두 가지 형식으로 나타난다. 하나는 의지의 자주성이고 다른 하나는 필연 규칙이 제공하는 가능 범위 내에서의 선택이다. 필연성이 주체의 선택의 근거가 될 수 있는 것은, 이들이 우연성이라는 형식 아래 다층적으로 나타나기 때문이다.(오직 필연성만이 존재한다면, 주체의 선택은 기본적인 전제를 상실하게 될 것이다.) 구추백은 의지의 자유를 부정하는 동시에 역사적 우연을 완전히 주관적인 요소로 이해하고자 하였다. 이는 이중적인 의미에서 주체의 자유를 소거한 것이다. 인과적 필연성을 가지고 자유 선택을 소거하는 관점은 인간이 역사의 도구라는 관점과 논리적 연관성을 지닌다. 인간을 역사의 도구로 보는 것은 인간이 완전한 역사적 필연성에 의해 결정된다는 것을 강조하는 것이다. 당시의 마르크스주의자들은 자신을 숙명론과 구분하고자 시도하였으나, 사실 양자 간의 이론 관계를 완벽하게 분리해 낼 수는 없다.

인과법칙의 통제를 과학의 외적인 표현 형태라고 본다면, 진리성은 과학의 내적 정의로 이해할 수 있을 것이다. 5·4시기 지식인들의 관점에서 과학은 보편적 도道로서 모든 것을 포괄하는 진리체계가 되었다. 이는 우주와 인생에 대한 가장 정확한 해석을 제공할 뿐만 아니라, 모든 학설과 관념을 판단하는 준칙이 된다. 진리의 화신으로서 과학은 모든 것에 군림하는 지위를 부여받아 모든 것은 과학의 승인을 받아야만 존립할 수 있게 되었다. 만약 그것이 비과학으로 판단되는 순간 진리의 영역에서 축출되고 만다. 이렇게 함으로써 과학은 새로운 하나의 권위가 되었다. 즉 과학은 보편적으로 유효하면서도 절대적으로 정확하다는 것이다. 과학에 대한 이와 같은 숭배는 신구 사조가 서로 격전하던 5·4시기에 전통의 권위를

---

12) 瞿秋白, 「自由世界與必然世界」, 『新靑年季刊』 제2기 1923년 12월 20일.

전복하는 데 도움을 주기도 하였다. 하지만 권위화는 분명 독단화를 내포하게
되며, 과학의 권위화 배후에는 독단화의 그림자가 드리워져 있었다. 5·4시기의
지식인들이 과학으로 모든 것을 재단하면서 과학 외의 모든 사상을 '우매한 자들의
망상'(진독수의 말)으로 치부하였을 때, 분명 어느 정도는 과학 권위주의의 면모를
보이고 있었다.

　　다른 시각에서 보면, 과학을 새로운 권위로 세우고자 한 것은 과학의 규범으로서
의 기능에 주목한 것이라고도 볼 수 있다. 일반적으로 말해, 과학은 내적 구조와
외적 가치의 두 가지 측면으로 구분할 수 있다. 전자는 지식체계를 말하며, 후자는
과학의 사회적 기능(넓은 의미에서 규범으로서의 기능)에 해당한다. 역사적으로 보면,
5·4 과학 사조는 계몽이라는 역사적 의의를 지닌다. 계몽은 사회 변혁의 전조이다.
이러한 특수한 역사적 조건은 5·4 지식인이 처음부터 과학의 외부 가치를 주목하게
만드는 요인이 되었다. 그들에게서 '과학'은 '민주'와 같이 정치, 도덕, 관념 등의
문제를 해결하는 하나의 수단이었다. "우리는 지금 두 분의 선생(필자 주: 덕선생,
사선생, 즉 민주와 과학)만이 중국의 정치적, 도덕적, 학술적, 사상적 암흑을 해결해
줄 수 있다는 것을 인정해야 한다."[13] 5·4시기의 지식인들이 과학을 보편의 도道로
삼았던 것은 과학의 외적 가치(수단 혹은 도구적 가치)를 강화하고자 했던 것이다.
과학의 권위화 역시 이러한 점을 나타낸다. 과학의 사회적 기능을 부각하고자
했던 것에는 분명 역사적인 이유가 존재한다. 그런데 외적 가치가 주목받은 만큼
과학 자체의 내적 가치, 즉 인지체계로서의 과학은 상대적으로 역사의 냉대를
받았다. 중국 근대과학 발전이 더딘 속도로 진행되었던 것은 물론 여러 가지 복잡한
원인이 있겠지만, 과학의 내적 가치, 즉 인지체계로서의 과학이 경시된 것 또한
중요한 원인 중 하나였다. 논리적으로 과학의 외적 가치(사회적 기능)는 지식체계라는
본성을 내적 근거로 하므로 과학의 사회적 기능 역시 지식체계 발전 과정의 제약을
받을 수밖에 없다. 물론 5·4시기의 과학 사조가 광범위한 영향을 미쳤던 것은

---

13) 陳獨秀, 「本志罪案之答辯書」, 『新靑年』 제6권 제1호 1919년 1월.

사실이지만, 과학의 인지적 본성을 소홀히 한 탓에 사상 계몽의 깊이는 어느 정도 제한되고 말았다.

3.

이상의 분석을 종합해 보면, 5·4 과학 사조는 처음부터 이중적 의의를 지니고 있음을 알 수 있다. 이 둘은 이론적으로 과학이 보편적 도道(세계관 및 가치−신념체계)로 승격화된 것과 무관하지 않다. 지식체계로서 과학은 어떻게 하여 하나의 보편적 도道(세계관 및 가치−신념체계)로 일반화될 수 있었는가? 이는 의미심장한 문제가 아닐 수 없다.

익히 알려져 있듯, 5·4는 문화 분열의 시기로서, 최소한 표면적으로 전통, 규범, 관념, 가치, 신앙 등은 모두 광범위한 충격을 받았다. 이러한 충격이 물론 5·4시기에 시작된 것은 아니지만, 바로 이 시기에 이러한 충격이 공전의 규모에 이른 것은 분명한 사실이다. 구시대적 가치−신념체계의 붕괴에 직면하여 5·4시기의 지식인들은 전통의 내적 억압을 벗어던졌는데, 이에 따라 자연스럽게 혼란과 무력감을 경험하게 되었다. 이들은 의지처 혹은 인도자로서 새로운 가치−신념체계를 절실하게 필요로 했다. 전통적 관념체계는 새로운 가치−신념체계가 확립되어야만 역사의 무대에서 진정으로 물러나게 된다고 할 수 있다. 따라서 가치−신념체계의 재건은 5·4의 지식인들이 직면한 역사적 임무가 되었다. 가치−신념체계는 본질상 신뢰성을 지녀야 하고, 세계관으로서의 기능도 수행할 수 있어야 한다. 전자는 적어도 외관상으로는 참된 형식을 나타내고 있는가에 의해 결정되며, 후자를 위해서는 최대한도의 포괄성을 제공하는 것이 중요하다. 근대 중국에서는 오직 과학만이 이러한 이중적 특성을 부여받을 가능성을 지니고 있었다. 과학이 진리 추구를 목표로 할 뿐만 아니라, 일반화를 통해 과학사상이 보편적 도道로 확장될 수 있었기 때문이다. 엄복과 같은 유신지사가 진화론 등을 보편원리(부국강병의 근거)로 승격하고자 한 것이 바로 이러한 방향으로 한 걸음 내디딘 것이라고 볼 수 있다. 이렇게 엄복 등이 다다른 종착점은 새로운 가치-신념체계의 재건을 꾀한 5·4의 지식인들의 출발점이 되었다. 과학은 승화와 일반화를 거쳐 새로운 규범체계를 이루게 된 것이다. 이처럼 과학은 가치-신념체계로서 역사의 전면에 등장했기 때문에 시작부터 구체적 실증과 경험의 영역을 넘어설 수밖에 없었다.

가치-신념체계의 재건 과정은 사상계몽과도 서로 관련을 지닌다. 새로운 가치-신념체계는 구시대의 가치-신념체계를 대체하였는데, 이는 인간을 전통에서 근대로 향하게 해 주었다는 역사적 함의를 지니고 있다. 이러한 가치-신념체계는 계몽의 역사적 주체가 되기도 하였다. 일반적으로 계몽은 사상의 변혁으로서 주로 관념의 전환으로 나타나며, 인간의 근대화는 무엇보다 관념의 근대화라는 의미를 지닌다. 계몽의 실질적인 내용이 되는 관념의 전환은 개별적 관념을 갱신하는 것이기도 하지만, 전체적 (형식의) 전환을 의미하기도 한다. 다시 말해, 이데올로기의 전환이라는 것이다. 이를 위해 어떤 한 가지 영역에 관한 구체적인 지식이 필요한 것이 아니라, 오히려 이러한 특정 영역의 경험적 지식을 돌파하는 것이 요구된다. 이렇게 과학이 계몽이라는 역사적 요구와 만나는 순간, 과학은 우선 자신을 초월해야 한다는 문제에 직면하게 된다. 바꾸어 말하면, 과학은 구체적인 지식의 형태에서 보편적 관념의 형태로 전환되어야만 한다. 5·4의 지식인들은 새로운 가치-신념체계를 확립하는 과정에서 실제로 위와 같은 전환을 이루어 냈다. 그 직접적인 결과가 바로 과학이 보편적 도道로 승화되었다는 것이다.

물론 과학이 기술(技)에서 도道로 나아간 것은 계몽이라는 역사적 요구에 의한 것만이 아니라 더욱 깊은 문화 역사적 배경을 지니고 있었다. 5·4시기 지식인들은 모두 어느 정도는 반전통적 경향을 지니고 있었는데, 한편으로 전통의 제약에서 완전히 벗어나지는 못했다. 5·4시기의 지식인들이 과학의 형이상화를 통해 일종의 반전통적 가치-신념체계를 확립하고자 했을 때, 이미 그 속에는 깊은 문화 전통의 각인이 내재해 있었다.

중국문화의 역사적 변천 과정을 돌이켜 보면, 매우 흥미로운 전통을 발견하게 된다. 바로 도道가 기술보다 우월하다고 강조하는 것이다. 이미 선진시기에 장자가 포정의 입을 빌려 이러한 점을 서술한 바 있다. "신이 좋아하는 것은 도로서, 이는 기술보다 앞서 있습니다."(『장자』, 「양생주」) 정통 유가에서도 이러한 경향이 선명하게 드러난다. 유가의 관점에 따르면, 기술은 '본本'에 대비되는 '말末'로서 형이하적인 것으로 치부되며, 오직 천도와 인도만이 '본本'에 해당하는 형이상자이다. 이들은 '천지의 도를 통괄하는'(『역전』) 경지를 추구하였다. 이와는 달리, 구체적 과학 연구는 보잘것없는 재주로 치부되었다. 이러한 문화 배경 아래에서 중국 고대의 과학은 자연스럽게 실증적 영역을 초월하여 천지의 도를 지향할 수밖에 없었다. 이러한 특징은 음양의 상호작용과 같은 일반 원리를 통해 천차만별의 구체적 현상을 해석하고자 하는 경향에서 두드러지게 나타난다. '전기란 무엇인가?' 라는 질문에 '음양이 서로 부딪쳐서 전기를 만든다'라고 답하는가 하면, '자석은 어떻게 해서 철을 끌어당기는가?'라는 질문에 '음양이 서로 감응하여 가로막힌 것 사이를 통하는 원리이다'라고 답하고, 또한 '화약은 어떻게 해서 폭발할 수 있는가?'라는 질문에 '음양의 성질을 띤 사물이 서로 포용될 수 없는 공간에서 만났기 때문이다'라고 답한 것이 그러한 예다. 요약하자면, 과학적 결론은 초험적인 측면으로 승화되는 경우가 많았다. 5·4시기 지식인들이 과학에 대해 지녔던 견해는 과학을 도외시했던 정통 유가나 모호하고 직관적인 특징을 지녔던 고대의 과학과 분명 달랐다. 그렇다고 해서 그들이 전통문화의 심층 구조를 완전히 초월한 것은 아니었다. 과학이 보편적 가치─신념체계로 전환되었던 배후에는 보편적 도道를 추구하고자 했던 전통적 의도가 자리하고 있었다. 만약 계몽이라는 역사적 요구가 주로 과학의 일반화를 위해 외적 추진력을 제공했다고 한다면, 기술이 도道로 나아가야 한다는 전통은 과학의 본성에 대한 5·4 지식인들의 이해에 내적으로 영향을 미쳤다. 바로 이러한 결합 속에 과학은 형이상화의 과정을 완성할 수 있었다.

종합하면, 5·4시기의 과학 관념은 일반화 과정을 거친 이후, 기술(구체적으로는 경험지식)에서 도道(보편적 세계관 혹은 가치─신념체계)로 승화되기 시작했다. 이러한 과정은 서양 근대과학이 부단히 실증화된 추세를 보였던 것과는 명백히 구별된다. 이 과정의 결과는 내적으로 이중성을 지니게 된다. 넓은 의미에서 이는 문화의 변혁과 보편 관념의 전환을 야기하였고, 과학의 기치 아래에서 사상 계몽이 전에 없던 포괄성과 침투성을 지닐 수 있게 하였다. 다른 한편으로 이는 소극적 측면으로 발전을 지향하게 하는 계기를 내포한다. 과학의 함의의 일반화 및 승화는 어떤 소수 지식인의 우연적 의도에 의해 이루어진 것이 아니라 일종의 필연적인 문화현상이었다. 이는 가치-신념체계를 재건하고자 하는 시대적 요구를 역사적 근거로 하였는데, 한편으로 이는 전통문화의 심층 관념에 대한 긍정으로 표현되기도 했다. 만약 시대의 선택이 문화 변천의 역사적 필연성으로 나타났다면, 전통의 내적 영향은 전통의 심층성을 드러내면서 우리에게 어떻게 하면 근대화 과정에서 창조적으로 전통문화를 전환할 것인가의 문제를 던져 주었다. 이런 의미에서 5·4시기 과학 사조에 대한 성찰은 분명 오늘날의 사고에도 역사적 귀감이 될 수 있다.

중국철학의 근대화

중국 근대시기, 사회 변혁과 사상 변화는 대개 서로 맞물려 일어났다. 사회 변천의 측면에서 전근대에서 근대로의 변화는 상당히 중요한 역사적 맥락을 이룬다. 관념의 영역에서는 이러한 역사 발전의 흐름이 이른바 '고금중서' 논쟁으로 나타났다. 고금이란 시간적 개념이고, 중서는 공간과 관계된 개념이다. 하지만 중국 근대에는 이들이 서로 융합되어 있었다. 고古·중中이란 대체로 전통(기기, 제도, 문화 등을 포함)의 상징으로 여겨졌고, 금今·서西는 근대(현대)[1]라는 함의를 지니고 있었다. 이렇듯, '고금중서' 논쟁은 전통과 근대의 관계를 함께 다루고 있다.

근대사회로의 변천과 그에 따른 '고금중서' 논쟁을 배경으로 하여, 중국철학은 변화와 발전 과정을 경험했다. 근대로 나아가는 역사 과정에 상응하여 중국철학은 '근대사회로의 변천'이라는 시대 상황을 반영하는 한편, 철학 내적으로도 근대적 형태를 부단히 취득해 나갔다. 이러한 중국철학의 근대화 과정은 중국 고전철학과 근대 서학의 이중적 영향을 동시에 받았으며, 자체적 진화라는 내적 논리의 영향도 간과할 수 없었다.

1.

중국의 근대화 과정은 처음부터 민족 자강과 독립이라는 역사적 흐름과 함께하였다. 서양 열강에 직면하여 구국도생 혹은 '중국은 어디로 나아가야 하는가'라는

---

1) 여기에서 말하는 '근대'는 영어로 하면 'modern'이며 넓은 의미에서 사용된 것으로서 일반적으로 말하는 '현대'를 포함한다. 마찬가지로 계속해서 등장하는 '근대화'(modernization) 역시 넓은 의미에서 사용한 것으로 일반적으로 말하는 '현대화'를 포함한다.

문제는 이제 시대의 중심 문제로 변모해 갔다. 근대 사상가들이 기물(器)과 기술(技)의 측면에서 자강의 길을 모색하면서 과학기술은 주된 관심의 대상이 되었으며 과학적 방법은 과학기술 발전의 전제 중 하나로 이해되었다. 엄복은 근대과학 발전의 근원을 분석하면서 베이컨이 제창한 과학적 방법으로 그 연원을 거슬러 올라갔다. 이처럼 과학적 방법에 대한 중시는 중국 근대철학에서 사람들이 주목하는 주된 현상이었다. 방법론에 관한 근대의 논의 가운데에는 전통 방법론을 계승한 측면도 발견할 수 있고 서양 근대 실증과학 및 그 방법론을 도입한 측면도 확인할 수 있다. 중국철학의 발전 과정으로 말하자면, 이는 방법론의 근대화 과정을 말하는 것인 동시에 전통적 방법론 사상의 내적 전환을 함축하는 것이기도 하다. 방법론의 근대화는 대개 실증화 또는 형식화 과정을 동반한다. 철학의 측면에서 실증화는 경험 관찰과 실험을 기초로 사변적 관념을 초월한다는 것을 의미한다. 형식화는 수학적 추론과 관련되며, 과학 연구의 절차에 대한 논리적 규정과도 관계가 있다. 중국 근대 방법론의 진화 과정에서 우리는 이러한 추세를 어렵지 않게 발견할 수 있다. 엄복의 '경험귀납적 학문 방법'에서 왕국유의 '이중증거법'까지, 호적의 '과학실험실 태도'에서 김악림의 '과학적 귀납법에 대한 확증'까지, 양계초의 '신사학 방법론'에서 호적의 '진보사관'까지, 중국 근대의 방법론은 분명 각기 다른 정도로 근대적 형태를 취득하였다. 마르크스주의 철학에서 방법론적 성찰은 더 나아가 변증 논리의 탐색과 이어졌으며 이를 통해 방법론은 형식화의 추세를 넘어 더 깊은 함의를 획득하게 되었다. 이러한 과정은 경험과 이성, 형이상과 형이하 간의 상호 거부와 상호 수용이 서로 맞물려 있으며, 그 이면에는 '고금'과 '중서' 간의 상호작용 혹은 긴장 관계가 배경으로 자리한다.

방법론에 대한 논의는 인식론과도 관계된다. 중국 전통철학에서 인식론적 사고는 대개 지행(知行) 논변으로 전개되었다. 근대 이후에 들어, '어떻게 사회 변혁을 실현할 것인가의 문제'와 관련하여 지행 논변은 한층 더 주목을 받게 되었다. 위원(魏源)은 "이른 뒤에 알고, 행한 뒤에 고민한다"라고 하였는데, 이는 행을 중요한 지위에 올려놓은 것이었다. 지행의 관계를 정립하는 문제에서 어떤 철학자는 지(知)의 작용에 더 주목하여 백성의 앎을 계몽하는 것을 부강의 원천으로 여겼으며, 인식론적으로도 행行보다 지知가 우선한다고 강조하였다. 반면 또 다른 일부 철학자들은 혁명을 통해 백성들의 앎을 계몽할 것을 주장했다. 이는 행行의 작용을 강조한 것으로 행行이 지知보다 앞선다고 본 것이다. 지행知行 관계에 대한 견해는 '지知'와 '행行'의 범주적 확장과도 관련된다. 근대철학자에게서 지知는 도덕적 인식으로 제한되지 않고 더 넓은 의미에서 각 영역의 지식으로 이해되었고, 행行 역시 도덕실천뿐만 아니라 생산 활동이나 과학실험 등을 포괄하게 되었다. 이러한 견해로 인해 전통의 지행 논변은 근대적 의미를 지닐 수 있었다. 물론 지행의 관계가 변증법적 통일에 도달한 것은 오직 중국 근대 마르크스주의 철학 맥락에서만 가능한 일이었다.

인식 과정 자체로 말하자면, 일부 철학자들은 근대 서양의 실용주의, 직관주의, 신실재론, 칸트철학, 신헤겔주의 등을 도입하는 한편, 전통철학 속에서 특정한 자원들을 받아들여 경험, 이성, 직관, 논리 형식 등에 대해 각기 다른 방식으로 초점을 맞추었다. 인식 과정의 각 특정 부분만을 부각하고 그 이외의 부분에 대해서는 충분히 주목하지 않았다는 점에서, 이러한 고찰은 각기 단편성을 지니고 있었다. 하지만 분명 어느 한 측면에서는 인식 과정에 대한 깊이 있는 이해에 도달한 것 또한 사실이다. 한편 중국 고대철학의 인식론은 종종 윤리학 등과도 관련되곤 했다. 인仁과 지智의 통일을 추구한 유가의 전통이 전형적으로 이러한 특징을 보여 주고 있다. 이는 인식론과 윤리학의 통일이라는 측면에 주목한 것으로, 이러한 경향은 '순수이성의 형태 아래에서 진리성에 대한 인식은 어떻게 가능한가?'라는 문제를 논의하는 것을 제한하여 중국 고전 인식론이 원시적 형태를 벗어나지 못하게 만들었다. 이와는 대조적으로 중국 근대철학자들의 고찰은 비록 추상적이기는 하였으나, 인식의 각 단계를 독립적으로 고찰함으로써 인식론 연구가 원시적 형식을 벗어나 근대적 형식을 취득하는 데 도움을 주었다.

각 분야의 전문 철학자들이 인식의 각 절차를 분별적으로 고찰하는 것과는 달리, 중국 근대 마르크스주의 철학에서는 인식 과정의 변증성을 이해하고자 노력하였다. 이는 실천이 인식의 본원임을 긍정하는 것을 전제로 한다. 마르크스주의 철학에서 인식론의 변증적 성질은 인식 활동의 각 단계가 변증적 통일을 이루는 것으로 나타나며, 이는 인식 활동의 과정으로서의 성격 자체에서도 잘 드러난다.

2.

지행知行 논변에서 가치 영역으로의 전환은 근대 가치 관념의 변화와 서로 관련이 있다. 사회의 변혁과 가치 관념의 전환은 대개 상호작용의 관계를 지니기 마련이다. 중국 근대의 사회 변혁은 가치관 속에도 깊이 반영되었다. 역사적으로 중국 전통적 가치 체계는 주로 천인天人, 집단과 개인, 의리義利 등의 관계를 둘러싸고 전개되었으며, 이러한 가치 관계에 대한 논의와 규정은 중국 근대에도 계속되었다. 물론 이와 관련된 가치 관념과 가치 원칙은 각기 다른 형태로 나타났다.

중국 전통문화에서 천天은 자연이라는 의미를 지니면서 형이상적 존재 근원을 가리키기도 한다. 따라서 천인天人 관계 논변은 자연과 인간 간의 관계를 다루는 것이기도 하고, 인간의 궁극적 관심을 다루는 것이기도 하다. 전자의 측면으로 말하자면, 유가와 도가는 모두 천인합일을 말했으나, 유가는 천성을 덕성으로 만들 것을 주장하며 인도仁道 원칙에 중점을 둔 반면, 도가는 인위로 천성을 멸하지 말 것을 주장하면서 자연 원칙에 더욱 주목하였다. 궁극적 문제로 말하자면, 천天은 가치 원칙의 형이상적 근원이 되기도 한다. 한대 이후의 주류 가치 체계에서 천天은 주로 사회의 삼강오륜의 궁극적 본원으로 여겨졌는데, 이른바 "왕도의 세 가지 강령(三綱)을 하늘(天)에서 구한다"[2]라는 말이 이러한 점을 잘 보여 주고 있다. 천天은 초험적 성격이 부여된 후, 명命과 상통하는 모습을 보였는데, 실제로 중국 전통문화 속에서 천天과 명命은 종종 '천명天命'으로 결합되어 칭해졌다. 천명天命은 복잡한 의미를 지닌 개념인데, 만약 천명天命에서 원시종교적 의미를 제거한다면 대체적으로 '필연성'이라는 함의에 근접한다. 물론 천명天命이라는 형식 아래에서

---

2) 董仲舒, 『春秋繁露』, 「基義」.

필연성은 흔히 신비적이고 초자연적인 색채를 부여받기도 한다. 명命에 상대되는 것이 바로 역力이다. 이는 일반적으로 인간의 역량과 권능을 지칭하며, 따라서 천인天人 관계 논변 역시 역명力命 관계 논변으로 전개되기도 하였다. 이에 관해 유가는 '인仁을 실행하는 것은 자신에게 달려 있다'고 주장하였는데, 여기에는 도덕 주체의 권능을 긍정한다는 관념이 내포되어 있다. 하지만 유가는 도덕 영역 외에서 명命이 인간을 제약한다는 것을 강조하기도 하는 등, 외부적 천명과 주체의 자유 사이에서 배회하는 모습을 보였다. 도가의 경우 개체의 '소요逍遙'(정신자유)를 추구하는 한편, '무위안명無爲安命'을 주장하면서 유가와 마찬가지로 역명力命 사이를 오갔다. 전체적으로 보면 유가는 정통화를 거치면서 점차 천명天命이 강화되는 방향으로 나아갔다. 송명리학에서는 "인仁은 천天이 인간에게 부여한 것으로서 반드시 실천해야 하는 이치이다"[3]라고 하였는데, 어느 정도 숙명론적 색채를 내포하고 있었다.

가치관의 의미를 지닌 천인天人 관계 논변은 근대에도 여러 가지 방식으로 나타났다. 주된 추세를 말하자면, 자연을 이상화하고 자연으로 회귀할 것을 요구하는 방향성은 역사의 주변으로 밀려나게 되었다. 부국강병의 추구, 과학을 통한 구국, 근대화로의 지향과 같은 역사적 요청 아래, 자연을 변화시키고 정복하고 지배하며, 즉자적 사물을 대자적 사물로 바꾸려는 것은 시대의 기조로 자리 잡았다. 인간 존재의 측면에서도 천성天性을 보존해야 한다는 것이 이른바 '인위로 천성을 멸하지 말라'는 명제가 내포한 중요한 함의였으나, 근대의 관심은 점차 천부인권, 자유개성 등으로 옮겨 가게 되었다. 여기에서 말하는 천성에는 이미 많은 사회 역사적 내용이 부여되어 있었다. 근대에 들어 천인 관계 논변은 더욱 심층적인 전환을 맞이하게 되는데, 이는 천명론의 철폐와 관련이 있었다. 근대에 들어선 후 사상가들은 초험적인 천명에 대해 많은 비판과 의문을 제기하였다. 봉건의 울타리를 타파하여 개성을 신장해야 한다는 역사적 요구가 두드러지고 서양의

---

3) 朱熹, 『論語或問』, 권1.

의지주의가 도입됨에 따라 정신력, 의지, 인간의 창조 역량 등은 점차 중요한 지위를 차지하게 되었고, 의지주의는 하나의 사조를 형성해 나갔다. 이러한 사조는 전통적 천명론에 있어서는 중대한 충격파가 되었으나, 한편으로 그 속에는 비이성주의적인 경향이 포함되어 있어 천인 관계 문제 등을 해결하는 데 그 자체로 문제가 존재할 수밖에 없었다.

천인 관계에서 사회 그 자체로 초점을 옮겨 가면 집단과 개인의 관계와 관련이 된다. 초기 유가에서는 성기成己와 성인成人의 설을 제기한 바 있는데, 성기는 자아의 도덕적 완성을 말하는 것으로 유가의 개체 원칙에 대한 이해를 표현한다. 반면 성인은 사회 집단의 가치를 실현하는 것으로 집단 원칙을 나타낸다. 물론 성기의 궁극적 목적 역시 결국 성인에 이르는 것이었다. 이른바 '수기이안인修己而安人'4)이라는 말에서 이러한 점이 잘 나타난다. 유가와 비교하여 도가는 개체의 존재 가치에 더욱 관심을 두었다. 이들은 보신保身, 전생全生을 추구 목표5)로 삼으면서 개체적 '소요逍遙'를 중시하였다. 하지만 도가적 가치관은 중국문화의 주류로 자리 잡지 못했다. 유가가 정통의 이데올로기로 발전함에 따라 중국에서는 집단 원칙이 강화되어 갔다. 송명리학에서는 공정무사함을 강조하며서 개체가 의식적으로 집단과 전체 속에 융화되기를 요구하였는데, 이미 어느 정도 전체주의적 경향을 드러내고 있었다.

근대로 진입한 이후, 집단과 개인의 관계 논변은 비교적 복잡한 형태를 띠게 되었다. 한편으로 '자아'의 자각, 천명의 거부, 개성 해방, 개인의 권리 존중이라는 근대적 요구는 개체 원칙을 전에 없던 위치로 격상시켰고, 이에 따라 개인주의적 인생관 등도 생겨나게 되었다. 이러한 개체 원칙은 전체주의에 대해 해체적 의미를 지니는 것이었다. 다른 한편으로, 심각한 민족적 위기 앞에서 구국과 도생의 역사적 사명은 집단과 민족의 이익을 중요한 것으로 부각하는 등, 집단 원칙은 여전히

---

4) 『論語』, 「憲問」.
5) 『莊子』, 「養生主」.

상당한 관심을 받았다. 심지어 엄복, 호적과 같이 자유주의 경향을 지닌 사상가조차 집단 원칙에 관해 관심을 놓지 않았다. 즉, 개체 원칙과 집단 원칙은 어느 하나도 완전히 전개되지 못했다. 중국 근대에는 개체 원칙을 극단적으로 추진하거나 절대적으로 전체주의를 추종한 자들을 찾기가 힘들었고, 그 대신 집단 원칙과 개체 원칙을 소통하려는 시도가 역사의 지지를 획득했다. 이대소李大釗가 내세운 대동단결과 개성 해방 간의 통일이 바로 이를 적극적으로 시도하여 얻어 낸 성과였다.

중국 고대철학에서 보자면, 의리義利 관계 논변이 바로 집단과 개인 관계 문제와 관련된다. 집단과 개인의 관계는 단지 추상적인 정체성 문제가 아니라, 본질적으로 구체적인 이익 관계와 관련된다. 중국 전통문화 속에서는 유가의 견해가 주도적인 지위를 차지한다. 유가는 의義의 내적 가치를 긍정하고 그 절대성을 강조한다. 이른바 '군자는 의義를 중요하게 여긴다'[6]는 말이 바로 이 점에 주목한 것이다. 윤리학적으로 유가는 도덕 원칙의 초공리성을 긍정하는 동시에, 이를 추상화하려는 경향을 드러내기도 하였다. 한편 가치론적으로 의義를 중시하는 관념은 숭고한 도덕 정조를 함양하고자 하는 등의 측면에서 매우 중요한 의미를 지니고 있었다. 비록 유가는 완전히 리利를 부정하지는 않았으나, 분명 개인의 공리 의식을 배척하려는 모습을 보였고, 이에 따라 개인의 이익은 합리적으로 이해되지 못했다. 예를 들어, "리利를 도모하지 말고 의誼를 바로잡으며, 공功을 헤아리지 말고 도道를 밝혀야 한다"[7]라는 동중서의 주장은 의義로 리利를 통제한다는 관념이 이미 공리 의식을 제거하려는 것으로 나아가고 있음을 보여 준다. 송명시기에 이르러, 의리義利 논변과 리욕理欲 논변은 서로 결합되는 모습을 보이기도 했다. 즉, 의義로 리利를 통제한다는 관념은 리理를 보존하고 욕欲을 제거한다는 관념으로 이어졌는데, 이는 이른바 '공안지락孔顔之樂'(이성의 승화를 행복으로 삼는 것)에서 파생되어 나온 것으로서 인간이 지닌 감성적 존재로서의 의미를 소홀히 한 것으로도 볼 수 있다.

---

6) 『論語』, 「陽貨」.
7) 『漢書』, 「董仲舒傳」.

근대 시장경제의 발전과 공상의 지위 상승, 개체 원칙의 중시 등의 현상과 맞물려, 근대 사상가들은 공리 의식과 개체가 지닌 감성 존재로서의 의미에 대해 더욱 관용적인 태도를 보였다. 근대 사상가들에게서 '고통을 없애고 쾌락을 추구하는 것'은 인간의 자연성으로 여겨졌으며, 인도人道가 지향해야 하는 합당한 방향으로 이해되면서 합법성과 정당성을 획득하였다. 여기에서 '쾌락'이란 감성 존재로서의 인간과 서로 연관되는 것이며, 쾌락을 선으로 여기는 것은 공리주의적 관념을 구현한 것으로 볼 수 있다. 엄복은 "공리에 무슨 문제가 있는가!"[8]라며 단호하게 공리 원칙을 변호하였으며, 진독수는 공리주의를 민권, 자유, 입헌 등의 중요 조건으로 이해하였다. 의義를 우선으로 하고 이익을 도모하지 않는 전통의 의리관과 비교했을 때, 공리 원칙에 대한 이와 같은 긍정은 가치관의 전환을 뚜렷이 보여준다.

그러나 집단과 개인의 관계 문제에서 집단과 개인을 조화하려는 경향이 존재했듯, 근대 사상가들이 의리義利 관계 문제에서 개인의 이익에만 관심을 둔 것은 아니었다. 엄복은 이른바 '개명자영開明自營'(역자 주: 자각적 통제하에 사리를 추구하는 것)이라는 관점을 제시하였는데, 이는 단순히 추상적인 도덕원칙으로 공리를 소거하거나 개인의 이익만을 단편적으로 강화하려는 것이 아니라, 이기와 이타의 '양리兩利'를 통일하려는 것이었다. 진독수는 "집단과 개인을 동시에 추진하는 원칙"을 출발점으로 삼아 "사회에서 공리주의의 불선을 없앨 것"[9]을 강조하였다. 여기에는 집단의 이익이 나날이 강조되던 시대적 배경이 반영되어 있었으며, 또한 의義로 리利를 통제한다는 전통적 관념과 밀의 공리주의 사상이 공존하고 있음을 발견할 수 있다. 장태염章太炎에서 현대 신유가에 이르기까지, 중국 근대 이후로 도의를 부각하고 공리를 비판하는 경향은 다양한 형태로 모습을 드러냈다.

가치적 지향성은 이상적 인격의 모습에서 더욱 구체적으로 구현되었다. '어떻게

---

8) 王栻 주편, 『嚴復集』(北京: 中華書局, 1986), 1396쪽.
9) 陳獨秀, 『陳獨秀文章選編』(北京: 生活·讀書·新知三聯書店, 1984), 「再質問「東方雜誌」記者」, 285쪽.

하면 완전한 인격을 이룰 수 있는가? 하는 문제는 중국 전통철학, 특히 유가철학이 주목했던 중요한 문제 가운데 하나였다. 각각의 철학자들은 서로 다른 측면에 초점을 맞추어 인격 이론을 제시하였다. 예컨대, '이상적 인격이란 어떠한가?'에 초점을 맞추는 철학자가 있는가 하면, '이상적 인격은 어떻게 성취할 수 있는가?'에 초점을 맞추는 철학자도 있었다. 유가의 경우를 말하자면, 우선 초기 유가는 이상적 인격을 다방면으로 규정하였다. 그들에 따르면, 이상적 인격은 인애仁愛의 감정을 갖는 한편 자주적이면서도 굳건한 의지를 지니는데, 이 둘은 다시 자각적 이성과 서로 융합되었다. 이처럼 완전한 인격이란 인도人道의 관념을 체득한 것이면서 동시에 지知·정情·의意의 통일을 구현한 것으로 이해되었다. 이러한 인격설은 인격의 내적 통일이라는 측면에 주목한 것이다. 한편, 전통 유가에는 이와는 전혀 다른 이해의 경향이 존재했다. 즉, 인격을 도식화하고 단일화하려는 경향이었다. 일반적으로 유가에서 완전한 인격은 성인聖人으로 표현되며, 이상적 인격을 성취한 다는 것은 곧 성인이 되는 것을 의미한다. 이러한 견해는 성인을 보편적 인격의 모범으로 삼는 것으로서, 후대의 유학에서 성인은 천리의 화신 혹은 인격화된 천리로 이해되기도 하였다. 이른바 "성인은 천리와 혼연일체를 이룬다"[10]는 주희의 말이 이를 대표한다. 하지만 이러한 경향은 인격적 이상과 개체 발전의 다양성을 간과했다는 한계를 지니고 있었다. 중국 전통문화 속의 인격적 이상은 물론 유가의 전유물은 아니었다. 도가에서는 자연에 부합하고 '천지의 정신과 홀로 왕래하는 것'을 이상적 인격의 경지로 보았다. 하지만 전체적으로 보면, 유가가 제시한 인격적 이상이 후대에 중요한 영향을 미친 것이 사실이다.

근대화 과정 가운데, 인간 존재의 근대화 역시 사람들이 주목한 문제였다. 이는 구체적으로 인격적 이상의 전환이라는 형태로 전개되었다. 전통 유학이 추구 했던 성인聖人이나 순유醇儒 등의 형상과 대조적으로 근대 사상가들은 평민화된 자유 인격에 관심을 가졌다. 강유위, 엄복, 양계초 등에서부터 진독수, 이대소,

---

10) 朱熹, 『朱子語類』, 권58.

노신에 이르기까지 이들은 모두 각기 다른 각도에서 인격적 이상에 대한 고찰과 설정을 제시하였다. 엄복은 백성들의 역량을 고취하고 백성들의 지혜를 계몽하며 백성들의 덕을 쇄신할 것을 주장하면서 이를 '자강의 근본'으로 삼았다. 여기에는 그가 생각한 이상적 인격의 요소(역량(力), 지혜(智), 德)를 담고 있다. 양계초는 '신민新民' 을 추구의 목표로 삼았다. 그가 주장한 신민新民은 노예성을 탈피하여 자유롭고 독립적인 품성과 책임 의식을 지니는 것을 특징으로 하며, 이는 바로 근대적 의미의 인격에 해당한다. 5·4시기에 이르러 진독수는 자유 인격과 인간의 해방을 서로 결부하면서, 자유 인격에 도달하는 것을 해방의 핵심 내용으로 여겼다. "해방이라는 것은 노예의 굴레에서 벗어나 자신의 자주적이고 자유로운 인격을 완성하는 것을 말한다."11) 호적은 자유 선택과 책임 의식의 측면을 주로 부각하였다. "개인은 자유로운 선택의 권한을 지니고 자신의 행위에 대해 책임감을 가져야 한다. 그렇지 않으면, 자신의 독립적 인격을 만들어 낼 수 없다."12) 노신은 가장된 허무주의를 비판하는 동시에 운명에 순종하는 노예를 공격하면서 자존과 타인 존중, 의지와 지성의 통일을 이상적 인격의 내용으로 삼았다. 정리하면, 인격적 자유와 독립, 그리고 다방면의 인격 발전이 이들이 보편적으로 추구한 내용이었다.

3.

세상에 '존재'하는 것에서 일반적 의미의 존재로의 전환은 형이상적 지혜와 관련된다. 중국 전통철학은 일찍부터 성性과 천도天道의 문제를 탐구하였는데, 그 속에는 존재에 대한 사색과 관련된 형이상적 지혜가 포함되어 있었다. 근대에 들어 과학주의, 실증주의 등의 도전에 직면한 중국 근대의 철학자들은 형이상학을 재건하려는 노력을 진행하였다. 지혜를 추구하고자 했던 중국 근대철학자들의 탐색 과정에는 물론 어느 정도 편향된 측면도 있었던 것이 사실이다. 하지만 그

---

11) 陳獨秀, 『陳獨秀文章選編』, 「敬告靑年」, 74쪽.
12) 胡適, 『胡適文存』 1집(合肥: 黃山書社, 1996), 「易蔔生主義」, 467쪽.

속에는 본체와 방법, 존재와 경지 등을 통일하려는 경향과 함께, 형이상과 형이하, 지식과 지혜, 사실과 가치 간의 상호작용을 이루려는 등의 다양한 흐름이 존재했다. 지혜를 향한 여정은 근대철학사의 종결에 따라 막을 내린 것이 아니며, 오늘날에도 여전히 계속되고 있다. 철학적 사고는 언제나 존재에 대한 무궁한 탐구와 함께한다. 지혜의 탐색 역시 그 끝을 규정하기 어렵다. 중국 근현대철학이 걸어온 길은 역사적 측면에서 보든, 논리적 측면에서 보든, 모두 시대 전환기에서 철학을 다시 일으키고자 하는 선구자의 족적이었다. 따라서 근현대철학의 지혜에 대한 탐구 여정을 성찰하고 비판적으로 바라보는 것은 오늘날의 철학적 사색을 위해 더 높은 이론적 출발점을 제공해 줄 수 있다.

지혜의 탐색은 형이상적 영역에 관한 것이기도 하지만, 역사 영역에 관한 것이기도 하다. 역사적 과정에 대한 반성은 일찍부터 중국 전통철학의 중요한 측면을 이루었는데, 송명 이래의 도기道器 논쟁 역시 이러한 역사관의 문제를 내포하고 있었다. '기器가 없으면 도道가 없다'는 왕부지의 말에서도 역사 과정과 역사의 규칙을 통일하고자 하는 문제의식이 잘 드러난다. 중세기를 벗어나려는 역사적 추세, 갈수록 심각해지는 민족의 위기, 중국의 방향성을 고민해야 한다는 시대 문제 앞에서 중국 근대의 철학자들은 역사 영역에 더 많은 관심을 기울였다. 강유위는 '공양삼세公羊三世'설과 『예운』의 '대동', '소강' 관념을 서로 연결하면서 진화론을 바탕으로 역사의 과정을 해석하고자 하였는데, 상당한 기간 동안 진화론은 역사관의 이론적 전제가 되었다. 5·4시기 이후, 유물사관이 중국에 유입되면서 사회와 역사 과정에 대한 고찰은 비교적 과학적 기초 위에 세워지기 시작했다. 이러한 역사철학적 진보 역시 한 측면에서 중국철학의 근대화를 보여 주고 있다.

넓은 의미의 근대화 과정에서 보면, 근대로의 진전은 새로운 발전 방향을 보여 주는 것이면서 동시에 부정적 의의를 동반하기도 하였다. 근대화 과정에 내재한 역설은 그에 대한 근대 중국 지식인들의 서로 다른 태도를 불러일으켰다. 문화 보수주의 경향을 지닌 철학자들과 철학학파는 근대화 과정에 대해 비판적인 입장과 회의적 태도를 취했다. 반면 과학주의 경향을 지닌 철학자들은 근대성을 변호하려는 태도를 더 많이 드러냈다. '근대성'이 그 자체로 하나의 철학 범주는 아니지만, 근대성이라는 문제는 분명 철학의 각도에서 논의될 수 있다. 근대로 나아가는 과정에서 서로 다른 입장에 선 사상가들은 각자의 시각에서 근대성 문제를 논의하였다. 우리는 이 논쟁 속에서 약동하는 시대의 맥박을 느낄 수 있을 뿐만 아니라, 더욱 진실한 측면에서 철학의 진전과 역사 발전의 관계를 파악할 수 있다.

분석철학과 중국철학[1]

　분석철학과 중국철학은 흔히 확연히 다른 철학적 흐름이라 여겨지기 마련이다. 그러나 중국철학의 연구 측면에서 보면, 분석철학은 절대 이질적 존재 혹은 서로 용납될 수 없는 사상 형태가 아니다. 중국철학사를 회고하거나 혹은 현대 중국철학의 구조에 착안해 볼 때, 분석철학과 중국철학의 관계를 구체적으로 파악하는 것은 간과할 수 없는 의의를 지닌다.

1.

　분석철학과 넓은 의미에서의 철학 분석은 서로 구분되면서도 확연히 분리되지는 않는다. 철학적 분석은 서양철학에서 유구한 전통을 지니고 있는데, 광범위하게 말하자면, 서양철학의 이러한 분석 전통은 고대 그리스로 거슬러 올라갈 수 있다. 소크라테스, 플라톤의 대화 및 아리스토텔레스의 철학 논변 모두 각기 다른 정도로 철학적 분석을 다루고 있다. 특히 아리스토텔레스는 「범주편」, 「전분석편」과 「후분석편」 등의 저작이 있는데, 이들 모두 직접적으로 논리 분석 문제를 다루었다. 더 넓게 보면 형이상학, 윤리학 등의 논의에도 철학적 분석이 스며들어 있다. 후대의 흄, 라이프니츠, 스피노자에서 칸트에 이르기까지 분석적인 사고와 논변은 끊임없이 이어져 유구한 전통을 형성하였다. 그러나 '분석철학과 중국철학의 관계'에서 말하는 분석철학은 주로 20세기 초 서양에서 형성된 철학 사조 혹은 철학유파를 지칭하며 이는 프레게, 러셀, 무어, 비트겐슈타인 등을 대표로 한다. 후대의 발전에까

---

1) 『中國哲學史』 2009년 제4기에 수록.

지 확장하면 분석철학은 빈학파 그리고 라일, 오스틴 등을 대표로 하는 옥스퍼드 일상언어철학 내지는 콰인과 데이비슨 등의 철학 계통까지도 포함한다. 더 넓은 의미에서는 롤즈의 작업 역시 분석철학의 한 유파로 볼 수 있을 것이다.

특정한 철학 유파로서 분석철학은 몇 가지 중요한 측면을 포함한다. 우선 탐구 대상으로 말하자면, 분석철학은 이른바 '언어학적 전환'에 발맞추어 우리가 세계와 인간 존재를 논하고 사고할 때 사용하는 언어를 주로 다룬다. 한편에서 보면, 분석철학은 존재의 문제를 완전히 벗어난 것이 아니었다. 분석철학은 여전히 언어 분석이라는 방식을 통해 존재를 파악하고자 한다. 이런 의미에서 분석철학은 철학의 논의 영역을 벗어나지 않았다고 할 수 있다. 그러나 이전의 철학과는 달리, 분석철학이 파악하고자 한 존재는 주로 '언어 속의 존재'였다. 언어를 대상으로 삼는다는 점에서 분석철학의 이러한 추세는 (콰인의 말을 빌리면) '의미론적 상승'(semantic ascent)이라고 요약할 수 있다. '의미론적 상승'이란 대상에 대한 고찰에서 대상의 언어 표현에 대한 고찰로의 전환을 가리키며, 이는 철학의 대상이 주로 언어 측면에 집중된다는 것을 의미한다. 철학적 논의는 어떻게 보편적이고 확정적인 관념에 도달할 수 있는가의 측면에서 보면, 언어를 대상으로 하는 분석철학의 논의 방식은 분명 유의미한 지점이 있다. 직접적으로 물리 대상을 지향하는 방식과 달리, 분석철학의 이러한 사고방식은 언어와 언어 외의 대상을 서로 구분하는 것에 중점을 둔다. 일반적으로 말해, 단순히 직접적으로 물리 대상을 고찰의 목표로 삼고 나면 자연히 다음의 두 가지 경향으로 나아가게 된다. 하나는 물리 대상을 실체화하려는 경향으로 이러한 실체화의 배경에는 보통 초험적이고 사변적인 경향이 내재해 있다. 전통철학에서 보면, 이러한 경향은 각양각색의 자연철학 혹은 각종 형태의 사변적 형이상학에서 잘 나타난다. 또 다른 하나의 경향은 철학 연구와 경험과학이 하나로 수렴되는 것이다. 역사적으로 볼 때, 철학의 초기 형태는 삼라만상을 망라하고 있었다. 당시의 철학은 이른바 '과학의 어머니'로서 모든 학문 분과를 포함하고 있었다. 철학이 과학의 방식으로 물리 현상을 바라보게 되면 논리적으로 철학의 과학화로 이어질 가능성이 있다. 초기의 실증론에서도 어느 정도 이러한 추세가 나타난다. 이와 동시에, 분석철학은 언어와 심리의 구분에도 초점을 맞춘다. 논리적으로 심리 과정을 고찰의 대상으로 삼을 경우, 개별화되고 특수화된 체험으로 나아가기 쉽다. 그런데 이러한 단계에만 머무르게 되면 경험의 영역을 초월하여 보편적이고 확정적인 의미에 도달하기 어렵게 된다. 요약해 보면, 언어를 고찰의 대상으로 삼는다는 것은 우선 간접적 측면에서 초험적이고 사변적인 방향성을 극복하고 철학을 경험과학과 동일시하는 것을 지양하며 철학 연구의 심리화 경향을 넘어서고자 한다는 의미를 지닌다. 한편 직접적 측면에서 보면, 언어를 연구 대상으로 삼는 것은 언어로의 환원을 통해 언어 차원에서 철학적 사고의 보편성과 확정성을 발견하고자 하는 의도를 나타낸다. 물리현상과 심리현상에 내재한 차이성 및 특수성과는 달리, 언어는 서로 유사한 방식을 사용하여 처리하고, 서로 동일한 잣대로 가늠할 수 있는 대상이다. 따라서 언어는 분석철학이 보편성과 확정성에 도달할 가능성을 제공해 줄 수 있다.

언어에 대한 지향은 특히 논리 분석과 밀접한 관련이 있다. 언어를 대상으로 삼는 것과 논리 분석을 방법론으로 사용하는 것은 분석철학에서 긴밀히 결합되어 서로 분리되지 않는다. 논리 분석은 주로 두 가지 측면을 포함하는데, 그중 하나는 바로 개념의 분석과 정의다. 분석철학 영역에서 어떤 한 개념을 제시하려면, 우선 이를 엄격하게 정의하여 그 함의를 명확하고 명료하게 밝혀야 한다. 다른 하나는 관점에 대한 논증이다. 어떤 논점을 제시할 때도 마찬가지로 엄밀한 논증을 거쳐야 하며 독단적으로 어떤 결론을 '공포'하는 것은 분석철학에서 용납되지 않는다. 중국철학의 표현을 빌리자면, 이러한 '논증'은 두 가지 측면으로 요약할 수 있다. 하나는 '언지성리言之成理' 즉 토론과 논증 과정이 규범과 논리에 부합해야 한다는 것이다. 다른 하나는 '지지유고指之有故' 즉 논점을 제시할 때는 근거가 있어야 한다는 것이다. 직접적인 측면에서 말하자면, 이러한 분석철학적 방향은 개념의 명료화 및 사고 논증 과정의 엄밀화라는 측면에 대해 분명 간과할 수 없는 의의를 지닌다. 간접적인 측면에서 말하자면, 이러한 연구 방식은 독단론적 경향을 타파하는 데 도움을 주며 철학적 사고가 한 개인의 감상이나 느낌으로 흘러가는 것을 면하게 해 준다. 철학의 사고는 본질적으로 우연적이고 임의적인 감상과는 달라야 하며, 반드시 논증을 필요로 한다. 논증을 거치지 않은 감상은 개인화되고 사적인 의식으로 나타날 뿐이다. 개체의 감상 혹은 사적인 관념에 머무르는 철학은 신비화된 체험(즉 철학사에서 신비주의적 성격을 지닌 관념은 철학사고를 사적 체험에 융화시키는 경우가 많으므로 관점을 전개하는 데 있어 엄밀한 논리와 논증을 결합시킬 수 없다.)으로 흘러가기 쉽다. 다른 한편으로 철학적 사고는 상식과도 동일시될 가능성이 있다. 상식은 늘 자명한 것으로 논증을 필요로 하지 않는다. 상식은 '어떻게 해서 그러한가'에 대해 사고할 필요가 없으며 '근거가 무엇인가'를 따져 물을 필요가 없다. 물론 철학이 상식과 완전히 동떨어진 것은 아니지만, 철학은 이론적 탐구와 논증을 반드시 거쳐야 하므로 상식을 지양해야 한다.

이러한 측면에서 논리 분석은 '이치를 따지는' 혹은 '이치를 논하는' 과정으로 전개된다. 사실 '이치를 따지는 것'이야 말로 논리 분석의 실질적 의미다. 분석철학이 논리 분석을 통해 언어를 다루는 것은 '이치를 따진다'는 의식 혹은 관념을 철학에 적용한 것이라고 볼 수 있다. 개념 분석이나 논점의 논증 모두 결국 '이치를 따지는' 과정에 속한다. 앞에서 언급한 '언지성리言之成理'와 '지지유고指之有故' 역시 '이치를 따진다'는 함의를 지닌다. 앞서 서술했듯, 철학적 관념은 우연적인 사적 체험이나 상식적인 감상, 독단적 도그마와 달리, 논증을 요하는 작업이다. 이러한 논증의 과정은 바로 '이치를 따지는' 과정이기도 하다. 이와 동시에 철학적 관념은 타인 혹은 학술 공동체를 향해 있다. 즉 철학적 관념은 공공 영역으로 나아가 공동체의 구성원들이 그에 대해 비판, 토론, 반박을 가할 수 있어야 한다는 것이다. 제시한 논점이 타인에게 받아들여지려면 반드시 그에 대한 타당한 이유를 들어야 한다. 이유를 드는 것이 바로 '이치를 따지는 것'이다. 이런 의미에서 논리 분석은 사실 철학적 사고와 토론을 '이치를 따지는' 과정으로 만드는 것을 의미하기도 한다.

이러한 두 가지 측면과 관련하여, 분석철학은 의미에 대한 탐구와 추궁을 내포하게 된다. 개념의 분석과 논리적 논증의 과정은 곧 의미의 분석, 의미의 추궁 과정이기도 하다. 분석철학에서 말하는 '의미'란 좁은 뜻에서 주로 언어와 관련되며, 각 철학자와 학파는 언어의 의미에 관해 각기 다른 견해를 지니고 있다. 예를 들어, '지칭론', '사용론' 등이 그것이다. 광의의 '의미'에 대한 관심은 철학 문제와 개념에 대한 분석철학의 분석과 이해 속에 폭넓게 스며들어 있다. 의미란 매우 복잡한 문제이며 그 자체로 하나의 논의의 대상이 된다. 1920년대 오그던(C. K. Ogden)과 리처드(I. A. Richards)가 저술한 『의미의 의미』(*meaning of meaning*)는 전문적으로 이 문제에 관해 논의하였다. 일반적으로 말해, 의미는 두 가지 측면으로 구분할 수 있다. 이해와 인지의 차원에서 의미는 형식과도 관계되고 실질과도 관계된다. 우선 형식의 측면에서 의미는 반드시 논리에 부합해야 한다. 김악림이 지적했듯, 동일률은 "의미가 가능하기 위한 가장 기본적인 조건"이다. 동일률에 따르면 개념은 확정적 함의를 지녀야 한다. 일정한 논의 영역 속에서 하나의 개념은 어떤 하나의 함의를 나타내며, 이러한 함의는 임의로 바뀔 수 없다. 넓은 의미에서 말하자면, 모순율, 배중률 모두 의미가 가능해지기 위한 형식적 조건이다. 한편 실질의 측면에서 보면, 이러한 논의 영역 속의 의미는 주로 사실의 인지와 관련되어 있다. 이해를 추구한다는 점에서 의미는 항상 인지의 내용을 포함하며, 이러한 뜻의 '의미'는 구체적으로 '이해 가능함'으로 나타난다. 즉 우리가 '어떤 관념이 의미를 지닌다'고 말할 때, 이는 그러한 관념이 '이해 가능함'을 나타내는 것이기도 하다. 반대로 이해할 수 없는 것은 의미를 지니지 않는다. 예를 들어, '대낮은 물보다 무겁다'라는 말은 의미가 없다. 왜냐하면 이 말은 이해할 수 없기 때문이다. 형식의 측면에서 보면, 이러한 진술이 이해될 수 없고 의미가 없는 까닭은 바로 논리에 맞지 않기 때문이다. '종류가 다르면 서로 비교할 수 없다'는 묵가의 원칙에 따르면, 시간을 나타내는 '대낮'과 물질을 지칭하는 '물'은 서로 다른 종류의 대상이므로 이들을 함께 비교하는 것은 불가능하다. 실질의 측면에서 보면, 이와 같은 진술이 의미를 지니지 못하는 것은 그 어떤 인지 가능한 사실적 내용도 제공해 주지 못하기 때문으로 해석된다.

'이해 – 인지'라는 차원 외에도 의미는 인간의 목적과도 관련되며, 가치로서의 함의를 지닐 수 있다. 이러한 뜻에서 '유의미하다'는 것은 하나의 목적을 실현하는 과정에서 어떤 인간, 사물 혹은 관념이 적극적인 작용을 한다는 것을 가리킨다. 목적을 실현하는 과정에서 그 어떤 가치도 지니지 못한다면, 이들은 의미를 지니지 못한다고 할 수 있다. 예를 들어, '사마귀가 수레를 막는 것'은 '무의미'한 행동이다. 이 속담은 흔히 인간이 주제를 모르고 역사적 변화의 흐름을 막으려는 것을 비웃기 위해 사용된다. 그렇다면 '사마귀가 수레를 막는 것'은 왜 의미가 없는가? '수레를 막는다'는 이 목적에 대해 보잘것없는 사마귀의 힘은 아무런 도움을 주지 못하기 때문이다. 이러한 맥락 속의 '의미'는 가치의 측면에서 말한 것이다. 여기에서 '유의미'하다는 것은 가치가 있음을 나타내며, '무의미'하다는 것은 가치가 없음을 나타낸다. 넓게 말하자면, '공허하다'라는 말 역시 가치적으로 무의미함을 지칭하는 것이다. 여기에서 '의미'는 인간의 존재와 관련이 있는데, '공허하다'라는 말은 인생에 어떤 적극적 가치를 지닌 목적이나 목표가 없어 인생이 무의미하다는 것을 나타낸다.

상술한 두 가지 차원의 '의미' 가운데 분석철학은 주로 전자(이해-인지 측면)에 치중하며, 목적-가치 측면의 '의미'에는 그리 큰 관심을 두지 않는다. 물론 분석철학 역시 가치 문제를 다루기도 하지만, 그 논의의 주된 내용은 현실의 가치와는 관계가 없다. 예컨대, 넓은 의미의 '좋음'(good)을 예로 들면, 분석철학이 관심을 갖는 것은 '좋음'이라는 단어 혹은 개념이 어떤 의미를 나타내는가 하는 것이지, 현실의 삶 속에서 '좋은 것'이란 무엇인지에는 관심을 두지 않는다. 마찬가지로 '선'(morally good)에 관해서도 이들은 '선'이라는 개념 자체가 어떤 의미를 지니고 있는지에만 관심이 있다. 바꾸어 말하자면, 우리가 '선'으로 어떤 행위를 지칭한다고 할 때, 그중에서 '선'이 어떤 함의를 표현하는지에 대해서는 관심이 있지만, '무엇이 선의 현실적 형태인지', '어떻게 선을 행할지'와 같은 문제에 대해 분석철학은 관심을 두지 않는다. 분석철학의 이러한 경향은 '의미'의 탐색의 단방향성을 내포하고 있다.

요약하면, 하나의 사조로서 분석철학은 언어를 탐구의 대상으로 하고 논리 분석을 주된 방식으로 하며 이해-인지 측면의 '의미'를 주된 관심으로 삼는 삼중의 차원을 보여 주었다. 이와 같은 세 측면은 분석철학의 본질적 규정을 이룬다. 이와 관련하여 분석철학은 구체적으로 다음과 같은 특징을 지닌다.

우선 분석철학은 '경계 짓기'를 중시한다. 이는 앞에서 언급한 개념의 분석, 개념의 명료화 및 논증의 엄밀성에 대한 중시라는 경향과 일치하는 것이다. 명료화라는 것은 곧 개념과 개념 간의 경계를 분명히 하는 것을 의미하며, 함의는 모호하거나 얽힌 채로 존재해서는 안 된다. 하나의 사유 방식으로서 '경계 짓기'의 연원은 분석철학의 이론적 발원지 가운데 하나인 칸트철학으로 거슬러 올라갈 수 있다. '경계 짓기'는 칸트철학의 중요한 특징 가운데 하나이기도 했다. '현상'과 '물자체', '감성' 및 '지성'과 '이성', '순수이성'과 '실천이성' 등, 이들 개념 간의 경계는 매우 명확했다. 이러한 경향은 분석철학에도 영향을 미쳤던 것으로 보인다. 분석철학에서 '경계 짓기'는 개념 간의 함의 구분으로도 나타나지만, 언어와 언어 외적 세계 간의 구분이라는 측면에서도 나타난다. 후자의 경우, 칸트가 '현상'과 '물자체'를 구분한 것과도 유사하다고 볼 수 있다. 그런데 경계 짓기는 대상 혹은 세계에 대한 전체성을 파악하기 힘들게 만든다는 한계를 지니기도 한다. '경계'란 사물을 서로 다른 측면으로 분할하기 마련인데, 분할되기 이전의 대상은 본래 전체로서의 특성을 지니고 있다. 따라서 경계를 구분하는 관점으로는 전체로서의 세계에 도달하기가 힘들다. 물론 분석철학에서도 '전체론'(holism)이 존재하지만, 이러한 '전체론'은 전체 세계에 대해 관심을 가지거나, 전체로서의 현실 존재를 파악하는 문제를 다루는 것이 아니다. 전체론의 주된 관심사는 언어와 논변의 영역에서 어떻게 언어를 이해하고 파악할 것인가를 향해 있다. 예를 들어, 단어 하나의 의미를 고립적으로 이해하는 것이 아니라, 하나의 단어를 어떻게 하면 전후의 맥락 속에서 놓아둘 것인가를 고민한다는 것이다. 일정한 맥락 혹은 구절과의 관련 속에서 단어의 의미를 이해해야 한다는 관점이 바로 '언어의 전체론'으로 불린다. 주된 내용 상, '전체론'은 언어라는 논의 영역을 벗어나지 않는다.

이러한 경계 짓기는 '이상화'라는 경향과도 연관된다. 분석철학은 일반적으로 이상화의 방식으로 철학의 문제를 다룬다. 이러한 방식은 분석철학자들이 즐겨 사용하는 '사고 실험' 속에서 구체적으로 나타난다. 분석철학은 각종 사고 실험을 즐겨 사용하였다. 이러한 방식은 항상 여러 가지 상황을 '설정'(suppose)하는데, 이러한 설정은 이상적인 상황이나 연상되는 조건을 상정하는 것을 말한다. 대표적인 사고 실험으로는 잘 알려진 퍼트넘(Hilary Putnam)의 '통 속의 뇌'라는 것이 있다. 이는 뇌가 인간의 몸에서 분리되어 통 속에서 담긴 채 존재한다고 가정하는 것이다. 가정에 따르면, 뇌는 통 속에서 이전과 같이 갖가지 정보를 획득하게 되는데 이때 뇌는 스스로 두개골 속에 존재하는지 통 속에 존재하는지를 인식하지 못하며 따라서 허구와 진실을 판단할 수 없다. 윤리학이나 정치철학 논의에서도 이와 비슷한 '사고 실험'의 방식 혹은 '이상화'의 처리 방식을 발견할 수 있다. 한 유명한 예로 롤즈의 『정의론』에서 제시한 '무지의 베일'을 들 수 있다. '무지의 베일'은 정의 문제를 논의하기 전에, 논의에 참여하는 모든 사람이 자신의 미래사회 속의 각종 가능한 상황, 예를 들면 나이, 성별, 사회 지위, 빈부 등에 대해 전혀 알지 못한다고 가정하는 것이다. 롤즈는 이러한 가정의 상황 속에서 논의자들이 정의 문제에 대해 어떤 공통된 인식에 도달할 수 있을까를 사고하고자 하였다. 이러한 설정은 아주 분명한 '사고 실험'의 특징을 지닌다. 이런 점에서 롤즈의 논의와 분석철학이 실시한 언어 분석은 실질적으로 차이가 없다. 이상화 혹은 '사고 실험'이라는 방식이 지닌 중요한 특징은 상황을 현실적 환경 속에서 추출한다는 것이다. 예를 들면, '통 속의 뇌'는 인간의 뇌를 현실의 신체로부터 추출하고, '무지의 베일'이 인간을 구체적이고 현실적인 사회관계 속에서 분리해 낸다. 이러한 지점에서 논의와 고찰을 시작하는 것은 아주 분명한 추상화적 특징을 나타낸다. 철학 연구에 추상이 필요한 것은 맞지만, 오직 추상에만 그친다면 참되고 구체적인 존재에 도달할 수 없다.

한편, 경계 짓기와 이상화 방식을 결합하면 논리적으로 형식화라는 방식으로 이어지게 되는데, 이는 분석철학의 세 번째 특징을 이룬다. '형식화'는 언어와 실제세계(존재)를 분리하는 것을 의미하는데, 이는 실제세계를 걸러 낸 뒤 오직 언어 측면에서만 존재를 논하거나, 언어라는 사상의 표현형식만을 분석하는 것으로 나타난다. 사실 후기 분석철학에서도 여러 가지 형태의 본체론이나 형이상학적 관념이 제기되는 등, 존재의 문제에 대한 논의는 적지 않았다. 하지만 분석철학이 존재를 논하고 형이상학적 관념을 세운 것은 존재 자체가 아니라, 존재를 논하고 표현할 때 사용한 언어 및 그 언어에 담긴 함의에 관심이 있었기 때문이다. 스트로슨의 저서 *Individuals* 중에서도 이러한 특징이 분명하게 드러난다. 스트로슨은 이 책에서 '수정적 형이상학'과 '기술적 형이상학'을 구분했다. 그가 볼 때, 형이상학을 기술하는 문제에 대한 연구야말로 진정으로 합리적인 것이다. 이른바 '기술적 형이상학'이란 문자 그대로, 존재 자체를 연구하는 것이 아닌, 우리가 존재를 연구할 때 사용하는 개념의 의미를 논하는 것이다. 이러한 분석 활동은 형식화라는 추세를 잘 드러낸다. 콰인이 말한 '존재론적 개입'(ontological commitment) 속에서 존재는 기본적으로 언어의 의미 측면에서 논의되며, 분석철학 입장은 물리 혹은 현실 측면에 놓인 '존재란 무엇인가', '어떻게 사물이 존재하는가' 등의 문제를 논하지 않는다.

다른 의미에서 보자면, '형식화'는 언어와 심리 과정의 분리를 의미한다. 앞에서 언급했듯, 분석철학은 철학 논의의 대상을 언어의 측면으로 한정한다. 이는 언어와 심리 과정을 구분한다는 의미를 포함하는 것이기도 하다. 분석철학은 이러한 구분을 매우 중시하는데, 많은 분석철학자는 심리 활동 과정에 관한 연구와 파악을 회피하고자 하였다. 물론 분석철학에도 '심리철학'(philosophy of mind)이라는 분야가 있지만, 그 논의의 초점은 심리 혹은 의식 현상과 관계된 언어에 대한 논리적 분석을 넘어서지 않는다. 분석철학자의 관점에서 실제의 심리 혹은 의식 과정은 명료한 형식과 확정적 내용이 결핍되어 있어 논리적 방식으로 파악이 불가능하다. 따라서 이들은 심리 문제에 대한 논의를 제거하고자 하였다. 더밋은 단도직입적으로 '심리에서 사상을 축출'할 것을 주장하였는데, 이는 심리와 사상을 분리하려는 것이었다. 앞서 서술했듯, 철학 연구는 개인의 체험으로만 머물러서는 안 된다. 하지만 철학적 고찰(언어적 분석을 포함)과 실제의 심리 혹은 의식 과정을 완전히 분리하려는 것은 또 다른 극단으로 치우치는 격이다. 요약하면, 분석철학은 두 가지 측면에서 분리를 추구하였다. 하나는 언어와 실제세계 간의 분리이다. 초기 비트겐슈타인의 말을 빌리자면, "내 언어의 한계는 내 세계의 한계이다." 또 다른 하나는 바로 언어의 분석 과정과 인간의 실제 심리 과정의 구분이다. 이러한 이중적 구분은 각기 다른 측면에서 '형식화'에 대한 추구를 나타내는데, 이는 다시 형식 측면에서의 탐구와 실제의 세계(존재)에 대한 파악이 서로 분리되는 결과를 낳게 되었다.

이상의 몇 가지 측면과 함께 동반되는 것이 바로 기술화 및 지식화 경향이다. 앞서 서술했듯, 분석철학은 논리 분석을 주된 방법으로 사용하였는데, 이러한 방법은 시간이 지나며 부단히 정교화되고 체계화되어 어떤 기술적 특성을 형성하기에 이르렀다. 초창기에 이러한 기술성은 인공언어 혹은 현대 수리논리의 방식을 빌려 철학 문제를 논의하는 것으로 나타냈다. 수리논리는 하나의 매우 전문적인 영역으로서 다소 다른 체계를 지니고 있었지만, 고도로 기술화되었다는 점에서 결국 통하는 지점이 있었다. 여기에 관심이 집중되었을 때, 철학 자체에도 기술적인 특징이 나타나기 시작했다. 분석철학의 중점은 후에 일상언어 분석으로 전환되었는데, 비록 수리논리를 수단으로 사용하지는 않았으나, 기술화의 특징만은 명확히 확인할 수 있었다. 일상언어 분석에 능한 일부 철학자들은 대개 훌륭한 언어학적 훈련을 바탕으로 하고 있었는데, 이러한 훈련은 단지 언어과학만 포함한 것이 아니라, 인문지식을 축적하는 것도 포함하고 있었다. 일상언어학파의 주요 인물 중 하나인 오스틴이 언어와 고전학에 대해 매우 뛰어난 소양을 지니고 있었던 것이 좋은 예다. 그가 언어분석 측면에서 원활하게 정교한 작업을 진행할 수 있었던 것도 이러한 지식 배경과 무관하지 않다. 인공언어와 일상언어의 분석 측면에서 철학자들은 각기 나름의 기술화 경향을 나타내고 있었다.

한편 기술화의 배후에는 대개 지식화의 경향이 자리한다. '기술화'와 '지식화'는 서로 분리되기 어렵다. 철학 연구가 점차 기술화를 향해 가자 철학적 관심의 중심 역시 점차 '지식의 형태'로 옮겨 가게 되었다. 마찬가지로 철학 자체도 계속해서 지식화되는 모습을 보였다. 철학의 지식화는 지혜의 추구라는 철학의 본래 형태와는 상당한 거리를 보여 준다. 지식화 경향의 발전에 따라 철학은 지혜의 사고라는 본연의 형태와 쉽게 유리되고 말았다.

2.

분석철학과는 대조적으로 중국철학은 자신만의 독특한 특징을 지니고 있다. 형식적 측면에서 보면, 중국철학은 우선 '기성성'과 '생성성'의 통일을 보여 준다. 중국철학은 역사의 발전 과정에서 이미 완성된 형태를 취득하였다. 우리가 현재 연구하는 중국철학(선진에서 현대까지)은 이미 확정적인 내용을 이룬 대상이다. 이러한 의미에서 중국철학은 이미 완성된 특징을 지니며 기성적 역사 형태를 보여 준다. 하지만 다른 한편으로 역사 속의 대상이 되기 이전, 중국철학은 특정 시대의 철학자가 자신이 처한 시대의 철학 문제에 대한 사고로 전개되며 나타난다. 이는 본질적으로 철학의 이론과 관계된다. 이러한 이론적 사고는 역사 속에서 부단히 이루어져 나가는 하나의 과정으로 나타나는데, 역사적 형태를 획득한 철학사적 대상은 바로 이러한 과정에서 점진적으로 형성된 것이다. 이런 의미에서 중국철학은 '생성성'이라는 특징을 나타낸다. 철학 사고가 시대를 건너 이어지면서 철학의 이론 역시 부단히 생성되었다. 각 시대의 철학자들은 기존의 철학 사고의 결론을 출발점으로 삼는 한편, 후대의 철학 사고에 새로운 출발점을 제시해 주었다. 이러한 철학적 사고는 일정한 시대 속에서 형성된 하나의 철학 이론이면서, 다른 한편으로는 후대 철학자의 연구 대상이 되어 기성의 형태로 자리매김하였다. 역사의 변화 속에서 철학자들은 새로운 출발점을 토대로 삼아 그들이 맞닥뜨린 철학 문제에 대해 새로운 이론적 사고를 진행하였는데, 이를 통해 중국철학은 새로운 역사 단계 속에서 항상 새롭게 지속될 수 있었다. 이러한 과정과 맞물려 중국철학은 전체적으로 기성성과 생성성이 융합되는 과정으로 전개되었다. 기성성과 생성성이 융합된 배후에는 역사와 이론 간의 통일이 전제되어 있다. 이러한 측면에서 중국철학은 철학사로 나타나기도 하며, 철학 이론으로 전개되기도 한다.

넓게 보면, 지혜에 대한 사색으로서 중국철학은 주로 '성性과 천도天道'에 대한 끝없는 물음 속에서 전개되었다. 이론 측면에서 이러한 물음과 사색은 구체적으로 형이상적 지혜를 추구하는 것으로 나타났으며, 여기에는 의미에 대한 모색도 포함되어 있다. 그중에서도 중국철학은 가치 차원의 '의미'에 대해 더욱 주목하였다. 물론 중국철학이 인지—이해 측면의 '의미' 개념에 대해 완전히 소홀히 했던 것은 아니다. 다만 상대적으로 관심의 초점은 보다 전자에 기울어져 있었던 것이 사실이다.

중국철학이 내포하고 있는 이러한 이중적 성격(기성성과 생성성의 통일, 철학의 역사와 철학의 이론 간의 통일)은 중국철학과 분석철학 간의 관계를 고찰하는 데 전제가 된다. 중국철학의 이와 같은 특징에 따라 중국철학과 분석철학 간의 관계 역시 구체적으로 두 가지 차원으로 전개되었다. 바로 역사적 차원과 이론적 차원이 그것이다. 전자는 분석철학과 역사적(기성적) 형태로서의 중국철학 간의 관계를 다루고, 후자는 분석철학과 (생성성을 지닌) 철학 이론으로서의 중국철학과의 관계를 다룬다.

역사적 형태로 보면, 중국철학은 대체로 실질 체계에 주목하고 형식 체계에 대해서는 서양철학만큼의 관심을 보이지 않았다. 물론 중국철학에 체계가 없었다는 의미는 아니지만, 분명 중국철학은 상대적으로 실질적 체계를 더욱 중시하였다. 기성 형태로서의 중국철학은 개념과 범주의 엄밀한 규정이나 분석에는 큰 관심을 두지 않았다. 물론 중국철학의 개념과 범주가 확정적 함의를 지니지 않는다는 의미는 아니다. 다만 중국철학자들은 개념과 범주를 사용하면서 형식적 측면에서 개념을 정의하고 분석하는 것에는 큰 관심을 두지 않았다. 이와 동시에, 중국철학은 논증을 전개하는 과정에서 대개 실질적 계통성에 주목했다. 당연히 창조성을 드러냈던 중국철학자들은 자신만의 근본적이고 핵심적인 관념을 지니고 있었으며, 그들의 전체적 철학체계는 모두 이러한 핵심개념을 바탕으로 전개되었다. 하지만 이러한 체계를 전개할 때 그들은 형식적 측면에서 추론이나 연역을 하는 데에는 중점을 두지 않았다. 물론 중국철학에서도 분석을 중시하는 경향이 있었다. 순자가 제시했던 '변합辨合', '부험符驗' 등의 관념이 대표적이다. '변辨'에는 변별, 분석의 의미가 있다. 주희가 제시한 '수분호석銖分毫析' 역시 문제에 대해 엄밀한 분석을 진행해야 한다는 의미를 지닌다. 이런 의미에서 보면, 중국철학에 분석적 차원이 존재하지 않았다고 할 수는 없을 것이다. 하지만 전체적으로는 개념의 규정과 분석, 이론체계 형식의 건립은 주된 관심사가 되지 못했다.

이러한 특징으로 인해 우리가 중국철학사를 돌이켜 고찰할 때는, 분석철학의 연구 방식을 차용하는 것 또한 하나의 좋은 방법이 된다. 구체적으로 말하면, 우리는 다음과 같은 몇 가지 측면에 관심을 가질 필요가 있다. 첫 번째는 중국철학사 속 서로 다른 개념에 대한 분석이다. 앞서 서술했듯, 중국철학 속의 개념에는 확정적 함의가 없는 것이 아니다. 다만 이들 개념이 지닌 풍부한 함의는 형식적 측면에서 정리되고 분석되지 못했다. 오늘날의 중국철학 연구에서 기존 중국철학 개념이 내포하는 함의에 대해 세밀한 분류와 규정을 진행하는 문제는 결코 피해 갈 수 없는 작업이다. 이러한 측면에서 분석철학이 초점을 맞추는 논리 분석의 방향은 분명 우리가 중시할 필요가 있다. 만약 연구자들이 적절히 분석철학의 훈련을 받는다면, 중국철학을 이해하는 데 분명 많은 도움이 될 것이다. 연구의 과정에서도 적절한 논리 분석 방법의 도입은 중국철학에 대한 고찰을 심화시켜 줄 수 있다.

개념분석과 관련하여 이론적 함의를 밝히는 것도 중요하다. 실질 체계를 중시하는 이론체계로서 중국철학은 풍부한 이론적 함의를 포함하고 있다. 모든 주요 철학자들의 관념 속에는 각기 자신만의 독특한 사상과 이론적 통찰이 내포되어 있다. 전통철학 속에 있는 깊은 함의를 드러내 보이는 문제는 철학사 연구에서 진지하게 고민되어야 하는 문제이다. 이 측면에서도 우리는 엄밀한 논리 분석에 주목할 필요가 있다. 예컨대, 선진유학에서는 인仁, 예禮 등의 개념을 제시하였다. 이러한 개념은 서로 다른 각도와 측면에서 고찰해 볼 수 있을 것이다. 우선 윤리학적 각도에서 이는 실질과 형식 간의 관계 문제를 다루고 있다. 인仁은 주로 실질 측면의 의미를 담고 있으며, 구체적으로 인간 존재의 가치에 대한 긍정, 즉 인간을 인간이게 하는 내적 가치에 대한 긍정을 나타낸다. 반면, 예禮는 형식화의 측면(어떻게 행동하고, 어떻게 평가할 것인가 등을 포함)과 더욱 관계가 있으며, 일상생활 속에서 어떻게 행동할 것인가, 도덕실천 과정은 어떻게 전개되는가 등의 규범적 요구를 나타낸다. 인仁과 비교했을 때, 예禮는 분명 형식 측면의 의미를 더 많이 포함하고 있다. 이 두 가지 가운데 하나는 형식 측면의 규범과 요구에 치중하고, 다른 하나는 실질 측면의 내적 가치에 치중하는데, 둘은 유가철학 내에서 서로 융합을 이루게 된다. 윤리학에서 인仁과 예禮의 통일이 지니는 의미 가운데 하나는 바로 형식 측면의 예禮와 실질 측면의 인仁을 서로 결합했다는 점에 있었다. 하지만 이러한 사상은 유가체계 속에서 대개 함축적인 방식으로만 존재하였고, 구체적인 내용이 명확하고 직접적으로 표현되지는 않았다. 따라서 오늘날 유가의 사상을 연구할 때는 논리 분석의 방법을 사용하는 것이 필요하다. 즉, 인仁과 예禮의 관계 속에 숨겨진 함의를 드러내고 밝힐 필요가 있다는 것이다. 이를 드러내고 밝히는 과정은 전통철학이 담고 있는 보편적이고 항구한 의미를 열어젖히는 과정이기도 하다. 논리 분석은 언제나 이 과정과 함께한다.

철학사 연구에서 논리 분석은 논리적 재구성과도 관계된다. 앞서 상술했듯, 중국철학은 주로 실질적 체계로 표현된다. 이 체계는 형식적 연역의 방식으로 전개되지 않고 함축적 방식으로 나타났다. 그러나 오늘날 중국 전통철학 연구가 전통철학과 같은 형태에 머물러서는 안 될 것이다. 『논어』는 형식적으로 서로 관계없어 보이는 대화들로 구성되어 있는데, 사실 그 속에는 실질적 관계가 포함되어 있다. 우리가 공자의 사상을 연구할 때는 이러한 관련성을 발견하고 드러내고자 해야 한다. 핵심관념을 이루는 인의예지仁義禮智의 내적 관계를 고찰하는 것은 곧 논리의 재구성을 통해 그 속에 포함된 개념, 명제, 그리고 전후 논증 간의 관계를 드러내는 것을 의미한다. 사실 중국철학사 연구는 이러한 논리 재구성 작업을 소홀히 해서는 안 된다. 그렇지 않으면, 우리의 연구는 선인들의 관점을 반복하는 것 혹은 고대 중국어를 현대 중국어로 번역하는 것에 그치고 말 것이다. 논리의 재구성을 진행할 때, 분석철학이 중시하는 논증과 분석의 방식은 중요한 귀감이 될 수 있다.

요약하자면, 오늘날 중국 고전철학을 연구할 때는 분석철학의 방식을 사용할 필요가 있다. 구체적으로 개념을 분석하고 이론적 함의를 밝히며 논리 관계를 재구성함으로써 기존 철학의 이론체계와 함의를 자세히 파악해 나가야 한다. 이러한 방식으로 중국철학을 돌아보고 고찰하는 것은 중국철학에 근대적 형태를 부여하는 것이기도 하다. 이는 중국철학이 근대적 의미의 학술 연구 과정에 진입하도록 해 주는 동시에 중국철학이 세계철학의 논의 대상으로 나아가는 전제를 제공해 준다.

지금까지 주로 분석철학이 역사 형태(기성 형태)의 중국철학 연구에 지니는 의미에 대해 살펴보았다. 앞서 논했듯, 중국철학은 하나의 생성 과정으로 나타나면서 생성성을 지니기도 하였다. 생성이라는 각도에서 보면, 오늘날의 중국철학 연구는 기존 중국철학에서 완전히 벗어나는 것이 아니라, 기존 중국철학을 잇는 것이라고 볼 수 있다. 현대 속에서 중국철학을 이어 나간다는 것은 곧 중국철학의 현대적 재구성을 의미한다. 넓은 의미에서 중국철학 연구는 철학적 재구성을 중요한 주제로 삼는다. 현대 속에서 중국철학의 이어 나가는 일과 중국철학을 현대적으로 재구성하는 일은 사실 동일한 과정의 두 가지 측면을 나타낸 것이다.

이러한 측면에서 보면, 중국철학과 분석철학의 관계는 또 다른 차원을 드러낸다. 우선 논리 분석과 형이상적 지혜 간의 상호작용 측면을 들 수 있다. 앞서 언급했듯, 분석철학의 중요한 특징 가운데 하나는 논리 분석을 중시한다는 것이다. 그런데 철학은 필연적으로 지혜에 대한 추구에서 완전히 벗어날 수 없다. 지혜에 대한 사색은 '철학'의 본원적 차원에 놓여 있다. 오늘날 중국철학을 새롭게 재구성하는 문제 역시 이러한 경향을 벗어날 수 없다. 그렇다면 논리 분석과 형이상적 지혜를 어떻게 결합할 것인가? 이는 깊이 고찰해 보아야 하는 중요한 문제이다. 한편으로 지혜의 사색은 논리의 세례를 거쳐야 하며, 다른 한편으로 논리 분석은 단지 형식적 측면에 머무르는 것이 아니라 지혜라는 함의를 지녀야 한다. 간단히 말해, 우리는 논리 분석을 통해 지혜를 추구해야 하며, 지혜를 포함한 논리 분석을 받아들여야 한다. 표면적으로만 보면, 논리 분석과 지혜에 대한 사색은 서로 배척하는 관계에 있다. 분석은 '나눔'에 치중하여 경계를 구분하고자 하며, 국소적이고 분별적인 연구에 관심을 가진다. 반면 지혜는 '결합'을 요구하며 전체에 대한 파악을 중시한다. 오늘날 중국철학을 재구성하는 데 있어 이러한 대립은 반드시 해소되어야 한다. 지혜에 대한 사고가 논리적 분석을 거치도록 하는 한편, 논리 분석에 지혜라는 함의를 부여하는 것이 바로 이와 같은 대립을 지양한다는 길이다. 그 대표적인 성과 가운데 하나로서 풍계 선생의 '지혜설'은 논리 분석과 지혜의 사색 간의 통일을 잘 보여 준다. 풍계 선생은 '지혜'라는 논제하에 자신의 '광의의 인식론'을 펼쳤다. '광의의 인식론' 곳곳에는 논리적 분석이 포함되어 있었는데, 모든 개념은 엄밀한 정의와 규정을 거쳐 제시되었으며, 모든 논점은 논리적 논증을 통해 진행되었다. 하지만 결코 형식적인 논리 분석에만 머무르지 않고, 세계 인식과 자기 인식, 지식에서 지혜로의 도약 등을 지향점으로 삼기도 했다. 바꾸어 말하면, '광의의 인식론'은 '이치를 따지는' 방식으로 지혜에 대한 사색을 전개한 것이다.

분석철학과 중국철학의 관계의 배후에는 두 가지 서로 다른 철학 전통이 관계되어 있다. 앞서 서술했듯, 분석철학은 서양이 중시하는 분석적 철학전통과 서로 관계를 이루는데, 이러한 전통의 연원은 고대 그리스 시기까지 거슬러 올라간다. 반면 중국철학은 '성性과 천도天道'에 대한 탐구를 지향점으로 삼았으며, 이는 유구한 지혜의 전통으로 펼쳐졌다. 논리 분석 등의 방법론을 사용하여 기존 철학 전통 속의 개념을 정리하고, 오늘날 철학 연구에서도 필요하고 귀감으로 삼을 수 있는 내용을 드러내 보이는 것은 철학적 재구성이 지니는 중요한 측면이다.

결론적으로 말해, 중국철학의 현대적 재구성은 단일한 방향으로 국한되어서는 안 된다. 서로 다른 철학 전통에 관심을 가지면서 다양한 철학적 지혜를 사용하며 세계철학적 시각을 지녀야 한다. 분석철학은 한 가지 측면에서 서양철학의 전통을 나타내 주며 전통철학을 정리하고 파악하는 데 중요한 방법론을 제공해 준다.

나아가, 중국철학을 현대적으로 재구성하는 과정에서 우리는 언어의 한계를 넘어 존재 자체로 돌아가야 하며, 또한 분석적 방식을 도입하여 이 과정이 단순한 체험이나 깨달음 혹은 독단적 사변에 빠지는 것을 막아야 한다. 이러한 과정은 콰인이 말한 '의미론적 상승'과 관계될 뿐만 아니라, 역방향인 '의미론적 하강'과도 관계된다. '의미론적 상승'이란 대상에서 언어로, 존재 자체의 파악에서 존재에 관한 언어로 옮겨 가는 것을 의미하며, 언어 분석을 존재의 파악의 방법으로 삼는 것을 주된 특징으로 한다. 반면, '의미론적 하강'은 언어에서 대상으로의 회귀, 즉 다시 존재 자체로 돌아가는 것을 말한다. 앞서 서술했듯, 단방향성을 띠는 의미론적 상승은 기술화와 지식화의 경향으로 나타난다. 반대로, 존재 자체로 돌아오는 것은 지혜로 회귀하는 것이기도 하다. 이처럼 '의미론적 상승'과 '의미론적 하강' 간의 상호작용으로 분석철학과 중국철학의 관계를 이해해 보면, 이는 지식과 지혜 간의 융합을 의미한다고도 이해할 수 있다.

'의미론적 상승'과 '의미론적 하강' 간의 상호작용은 다른 측면에서 '의미'의 영역으로도 나아간다. 의미는 구체적으로 두 가지 방면으로 표현된다. 인지−이해 측면의 의미와 목적−가치 측면의 의미가 그것이다. 상대적으로 분석철학은 전자에 치중하고, 중국철학은 후자에 초점을 맞추는데, 중국철학의 현대적 재구성 과정에서는 이러한 단방향적 의미 추구는 지양되고 의미에 대한 두 가지 측면은 모두 충분히 중시되어야 한다. 구체적으로 두 가지 측면의 통일과 융합은 '무엇인가', '무엇을 의미하는가', '무엇이 되어야 하는가'라는 질문 가운데 드러난다. '무엇인가' 는 인지−이해 측면의 의미를 다루며, '무엇을 의미하는가'는 존재가 함축하는 가치의 의미에 초점을 맞추며, '무엇이 되어야 하는가'라는 질문은 우리의 관심이 '세계는 실제로 무엇인가'에서 '세계는 무엇이어야 하는가'로 옮겨 가도록 우리를 인도한다.

철학적 측면에서 보면, 우리는 세계의 실제가 어떠한지 뿐만 아니라, 세계는 어떠해야 하는가에 대해서도 사고해야 한다. 후자는 세계를 해석하는 것을 넘어 세계를 변혁하는 것으로 이어지게 된다. 중국철학적 관점에서 상술한 세 가지 질문은 구체적으로 '성기成己'와 '성물成物'이라는 과정으로 전개되었다. '성기'는 인간 존재에 대한 인식과 변화의 문제를 다루고 '성물'은 세계 인식과 세계 변혁을 다룬다. 이 둘은 넓은 의미에서 지행知行의 과정을 이루게 된다. 사실 하나의 철학 문제로서 '의미' 자체는 지행의 영역 속에서만 생겨날 수 있다. 지행의 영역 밖에서는 인지-이해 측면에서의 '의미'나 목적-가치 측면에서의 '의미' 모두 존재하지 않는다. '의미'란 인간에 의해 생겨나며, 인간의 지행 과정에서 발생되어 드러난다. 여기에서 말하는 지행知行은 중국철학의 각도에서 말하자면 '성기'와 '성물'의 통일에 해당한다. '의미'의 발생과 그에 대한 탐구는 결국 '성기'와 '성물'의 과정에서 이루어져야 하며, 중국철학의 현대적 재구성 작업 역시 '성기'와 '성물'의 문제를 포기해서는 안 된다. 분석철학과 중국철학의 관계로 말하자면, '성기'와 '성물'의 과정에서 '의미'를 이해하는 것은 더 넓은 시각에서 보면, 존재로 회귀하는 것이자 지혜를 추구하는 것이라고 할 수 있다.

후기

이 책은 원래 대만 오남도서공사에서 1995년에 출판되었다. 1996년 고등교육출판사에서 『엄복에서 김악림까지—실증론과 중국철학』이라는 제목하에 간체자판으로 출판되었다. 이번 재판은 약간의 오류를 수정하고 부록 몇 가지를 조정한 것을 제외하고 실질적인 변동 사항은 없다.

내가 실증주의 철학을 접하게 된 것은 1980년대 초로 거슬러 올라간다. 당시 서양철학의 저작을 읽으며 실증주의에까지 이르게 되었다. 대학원 시절, 나는 학위 논문에서 중국 근대철학을 주된 연구 대상으로 삼았는데, 이때부터 실증주의의 영향을 받은 중국 근대철학에 발을 내딛게 되었다. 물론 실증주의와 중국 근대철학의 관계에 대한 체계적인 고찰은 1980년대 말부터였다. 당시에 나는 풍계 선생이 주관한 중국 근대철학 연구 프로젝트에 참여하였으며, 그곳에서 실증론과 중국 근대철학의 관계를 연구하였다. 이 책은 바로 이 문제를 고찰한 결과에 해당한다. 이미 20년이 지난 연구 저작이기에 한계가 있는 것을 피할 수는 없겠으나, 역사적 측면에서 보면 이러한 연구는 여전히 유의미한 것이라고 사료된다.

이 책의 부록은 각각 중국 근대철학의 다양한 측면들을 다루고 있다. 그중에서 「존재와 경지」는 제4장에 대한 보충으로 볼 수 있으며, 「인식론과 광의의 시각」에서는 주로 풍계 선생의 광의의 인식론을 논의한다. 후자의 경우 지식과 지혜의 관계 측면에서 실증주의에 대한 이론적 지양을 시도한 것이다. 「중국철학의 근대화」 및 「과학의 일반화와 그 역사적 의미」는 중국 근대철학 및 중국 근대과학주의에

대한 요람이다. 이들은 각기 서로 다른 측면에서 실증주의와 중국 근대철학의
관계를 더욱 깊이 이해하는 데에 이론적이고 역사적인 배경을 제공해 준다.

양국영

2009년 3월 12일

신판 후기

　이 책은 대만 오남도서공사에서 1995년에 최초로 출판되었고, 1996년 고등교육 출판사에서 『엄복에서 김악림까자─실증론과 중국철학』이라는 제목하에 간체자판으로 출판되었다. 2009년에는 내 문집의 하나로 화동사범대학출판사에서 다시 한 번 출판되었다. 이번 신판의 본문 부분은 대체로 2009년 판본의 형태를 그대로 유지하고 있지만, 약간 수정된 부분이 있는데, 몇몇 인용문을 새로운 판본 형식에 맞추어 수정하였고, 부록 부분도 새롭게 추가하거나 교체하였다. 우선 「인식론과 광의의 시각」은 「세계철학의 시각에서 보는 지혜설」로 교체되었고, 「분석철학과 중국철학」이 새롭게 추가되었다. 「세계철학의 시각에서 보는 지혜설」은 더 넓은 배경에서 지식과 지혜의 관계에 관한 풍계 선생의 논술을 고찰하였고, 이를 통해 실증주의와는 다른 그의 철학적 방향을 보여 주었다. 분석철학은 실증주의와 많은 측면에서 이론적 관련성을 지닌다. 따라서 분석철학을 이해하는 것은 실증주의를 더욱 깊이 이해하는 데 도움을 줄 수 있다. 이러한 점을 토대로 이 책 역시 「분석철학과 중국철학」을 새롭게 수록하였다.

양국영

2017년 8월

찾아보기

지은이 **楊國榮**

중국 절강성 출신. 현재 화동사범대학 철학과 교수 및 절강대학 마일부서원 원장으로 재직 중이며, 교육부가 지정한 장강학자에 선정되기도 하였다. 화동사범대학 학술위원회 부주임, 중국현대사상문화연구소 소장, 중화공자학회이사회 부회장, 상해 중서철학 및 문화비교연구회 회장 등을 겸임 중이며, 국제철학원(IIP) 원사, 국제중국철학회(ISCP) 회장 등을 역임한 바 있다. 십여 권의 저서와 백여 편의 학술논문을 남겼으며, 이 중 상당수는 해외의 다양한 언어로 번역되어 중국철학을 세계로 알리는 데 크게 일조하였다.

옮긴이 **박경환朴璟煥**

고려대학교 대학원에서 동양철학으로 석박사 학위를 취득했고, 중국사회과학원에서 박사후 과정을 거쳐 2002년 이래 한국국학진흥원 수석연구위원으로 재직 중이다. 박사학위 논문 주제인 ‘장재의 기론적 천인합일 사상 연구’를 비롯해 중국과 한국 성리학의 역사적 전개에 관심을 가지고 연구해 왔다.
저역서로『중국철학과 인성의 문제』,『맹자』,『학문과 실천의 삶, 백불암 최흥원』등이 있고, 「수기와 경세의 무제로 본 주자학의 사상사적 의의」, 「동아시아 유학의 근현대 굴절양상」, 「서산 김흥락 학맥의 전승과 발전」 등 다수의 연구 논문이 있다.

옮긴이 **오현중吳賢重**

고려대학교 학부와 대학원에서 철학을 전공하고 북경대학 철학과에서 박사학위를 취득한 뒤, 현재 중국 산서대학 철학과에서 강사로 재직 중이다. 옮긴 책으로는『장자』,『세계의 철학자들, 철학과 세계를 논하다』,『대륙신유가』(공역),『도가의 정치철학』(공역) 등이 있다.